韩派名师工程系列丛书 ㊄

2019韩山师范学院人文社会科学重点研究基地：韩派名师“韩派名师工程”研究基地（P19002）

中小学教育教学随笔集

苑青松　赵松元　编

编　委：郝　洁

世界图书出版公司
广州 · 上海 · 西安 · 北京

图书在版编目（CIP）数据

中小学教育教学随笔集 / 苑青松，赵松元编 .—广州 : 世界图书出版广东有限公司，2019.12
ISBN 978-7-5192-7174-9

Ⅰ . ①中… Ⅱ . ①苑… ②赵… Ⅲ . ①中小学—教学研究—文集 Ⅳ . ① G632.0-53

中国版本图书馆 CIP 数据核字 (2020) 第 005917 号

书　　名：中小学教育教学随笔集
ZHONGXIAOXUE JIAOYU JIAOXUE SUIBI JI
编　　者：苑青松　赵松元
责任编辑：刘　旭
装帧设计：黄毅文
责任技编：刘上锦
出版发行：世界图书出版广东有限公司
地　　址：广州市海珠区新港西路大江冲 25 号　　邮　　编：510300
电　　话：（020）84459701
网　　址：http://www.gdst.com.cn/
邮　　箱：wpc_gdst@163.com
经　　销：新华书店
印　　刷：广州市迪桦彩印有限公司
开　　本：787 mm × 1 092 mm　1/16　　印　　张：25.375
字　　数：414 千字
版　　次：2019 年 12 月第 1 版　2019 年 12 月第 1 次印刷
国际书号：ISBN 978-7-5192-7174-9
定　　价：59.80 元

总 序

教育从要素上分为硬要素和软要素，硬要素主要指物的方面，软要素重在讲人的方面。但不管怎样，教师是所有教育要素中最核心的要素，这是在教育长河中经过无数经验和教训得出的宝贵共识。乌克兰的“帕夫雷什中学”就校舍来说十分普通，甚至还有些荒凉，但丝毫不影响其世界名校的名头，这主要归因于著名教育家苏霍姆林斯基曾在此担任校长。它强烈地标示着——教师水平的高低决定着他所在学校水平的高低，因此，人们对名校的追逐实质上是对优秀教师的追逐，归根到底，教育是人影响人的艺术，我们对教师的所谓正确认知，只不过是回归到对教育本质规律的遵循上罢了。

教师持续的、个性化的自我发展成为必须，“如何发展”是教师新时代下必须回答的问题。从哪里切入呢？我想，既然教育是人影响人的艺术，那么从人的特性的角度去考虑大体上应该是不会有问题的。

英国人类学家马林诺夫斯基说：“人生游戏”的意思是说人生是游戏性的，或者说人生是在游戏中实现的，在所有游戏的要素中，游戏动机应该是最神秘的，同时也是最关键的东西。我们由此迁移到教师专业成长上，要实现教师在职业中充满热情、好奇、永不停歇游戏的教育想象，那么，教师成长动机的找寻是最为关键的内容，这可以转换成“我们为何成为教师”的问题。教育工作是17万多个工种之中最具建设性的工种之一，它的“材料”“场所”“产品”等都是人。人是最具建设性的对象，每一个人只能成为他自己，“世界上没有相同的两个人”讲的就是这个道理。这需要教育工作者全身心地投入并进行创造性的工作，教育事业的魅力和神圣正来源于此，千百年来，它吸引着无数的教育工作者投身其中，通过自身与教育的互动，去体认和享受因教育带给他者幸福进而赢获自身幸福的感觉，这也是教育工作者教育动机产生的因由所在。

“人是社会性动物”（马克思·韦伯语）。他的意思是说人必须依靠群体性而存在，群性对于我们个体到底有何意义呢？“终有一死的人”成为海德格尔对人特质定位的专有表述，这意味着人从本质上讲是悲剧性的，有生必有死，人的悲剧性正是人来源于无法逃脱终极性的死而定位的，“终有一死的人”思考的更多的恰恰是人活的问题——如何活好人生短短的几十年。那么，我们会问：人活着的最大敌人是什么呢？疾病、痛苦、贫穷、敌视、饥饿……这些都是来自肉体的，人本质上是精神体，从精神上来说，孤独是人最大的敌人，军队里关禁闭是最厉害的处罚就是明证。人们为了摆脱孤独可谓想尽了办法，人为何要结婚？从本质上讲是个体摆脱孤独的方式，广场舞队、暴走队、驴友、钓友、牌友等均是群体摆脱孤独的方式，这种群体在人类学上叫作“假性部落”（马林诺夫斯基），所谓假性部落，指的是没有血缘关系而拥有共同爱好的群体。谈到这里，应该进入“韩派名师”的正题了，正是这样一个“假性部落”从专业发展上吸引着大家走在了一起，来摆脱大家更高层次上的孤独。从实际存在来看，教师群体发展和学校系统发展已经成为当下教育发展的主流。前面所谈似乎离题万里，但为了说清楚因由来源，似乎也是必须。

《道德经》说：“无名，天地之始；有名，万物之母。”名称是用来指称事物的，事物因为符号的指称才得以具体存在。在“名”和“被指称事物”之间是存在一定秩序的，“语言的边界等于世界的边界，语言使世界有了秩序”（维特根斯坦《逻辑哲学》）。因此，创设一个与活动内涵有着一定秩序的名称，是“韩派名师”存在的必须，正可谓“名不正，则言不顺；言不顺，则事不成”（《论语》）。“韩派名师”的命名有两个维度的预想：一是韩派名师的范围界定，它是韩师优秀校友和潮汕优秀教师的共同体。“命名即召唤”（海德格尔）。命名即是把事物从冥暗之中召唤出来，要把我们想象中的共同体召唤出来，不但要“个性十足”，而且更要“名副其实”，这不是一件容易的事，它曾经让才华横溢、器宇轩昂的赵松元教授都头疼不已，“韩派名师”一经提出，赵松元教授大加赞赏地说：“我们想做的事，终于有了一个符合我们心向的名字了，这个命名能很好地把这一群体聚集起来，它不但真切地反映着韩山师范学院师范教育的百年传承，而且还能引领我们奔向新时代师范教育的未来。”

内涵与命名同等重要，这涉及我们的第二个预想。命名在于召唤出来，内涵在于存在下去。在与潮汕籍老师的交流中，我多次听到“受韩愈感召”的话语，韩愈“百世师”的神性存在，使这一群体中的很多人都本于乡土、奋发图强、倔强挺立，最终得以增强力量、走向卓越。这给了我命名和内涵界定的启示，韩愈使潮州江山都姓了韩，生活在韩愈之下、韩山之上的当代师者，传承韩姓师出有名理所当然，韩派名师的每一个个体都是非常优秀的老师，在多次的互动中，“卓越而优雅”是我发自心底的评价。那么，卓越教师或者教育家有哪些特质呢？在对诸多教育家的考察中大致概括出四个层面的内涵，即：在灵魂层面上，对教育有神圣感，具有敬畏、热爱、担当等情怀；在政治哲学层面上，视人如己、人人平等；在知识层面上，对相关的教育学、心理学所传授具体学科等有深刻独到的理解；在实践层面上，能产生有影响力的教育效果。前两个层面指的是精神，后两个层面指的是技术，这给了我们难得的启示，我们韩派名师能否以韩愈的教育信仰和思想观念为灵魂、以语文赋形理论为根基、以大家卓有成效的教育实践为躯体，来尝试形成一种教派，我想完全是有可能的，教派有别于门派，门派具有排他性，教派就为了使个体在互相砥砺、互相学习、互相切磋中充分而有个性地发展，并以整体的形态对外交流，为个体进入更大的教育场域提供可能。这是我们的心向所在。

当然了，要想达成我们的心向还有无数的路要走，但只要上路一切都有可能，今天我们编著的《韩派名师工程系列丛书》基本涵盖了上面提到的教育观念、基本理论、名师生活、课堂个性等方面，该丛书是认识脚下这片土地的最重要一极，它甚至被潮州籍的一位先生郑重地称为潮州八景之外的“第九景”，而且是唯一一个活生生的、能够感召未来人的“第九景”。“韩派名师”创造无限、个性十足、值得期待！这里特别需要指出的是，《韩派名师工程系列丛书》的出版，绝不是“韩派名师”的终点，而是起点。

人生酷似行路，新生儿出生时，我们总说他或她来了，老人去世时，我们总说他或她走了，人在自己的有生之年总要走出自己的路，找不到路的时候，人总是痛苦的、焦躁的、孤独的，《彷徨》不正是真实地反映出鲁迅先生当时找不到路的精神状态吗？只要去寻找，路一定会有的，因为世上本没有路，路是人走出来的。可怕的是立在地上说没有路，或者根本没有去找，就抱怨面前没有路的人，一个人的上路和下路决定着他精神生命的存亡。在我们的教育里既有上路的也有下路的，既有生者也有死者，我们是做路上创造的生者？还是做原地抱怨的死者？这可能是每一名教育工作者所要作出的生命之问！

最近读了美国作家杰克·凯鲁亚克的一本书《在路上》，书中的主人公一直处在旅途中，我想他不单单是为了旅行而旅行吧！这更应是一种精神生命的旅途，是在苦苦寻找着可以皈依的信念的旅途！在生命的天地里，每一个人都有自己的朝觐之路和皈依之门，跟大家相处，我唯一的心向就是愿每个人找到自己的朝觐之路和皈依之门，找到朝觐之路，你的身心就会获得幸福和快乐；发现皈依之门，你的生命就会提升层次和境界。让我们聚集在“韩派名师”的平台上，携起手来，一起走在赢获幸福和快乐、提升层次和境界的路上吧！

苑青松

2019年9月10日于韩师寓所

目　录

第一讲

小学老师篇

回归教育的本质去阅读

梁　彬

像我这群在农村长大的孩子，父母不是知识分子，家里没有藏书，也没人答疑解惑，是容易脱离读书轨道的一群人。如果不是因为读书可以逃避繁重的家务，我愿意一天都待在田里、池塘边看着青蛙、蝴蝶玩；如果不是因为暑假没地方去，我绝不会去啃四大名著那样的大部头。但读书的奇怪之处就是，你会慢慢被书中的主角“上身”，即使过后会慢慢走出来，但看另一本书的时候，你又被套进去了。长此以往，你就不是原来那个只愿意呆在田里的你了，更奇怪的是，你的思维方式开始和周围熟悉的人不一样了，他们喜欢谈收成，而你却想着林黛玉葬花；他们谈论生儿子传宗接代，你想着流浪。我不知道哪一种思维更容易让人在达尔文的进化论中活得更好一些，但毫无疑问，人生的故事开始出现分叉。

我要说的是，读书与否，让人产生了不同的思维方式和世界观。很多人认为读书只关系到知识储备的问题，我却感觉远不止于此，读书应该还关乎认知能力、分析和解决问题的能力、艺术鉴赏能力、思维的超越能力……同一件事，让一个长期处在知识圈的人和一个知识圈以外的人来分析看待，结果是截然不同的。在书籍以外，人们习惯从周边的文化中汲取经验并获得认知，但相对于书籍里的系统性和深刻性，这种粗糙的经验和认知远不足以使你的思维脱颖而出。当然，我所指的脱颖而出并不是获得足够的名声或财富。

读书形成特别的思维，不是一朝一夕的事，它需要一个长期的积累过程。既然是长期，那就必须形成一个良好的读书习惯，三天打鱼两天晒网的，或者要家长或老师站在旁边监督才勉强读得下去的，效果肯定不佳。兴趣是最好的老师，但在学业不轻松，又没有家庭、学校阅读氛围的农村学校，让孩子爱上阅读谈何容易！孩子们课余更希望去门口小卖部吃吃辣条、冰激凌，约上几个好伙伴去穿街走巷或者田里玩耍，回到家里不用做家务，就看看电视、玩玩手机。这样的童年生活在农村很普遍，而书籍对他们来说很遥远。

怎样让他们爱上读书呢？我想，与其让他们走进书里，不如让书走进他们的生活。近两年，我们陆续邀请到常新港、安武林等儿童文学作家，请他们到学校开讲座、和学生互动、在他们的书上为孩子们签名。活生生的作家，活生生的作家成长故事，让书中的人物和思想走进学生的世界，“书”对孩子来说开始不再遥远；我们还把图书馆的书籍分散，搬进教室，把阅读课带进课程，要求老师们读书，并作为孩子们的阅读领路人；我们创办校刊，让孩子的诗歌、文章有展示的平台。不求轰轰烈烈，只求细水长流，几年下来，孩子们的阅读量急剧上升，这从他们的作文中可窥一斑，如今课后也总能见到教室里安静阅读的孩子。

阅读使孩子产生改变，可以从我自己的孩子说起。我的女儿属于放养状态下长大的，四岁就自己踩四轮童车上市场，可爱倒挺可爱，只是性格浮躁不堪，专注力只用于看电视上，真的让人很揪心。有一天，我觉得应该做点什么来改变她，让自己更称职一点。恰好那段时间她喜欢看动物世界，于是，我就买了一套沈石溪的动物小说，每天晚上在她睡觉前抽出半个小时，放下手机跟她一起阅读。刚开始的时候，她不以为然，还是坐不住，好在她喜欢我陪在她身边，我便和她约法三章：她看多久的书，我就陪她多久。为了能让我陪她，她只能勉强服从命令。但渐渐的我发现，她开始被书中的内容吸引，开始有了专注力。到后来，就算我不陪伴她，她也忍不住看起书来，书籍成了她睡觉前的必需品。如今，她看过的书籍家里的书架已容不下了，她的谈吐、作文水平也提升了不少，让家里人都对她刮目相看。当然，如果她继续阅读下去，还会继续提升，况且我相信，喜欢阅读的孩子，成绩不会差到哪里去。

当下人们已慢慢确认阅读对中、高考成绩的促进作用。而我反而觉得阅读本来就是学习的不二法门，要的是引导，而非过分强调，更不必用考试成绩来进行诱惑。如果非得这样，那么，有一天当人们认为游泳或跑步对中、高考成绩影响巨大的时候，是不是就得放弃阅读去游泳、跑步？让我们回归教育的本质吧！阅读，从古至今都在学习的路上，它是人类精神的翅膀，人生的引路灯。

弥补遗憾的方法就是减少孩子的遗憾

梁　彬

我对音乐的热爱是从乐器开始的。首先是口琴，一个小物件能奏出如此重重叠叠的音符让年少的我感到十分惊讶，而更惊讶的是，一张嘴通过某种有规律的移动能形成美妙的乐曲，让当时的我也特别容易对擅长吹奏的人产生崇拜之情。对其他乐器也存在着同样的好奇，比如村里做大戏，我会跑到戏台后面，透过戏幕的缝隙，对着吹奏乐器的场景入迷。我想他们脑袋里一定装着什么机械，所以要闭着眼睛、摇着头，究竟是不是要把“我”关起来，脑袋里的机械才能操纵他们的双手奏出动人的乐曲？到了读大学的时候，会弹吉他的同学自带光环，赢得了不少女生的目光和掌声，我羡慕呀！他们怎么学会了弹吉他，家里一定很自由、很有钱。就这样，我一路羡慕着，到现在为止我除了会吹口哨，没一种乐器会演奏，原因很简单，小时候家里没条件，父母又会认为摆弄乐器是不务正业的表现，而学校又没有教，更没有音乐兴趣班。

但我自认为自己并不是那种完全没有音乐细胞的人。我发现自己有点音乐细胞是读初三时，每天下午放学后和几个同学在讲台上拉歌，我们唱港台流行曲，一首接一首学，一个人在上面唱，几个人在下面评，这种自学方式竟然使我们的歌唱得越来越好。再后来，我们就开始对唱熟的歌曲进行变调处理，变成自己喜欢的样子，竟然完全没有违和感，虽然当时感觉有点胡闹，但后来当我看了“中国好声音”电视节目之后，才发现，变调也是一种创造，二十多年过去了，现在一拿起话筒唱歌，不敢说歌声很吸引人，但绝对很“麦霸”、很投入、很快乐。我想，如果从小我能接触乐器，能接受正规的音乐训练，说不定自己也能成为一名小小的歌手。

所以，我经常在想，一千多个学生中有没有人像我一样正在遭受着没有音乐学习条件煎熬的？要知道，一把小提琴、一把吉他、一台钢琴对一个农村孩子来说是多么可望而不可及的东西啊！如果一个亲戚或朋友送了他一种乐器，他想把他奏响，但又不知道怎么操作，那是多么悲催的事情呀！每想到这里，我就觉得作为一个校长，该做点什么。我得想办法让那些孩子实现愿望，不要辜负教育几十年的发展。

于是，我开始酝酿着，想办法向上级申请一些音乐设备，在学校开展音乐教育活动。正好国家有一项“中央彩票基金”专门扶持边远地区学校的艺术类教育，我们成功地申请设立了一个“乡村学校少年宫”。这个小型的少年宫里，有钢琴、吉他、爵士鼓、尤克里里、非洲鼓、卡拉OK、竖笛等设备，可以满足一个品类繁多的音乐兴趣班学习。我跟音乐老师进行了几次磋商，音乐老师是个男同志，事业心极强，虽然开展这些活动会大大增加他的工作量，但他还是爽快答应，并推荐了几个朋友到学校兼任音乐兴趣班的老师。少年宫音乐教育轰轰烈烈开始了，我们开设了视唱班、非洲鼓、钢琴、爵士鼓、竖笛等项目，全部免费开放，由学生或校外人员自主报名，教师合理调配。从此以后，放学后的校园开始热闹起来，我们每月开展一次小型音乐会，每个季度举办一次大汇演，参加表演的学生都表现出前所未有的积极性。接下来，我们还计划在全校范围内铺开竖笛教学，把竖笛作为音乐课的主要学习项目，力争用一学期的时间将竖笛集体演奏推向大课间，让每个学生至少掌握竖笛这种乐器。

有人说，学习的目的就是让学生发现自己的优点，但如果没有各种各样的平台，学生怎么能发现自己各种各样的优点呢？教育不是灌汤式的机械作业，而应该是芝兰之室里的熏陶，我们无法做到绝对完整全面，但我们可以朝着完整全面发展，才不愧此心。

培养孩子的“虚荣心”

梁　彬

虚荣心促使人们去达成愿望，它可以把人推向深渊，也可以把人扶上领奖台。只是，当它起积极作用的时候，我们叫它上进心，但因为孩子缺乏是非辨别能力，站在他们的角度，虚荣和上进根本就是一回事。所以，作为师长，我们有一项任务就是教给孩子辨别是非的能力，让他们知道什么是虚荣，什么是上进，当然那是当孩子信任我们的时候，如果孩子已经不再信任我们了，或者已经厌倦了被说教、被束缚，那就到了学校和外部世界比拼吸引力的时候了。

相比乏味单调的校园生活和强势的学校制度，孩子们显然更向往精彩的网络世界和校园外那种自由自在、无拘无束的氛围，这种现状导致一些孩子慢慢滑向堕落。也许是当局者迷，很多时候我们并不知道，剑拔弩张的德育工作只是一种“单相思”而已，它的严厉压制甚至会大幅度降低学校的“温度”，使孩子们不愿呆在学校的围墙里。在这样的背景下，与其制定密密麻麻的校规校纪，不如多想想怎样提高学校的吸引力，让校园有足够大、足够多的平台来满足孩子上进的“虚荣心”。

我为什么不把这种正能量的“虚荣心”叫作“上进心”？这得从我女儿说起，有一次，她因考试的疏忽大意，成绩略逊于同桌同学，她懊悔不已并向母亲倾诉，而我夫人认为这是盲目攀比，批评了她。坐在旁边的我突然警醒，这是“上进心”促使下的良性竞争呀，本质是好的，但究竟有多少家长像我夫人这样认为这种上进是“虚荣”呢？

这种“虚荣心”其实可以理解为教育教学竞赛中带给孩子的荣誉感，也可以说是孩子们在学校所追求的价值感，更可以说是一种正能量的校园文化氛围，应该提倡。这几年，我们努力营造校园文化氛围，就是在为提高学校的吸引力“扎马步”，我们还在此基础上，构建阅读写作和诗歌特色教育，创设了大量活动、比赛平台。我觉得，一个学校就像一个大家庭，没有娱乐，没有家庭活动，没有交流，甚至没有电视、网络，在可以离开的时候谁都不愿意留下，即使好好呆着能得到家长的表扬，孩子也不稀罕。学生都是活蹦乱跳的生命，设身处地，让我们这些成年人乏味无趣地坐在椅子上一整天听语文、数学、英语，有几人受得了？我们创设各种各样的平台让孩子选择一种喜欢的，或者他认为自己有能力参与的去参与，并不是想让他们成为某种兴趣爱好的专家，而是要让他们乐在其中，让他们有超越伙伴的动力，从而形成正能量“虚荣心”。

在这方面，我要特别提到我们学校的校园刊物《榕树下》，我没有简单地把它当成一份校园文学类刊物，我认为把它做好，它会产生“核聚变”的效应，成为产生校园文化凝聚力的重要武器。《榕树下》不仅刊登了学生的优秀诗歌、作文、美术、书法等作品，也刊登了学生作品发表、比赛获奖、成绩光荣榜等信息，人手一份分发到学生、家长手中。它就像一个大舞台，同学们只要努力，都可以在各方面脱颖而出，并在这个舞台上展示出来。校刊出版之后，同学们成功的愿望又多了一项：“我要让自己的作品和名字出现在下一期的校刊里，让爸爸妈妈为我而骄傲！”因为被关注的程度够高，家长们潜意识中也产生了“虚荣心”，他们希望并且会想办法让自己的孩子更优秀，优秀到能出现在校刊上。

孩子的发展得到家长的关注与否，对他们的影响是巨大的，身处城区的教师也许没有这种感触，因为城市里孩子受到家长高度重视是常态，而在农村地区，确实还有一部分家长只关心成绩，对教学以外的教育不以为然，一份校刊让他们看到精彩纷呈的教育教学过程，打开他们的视野，对这类理念滞后的家长是一种触动，也是一次思想的洗礼，我们要让他们摒弃“学习就是语文、数学、英语成绩”的旧观念，让他们支持和尊重学校的教育。我们把校刊坚持下来，期间无论工作多忙碌，从没有间断过，一办就是七年，就是要不断“煽动”学生和家长的“虚荣心”。

有人说校长要抓大放小，而唯独这份校刊我每次都放不下。我必须掌控它的精神方向和力度，必须保证每一行文字的表达正确性，必须选好每一句我要让孩子和家长理解和践行的格言。

感谢一直默默在背后帮忙组稿、整理资料的老师们，感谢一直容忍我“无理取闹”的编辑，是你们的支持，成就了我这个“煽动者”。

让运动成为生命的加油站

梁　彬

我从小不喜欢体育运动，不会打篮球、踢足球，因此也少了运动场的喝彩和目光，为此留下了遗憾。后来出来工作，我认识到运动的重要性，但也是三天打鱼两天晒网，没有坚持下去。随着工作日久，某段时间开始出现精神不济、睡觉也睡不安稳的情况，有时候一天没一两个小时感觉精神状态良好，严重影响工作、生活，看着别人生龙活虎的样子羡慕得不得了。我这才深刻体会到什么是“生命在于运动”，只有保持良好的运动习惯才能维持精神饱满，我后悔没及早养成运动的好习惯，同时也明白了，为什么有时候在升旗仪式、集会上，有些学生站不到十分钟就“轰然倒下”，体质低下是关键。

一个人由精神和身体组成，而精神由身体支撑着，身体的问题直接影响着精神状态和心情，它们的关系就像旗杆和旗，旗杆倒了，旗就无法迎风飘扬。我们要保持精神饱满，就必须保证身体健康，工作、学习起来才会活力四射。如今大多数孩子不需要参与体力劳动，甚至也不用做家务，在学校，似乎在教室里坐稳了认真学习便是正能量，有时候怕累或浑身湿透不想参加体育课，找个借口跑到教室继续做作业似乎也能得到师长的认可。长此以往，身体慢慢就弱了下来。

要改变这种现状，我们必须找一种让孩子长期动起来的方法，最好是他们乐意去动、在不同时间段动，不会把运动量堆积在一起，把身体累垮的那种运动。我回想起2011年在深圳民治二小参观大课间的场景，当时民治二小地方不大，但他们别出心裁，都把走廊当体育场地利用上了。他们的学生不仅做广播体操，还跳校园舞，每个学生六年小学积累下来的舞蹈少说也有几十支，那简直是艺术和体育的完美结合！

我们是不是也可以跳校园舞？我召集体育、音乐老师，商量开来。一开始他们都皱起眉头：整个学校的学生集体跳校园舞？老师们有点不知从何下手。我提议以点带面，先从每个班级抽调出两位学生组成校园舞舞蹈班，学会了再由这些学生来当小老师，利用体育课、音乐课在各自班级铺展开来。

一个月后，我们顺利在大课间插入校园舞。但因为学生大多没有舞蹈基础，一开始大部分学生跟不上节奏，场面混乱不堪，有一些老师开始担忧起来。然而，教育就得在不可能中寻找可能，用耐心啃下硬骨头。乱就慢慢规范，没有节奏感就慢慢培养，没有一项事业能一蹴而就，一个月，两个月，三个月……孩子们终于踏准了舞点。也从那个时候开始，当校园舞曲响起，孩子们就不自觉地舞动起来。

我们不敢把目标设定为培养舞蹈家，但校园舞活动能让我们的孩子掌握基础的舞蹈节奏，懂得与身体交流的密码，如果他们继续喜欢下去、跳下去，谁敢说不会出现舞蹈家呢？即便在一个教育资源相对薄弱的农村小学，我们也不会轻易放弃这种假设。

我们定时更新校园舞，让学生不断接触新的舞蹈。让学生上午跳、下午跳，让学生的身体定时被唤醒并保持节奏感。我们鼓励老师和学生一起跳，把“一本正经”抛诸九霄云外，用健康和亲切重新定义师生关系。

慢慢地，我们老师都爱上早、午这两个大汗淋漓和欢乐的时刻，同时也爱上了节奏感和运动装，颇有“不爱红装爱武装”的壮美。之前，我只知道毒瘾、烟瘾，如今我们都患上了运动的瘾，时间一到没有动起来就浑身难受。后来，我们又开始了一项新的运动项目：跑操。在带有节奏的乐曲和激昂的口哨声中，全校师生蜿蜒前行，像“贪吃蛇大作战”，在学校的操场上形成一道移动的奇特风景。如今，只要学校音乐一响起，周边的居民就会跑到校门外观赏，统一服装的大课间，就是一场激情的大汇演。

开展体育活动这些年来，我们学校再也没有出现集会中学生晕倒的现象。当然，对此体会最深刻的，还是我这个原来的懒人，虽然，我依然无法飞檐走壁，但已深深感受到动起来比“葛优躺”要好。生命在于运动，把这句话当口号太冤了，应该把它当座右铭。

“悦”读“悦”快乐，“悦”读有方法

庄丽如

有人说阅读是一种趋势，未来的语文考试，甚至是其他学科的考试，都将考验一个孩子的阅读量。自从这种说法出来后，受到很多人的高度重视。于是在中国大地上掀起了一波“阅读热潮”。大家唯恐孩子的阅读跟不上，争先恐后购买了大量的书籍，送给孩子，希望孩子养成一个良好的阅读习惯。

而我认为，这样的阅读，未免太过功利性。如果说阅读，仅仅是为了考试，为了应付那一张张冷冷的试卷，阅读将变得索然无趣。在我看来，阅读应该是一种享受，一种快乐。我们在阅读中找到共鸣，找到似曾相似的经历或者感受，找到自己喜欢的“样子”，找到自己想要的“生活”，找到自己追求的梦想……总的来说，阅读，应该有自己“悦读”的模样。让阅读回到它原来的样子。

2019年7月，我跑到苏州参加东南教科院举办的阅读培训。从深圳到苏州，支撑我一路跟随的是东南教科院的理念，这里有着一群有梦想有情怀的老师、专家、学者，他们用无数个日夜研究教材、研究阅读、研究儿童，编写阅读教材，为我们一线教师提供了阅读教学的方向。那天本想着有机会分享自己的学习心得，但是由于时间关系，只分享了单篇课文的教学设计。回到东莞后，一直在思考东南教科院为我们留下的珍贵回忆。

借助王文丽老师的话，我想说：

我愿意被您们带着走向光明那方
在这个过程中，需要您的引导我的坚持
如果我太笨了，请一定要继续拉着我
不必说拉不动，我会主动牵着您的手
因为我们心中有着共同的选择
在最美好的年华，不辜负自己

短短几天的培训，带给我太多太多的感悟，三言两语怎么说得完？但总的来说，可以用两个词语来概括儿童阅读的关键：参与和思考。首先是参与，如果你的课堂学生没有参与进来，你讲得再精彩都没用，所以我们在设计问题的时候一定要从学生的角度出发，以学生的生活经验为基点，设计学生感同身受或者能够真正有所启发的问题。其次是思考，没有思考的人生是没有价值的。因此，我们在教学过程中，要以激发学生思考为目标，设计教学环节。只有经过思考这个环节，才能真正内化为自己的思想。不管是整本书的阅读还是单篇的阅读，我们都要不断地推敲揣摩，如何更好地激发学生的思考。

2012年11月，当我的宝宝出生时，我就告诉孩子的爸爸，我们每天要养成给孩子读故事的习惯，不管她听不听得懂，先给她一种氛围，相信孩子在长时间的耳濡目染下会充分爱上阅读，爱上每一个小故事。从孩子出生到现在六年了，我们坚持下来，除了偶尔有事外出，没办法照顾到孩子，基本上只要在家，我们每天晚上都是在故事书中结束疲倦的一天，安静地入睡。

一直以来，觉得自己在给孩子读书方面做得比较到位，但直到培训的时候，我才发现，我们每天做的顶多是“读故事”。如果想在儿童阅读推广方面做出点什么贡献，还需要做好以下几个方面。

第一，关于读“绘本”。读绘本不是简单地把故事读给孩子听，而是有具体的方法。袁晓峰老师总共介绍了：预测法、讲读法、代入法、比较法、提问法、延伸法等多种读绘本的方式。每一种读的方式都有自己的优势。当然，我们知道，不是每一本绘本都需要使用这么多种方法，我们可以根据具体的绘本故事挑选适当的方法。比如，读《铭锣移山》，我们可以让孩子先“预测”铭锣是否移山成功了？然后让孩子也一起想办法，再去读绘本。这本绘本可以采用“预测法”和“比较法”，因为在我们中国也有《愚公移山》，两者之间可以放在一起比较，两种移山的方式和心态。在读绘本的过程中，还要关注到绘本与其他文学类的故事书不同的地方，那就是“绘画”。绘本本身以“绘画”为主心骨，基本上绘本里面的图画都是色彩比较丰富，可以让孩子边听边欣赏这些精美的图画，既能结合文字，又能提升美感。而且在观察的过程中，我们经常会发现，孩子比我们观察得更细致。那时候在给孩子讲《海底100层》，孩子边听边看图画，会给我们指出她发现的很多细微的变化。孩子的细致观察，对我们语文的教学，或者平时的生活习惯，都有极大的好处。

第二，关于坚持。不管做什么事，最重要的是坚持。我们坚持阅读，我们坚持来听讲座，我们坚持给孩子阅读，我们坚持做儿童阅读推广，我们坚持锻炼，我们坚持写作……凡事想要做出点什么“成就”，永远离不开坚持二字。尤其是当孩子还小的时候，我们更注重培养孩子凡事坚持的习惯。记得三年前，我带着我们班的孩子写诗。起初是为了完成学校一个活动，让孩子写观察日记。后来，我在带孩子们观察的时候，顺便教他们写诗。在活动中，我发现很多孩子写出了非常好玩的诗。这下激发了我的兴趣。那时我暗暗告诉自己，不能为了完成任务而应付，应该借助活动的契机，培养孩子真正的观察习惯和写作习惯。自此，不管学校举办什么活动，只要有机会，我便带着孩子们写诗。一年下来，很多孩子都爱上了写诗。过了一个暑假回来，一些孩子就没有再写了。孩子就是这样，他们需要老师或者家长带着，引导他们。为了让他们养成习惯，我继续带着他们读诗写诗，为了促进这种氛围，不断帮他们投稿，组织他们参加比赛。为了激发他们的兴趣，我们出了班刊，除了诗集。在这样一种熏陶下，写诗慢慢成为他们的一种习惯。我从来不去想，我要培养诗人。我要培养的是一群懂得生活，热爱生活，热爱生命的人。坚持的力量是惊人的，当然，坚持路上，总会有一些阻碍。但是袁老师坚持下来，她把儿童阅读推广作为一种使命，我们也应该找到值得自己坚持的事，并且想办法做好它。

第三，关于儿童。从来没有一个民族像我们这样，如此高度重视下一代。现如今社会上，凡是和儿童有关的市场一定是火爆的：从日常用品到孩子的教育问题——早教、幼儿园、学校的选择等方面。在书店，你会发现，那些卖儿童书籍的角落挤满了人，尤其是跟教育儿童有关的书籍，书名充斥着“给孩子最好的……”等字眼。且不说市场“投机取巧”，不择手段，就单单说这些书受热捧的原因，其中最重要的是“好卖”，因为所有家长都想要给孩子最好的东西，包括书籍。而正是因为我们盲目为孩子“输送”各种“营养”，反而导致了孩子们有时候会“饱受其害”，而你浑然不知。市面上太多以“给孩子”的名义，误导孩子的书籍。这就需要我们一定要懂得挑选。而挑选的最好途径，是自己给孩子把关，不要盲目听从书店的指引，或者他人的一味介绍。我们应该自己先阅读，从“儿童本位”出发，从“儿童视角”出发，真正去阅读，去了解孩子的世界，为他们构建美好世界把好第一扇门。在袁老师的讲座中，我们发现，哪怕是专家推荐的，哪怕是一些获过大奖的书籍，都未必适合孩子阅读。如果你希望孩子从书中受益，你要自己先阅读，先思考。

第四，关于“读书的意义”。我们为孩子读书，我们带着孩子读书，我们让孩子爱上读书，绝对不应该只是为了会做阅读题，会写文章。当然，在阅读过程中，积累美的语言，自然会对他们的阅读和习作有所帮助。不过，不应该只是这个目的。我们应该引导孩子通过阅读，学会明辨是非，懂得“真善美、假丑恶”，并且通过阅读，他们能够慢慢形成一个健全的人格，一个懂得生活，关爱生活，关心生命的人。在阅读中，他们除了看到人世间美好的一面，还要看到人世间那些丑陋、黑暗的一面。当他们看到那些丑陋的面目后，依旧能够热爱这个人间，这才是最重要的。

总之，阅读本身是一件美好的事情，我们也不要过于注重策略而忽视了学生的最节能阅读，有时候过多的策略指导反而让学生产生反感。孩子应该通过阅读，感受到“愉悦”，能在阅读中快乐、健康成长，这是最重要的。感谢东南教科院所有老师和幕后的工作人员，你们正在做一项功德无量的大事，不仅我们受益，还会有更多的孩子因此受益。让我们携手并进，一切做好儿童阅读的守门人！

花开有序·花开有法

——宝贝，等你花开自然芬芳

庄丽如

花开有序。春有百花盛开，夏有莲花欣然怒放，秋有菊花显姿态，冬有梅花傲立枝头。是呀，每一种花都有自己开放的时候，就算是相同的环境、气候下，他们需要的温度、湿度和水分不一样，自然开放的时期也不一样。可见，人和花一样，来到一个陌生的环境，每个人都有一个适应的过程。今天我要写的就是一朵迟开的花，在适应环境后，终于吐出芬芳。

【案例情景】

301班总体上没什么特殊学生，大多数都比较遵守纪律。然而，让老师非常头疼的是一个女生：李欣彤。

“老师，我肚子疼。”

“老师，我眼睛好痛。”

“老师，我头好痛。我受不了了。”

“老师，我必须外出看医生，学校的医生治不了我的病。”

……

每天一进教室，就特别害怕见到李欣彤那双泪汪汪的眼睛。只要看见我，她就立刻装出非常难受的样子，说她哪里不舒服。而且她的病，不是学校能看好的，必须外出，看固定的医生。面对这样的学生，每个老师都会觉得特别头疼。作为老师，头疼也得面对。再怎么棘手，问题出现了，就必须得解决。

【问题分析】

新建的生态园校区迎来的这些新“娃娃”，来自四面八方，又来自形形色色的家庭，父母教育方法的不同，孩子们性格各异，突然间来这里一起生活、学习，刚开始总会有很多问题出现。这不，我班就有好几个哭闹的孩子，不肯离开父母。大胆一点的，一直在教室门口歇斯底里地哭叫；内敛一点的扯着父母的衣服不肯走，眼眶红红的；更害羞点的，等到晚上夜深人静的时候，就开始哭泣……总之，这些情况都是预料之中。因为从小到大没离开过父母，别说小孩，就是我们成年人离开父母，外出工作，夜深人静时也会想家。所以他们的哭闹是可以理解的。从心理学的角度来看，只要过一段时间，和同学、老师、阿姨熟悉了，了解了学校的规章制度后，他们自然就能适应过来。

事实也是如此，很多同学基本上都适应了，除了一个孩子，每个星期来学校都要红着眼睛进教室之外，大多数同学适应得都非常好。可是，让我们非常头疼的是一个女生。开学前几周都没什么事，比较安静的一个女孩子，在所有同学都适应的情况下，她开始哭闹。

刚开始是以肚子痛、眼睛痛等问题引起老师的注意，说人非常不舒服。为了避免孩子是真的不舒服，延误治疗，所以每次她说不舒服时，都给她开看病条。但是几天下来，发现不对劲，这孩子生病上瘾，天天身体不舒服。所以基本上我能断定，她不是真的生病，而是装病，无非就是想回家。

面对这样的情况，老师认为是新环境不适应，所以两个老师轮流哄她，陪她，每晚都得哄她睡着了才能离开宿舍。但这并不是解决问题的方法，我们一走开她又开始哭，有一次半夜跑出来找阿姨，阿姨被吓坏了。第二天回到教室，她红着眼睛不听课，一直哭，哭得老师没法上课。

这样下去不是办法。“知己知彼，方能百战百胜。”想要把这个学生的问题解决了，就必须好好了解这个学生的所有信息，包括家庭背景，之前的学生情况，尤其是学生的性格特征。那天和李欣彤爸爸通了电话，虽然之前也和爸爸打电话，但多数是告知他孩子生病了，有哪些症状，爸爸会立刻给她送药过来。那天我和李欣彤爸爸说：“看来孩子不是真的生病，而是装病。”刚开始李欣彤爸爸反驳说孩子比较虚弱。但是后来我详细地和家长分析了孩子在校的情况，包括她“生病的样子”，上课的表现，尤其是她为了外出看病，对校医大吼大叫，又骗老师说医生说她的病治不了。听了这些情况后家长才重视起这件事。后来的交流中，我详细地了解到了孩子的很多信息。这个电话很关键，因为它让我找到了病根。这个孩子从小到大没离开过父母，父母对她是言听计从，什么事都顺着她，什么活都没干过。现在来这里，什么都要自己干，刚开始觉得很新鲜，后来就觉得苦了。

总之，一句话，温室里的花朵，娇滴滴的。

【解决问题的措施】

1.望闻问切，对症下药

这孩子娇气，父母从小不舍得打骂。那天，她一进办公室就开始装病："庄老师，我头疼得厉害。"看着她硬是把眼睛哭得通红通红的，我既生气又心疼。如果是我自己的娃，看到了有多心疼呀。但是孩子，外面的世界很残酷，我现在不对你"狠心"一点，将来你会吃更多的苦呀。如果是之前的处理方式，我一定是对她又是哄又是疼，那么她会哭得更厉害，说要回家，让爸爸带她去看医生。幸好那天早上我有先见之明，已经和她爸爸商量好了对策，准备和他演一场戏。

事情是这样的，李欣彤因为一直都没认真听讲，她本来入学考试成绩不错的，但是近来的单元测试成绩都非常不理想。那天和她爸爸打电话的时候我就将这一点拿出来讲，告诉家长，如果不重视的话，她的成绩可能就上不来了。家长很看中孩子的学习成绩，所以也着急了，和老师达成共识，不能再宠她。

2.演戏，你唱罢我登台，技高一筹定乾坤

在她演完戏后，就轮到我来演了。我当着她的面给她爸爸打了电话，并用扬声器对话。

"彤彤爸爸，你好，彤彤说她身体不舒服，头痛。您看怎么办?"

"庄老师你好，彤彤现在在哪?"

"在我身边呢，我让她和你讲吧。"

"爸爸，我头疼。"

"又头疼？医生说你没事。不用担心。"

"爸爸，我真的很疼。"

"真疼？你看你试卷上的分数，我看了头更疼。我现在在外面出差，如果你还这样子不听话，我这个星期五就不去接你了。我问过老师了，如果家长周末有事不能来，就在学校让阿姨带你。你自己想清楚了。再这样不懂事，我不仅周五不来接你，我让庄老师也别理你了!"

电话那头传来了家长的怒骂声。这一声骂得娃儿愣住了。她没想到平时那么疼爱她的爸爸突然间对她这么凶，这一声骂好像也把她骂醒了。这时，她把眼睛瞪得大大的。

"不要啊，爸爸，我听话，你周五要来接我。"

"可以，除非庄老师打电话跟我说你有进步，不哭闹了。"

"我不哭，我不哭，但是你一定要来接我，而且要早点来。"

"行了，我知道了。爸爸答应你，你也要答应爸爸。"

这时，我觉得火候差不多了，适时拿过手机。

"彤彤爸爸，您放心吧。其实，彤彤在学校很乖的，她字写得很端正，好多同学都羡慕她呢。而且很有礼貌，同学、老师、阿姨都很喜欢她的，我相信她会有进步的。我也听见了你答应她的话，周五要早点来接她哦。"

"好的，庄老师，等你电话。"

……

对话的内容是我事先和家长打过招呼的，我们在讨论了孩子所有情况后，找到了对策，每周五李欣彤爸爸几乎都是全班第一个来接她的，她最怕爸爸不来接。所以我们就从她最怕的入手。今天一试，果然让她着急了。看来有时候教育说不得真话，情非得已的时候家长和老师还得配合演戏说假话。这项伟大的艺术，得修炼多少年呀！

【评价与反思】

经过那次的演戏后，孩子终于转入了正常的学习生活轨道。当然，除了宠爱有加导致她的哭闹情绪之外，还有老师对她的重视程度也影响了她，因为之前李欣彤是老师的掌上宝，来到这里和太多优秀学生对比，让她感觉有点自卑，感觉得不到老师的重视，所以故意通过这样的行为来引起老师的注意。这些问题在后续的教育工作中都得到了解决。作为老师，就算无法兼顾到每个孩子，但这些心理比较脆弱的孩子，我们都要引起高度重视。后来的李欣彤依旧是办公室的常客，但她不再是来哭闹，而是经常帮老师搬作业本，拿东西。脸上呈现的不是红肿的眼睛，而是灿烂的笑脸。在老师和家长的配合下，孩子终于适应了学校的生活，成绩也慢慢提上来了。我还经常拿她的作业作为示范，大大提高了她的自信心。这花终于开放了，在冬日的暖阳之下，吐露芬芳。

【德育心得】

我们一直提倡校园要多些关爱，多些温和和包容，所以对于学生的错误，我们总是觉得：孩子嘛，难免的。于是等到长大后，他们出现了那么多的问题时，我们才后悔莫及。想当初，我们要是能够……

不要太多的"想当初"，不要太多的"早知道"，不要让孩子总是肆无忌惮地

“儿戏”！该严则严。我们这代人，谁小时候没吃过棍子？可是吃了棍子后的我们，成长得多好呀。父母只要再提到那根棍子，我们都像“惊弓之鸟”！所以，为了孩子更好地成长，该有的关爱该给，该有的怒骂和惩罚，也得给。长大后的他们不能儿戏，走出校园后的他们不能儿戏。老师、家长可以轻易原谅你，但是外面的世界不行。每一个孩子都是一朵花，我们相信他们花开有序，但是我们也要知道，花开要有法。只要正确地施肥、浇水、修剪，花朵才能吐出迷人的芬芳。

为什么老师都不表扬我

庄丽如

【案例情景】

小谭上课无法专心听讲，每次上课都低着头玩自己的笔，很少抬起头看老师。每次提问他的时候，他通常都是双眼无神，不知道老师在讲什么，书写也比较差，很多字的结构和笔画都是错的，加上他自己本身贪玩，所以他的学习成绩一直没有提上来。他性格比较自卑、内向，基本上不会主动和老师沟通。面对他迟迟提不上来的成绩，老师和父母都十分担忧。

【问题分析】

小谭以前的学习成绩虽然不是特别好，但不至于像现在这样，考得那么差。来了东华小学之后，同学们的学习氛围浓厚，爱学习的孩子也相对比较多，大家的学习能力比较强，一些悟性比较高的孩子，一下子就脱颖而出。而一些像小谭这样，基础没有打好，上课不认真听讲，课后自己又无法自觉学习的同学，也很快就被刷下了。面对这样的情况，小谭表面上看不出忧虑，但是内心也很着急。

【解决问题的措施】

1. 发现闪光点，提高自信心

小谭虽然成绩不好，但每次到了田径场，他原本无神的眼睛，一下子就发亮了，原本没精打采的状态，突然之间就像一匹脱缰的骏马，在田径场上飞奔起来。那次学校组织男子100米和400米田径比赛，同学们踊跃报名后，正当我公布名单的时候，突然一个学生大声喊："老师，怎么没有小谭的名字？小谭是我们班跑得最快的！""对！老师，他还被体育老师选入田径队呢！他跑得可快了！"同学们你一言我一语，都在为小谭没有报名感到惊讶。我看着小谭，他倒是没有开口说话，只是低着头。平时他是一个不爱说话的孩子，下课了，他也只是一个人拿着玩具在玩。说实话，如果同学们不告诉我，我很难想象这样一个孩子是一个小小的运动健将。我赶紧说："小谭，怎么样？我们来为班级整个第一名回来，行不行？"他不好意思地抬起头，还是没说话。"那我把你的名字写上去哦。你要加油哦！老师和同学们都非常期待哦！"这次他点了点头。

果真像同学们说的一样，小谭跑起来就像一阵风，刷地一下子就飞奔起来。那次田径比赛，我们班男子的100米和400米都拿到了第一名的好成绩。当我在班上，把奖状颁发给小谭的时候，他脸上呈现了从所未有的笑容。也是从那次比赛后，他比之前开朗了一些，也自信了很多，因为他不仅为班级争光，而且是同学们心中的"体育小明星"。慢慢的，上课也不再老是低着头。渐渐的，也和同学们玩了起来。只是，他的成绩，还是没有跟上来。

2. 知其心，方能教其失

小谭成了班上的"体育小明星"后，虽然性格开朗了许多，也自信了许多，但是考试成绩却稳稳地落在了后面，他的成绩无法像他在田径场上，跟随他的脚步直冲上来，是的，奇迹没有出现在他的身上。一段时间后，他又恢复了之前的状态。好几次父母都跟我提出来，不要让他参加田径训练了，以后二课堂就让他在教室里面补习就行了。但是我没有答应。晚自习的时候，孩子们吃完夜宵，没有人倒垃圾，我想起他那健步如飞的身影，便给他安排了一个任务："小谭，以后你就当我们班的卫生执勤员吧，班上没有人能跟你的速度比了。"小谭二话不说，立刻就把储物间打扫干净，飞快地去倒垃圾。连续几天下来，他都非常准时地将这项任务完成得非常完美，我再也不用担心储物间的卫生情况了。周二晚上考试，作文的主题是"写一写你最想说的话"。如果不是那篇文章，我真的无法得知这孩子的内心想法。

"……以前我多么快乐呀，在家里，一个小小的球我就能玩得很快乐；在学校里，一个小小的魔方，也能让我玩得很开心。以前，我可以和一只小猫咪玩一个下午，爸爸妈妈也不会骂我。以前我的学习成绩很好，老师每次都表扬我，爸爸妈妈也会奖励很多东西给我。可是，现在为什么老师和爸爸妈妈都不表扬我了？难道是我做错了吗？我好想回到过去，他们表扬我的生活……"

当我改到他这篇文章的时候，我的心一阵一针地疼！哪个孩子愿意拖后腿，哪个孩子不渴望被表扬！小谭内心这么多想法，但他从来不说。我对自己之前的忽视感到惭愧！小谭虽然内向，但他从来不调皮捣蛋，而且只要安排任务给他，他的执行力也非常强！我下决心帮助他找到属于自己的一片天地。

在我们班上，前面的座位坐的都是一些调皮捣蛋的孩子，而乖巧懂事的孩子都往后面放，他是属于比较听话，但是他坐在后面，没人管住他，他容易分神。为了帮助他专心听讲，我想把他放前面来，但又担心他误会老师的意思，所以我找了个机会跟他说明了老师的用心。他很配合地点点头，说："老师，我明白了。我会努力的。"

自从把他放在了前面的座位后，他再也没有低着头玩笔了，每次上课，双目炯炯有神！期末考试复习的时候，他拿了一本《小学知识大全》，问我："老师，这本书好不好？我妈妈给我买的，我想把里面的精彩片段背诵下来。"我非常高兴！摸了摸他的头："宝贝，你好棒！原来你背后付出了这么多，难怪你进步这么大！我很看好你，我要让同学们向你学习。"说完，我把他的这本书拍了照，并且发到群里，推荐给大家！他非常高兴。那段时间，他呈现出前所未有的学习兴趣！期末考，毋庸置疑，他成了班上进步最大的学生！

【评价与反思】

滞者导之使达，蒙者开之使明！是的，教育如同种花。我们无法确保每一颗种下的花苗，都能同时间生根发芽，吐露芬芳；哪怕它们日后长出了花朵，你也不可能要求它们长得一样大，一样美，一样香。有些花的种子，埋下了，很久都不发芽，我们不要太早下判断，这是一颗坏种子。我们不妨帮它松松土，浇浇水，施施肥，让它多接受点阳光，给它多点耐心。也许不久以后，这颗种子，会给你不一样的惊喜。谢谢小谭，给我带来了惊喜。

再怎么冰冷的心都抵挡不了一颗热诚的心

庄丽如

一、案例背景

324班的孩子很皮，这已经不是什么新鲜事了，但是324班孩子的“皮”真的不是“非同一般”。我从来都没想到自己会遇到像梁铭乐这样让我头疼的孩子。

“老师，梁铭乐老是乱翻我的抽屉。”

“老师，梁铭乐每次坐我的座位总是把我的座位搞得很脏。”

“老师，梁铭乐老是拿我的东西。他已经拿了我好多支笔了。”

“老师，梁铭乐抢我的东西，还打我的头。”

“老师，梁铭乐骂人，被执勤员登记，还抢执勤员的笔!”

……

每天，梁铭乐都会有一大堆的事情发生；每天，都会有很多小朋友来向我投诉梁铭乐的“恶劣行为”；每天,我都被“梁铭乐”这三个字搞得精神崩溃。他让小朋友害怕，更让我头疼，因为他很多行为都是故意的，不仅天天欺负同学，而且还故意扰乱课堂纪律。面对这样的学生，我天天做思想工作，但越做工作，他越过分，更加肆无忌惮。和他父母聊了很多次，还是不见效果。原先上课偷偷摸摸做小动作，到了后来，他故意在课堂上叫“海豚音”，故意扯前面女同学的头发，故意把人家的课本往后丢，故意捉弄同学，这些行为越来越过分了。

二、案例分析

为什么会这样？是什么原因导致的？在梁铭乐上演的剧情越来越“激烈”后，我左思右想：和他已经聊了很多次，每次他都点头说好啊，但下次又犯了；和父母也交流了很多次，他们说每个星期回家都和他说要乖乖的，不要惹事，他都答应了。但回到学校后就更加变本加厉！很长一段时间我都在“抑郁”中度过，每天上班前总是“胆战心惊”，不知道梁铭乐又要给我惹什么事来。

班上再怎么调皮的孩子也就是喜欢玩纸牌，在走廊打打闹闹，或者上课说悄悄话。你多跟他们聊几次，和他们“套近乎”，偶尔抱一抱他们，牵牵他们的小手，他们其实也是很开心的，不会有什么太过分的事。但这个梁铭乐，无论你给他多少“好处”，他都不当回事，也不受用。有时候你批评他，他跟你翻脸，又很容易激动，常常握紧拳头，准备打人；有时候你跟他说好话，他就一副“自以为是”的表情，觉得老师拿他没办法；有时候你故意不理他，他偏要做出过激的行为，比如打人、大声尖叫，甚至坐到走廊的栏杆上，以此来引起你的注意。说白了，他在跟我“叫嚣”！

正当我将这些事和办公室的老师们聊起，向他们寻求帮助时，黄老师说了一句让我很吃惊的话：“啊！你说的这些，怎么在我的课堂上没有出现过？也没有小朋友来跟我反映他的这些行为？怎么都跟你说？”黄老师惊讶，我也惊讶！

“啊！怎么回事？我以为你们都知道这事。”我意识到问题关键所在，看来这孩子一定对我有什么误会。好几个晚上都睡不着觉，我把开学以来的事情都罗列出来，终于理清了思路：梁铭乐并不是一开始就是这样的。开学初他虽然不是很乖，但也不至于如此“恐怖”。从什么时候开始变成这样？源于那次，我打电话跟他妈妈说了他在学校，总是喜欢去碰同学的东西，甚至还出现了偷拿同学东西的现象。他妈妈听了之后很担心，说坚决不能让他养成这样的坏习惯，回家后要好好教育他。从那个星期以后，他回到学校就开始和我对干起来了。我终于找到了问题所在：他认为我不喜欢他，因为我向他妈妈说了他在学校的表现。而且小朋友来跟我说他的事情时，我很在意，每次都批评了他，更让他觉得我不喜欢他。所以他开始找茬，找各种各样的茬，就是为了故意气我。好多个晚上我回到家，不是哭，就是不说话，搞得家里人对我意见很大。但我真的从来没遇到过这样棘手的学生。

三、转变措施

1. 改变心态，伺机而出，打破僵局

当我找到了病根之后，我也开始端正自己的心态：我对任何一个学生都没有偏见，也不是不喜欢他，更不可能故意针对他，而是我对他的改造太急切了，让他觉得不舒服，他自然也就不配合我的教育。所以我决定寻找机会，打破僵局。

我跟黄老师了解他的情况，跟前任班主任了解他之前的表现，跟家长了解他在家里的表现。全面掌握他的信息，所谓“知己知彼，方能百战百胜！”之前我没有深入了解他，只是觉得孩子错了，就要帮他改正过来，没有走进他的内心世界。了解了所有信息之后我才知道：其实他是一个很喜欢和老师亲近的孩子，他甚至经常帮黄老师拿东西。在一个寄宿学校里，孩子们都很希望从老师这里得到关爱，梁铭乐自然也不例外。他和我闹僵后，只能在黄老师那里寻得安慰。因此，他也比较听黄老师的话。所以黄老师是“转变计划”一个重要的突破口。我和黄老师商量了之后，决定来一次“黑白脸转换”计划。

原先我对梁铭乐行为大多数都是唱“黑脸”，导致彼此都不愉快，利用他比较“讨好”黄老师这一个“针眼”，在一个课间，我让黄老师找他谈话。黄老师把之前同学们写的小纸条（大多数是写梁铭乐骂人或者欺负同学的事迹），放在他眼前，问他是不是真的。他在黄老师面前倒是不敢造次，面对“罪状”不好意思地低下头。黄老师的“黑脸”戏唱得很“生动”。

在黄老师和他对话期间，我假装接到一个电话，脸上露出担忧的神情。走到他身边，轻轻拍了他的肩膀说：“铭乐，你知道我刚才接到谁的电话吗？是领导打来问我，你们班是不是有一个叫梁铭乐的，早上在大堂奔跑。值日生都看过好多次，叫我现在带你先去见他。怎么办？”

那时，他听到黄老师批评他的所作所为，加上我对他说的话后，终于控制不住自己的泪水，哽咽着说：“我不要去。”看到他充满泪水的眼睛，我用满是担忧的语气说：“我刚才和领导说是有这样一个同学，但是他平时还是蛮乖的，先让我们老师来教育他，请领导给他一个机会好吗？你说这样好不好？你努力改正你身上的不足，但是千万不能犯错，尤其是在大堂奔跑，故意惹怒执勤员等这样的行为，绝对不能犯，如果再这样故意违反学校的纪律，可是要被劝退哦！”

经过一番艰辛的教育，黑白脸反唱，总算把这匹“野马”的烈性压了下去。美国心理学家威廉·詹姆斯有句名言：“人性最深刻的原则就是希望别人对自己加以赏识。”所以此后，我时常找给他表现的机会：课堂上让他朗读，回答问题，并及时表扬他的声音很适合朗读，非常响亮；好几次都故意支开其他同学，把班上一些事务交给他做，并对着班上的同学说梁铭乐的动手能力真强。我负责寻找他的优点，黄老师负责“黑脸”时刻提醒他：“经常违反纪律的孩子，不仅影响班级，而且对自己也不好，老师可不喜欢你是这样的孩子。”接连几天下来，他总算没再出什么大乱子了。但是梁铭乐并没有和我走得特别亲近，有时候叫他，他都有点躲避。这让我有一丝丝不详的预感。

2. 春风化雨绝非朝夕，动之以情贵在坚持

正当我从梁铭乐的“梦魇”中慢慢走了出来时，黄老师却开始投入学校读书节的排练，基本上除了上课时间，没有时间管理班级。于是梁铭乐三天两头又开始惹事了。面对他一次次肆无忌惮的顶撞，好几次我都压制不了内心的熊熊烈火骂了他，所以我和他之间的关系又开始僵化了。特别是那次在宿舍里突然大吵大闹，欺负同学时，我火冒三丈。因为我最不喜欢的就是他欺负同学。每个孩子都是我的宝贝，谁都不许欺负谁。所以我冲着他发火了。这火又让我自己陷入一个非常被动的局面。那天晚上和他妈妈通了一个多小时的电话，他妈妈哭了，我也哭了。面对一个三年级的孩子，真的束手无策了吗？

无数个夜晚，我都问自己：庄丽如啊庄丽如，你教了几百个初中生，那么多“妖魔鬼怪”都被你降服了，难道今天你就要向一个三年级的孩子投降了？不行，坚决不行！我不服！其实我心里明白，梁铭乐的事情没有那么容易解决，因为在他的内心深处，他还没有真正接受我，我必须找一个更适合的机会来转变他。终于，机会盼到了。学校组织春游。但似乎上天在考验我的耐心，或者说在检验我的能耐。春游延迟了一次又一次！我想借春游这个机会，和他好好玩，陪他聊天。日子挨着挨着，我和孩子们总算把春游盼来了。那天，我一上车就拉住他的手说：“乐乐，今天给你一个特权，你陪老师坐前面的位子。”

他很是惊讶地望着我，但最后还是坐下了。途中，我开始陪他聊天，聊他和他在四年级读书的哥哥，平时关系怎么样；聊他在家里，谁最疼他；聊他在学校里，和哪个小朋友玩得最好。而且还时不时给他东西，我专门带了家里的特产，因为梁铭乐他最贪吃了。然后我给小朋友们拍照，不过给其他小朋友是拍合照，而对于他，我就不是合照了。我笑着说：“乐乐，我们来玩自拍怎么样？”他转过脸说：“才不要呢。”我没有放弃，继续拉着他的手：“哇，你的手好滑呀。一定喝了不少牛奶吧？咦，你怎么带了那么多瓶水？我没带水哦。刚才给你吃了那么多肉干，是不是也给老师一瓶水呢？”……一路上，我想尽办法走进他的内心。终于在这场“费尽心思”的“闲聊”里融化了之前的“冰霜”。梁铭乐和我在镜头下笑着拍下了照片。我立刻当着他的面把照片发给他妈妈，并让他和妈妈语音通话，他和妈妈说现在和庄老师坐在一起，很开心。看着他在镜头里的笑容，我差点留下眼泪。因为这么久以来，我总算见到他最真诚的笑容，之前每次和他说话，他都是用一种很敷衍的态度或者假笑来应对我，今天我总算用自己的一颗热忱的心融化了他那冷冰冰的心。

那一刻，我该用什么词语来形容自己的心情？兴奋，激动，骄傲，自豪？不，都不是。这些年，我感触最深的，既不是教师是人类灵魂的工程师，也不是最高危的职业，教师没那么伟大，但是当教师真的不容易，可教师却是世界上最容易满足的群体，而且这种满足不是来自于金钱，不是来自于名誉，大多数是来自于：在你的努力之下，终于见到一个学生细微的转变，一个学生开心的笑脸，一个学生小小的进步……梁铭乐回到学校后，主动跑到我身边说："老师，你的肉干很好吃，比我的牛肉干还好吃。谢谢你。"再后来，他慢慢地融入到班里面，主动帮小班干打扫卫生，主动帮执勤员擦黑板，甚至跑到我身边帮我拿东西。看着他肥胖但灵活的背影，我露出了舒心的笑。梁铭乐的"恶梦"总算结束了。

四、小结：再怎么冰冷的心都无法抵挡一颗热忱的心

在教育路上，我们总会遇到各种各样的"问题学生"！这些问题学生在很多时候会打击我们从事教育的决心，可能会让我们怀疑自己的能力，甚至可能会让我们有那么一刻想要放弃。可是我们最后都坚持下来了。因为陶行知先生曾经说过："真教育是心心相印的活动。唯独从心里发出来的，才能打到心的深处。"所以想要改变一个问题学生绝对不能流于表面，因为这些学生绝不是朝夕就能转化的，需要的是一股发自内心的爱。夏丏尊先生说过："教育如果没有爱，就等于无水之地，爱是教育的基础，没有爱就没有教育，为师爱生是天职。"是的，在这条教育路上，我愿意用爱浇灌田野，更愿意用爱融化冰霜。

五、评价和反思

对于像梁铭乐这样的学生，并不少见，甚至可能还有会比他更甚的。作为老师一定要有一颗充满爱和智慧的心，才能真正走进孩子的内心。凡是多思考，多总结，实在想不出法子要多请教有经验的老师，让老师帮你一起想想法。面对这样的学生，心里只要想着："如果是我的孩子，我希望老师怎么做！"如果这样想，还有什么做不到的呢？

宝贝，你教会我如何正确去爱

庄丽如

一、案例背景

连续带了两届三年级的孩子，这个年龄的孩子，处于一个小学阶段的过渡期，有很多变数。总的来讲，中段的孩子相对比较皮。班上一群调皮捣蛋鬼，真是不让老师省心。其中一个叫李铭扬的孩子，我真的只能叫他“活宝”。

“老师，李铭扬在宿舍大声吵闹，又被扣分了。”

“老师，李铭扬又说脏话，还骂人。”

……

每天，都有一大堆的孩子来向我汇报李铭扬的恶劣行径。孩子们的打小报告的确让老师很是心烦，但孩子们如果所说的是事实，如果我置之不理，不仅对他是一种不负责，而且也会对其他孩子产生不良的影响。所以每次听到李铭扬的这些状况，都会引起我一阵怒火。

二、案例分析

究竟是怎么回事？李铭扬并不是一直都是这样。记得第一次见到他的时候：脑袋又圆又大，眼睛活溜溜的，说话的时候眼睛都会放光，眉毛也跟着一上一下的，而且也非常有礼貌。看到他，让我想起了“机灵小不懂”。多么惹人喜爱的一个孩子。他一来，不仅让老师印象深刻，而且一下子就和同学“混得”很熟。他的脑袋瓜里很多稀奇古怪的东西，又会讲笑话，同学们常常被他的讲述吸引住了。

不久，很多老师，包括其他班的老师都认识这个小滑头。而他呢，见到谁都会热情地喊老师好，甚至会抱一下老师。就是这样一个孩子，从什么时候开始变成同学们经常投诉告状的“坏孩子”？

已经连续几周，我都打电话给家长，说孩子每次回来学校后的表现都非常糟糕，后来请爸爸和妈妈一起来配合教育，但是效果很不明显。尽管我知道，每个人犯了错，我们除了帮他分析客观原因之外，更重要的是帮助他自我反省自身原因。但是，对于李铭扬，我感觉处理起来非常棘手。他的思维敏捷，但他的骄傲，听不进别人给他的任何建议，更棘手的是，你越和他说道理，他越是和你犟，不理你。我那本来急躁的心，一次次被他气得发疯。但我知道，越是急躁，越是无法解决问题。我只能一次次说服自己：每个孩子都是天使和魔鬼的组合，努力等待天使的出现。等待的同时，我只能观察，修心养性；再观察，再修心养性。

三、转变措施

1. 放低尊严，自我反思

长期以来，我都以爱的名义，对孩子们进行比较严格的教育。每次孩子犯错，都少不了我的一顿批评。每次批评后我都堂而皇之地告诉他们：这是爱你们的表现。已经忘了第几次把李铭扬叫到办公室。那天，当学生告诉我他说一些很难听的话，并且还对着同学脱裤子时，我几乎快爆炸了。我不敢相信一个三年级的孩子，怎么可能做出这样的事。怒火已经让我失去了理性，所以当把他叫到办公室时，我像一只暴怒的狮子，大声怒斥：“告诉我，是什么原因让你这样做？谁教你的？”

他低着头，不说话。

他越是不说话，就越让我生气，于是，我当着他的面拨通了他爸爸的电话。每一次都是打电话给他妈妈，但根本没用。那天我简单阐述了事件的经过，尤其是针对他不尊重同学、老师的行为，说得非常生气。让他爸爸现在就来接他回去，我是无论如何都不能再让他这样放肆下去了。

中午十二点左右，天气非常炎热，他的妈妈过来接他走。走的时候他低着头，一直在哭。看着他上车的背影，听着他妈妈无奈的语气，我的心情非常复杂：难受、心疼、后悔、无奈……总之，百感交集。

那天中午，我躺在床上，睡不着觉。我回想着他的点点滴滴。上课时，他积极回答问题的样子；朗读时，他摇头晃脑读得陶醉的样子；表演课本剧时，他全情投入的样子……那么可爱的孩子，是从什么时候开始变样了？而我这个班主任竟然没有半点察觉，也没有想办法“拯救”他，而是任其发展？！

当我开始努力回想时，我才发现自己是多么粗心：当他第一次在宿舍因为话太多，声音太吵，而被宿管阿姨和值日生批评，甚至扣分的时候，我没引起重视；当他上课搞笑，惹同学们发笑时，我没怎么批评，我以为这些是他的天性，想让他保有自己的天真。可直到今天我才深刻体会到“勿以善小而不为，勿以恶小而为之”。任何事情的结果都有一个起因，他造成今天这样的局面，除了他本身的问题之外，还有就是我这个作为老师的没有“未雨绸缪”，没有远见。等到他的小问题累积成大问题时，我又缺乏耐心的引导，以致现如今这样糟糕的局面。

他的问题在于他是个孩子，喜欢表现自己，而过分爱表现，导致了他不分轻重，包括被扣分、被投诉，他都不知其严重性。我的问题在于，当因为他影响班级被扣分，影响同学上课，影响同学的道德品行时，我的怒火遮蔽了我发现美的眼睛。我的语言只剩下怒骂，我的情绪已经严重影响到他。

我总想着去改变学生，而忘了世界上最愚蠢的事就是想要改变他人。我只能引导，引导他成为他应该成为的人。我还犯了一个错误，我总想着改变别人，却不曾想着改变自己！

一番内心的自我反省后，我终于知道，我接下来要做的就是先改变自己的心态，我要帮李铭扬找回之前的他，就要先帮自己自己找回来。我每一次交谈都是以一种老师的身份，一种长辈的身份，给他压力。是时候放下自己的“尊严”了。

2. 不再以爱的名义伤害

当天晚上，我发短信给李铭扬的妈妈：“平日里被他气得要死，现在他不在身边，倒是感觉难受。如果他能够反省自己的错误，就让他回来吧。”第二天，李铭扬的妈妈把他送回来了。被送回来的他，低着头，一句话也不说，见到我也不抬头。那天和他妈妈聊了很久很久，我以为他回家后一定像平时那样叽叽喳喳和他妈妈说了一大堆。没想到，不是，他妈妈说他一句话也不说，把她紧张得送他去看了一下心理医生。那一刻我心疼极了，也懊悔极了。我终于意识到：不仅我给了他压力，每个老师都因为他的行为对他大力批评，父母那方面也给他施压，同学们现在也不怎么喜欢他。尤其是当听到他对妈妈说：“无论我再怎么努力，庄老师都不会再喜欢我了。”我内心像被针扎一下。

回到班上的李铭扬，无精打采。那天我也什么话都没对他说。只是，我准备了一个精美的本子，并且在上面写了一段话：“扬扬，看到你这样，老师很心疼。我很想念以前那个活泼乱跳，热情礼貌的你。这段时间，你的表现真的让老师很伤心。我知道你内心你并不想这样子的。让我们忘记过去那些不愉快的事，从现在开始，你有什么心里话，就写在这个本子上，可以拿给老师看，也可以自己保留。但我希望这个本子能够记录你的进步。”他拿到本子的那一刻，很惊讶。我下定决心，从此以后，努力克制自己，将批评的语言和批评的时间用于沟通，用于思考，用于引导。我坚决不再以爱的名义伤害任何一个孩子。

四、小结：永远不要忘了我们也曾经是个孩子

李铭扬的案例让我不断反思，不断自我检讨。每一次向家长投诉的同时，实际上是不断对孩子进行否定。我们总是希望每个孩子都很乖巧，任何时候都是一个听话的孩子。但是我们忘了我们也曾经是个孩子，也曾经有过一些小调皮，也有一些孤独迷茫的时候。那个时候我们需要的是有人帮我们指出来，更需要的是有人帮我们指点迷津。也许一时半会接受不了，但无论如何，我们绝对不希望我们的生活永远充满否定和批评。当我们以爱的名义对孩子进行批评教育时，一定要先冷静下来想一想：除了批评，有没有更好的方法？不管怎样，从此以后，我想我应该更加懂得如何正确去爱孩子。

如今的李铭扬已经慢慢进入状态，上课也专注了很多，学习成绩由原来的八十多到现在的九十多。宿舍阿姨也很少再向老师投诉他，更重要的是我又重新看到他脸上所呈现出来的阳光和自信。那天午睡起来后，他跑到办公室，不好意思地将手中的橙子递给我：“庄老师，这橙子很甜，给你吃。”看着他那圆圆的脑袋，腼腆的笑容，我真的如沐春风。

第二讲

中学老师篇

班主任的生存现状

陈雅洁

看到河北省馆陶县第一中学年轻的高三班主任赵鹏服毒自杀的消息，感觉心有戚戚焉。

赵鹏的生活我是熟悉的，我就是一名“现役”的高三班主任，我的生活作息，实际上与他相差不大，我相信大多数高三班主任的生活作息都和他是差不多的吧。

昨天上午我把消息发到我们的QQ群，里面都是省、市级名班主任，大家心情有些沉重地探讨了起来，大概是说，可以理解，但不仿效。很多同行都觉得似乎不到绝境吧，这样对家人也很不负责，并且实在不行就别做了呗，何必搞成这样。

我叹了口气，很多事情也许就是一口气缓不过来吧。

首先，我觉得赵鹏和我们大多数人不一样的是，他面临的是生存压力，而我们之所以这么客观冷静地去分析，是因为我们多数人面临的是发展压力。

农村贫困家庭出身，背负着经济压力和家族期望读的大学，这些情况我们了解得太多，中国有大量这样的准凤凰男。这些人是在读书改变论中成长并读完大学的，如果大学毕业后他并没有顺利获得改变家庭的能力（这种能力绝大多数情况指的就是经济能力），那么这种心理压力完全可以想象。赵鹏要做什么？他要养父母，养妻儿，一个月1 450的工资，加上这个月没到位的500元补贴，这样的数字对于养家糊口来说，少得可怜，更别提要活得好、活得有质量了。这种经历压力带来的心理焦虑和无力感，不是普通的焦灼。

其次，过于单一的生活会使人容易陷入绝对化。早上5:40起床离家，晚上十点多才回家，太累了甚至倒头就睡。这样子的节奏，除了教学和班主任工作，已经没有其他内容了。我记得姐姐来我家里的时候，看到我每天的生活，很是咋舌，说一两天这样就算了，天天这样，人就疯掉了。可是，我就是差不多天天如此，大量班主任，尤其是毕业班班主任都应该是差不多的。这就是现实。如果没有强大的内心去支撑、去调节，人确实很容易崩溃。

这种节奏的生活会使得人视野狭隘，纠结于一点一滴的分数和进步，包括退步。接触面太窄，你永远只能关心分数和学生，你已经不能够去关心自己了，也很难去关心其他问题，包括生活不管物质层面或是精神层面的享受。

因为单一，所以狭隘。这是很可怕的！中国如果只是提供了教育理念完善的可能性，而不在具体的工作体制中去变革，那么，中国的教师堪忧，班主任堪忧，中国的未来堪忧！我常对学生说的一句话就是——你们的身上，是二十年后的中国。而学生是如何成长的，是教师教的，班主任带的，精神贫乏、物质窘困、视野狭隘的教师，会教出健康丰厚有建设性和创造力的学生？这是做梦！中国最应该改善的是老师的经济地位！没有经济优势，你怎能要求教师的大气生存！当一个老师汲汲于每个月一分一厘的支出，被生存压得喘不过气的时候，他的诗歌教学里会有多少诗意，他的人格培养中会有多少健康？

赵鹏自杀的第三个因素，不得不考虑他的性格。我对他不了解，从网上文字里似乎也没有特别明确的说法。但同一种生活困境，有人跳楼，也有人咬牙活下去，除了各种客观因素，还有就是自身的主观原因，这里面不外乎就是性格因素。我们为什么不去死，是因为我们看得到每一件正面或负面的事件背后，辩证的另一种存在。我们能调试，偶尔还考虑“曲线救国”。赵鹏的自杀里面，让人无法接受的是他的死，将自身的责任转嫁在了其他人的身上，譬如他的妻子，而且因为他的死亡，还加重了这种责任。这么艰难的情况下，妻子还陪在他身边，那么，赵鹏死了之后，他的妻子情何以堪，以后孩子长大了，又会作何感想？他的父母呢，又将如何？他们是不是因此又多了一份生活的艰难，难道他们也去死？赵鹏的性格里面，肯定有过不去的地方。一个背负了家族骄傲和期望的人，面对现实的无能和不知是不是暂时的失败，会比一般人承受更多的痛苦。没有强大的内在，你就会退却或避开，以任何形式。

还有一点不得不提，那就是突发因素。比如说当你心理上已经饥寒交迫的时候拿到1 450元的工资单，譬如说带着慢班一定会有的气急攻心。我看报道，看不到这方面太过详细的调查，但是不用调查，我也能感受到这些。刚出来工作那几年，我曾经在夜里十二点左右蹲在学校的围墙边堵爬墙的学生，别的班级文明班一周扣个七八分也就到天了，我的基础班一天就能扣个二十来分，你得平心静气慢慢来，你得能接受别人的质疑，还有自己心底的狂吼！

这些，不是班主任的人是理解不了的。

我不是纠结于赵鹏的事，个案之所以成为个案，就是说有很多个性化的原因。但是我纠结于班主任的生存现状，赵鹏是一个极端的个例，但是我们呢，哪一个一线班主任敢说自己过得好，是一名专业化、幸福、有价值、成长型的班主任？有人能给出响亮的肯定回答吗？但是这样的班主任比例是多少？

我们的生存压力，什么时候能转变为发展压力？

我们个体班主任的发展压力，什么时候能转化为一个班主任专业群体的发展可能？

我们该通过什么方式？

我们将获得什么帮助？

我们最终能建设什么？

我还在想。

我希望，不只是个体在思考，也不只是个体在行动。永远不要只强调个人的主观能动性。

基于真实，追求优质，拒绝完美

陈雅洁

最近在朋友圈喝了好多“鸡汤”。尤其临近开学这段时间，有很多教育父母的文字，比如要耐心，要静待花开，要智慧，要做优秀的自己，才会有优秀的孩子……

这些都是对的。

但是，正确的事情不代表所有父母都做得到，实际上，我们再怎么努力，也不完美。

另外，孩子的成长，需要完美的家长和美好的外界么？或者说，可能么？

实际上，既不可能，也不需要。

我一直坚持真实的教育。意思是，给孩子适度的保护，也让孩子接触真实却不够美好的生活。我会努力变得更好，首先是我自己想变得更好，不是因为孩子。但是，即使这样，我也做不到全然美好和强大。

那天看到一段文字，大意是说，开学路上，家长催促孩子，这样不好，说家长要冷静、耐心，不然孩子以后容易焦躁不安。

我也不支持家长总是催促孩子、斥责孩子。但是，开学路上的催促并不见得一定有问题，要放在整个教育的过程之中去理解和判断。实际上，我们的孩子，也要面对可能有的委屈，也要消化父母或者外界突然的焦虑和灰暗。

因为我们自身不尽然光明，而外界也不尽然美好。你给了孩子那么多的刻意保护，他怎么面对没有额外保护的社会？他有心理预期吗？有承受能力吗？有解决的可能吗？有更大的创见吗？

有时候，我把无法克制的工作情绪，带到家庭中。我努力了，但是还是心情不好。我告诉孩子，妈妈现在确实心情不好，难以心平气和看待你的问题。你可以乖乖地做好自己的事情，暂时不要跟我说话，让我一个人安静一会儿。多宝在这时候往往拥抱我一下，就自己去客厅做手工玩。

有时候，我答应了孩子事情，但是失信了，没做到。孩子说妈妈你怎么不讲信用，你不是说一定要言而有信的吗？我说是的，人要重承诺，要不不承诺，承诺了就要做到。但是我也告诉你，是什么特殊原因无法做到，我尽力了，但是还是没能完成。我可以尽量弥补这件事情，只是还需要你自己消化，可以吗？

这种情况很少，但是我郑重其事说明了情况并做了跟进，孩子也就释然了。实际上，生活的真实就是这样，无法保证百分百的结果，可以尽力，可以弥补，但是不代表一定往你想要的结果去发展。孩子，你要适应，并调整。而能释然，是一种很重要的心理素质。较真在很多事情上都是好事，但是过度较真，有时后果会很可怕。

有时候，我和小马先生吵架，多宝看到了，很不开心。我平静下来后会和她交流，我们不要歇斯底里不讲道理，但是我们也会有摩擦和矛盾，争吵也是一种交流磨合的方式，会尽量减少，但是难以完全避免。

我们假期生活特别忙碌，多宝从小跟着我们忙碌。我说你享受了家庭带来的很多快乐和便利，也要陪伴爸妈一起面对工作的烦琐，适应节奏。在很多孩子不得不承受父母因工作忙碌，交流陪伴很少的时候，多宝享受着父母的亲自照顾，妈妈做的饭，爸爸洗的头……我们亲自陪伴她的各种活动，但是她也一直跟着我们的节奏，紧张而忙碌。对于孩子来说，是很辛苦的，但是，这就是我们家庭的真实，她要融进去的真实。

我在标题里面写，“拒绝”完美，不是“无法”完美。“拒绝”是种主动的选择，“无法”是主观上的欠缺。实际上，完美是一件很可怕的事情。不要用“完美”来强化作为父母的行为，有时刚好是教育上的“完美”。

作为父母，好像暂时还没持证上岗一说。即使真的需要考证，那也只是一个入门的训练。我们要努力变得优质，做优秀而温暖的自己，给孩子优质的陪伴和引导。拒绝虚假而徒增烦恼的“完美”教育。

教育，尤其是亲子教育，应该是基于自身和外界的真实，努力优质，彼此滋养和成长。

如果你心胸开阔，孩子就很难狭隘短浅。

如果你目有远方，怀有苍生，孩子就会一样温润而有力，不计较一己之私，努力成长得有意思、有价值。

如果你热爱自己的事业，孩子一样会理解并坚持自己的梦想。

如果你合理理性并积极健康地对待自己的不足和遗憾，孩子也会明白如何处理生活的得失和起伏。

你懂得理性看待，孩子才知道，原来真实的人生，也有负面的情绪、遭遇，也都是必须面对并消解的自我生命。

那天，我和多宝说，其实最好的境界，不是强大之后的悲悯，而是有了高度之后，依然保持对不同的尊重。

告诉孩子，你的种种思考和实践，欢乐和痛苦，创造和失败，坚强和脆弱……呈现真实而积极有趣的你和你的人生，让她看见真实而具体的生活，努力有力，努力温暖。

我喜欢这样。

留守儿童：父母何时回归家庭

陈雅洁

看毕节儿童自杀事件，今早又看到陈岚写到的留守儿童的家庭撕裂，心生感慨：一个家不管贫富，父母孩子在一起，如何艰难，都是有很多的幸福和温暖的，并且这种幸福和温暖给一个人的是极其长远的滋养。

因为各种原因，大多数是父母外出打工，造成家庭实质性离散，这种从出生就面临分离的事实，是社会及个人极其不稳定的存在。当然不能说留守儿童一定心理不健康，但是很多负面的情绪和现实状况确实不容易面对和解决。

大数据时代，中国儿童自杀率高居榜首，这实在是让人心痛又心酸的事情。

我认识一些外出打工的人，他们确实有很多现实考虑，必须走出那个贫穷的家乡。他们也不是不想将孩子带在身边，很多时候是无能为力。比如说夫妻都在外打工，没人能在家照顾小孩，另外入学难也是一个大问题。在外生活成本高，不如赚了钱给家里盖房。老人在家带孩子，也不是就一定不尽心，很多时候是条件就是那样，老一辈用老经验放养着。

而这些外出打工的小夫妻，很多也不是因为纯粹的相爱而结合，大多是工厂认识、老乡介绍，或者干脆在老家相亲，相处一段时间，觉得能接受就在一起组建家庭。不是没有爱，而是除了刚建立的一点爱的体验，也有其他生活上的考量。不少人过年回家小段时间就把终身大事定了下来，然后领证结婚再一起出来打拼，生了孩子就送回老家。婚姻面前，情感考量如果让步于其他生活因素，比如搭伙生存等，绝对会成为以后长期幸福的一种隐患。

可怕的不是这样的事情，而是这是一种占有相当比例的现象。

而现在，是这种现象的弊端开始集中爆发的时候。

我不知如何评价一个生命的降生对于家庭和社会的意义，可以是很大的，又似乎可以是很小的。但是对于个体生命而言，降生了，就是全部。很难想象在毕节儿童自杀事件中那个十来岁的老大平日是怎么面对自己生活和未来的。而是否他们父母一直在，情况就会好转，这也不是很能确定的事情。有一篇文章说，在毕节儿童自杀事件中，在外的父亲要承担的责任是小的，国家要承担的责任是大的。我们的留守儿童要解决的不只是饥饿的问题，或者说在现在这种情况下，把人逼上绝路的往往不是饥饿。

要提倡所有外出打工的父母带上孩子，似乎不太实际。现在有很多惠农政策，返乡，应该也是一种考虑。国家现在应该到了一种明确需要转型的阶段，外出务工的很多后续问题暴露出来，如何解决这些问题，是关系到国家现世安稳和长足发展的。实际上，乡村如何才能留住年轻人，这是更甚于贫富差距的具体表达。

城乡差距如何缩短？户籍政策如何完善？现在我们大量人被逼背井离乡，不外乎贫富差距和户籍福利。

对于留守儿童来说，父母回归家庭是第一步。什么时候能回归？当我们的乡村能够让年轻人安稳扎根的时候。

当然，即使父母都回归了家庭，也不代表就解决问题。家庭的完整与家庭的幸福并不是完全一致的。回归家庭是解决了基础问题，家庭不和谐是进一步的问题。家庭和谐才是重要的生产力。

父母能够回归家庭，我下一步想说的和谐的残缺与完整的不和谐，才有讨论的意义。

因为爱你，所以给你真实的世界

陈雅洁

这个世界上，最让我无怨无悔，即使恼怒，过后依旧给予无限耐心的，只有我的孩子。

孩子，因为爱你，所以我尽最大的努力，给你良好的生活，开阔的视野和宽广的胸襟。但是，我知道自己能力再好，也是有限的。所以，对我来说，最好的爱，也是最好的教育方式，是让你生活在你将要一直生活的真实世界。

家里一直喝农夫山泉，因为小马喜欢，多宝姑娘也一直跟着喜欢。其实我自己是偏爱景田百岁山的，除了水质入口绵软清甜，还因为造型清透精致，符合我的审美。

再后来干脆两种水一起买，反正总是要喝的，多喝水是好事，倒也不在乎一定喝哪一种。

后来我就发现好玩的事情了。

多宝姑娘越来越多地去拿景田百岁山，我觉得奇怪，问她为什么。

小姑娘还没学会掩饰自己的真实想法，因为她并不知道自己的真实想法在一个成熟的社会人眼中其实是有偏颇的。

多宝说，因为景田百岁山是水中贵族啊……

我“扑哧”一下就笑了，居然不是出于对水质的偏爱，仅仅是因为一句广告词。我心里摇摇头，是该对景田百岁山的广告成功而感慨呢，还是应该对多宝姑娘这种“唯广告”“唯贵族”，没有自己的独立思考而对她进行一番教育呢？

其实我是倾向后者的，我向来最看不惯人云亦云、缺乏独立思考能力、本末倒置的理解和判断，我希望我的孩子考虑问题的时候能针对事物的本质去判断，少顾虑他人不切中要害、仅浮于表象的看法，少受他人影响，能分辨各种声音，有自我的独立认识。

但是，最终，我除了“扑哧”一声，并没有留下任何的严厉训斥或者温和的劝语。

我很认真地想，其实，任何一个人的认知都有一个由浅入深的理解过程，随着他对社会、对生活的接触感知而慢慢产生变化，尤其是在成长阶段，这个变化的过程非常珍贵。况且，也不是一定不能所谓“肤浅”地看待问题，这个另说。

我想起多宝姑娘刚上一年级时候的一件小事。

多宝姑娘从小受我们熏陶，极其热爱阅读，很小就认识特别多的字，可以看特别多类型的书。但这是因为她自己喜欢，所以我们就顺势引导。本质上讲，我和小马先生都比较支持什么阶段做什么事，不支持超前学习。但是她自己有喜好、有学习欲望的东西除外。也因此，多宝姑娘在上小学前，从未学过写字，从未学过拼音。

然后，一年级上学期的前半段时间，我被多宝姑娘的拼音和汉字书写给折腾得快要疯了，我不能相信我和小马这两个对文字这么执着和擅长的人生出的孩子居然在最基础的拼音和书写上被不断否定，关键是我们检查作业时也给她开开小灶，但是居然还是有那么多不忍听、不忍看的问题！

当然，那是她刚学的时候。

一年级的下学期，我有一天突然发现，所有的拼音问题居然都不成为问题了，小姑娘已经很熟练地掌握了，并且汉字书写也工整规范很多，谈不上漂亮，但是只是半个多学期，只是随课堂学习，却真的已经好看许多。加上小姑娘本身识字量大，所以后面的进步其实是很快的，也不用怎么操心，她好像一下子突破瓶颈自己开发自己了。

我慢慢明白，对于成长来说，不管你拥有多么好的资源，你强加给孩子的始终容易消化不良，对孩子来说，他需要的是时间。他需要时间，自己磨合和消化，自己去感知并与知识相融，使之成为自己的能力。最重要的，你要给他时间。

我无比庆幸自己因为被折腾得不耐烦而没精力去强加干涉她的这个消化过程，所以她得以有时间将自己的书写从一笔一画歪歪扭扭慢慢变成相对工整。

我后来明白了很多事情，在人的成长过程中，外人能加快或者改变的，其实真的有限，很多对事情的认知，很多能力的获得，都和自己对生活的接触、理解有极大的关系，要给他真实的过程，要允许你不满意的认知存在，要给他充足的时间，尊重成长主体自我感知、自我历练的需求。

好多年前，家里打算买车，准确地说是小马先生坚持要求买车。我当时觉得家和单位太近了，好像没什么必要，平时也忙，很少有时间开车出去。但是我倒也不反对买车这件事，我的理解是只要家里养得起，只要你觉得有必要，关键是你喜欢，那就买呗。

但是我特别反感小马先生给出的若干理由中的几条，比如回老家父母会觉得特别有面子（那是好多年前），比如自己开车去会友也觉得很体面等。这虽然不是全部原因，但这是其中重要的原因，甚至盖过了实用性因素。

我特别不开心地表示，我不喜欢理性判断被虚荣或者其他的东西掩盖，我觉得只有内心极其微弱的人才需要通过这样的方式去表现自己的所谓优秀和所谓成功。有一定的虚荣心是很正常的，但是虚荣不应该成为一件事情的主要评判标准，否则这是很可笑的。

但是最终我没有否决小马先生的提议，因为他喜欢，到底也不是大是大非的问题，不必一定要他和我一样去思考。

若干年后，我和小马先生的认知都发生了很大的变化。

比如说，小马先生现在经常开着小电动车穿梭在大街小巷，落落大方和朋友、同事交谈，他不再需要一辆车子去证明自己混得不错，他自身的存在已经让自己不再需要太多的外物帮助来表明优秀。他开车，骑电动车，或者自行车，仅仅是出于实际需要的考虑。开车或步行，他都是一样的有气度。他已经不需要特别考究的衣服去撑起自己，很多衣服穿在他身上，都有味道。他曾经是个穷小子，现在依然不富有，可是，他的身上，已经有了我特别欣赏的宠辱不惊的味道，有日渐强大的自我和独立的判断，有坚持，也有难得的豁达，这特别好。这些变化，有赖于他自己对生活的逐渐深入的体悟，你要给他时间，允许他有一个过程。

又比如我，我曾经多么看不惯所谓衣锦还乡，看不惯人要依靠外物来让别人羡慕。就像当年小马先生觉得开车回老家，父母会特别骄傲一样，我看不惯；就像自己以前回家，穿着自己喜爱的手绘棉麻衣服，父母觉得我穿成那样会让别人觉得还没有老家人混得好，我看不惯……但是这么多年过去了，我突然发现，对于年老的父母来说，他们的快乐，意义已经大于一定要他们认同我的价值观，在不关是非底线的情况下，让他们觉得你过得好，并没什么不对。除去他们虚荣的快乐外，他们更多的还是希望子女过得好，天下大多数的父母，内心都是一样朴素的护犊情感。

我开始很温和地去看待自己原先看不惯的很多东西。如果当年小马先生这么要求我去理解，我肯定是做不到的。但是，时间给了我变得柔软的内心。真实的生活就是，很多事情无法非黑即白，更多时候，也许我们知白守黑。

回到多宝姑娘的教育问题上，我开始变得宽和。以前老话总说，我走过的弯路，告诉你，是希望你不再走这样的弯路。但是实际上，你的弯路，也许是他的直道。即使你的弯路也将成为他的弯路，那么，也要她自己慢慢体悟、慢慢感知，强加干涉去改变方向，不一定就有好的结果。父母，永远不可能替代孩子去成长，你能做的，就是让他看到真实的世界，让他自己去接触、感知、理解、判断、调整……他的成长和他的伤痛都是他的财富。

多宝姑娘做得好的时候，我从不吝于表扬，而且一定是很具体、有针对性的表扬。她表现很糟糕的时候，我也会罚站甚至打屁股，尽管次数不多。我最多保证不让自己因生活烦琐而迁怒于她，但是我绝不保证只有表扬的教育。

多宝姑娘问我，孩子的快乐和孩子的成绩哪个重要。我说都很重要，学习不仅是终身的能力需求，也是现实的生活需要。成绩仅仅是学习中的一种检验方式之一，但是成绩一样是重要的。素质高的孩子不会在应试的时候考砸，因为应试也是综合能力的一种检验。有一个快乐的心态去学习是一件好事，从这个角度讲，学习是快乐的。但是实际上，学习，尤其是专业学习，很多时候是孤寂枯燥艰难的，必须要去面对学习另一种层面的要求。快乐，并不是检验事物的唯一标准。本质上讲，成绩与快乐并不矛盾，不需要放到一起去讨论。

多宝从小知道麦当劳之类的快餐食品并不健康，不凑巧的时候才吃一些。但是有时，我们一家懒得做饭，也不想吃正餐，就在阳台啃着麦当劳的鸡翅，各看各的书，也觉得不错。我不觉得她不能吃薯条、喝可乐，但是确实要引导和限制。生活，没有那么多绝对不能做的事情，要看你能否合理甚至节制。

……

我无法一直给小姑娘最好的环境和资源，我能给的，是尽我最大能力，让她在童年时期，有相对开阔的视野和宽广的胸襟，知道生活的各种可能性，能看见细微处，也渴慕大气有趣的人生。

绝大多数事情，我都无法替你面对或者决定，无法替你免去伤害，也无法替你决定哪种生活就是所谓精彩。你的人生，就是你的。

所以，爱你，就给你真实的世界，不抹杀，不美化，心存美好和温暖，外在足够砥砺粗糙和艰难，如此而已。

与讲台融为一体，监考中……

陈雅洁

7号、8号监考高考，9号监考水平测试，仅次于高考的一次大型考试。窗外的世界一会儿阳光白晃晃，一会儿阴沉欲雨，我眼神似乎很复杂又似乎没内容地看着面前的三十个考生，感觉自己慢慢与讲台融为一体，监考，监考，监到地老天荒，考到天荒地老。

怕影响考生发挥，考场统一不准女老师穿高跟鞋，怕那个笃笃笃的声音。想尽量给学生更多的看卷时间，要求我们监考老师拆卷后必须在30秒内发完卷子，务必做到快准狠。

最忙碌和容易出问题的，是考试前的准备工作和结束时的收卷工作，内容多，一点小问题就容易变成高考监考事故，而且也真的会对考生产生影响。早上9:00—11:30的考试，我们8:00进入工作状态，8:25进场，一直到12:10才离开考务办公室。就那一场，在考场时间差不多三个半小时。为了不影响考生，所以两个监考老师一前一后，基本不走动。我是监考员甲，就是站在讲台那个，我能做的动作，就是站着，或者坐下。

还是为了怕影响考生，就是站着及坐下这两个动作，也不能太频繁，少变动为好。

监考老师目光要炯炯有神，有一定的威慑力，防止考生作弊。但是监考老师的眼神也得有点鼓励和笑意，要亲切，不要给考生造成压力，要帮助他们以最好的状态面对高考。老看着不行，不看也不行；眼睛里太多内容不行，没有内容也不行。

刚过去半个小时，我就闷得自己和自己掰手腕玩。

后来干脆掰指甲，牺牲指甲若干。

将自己从懂事上幼儿园以来到大学毕业结婚生子所有重大事件以及若干细节

回忆了一遍，居然只花了十五分钟，唉，不知要佩服自己快速的思维和记忆，还是悲哀自己简单到极致的人生。

看着阳光慢慢爬上窗外教学楼的墙壁，突然心一沉，这得监考监到什么时候啊，熬啊熬……又暗暗批评自己，不对，应该积极一点想事情。调整了心态，变换了思路，继续再看着阳光……想到阳光，就想到阳光般的生活，比如9月这帮学生就将有他们各自另一种精彩的开始，或者应该说可能有更精彩的开始。然后又特别注意了一下考生们的面相，开始猜想这个看起来长得很执拗，那个眼神很有内容，应该有料……

七弯八拐想了无数场景，思维像电路一样四通八达像八爪鱼一样张牙舞爪……

我想着这样子应该过去半个小时吧？

看了自己带来的手表——居然只过了两分钟！两分钟！从我看着阳光开始胡思乱想到看手表居然只过去了两分钟……

天要亡我！

我开始研究讲台，上面有本身几乎不可见但现在被我肉眼看得相当清楚的细纹，还有学生弄出来的一些圆珠笔的痕迹，硬物撞击过的疤痕。

在我研究讲台的时候，站在后面的监考老师走到了窗边，手扶着窗框一脸怅惘地望着窗外的世界，山清水秀，啊，不，楼青云白啊……

课室因为做高考试室，所有的字都被处理了，不是擦掉就是用白纸封起来。想看见个字也难。我继续研究讲台。讲台上只有粉笔和粉笔擦。哦，还有我们带来的监考老师工具箱，里面有小刀、剪刀、透明胶带、浆糊、2B铅笔、红笔、橡皮擦、橡皮筋。想了许久，我拿起透明胶带，在不能发出声音又不能有大动作的情况下，艰难而又缓慢地用透明胶带粘自己的手心，感觉到一种细密而又松弛的黏合和分离，这是平时从没注意过的细节。

好吧，真的没有事情做，很羡慕地看着下面的考生有张卷子可以奋笔疾书。我们也有卷子，备用卷。但是根据规定，我们不能看卷子，更加不能做题。所以，还是没事做。

我开始想，监完第一天考试，一刻钟没有停顿，我们自己的学生就回来了，然后马上布置课室，又开始正常晚修了。很不幸，我是那个班的班主任，按规定学生回校的第一个晚上当然也就是我去值晚修。我不能停止脑筋运转，只好想了想学生回校后班级的一些策略调整。还别说，真的就让我想出了好些个点子。思维的火花在噼噼啪啪地闪呀闪……

突然想起之前张和平的访谈，他说到他1 070次独自爬香山，每次都是带着问题去思考的。或者我换个想法，我也能利用监考这么纯思维的时间想点平时没有时间想的事情呗，挺好。

我又想起（不好意思，我只能不断想起，因为实在没有别的动作了）刚和小马看过《加勒比海盗之世界尽头》，里面威尔的爸爸差不多就和鬼船融为一体了，我想我也是吧，和讲台、和这课室融为一体了。我都已经开始用充满温情的目光去抚摸讲台边的白板，还有那些空调和窗玻璃了。我觉得玻璃上都是我的眼睛，墙壁上到处都镶嵌着和我一样的红艳艳的嘴唇（也许是苍白的嘴唇也说不定，我反正也看不到自个儿）……

怪了，我怎么觉得时钟的秒针似乎也是不动的？

幻觉，一定是幻觉。

……

有个女生举手，表示要上厕所。哈哈哈，谢天谢地，我有活路了！原则上考生是不允许上厕所的，但是确实有需要的话考场也不能那么没人性吧，所以按规定可以在流动监考的陪同下上厕所（试室必须保证有两个监考老师），前提是厕所门不能关。但是因为这一次的流动监考是男的，所以只好由他替我继续监考，然后由我陪同这个女生去上厕所。哈哈哈，我终于可以走出去了……

唉，可惜这个女生几乎一眨眼的功夫就搞定所有事情了，我真的感觉才眨了一下眼睛，她就表示可以回试室了。回到试室一看，三分钟。奇怪，这三分钟怎么比刚刚那两分钟短多了，我好像还来不及思考呢，咋就回来啦？

继续深情地看着讲台，这一次改研究粉笔。

眼神在考生们头上和脸上稳稳又轻轻地巡视着，像是越过千山万水，又似有似无。

监考，监考，可能是思维的激荡和生成，也可能是脑袋的空白和煎熬。想帮助一个人成长，让他监考去吧！想崩溃一个人的神经，也让他监考去吧！

监考后，我就成了你——讲台（请用这个调演唱“长大后，我就成了你”）！

继续。

监考吧……

飞出一片属于自己的天空

——浅谈中学生作文能力的培养

程增寿

作文教学是学校语文教学的一个高地，也是一个令语文老师相当关注和屡屡研究的话题。关于作文的教学，很多论文都已经为我们作出了总结，但我个人认为很多文章都比较少切实地触及一个学生尤其是中学生作文能力的形成关键问题，也就是如何让一个中学生从不会写、不敢写，到会写、能写、爱写，最后能基本完成写作任务的问题。本文笔者将通过自己在中学作文教学过程中的一些例子，粗略地总结出几点不甚成熟的看法，以供大家参考和批评。

一、培养兴趣，快乐作文

这是一个会不会写的问题。

从心理学上讲，推进认识，发展思维的首要条件是学生对认识对象发生兴趣。这就是说一个学生如果对一门功课没有学习兴趣，那么他必然不可能将这门功课学好，作文亦然，如果一个学生没有写作的兴趣甚至害怕写作文，那么他必然不可能入门，这就是许多语文工作者在实践中经常遇到的一个很普遍又很严肃的问题——很多学生会说："老师，我不会写作文啊。"是这个学生真的不会写吗？不是。是他不想写。为什么不想写？是因为他对写作文没有兴趣。兴趣是好文章出现的一个起飞点，是一个泉眼，发现了学生就会源源不断地写出作文甚至是好作文。那么，作文教学的首要问题：如何培养学生的作文兴趣？

其实，学生写作并不是一件很难的事，因为学生作文是学生的一项最基本最常见的表达方式而已，也就是说，任何一个学生都应该有写作文的基本能力，而任何学生解决"不会写"的难题也是可以总归到一点上的，那就是"兴趣"。所以，我们就能够在这里讨论如何找到一套适用于任何学生培养自己作文兴趣的方法了。

什么是兴趣呢？字典里的解释：情趣，情味或者一种喜好的情绪。但我认为，这里的兴趣首先应该主要是一个“趣”字，只有有了“趣”才能让学生走进来。趣，又是什么呢？就是一种快乐的感觉，就是一种轻松的情愫，就是一种自由的气氛。所以，我们抓住这一点，就能够让我们的学生走进作文的天地了。如果一个学生问你：“作文怎么写？”你如果告诉他，按照什么方法来写，比如议论文要有论据、有论点、有论证方法，那么相信很多还没有“入门”的学生会产生一种“望洋兴叹”的反应而最终郁郁不得入其中的。但如果你告诉他，作文就是跟你吃饭、说话、睡觉是一样的，都是我们自然而然就会的东西，那么他就会感觉到这其实是一件很平常的事，他会感觉到很轻松很自由因而快乐，从而第一步踏进了作文的门槛，接着就能够看到作文的真实天地了，这时，他就会对你一笑，会心地一笑。曾经有很多学生尤其是初中低年级的学生问我：“老师，我不会写作文呢，作文怎么写啊？”我先是装作很平常，并没有为他们的这个问题而惊讶或者愤慨，我说：“嘿，不就是和你说话一样吗？你会说话就会写作文哩。”他说：“啊？”——这说明写作文在他们的心目中是很神圣遥不可及的尤物，但我却说成是一件很平常很容易的事，他们能不惊讶？但要注意到，他们惊讶之后的表现：“哦，那是不是说，我将我所要说的话写成文字就可以了呢？”我又笑了：“对着呢。”于是很多学生都肯写作文了，写了以后给我看，我惊讶地发现，很多学生都是很不错的写作文能手，他们的思想、他们的语言都是鲜活的，富有浓郁的青春气息。我肯定了他们，他们也从此进入了作文的快乐天地，这时我们再加以适当的技巧引导，他们也就不会再认为这些技巧是多么不可触摸的东西了，于是水到渠成。我记得我带高一的时候，有一些学生是不大“敢”写作文的，但经过的一番“耍”后，他们都写出了自己的风格，都在年级或全校的作文比赛中获得了名次。

所以，培养学生的作文兴趣，也不是一件很难的事，只要我们先把写作当成是快乐、平常、自由的事，那么学生就会因为它们而快乐地自由写作了。其实，孩子们的心思都是新鲜的，很多时候我们大人看了都会惊讶，比如有一个学生写了一篇《想当一回坏小孩》，其视角是很多大人都没有的，但坏小孩其实不坏，坏只是对于好的一种反正罢了。

因为兴趣，所以快乐；因为快乐，所以轻松；因为轻松，所以作文。学生是一块富有弹性的铁，只要加以适当的点拨，其弹性是可观的。

二、引导观察，善于感受

这是一个写什么的问题。

找到了学生作文兴趣的泉眼，其实还只是第一步，远远不是写作文的目的，很多学生虽然不再为不会写、不敢写而烦恼了，但还是停留在言而无物，泛泛而谈的阶段。我们这个时候就应该注意适当地引导他们多观察生活，多感受生活，生活是让这个泉眼的泉水富有质感和口感的成分，汲取不尽，百用无穷。

让学生学会观察生活，在观察中感受生活，我们要引导一种参与生活的心，参与到生活中来，学生自然就会对很多事、物和人留下印象，那么他们就可以把这些印象用到作文中来，而不再是一味地写自己的梦魇和呓语了。在做好观察和感受的过程中，我们要注意贯彻学生观察和感受的一些方法，让他们养成习惯，从而让生活充分、多方位、多侧面地在作文中发挥出来。下面简单介绍三种常见而有效的方法以供参考：

整体法。要求学生对一个事件、一个人物、一个场景有一个大体的把握，比如一次班会，学生要学会对这次班会的大体过程有一个把握，班主任今天说了什么开头语，然后班里是怎么继续的，最后班会的效果如何等。这样可以培养学生的整体思维，学生在写作文的时候就不会写着写着就天马行空漫无边际了。让他们学会有序、有步骤地表达，就像一次旅行，有出发点，有经过处，也有目的地，这是学生作文的另一个最基本的能力，不然学生的作文将只能成为日记、成为一些毕业赠言。

细节法。除了以上介绍的整体法，还要注意引导学生留意生活中的细节，用心感受细节的魅力。细节虽细，但爆发力特大，就像原子弹一样，形小量大。让学生注意生活的细节同时也就注意到了一篇作文的可贵之处（这点可以从课本的很多小说或者散文中给学生举例子），打个比方，学校组织一次郊游，如果一个学生把这次郊游的全过程都写了，从头到尾都是平铺直叙，那么这样的作文必然枯燥无味。如果能够注意细节，感受细节，那么我们就可以在记叙事件的全过程中将这些细节加以描绘和点缀，让文章布满生机活力。比如，在吃午饭的时候，一个同学将烧烤的竹棒也咬断了，从而说明同学们已经很饿了，那么这次郊游便会给人们留下很深的印象。所以，在把握整体之余，要注意捕捉生活的细节，让过程添光彩，闪星辉。

比较法。比较的概念是比较多内涵的，但比较法是一种很好的学习方法，不但写作如此，其他如阅读等也如此，甚至许多学科都需要比较法来整理和归纳课本的内容和规律。而在观察中，比较法的应用能够让我们事半功倍，效果显著。所谓比较，就是两件事物的对比，它可以是横向的也可以是纵向的，可以是正反的也可以是内外的，可以是时间的也可以是空间的，内涵相当广泛。比如，同样是写郊游，假如今年郊游的时候你们班级的某位同学刚好转学了，而这位同学又是一个比较特别的，那么你就可以将今年的情形和去年的情形相比较，从而表达你对这位同学的怀念和作为对以前同学生涯一种回忆的切入口，从而让人对他和郊游这个活动印象深刻；或者正好来了一位新同学，也可以按照以上的思路去处理，效果是相当好的。

当然，观察的方法还有很多，在老师的引导下，学生可以自己摸索适用于自己观察和感受的方法，只要能将生活用到作文中来，就是成功的观察和感受方法。

三、挖掘亮点，因势利导

接下来就是怎么写的问题。

关于这个怎么写的问题，可能探讨起来会复杂些，然而，如果让我们换一个角度思考这个问题的话，也就不是一件很难的事了。人除了共性以外还有个性，每个人都有不同于别人的地方，写作文也一样，每个学生的特长不一样，他写作文的思路和套式也是不一样的，所以我认为在培养学生的写作能力时不应该先用一套普遍的方式传授给所有的学生，而是要善于挖掘各个学生的亮点，让他们能够扬长避短，发挥出个性色彩来。近几年的高考作文都注重学生作文的个性色彩，这也是我所提倡的挖掘学生亮点的一个出发点和落脚点。挖掘学生的亮点，这也是与培养学生的兴趣有很大联系的，更准确地说，挖掘学生个人的亮点、进行写法训练有助于学生个人兴趣的深化和加强，让他自信地能够写出更好的作文来。比如，一个学生喜欢写比喻句，但他在写议论文的时候没有注意议论文论点和论据的安排和配套，那么我们是先肯定他的比喻句呢，还是先批评他的章法呢？我的做法是先肯定他的比喻句，因为在议论文中，一个好的比喻将胜过几个一般的事例或论点。在孟子的文章中，比喻是最大的亮点，也是古今学习孟子文章时需要掌握的一个很重要的写作技法。但是，我们要跟这个学生讲清楚，比喻的作用和应用范围，如果是写一篇议论文，比喻是作为论点或者论据出现的，那么，先是我们对他比喻句的肯定，让他在比喻上有了足够的自信；如果我们再让他继续学习写议论文的基本方法，他就会注意到比喻句在议论文中的力量和亮点，这是“一石几鸟”的做法，何乐而不为呢？而反之则会让学生没有自信而感到茫然。

但要注意的是，我们提倡首先挖掘学生的亮点并不是说我们可以让学生偏执一隅，躲在自己的井里看天，我们的出发点是让学生先自信起来，然后再从普遍的常理上去让学生明白自我与外我之间的相互作用。我带了三年的高中，有一个学生文字相当华丽，文采相当出奇，但章法不是很规范，我平时的做法是让她自由发展，因为我知道一些写作的套式只是一副工具而已，到时一套上就庶几近矣。在高三，我要求她每一篇作文都要按照规定的文体要求去完成，结果出来了，模拟考试中她的作文都是50分以上（60分制）。还有许多学生都因有自己的个性色彩在作文上拿下了很高的发展分，这些都说明了一个学生的作文自信可以让他们获益多，而反之则会让他们手足无措。比如有一个学生初中的时候作文模式训练得很好，作文一向领先，但一上高中就远远地被抛在了后头，我针对这个个案想了很久，最后我总结出来，她所具备的只是一种形式而已，而自己的亮点在初中的时候没有得到合理的挖掘，所以无法达到高中的作文要求，由于长期耽于形式，直到高三的最后她才有了一些改观。令人叹惜。

当然，怎么写的问题并不只是这一点，但很多文章已经讨论过，就不再赘述了。

四、因材施教，师生互动

这是最后一个问题，就是作文的教学现状。我们古时候，很少有这么多学生一起上课的，很多都是私塾里几个学生一个老师，就像我们现在的研究生教育，所以老师能够逐个地去做具体学生的辅导。但现在中学的教学状况是，一个班六七十个人，一个老师教两个班一百来人，如果这时候老师是按照一套方法来教学生的话，那么势必造成学生学习兴趣和效果的差异，不是差的学生因为听不懂变得更差，就是好的学生因为觉得没必要再听而提不上来。所以，语文教学尤其是作文教学，我是很主张“因材施教”的，其实大家都知道，孔子七十二个学生，他也提出了“因材施教”，就是因为孔老夫子早已知道，学生的材质各异，所以教法也各异。

但是初时提出这个问题连我自己都感到为难，因为一个班，这么多人，怎么实施“因材施教”呢？而且学校所安排的时间远远不符合我们的理想设计。所以刚开始是很困难的，但只要师生沟通好，做好互动的准备，我想问题也就渐渐解决了。我的方法是让学生来找你，我们只要向学生说明我们的课堂教学的局限性就可以了。那么如何让学生来找你对自己辅导呢？这不是家教也不是特殊待遇，而是让学生知道，我们在课堂上所传授的并不是适用于任何人的，所以听不懂的下了课要问，不想听的下了课也要问。有些同学可能因为自己听不懂不好意思来问，但只要老师引导恰当，让这些学生知道，作文是无法一概而论的，那么他们就会主动地来找你谈谈他的作文。在我的实践中，就有很多学生作文本来不怎么样，但课堂上又吸收很少，下了课都跑来问我，让我给他们浇浇水、培培土什么的，于是现在都基本长成了一棵有自己形状的树，或大或小，毕竟有自己的一片阴凉了。至于好的学生不想听，也是一样的，只要我们让学生也知道这点。其实很多老师都担心这样会被学生所轻视，但实践证明，只要我们是为学生好的，学生就必然会给你回赠，无论是微笑还是成绩或者节日的小礼物。

所以，我认为在实施“因材施教”的过程当中，师生的感情交流是相当重要的。有了这个互动的基础，作文教学的“因材施教”才能实现，才能让学生在快乐作文中自由地展开自己的翅膀，飞出一片属于自己的广阔天空。

让中考语文阅读“五体投地”

程增寿

人们常说，作文是中考（高考）语文的半壁江山，其实，依我看来，往往在考试中水平发挥起伏不定的板块不在作文，以满分50分的中考作文为例，一般情况下，34分左右的作文是普遍的，也就是说，这个分数可以看作是中考作文的平均分或曰可得分，34分以下的是那些实在是没有将语文放在手边的学生，但是，要在34分以上，也不是平常人能够做到的，毕竟是少数而已。所以，我认为中考的作文分数是基本稳定的，只要抓好作文的几个常规，如立意、构思、材料和语言表达就可以了，其余的都有待于学生个人的积累和感悟了。然而，对于中考（高考）语文的另半壁江山——阅读而言，情况却悲观得多。很多学生疑惑：平时很多训练都可以得的分到了考场上就“不灵”了。从平时的月考试卷分析来看，学生波动较大的板块也是阅读题，可能上次这个板块发挥得很好，这次却一跌千里，无法挽回，而作文则没有这种情况出现。那么，如何让阅读题的发挥稳定下来呢？其实，对于教师本身而言，很多时候也是束手无策的，毕竟，阅读材料千变万化，具体问题五花八门，要真的让学生学会一些模式或公式去套用是很危险的，学生也很容易形成固定的思维，从而束缚了学生的想象力和感悟力。与其如此，不如来一次“软着陆”——让学生从思维上得到训练和深化。训练学生思维最好的方法就是让学生强化某些答题的意识，让学生像运动员一样有专业的意识，显示出比较专业化的答题动能，这样，才能较好地保证学生面对千变万化的阅读材料和五花八门的问题时有自己的理解和答题思路。

全国的中考语文阅读题基本上以文言文和现代文为主，文言文又可以分为课内文言文和课外文言文，现代文又可以分为实用类文体、文学类作品和名著，依我看来，无论是哪一类阅读题，其解答思维的本质都是一致的。在此，与大家商榷解答中考阅读题的五种意识，即文体意识、整体意识、主体意识、立体意识、具体意识，权当抛砖引玉，期待在这方面更有经验的前辈、同行的指正和深入研讨。

一、文体意识

随着近几年中考和高考作文对文体要求的淡化，现在的学生对文体的认识远远不够。甚至有同事叹息：“有学生问我说明文和议论文怎么区别?”他只能苦笑而已。而在实践中，学生答题时不辨文体的问题尤其严重。例如，在一道议论文阅读题中，问题是“画线的句子在文中有何作用?”有学生这样回答：“画线的句子运用了打比方的说明方法……”分析得头头是道，条理清晰，“理解”到位，其实，他的答案从一开始就犯了一个文体的原则性错误：在说明文中称作“打比方”的句子，在议论文中应该称为“比喻论证”，而在文学类作品中则应该称为“比喻”了。诸如此类的例子，虽然经过老师生动的讲解，形象的举例，但还有一部分学生弄不清楚为什么是这样的。这就关系到所谓的“文体意识”的问题了。

所谓“文体意识”，就是要求学生在阅读时要先认清这篇文章是什么体裁的，进而在答题时要注意用语的恰当和准确，否则就有可能一子走错，全盘皆输了。同样的句子，在不同的文体中分析时有不同的称呼，这就好像一种身份在不同的地域中有不同的叫法是一样的，比如“父亲”，一些地方叫“大”，一些地方叫“爹”，一些地方叫“爸”，甚至有些地方叫“叔”“伯”“丈”等。如果你到了叫“父亲”为“爹”的地方说成了“叔”，人家就无法原谅你的紊乱了。

诸如上述文体不清、用语不当的情况还体现在如下方面：

在说明文中称作“说明了……”的地方，在议论文中应该称为“证明了……”或者“论证了……的观点”，而在文学类作品中则应称为“表达了……”“表现了……”“抒发了……”，等等。

因此，“文体意识”在阅读中，尤其是现代文阅读中，要特别引起我们的注意，只有认清文体，才能“入乡随俗”，才能不闹笑话，才能不“白费功夫”。

二、整体意识

从近几年中考语文阅读试题的总体命题形式来看，其发展趋势偏向于对文章整体的把握。这就要求考生要在整体浏览的基础上，针对具体的问题进行解答，此时，“整体意识”便起到了不可忽视的作用。所谓“整体意识”，就是要求学生在答题时要从整体上把握对象，不能以偏概全，更不能因偏废全。

在解答中考语文阅读题的过程中，无论是对全文的把握（这点大概很多学生都能把握）还是对某一部分的分析，都要有“整体意识”。然而，“整体意识”并不是顾名思义的“笼统把握”，而是要经过对整体进行分层梳理之后进行整体的定位和表达。例如，在议论文阅读中，常有这样的一类题让学生丢分：“试分析文章某段（或某几段）的论证过程。”有相当部分的学生只能写出“先提出什么观点，再用什么方法进行论证”，而对于最后总结部分或者中间的第二个层次就忽略了，结果造成答案不完整而导致失分。

在说明文的阅读中，“整体意识”尤为重要。说明文阅读最常见的题型就是梳理文章的要点。解答这类题型，如果“整体意识”不到位，常常会丢分。比如，在《漫话对联》这篇说明文阅读中，有这样一道题：“文章主要介绍了对联的哪些知识？请简要概括出来。”从文章的行文用语来看，学生很容易找出“对联的定义”“对联的分类”“对联的起源和发展”“对联的写法”四个方面，因为这四个方面文章都有相关的提示语，如“对联，也叫楹联……”“根据内容和用途来划分……”“对联起源于何时？”“那么，如何撰写对联呢？”等，很多学生找出这四个要点之后就停滞不前了，只有少数学生能答出第五点：“对联的意义和影响”。为什么会造成这样的局面呢？关键就在于很多学生没有“整体意识”，也就是说没有把文章读完，继而进行分层，最后梳理要点。

在文学类作品阅读中，整体意识更是不可忽视。尤其是情节概括题等题型。比如，在《老海棠树》的阅读题中有这么一道：“请按照春夏秋冬的顺序概括‘奶奶’所做的事。”学生大多能答出：“春天，奶奶在树下糊纸袋”“夏天，奶奶在树下补花”“秋天，奶奶打扫院子”“冬天，奶奶在灯下读书”。而正确的答案却是：“春天，奶奶在树下糊纸袋”“夏天，奶奶在树下补花、洗菜”“秋天，奶奶打扫院子和大街”“冬天，奶奶在灯下读书”。为什么会这样呢？关键也就在于这些学生不能整体把握每一个部分，概念化地认为每个季节里“奶奶”只做一件事，所以就只梳理了一个点就停止了，而没有把第二、三部分的文字读完，没有整体把握，而第二、三部分刚好都有两个点，但是没有连接着出现，而是间隔了一些抒情文字才出现的，结果便出现了以偏概全的局面，从而丢分。

总之，“整体意识”是阅读中最为重要的一种意识，具备了整体意识，就意味着能保证基础题不丢分。

三、主体意识

作品阅读的一个最基本的问题：浏览完全文之后，你是否能基本把握这篇的中心要点，如主要人物，主要事件，主要情感等——这些，都是文章的主体。“主体意识”对正确到位地解答阅读题也是至关重要的。所谓“主体意识”，就是要求学生在阅读文章时要先对文章的中心要点进行大体把握，如“这篇文章的主要情感是什么”等。先看一个典型的例子：“文章第二段说明的内容是?”虽然这里指出“第二段”的范围，但是很多考生却无法答出正确的答案。学生的绝大多数答案都是这样的：“细菌感染是威胁人类生命的最重要因素之一。”原因是学生都认定一个道理：开头某一句具有概括性的语句一定是这段话的主要内容。而正确答案却是“交代FE复合酶研制的背景”。为什么是这样呢？因为这篇文章的主体即说明对象是“FE复合酶”(这点从文章的标题和全文主要内容可以看出)。

“主体意识”在文学类作品阅读中更显出其重要作用。2008年北京中考现代文阅读《乡间的庙会》中有这样一道题：“你怎样理解作者今天对‘庙会’的认识?”学生在这道题上很多都是胡乱瞎扯而已，根本就不知道这道题的意义所在。因为文章只有作者对“庙会”的一种朦胧感慨而已，没有更多明确的抒情性或者议论性的文字，因而学生抓不着边际了。实际上，只要我们在阅读时具备“主体意识”，就不会迷糊了。阅读一篇文章尤其是文学类的作品，一定要明确这篇文章写了什么人、什么事、什么景物，从而寄托作者的什么情感，后者是作者的写作目的，写作目的往往不会在文章直接点明，而是融化在作者的行文之中，需要我们认真去品读和体会，才能归纳出来的。于是，通过对文章中关于乡间庙会的描述，结合作者的一些朦胧感慨，我们就可以归纳出，作者此时对“庙会”的认识，应该是“作者对农民生活贫乏的哀伤和对农民生活状态的关注和同情（反思)。”

这个现象说明了很多学生在阅读文章的时候很少去注意文章的写作目的，绝大多数学生只会在作者明白点出的圈子里去觅食，很多时候都是“一叶障目，不见泰山”的局面——学生只知道文章写了什么事、什么人，而很少考虑这些事这些人事用来做什么的。因此，我们要多引导学生在平时的阅读中更自主地去探寻每一篇文章的写作目的即隐藏在具象（人、事、物）背后的深意，这样，学生才能在解答阅读题时突出“主体意识”，从而解决阅读中比较有深度的问题，在阅读这半壁江山中稳坐钓鱼台。

四、立体意识

从平时练习和考试的答题情况来看，很多学生思考问题时都呈现出片面的趋势，往往都因为要点不全而丢分。比如，在课内文言文阅读《邹忌讽齐王纳谏》中，有这样一道题："齐王纳谏后取得了什么样的效果?"学生大多数都能用原文回答："战胜于朝廷。"而正确答案却是："在国内修明了内政；在国外臣服了其他国家。"这就是学生思考问题的片面化所导致的结果。同样的阅读，还有这样两道题："齐王为什么乐于接受邹忌的建议?""齐国为什么能取得'战胜于朝廷'的成效?"这两个问题同样还是有很多学生只答出诸如"因为齐王要治理好国家"(前者),"因为齐国有像邹忌这样善于进谏的大臣"(后者)等片面答案；而正确答案应该是"一是因为邹忌的进谏方式巧妙；二是因为齐王要治理好国家"(前者),"一是因为齐国有像邹忌这样善于进谏的大臣；三是有齐王这样善于纳谏的君主"(后者)。从这些典型的错题中我们应该认识到"立体意识"的重要性。所谓"立体意识"，就是针对某个中心事物或道理进行多角度、多方面的考察、思索，以求全面认识事物、体会道理。

在现代文阅读中,"立体意识"同等重要。比如在解答"作用"或者"表达效果"等问题的时候，学生往往只会写出一方面的作用或效果，而忽视了其他方面的答案。如在刘心武《悔的边缘》阅读中有这样一道题："请分析文中'人群就像穿梭洄游的鱼儿'这句话的作用。"很多学生都能答出诸如"这句话运用比喻的修辞手法，形象生动地写出了地铁站人流拥挤的状况"一类的答案，只有一部分学生能答出作用的第二点："同时为下文交代年轻人盗窃老人的钱包而老人没有发觉创设环境和埋下伏笔。"前者只答出"内容"方面的作用；后者则能兼顾"结构"("情节发展")方面的作用。学生思考问题认识事物的片面性在这方面仍然相当严重。因此，在中考语文的阅读训练中要时刻提醒学生的"立体意识"，才能保证答题时不因为答案不全面而丢分，导致发挥"失常"的局面。

那么，如何培养学生的"立体意识"呢？其实讲白了也不是很费力，平时训练前提醒学生，在解答要点或原因等一类题目时多在心里默念"还有吗?"就可以了；理论上的指导可以给学生指出：事物都具备两面性，如内因与外因，自己与他人，对内与对外，人物性格的好与坏等。

其实,"立体意识"既是一种答题思维，也是一种生活态度。学生在日常生活中思考问题如果也能随时具备"立体意识"，那么解决起问题来也就会更加迅捷、更加准确。

五、具体意识

在中考语文的阅读训练中，还有一种意识是始终要让学生警觉的，那就是“具体意识”。所谓“具体意识”，就是提醒学生要看清问题的具体性和特殊性再进行解答，这样才能避免生搬硬套，牛头不对马嘴的“常见的怪现象”。

这种意识尤其在理解事物之间的联系时更凸显其重要性。比如在说明文阅读《中国古代建筑的色彩》中有这么一道题：“文章举北京故宫和天坛的例子有什么作用?”这道题的错误率高达85%以上，很多学生都是诸如此类的答案：“具体地说明了北方建筑具有鲜明活泼的特点。”这正是由于学生生搬硬套“中心句”的公式而导致的严重后果——这个答案确是本段的中心句，然而，文中“举北京故宫和天坛的例子”却不是为了“说明北方建筑具有鲜明活泼的特点”，而是为了“说明北方的建筑风格的形成在很大程度上与北方的自然环境有关”。因为作者在叙写这两个例子的时候着眼于这两处建筑的设计是为了其能够“在华北平原万里无云的蔚蓝天空下，这种色彩效果显得无比动人”。绝大多数的学生都只是看到“例子”，而忽略了对例子本身具体内涵的把握和理解，粗浅生硬地套上“中心句”，从而遭受答题的“滑铁卢”，让人叹惋。

这样的例子在解答其他类别的作品阅读中也是屡见不鲜的。在此不再赘述。

可以说，“具体意识”是整张试卷前自基础题后至作文题的根本意识之一，强调学生的“具体意识”，更能够促进学生对类似事物本质的认识，让学生具备一种客观、科学的思维方式，无论是在解题还是生活的过程中，都将受益无穷。

中考语文的阅读题占了整张试卷的一半有余，学生在阅读方面的丢分是不容忽视的，这是很多同行的共识。因此，在平时的训练中，到位地引导学生培养以上五种意识，将为学生解答阅读题带来风和日丽的春天，而不再遭受阴晴不定的天气影响，“发挥失常”。

强化五种意识，让中考语文阅读“五体投地”，决胜中考语文，不再是遥远的梦！

读《平视美国教育》札记

洪明利

今年2月，我读了王晓春写的《平视美国教育》，19万字，颇有收获，特别是对美国的基础教育有了一个比较直观的了解，记录如下。

长期以来，有关中美教育优劣的讨论，一直没有停歇。国人对美国教育的态度多半分为两种，一种是不屑一顾，我们自己的基础教育比美国就好，不用学；另一种则认为学不来，完全没有复制的土壤。但是辩证地看，两国的教育与社会环境、文化背景、历史形成等都有千丝万缕的关系。无论是盲目崇拜，实行拿来主义，还是强力排斥，全盘否定，都不是理性教育者的正确抉择。美国的教育体系受到全世界的认可，美国学校的专业选择和学分制度都十分灵活，我们可以借鉴美国教育中的积极因素。作为中国的基础教育工作者，正在培养走向世界舞台中央的下一代中国人的教育工作者，一定要有国际眼光，学习先进国家的教育经验，为我所用。如果学不来，起码要了解他国的教育现状。

该书作者从解读两本介绍美国教育的书籍入手，探讨了中国教育发展中的劣势和优势，并据此对中国的教学思路、校长及教师的作用等问题提出了建议，具有很强的实践参考价值。我建议校长、老师们都应该看看。

书中介绍的好多教育内容，对我的启发挺大，有些是可以进行学习和实践的。

一、犹太人过逾越节规定要读书和唱歌。这种行为是在以民族的名义教育下一代，要把读书和唱歌作为享受美食的前提。而在中国，我找不出哪个节日与读书有关。犹太民族是个优秀民族，但他们不是天生的优秀，而是靠后天的努力学习获得的。据统计，犹太人平均每人每年读书64本，而中国人是5本，这个差距太大。我改变不了国人的阅读量，但我可以在自己力所能及的范围内提升一小部分国人的阅读量。一是在学习中开展语文主题阅读实验教学，变一学期1本语文教科书为7本教科书，变课外阅读为课内阅读，拓宽学习阅读的宽度。二是每班配置50本（套）中外名著，给学力有余的学生拓展阅读广度。三是校长、老师带头读书，言传身教，既提高老师的素质，又是对学生最好的示范。四是开辟各种读书环境，如建设诚信共享书吧，学校在校园内建设一个开放式读书角，设有书橱、台凳、展示板，师生可把自己读过的书推荐给大家，把推荐的理由写在展示板上，把书放在书橱上，其他师生可自行取书，自行还书。学校还将发动师生进行讨论，确定某一天为南屏中学读书节。我初步的想法是定 4 月 1 日为读书节，因为西方把这天定为愚人节，定这天为读书节，寓意为读书后就不是愚人了。总之，营造读书范围，建设书香校园，是一位中国校长应该做也必须做的工作。

二、我国的应试教育是古代科举制度的延伸。科举制度在中国延续了一千多年，在公平选人方面有重要作用。中国目前的高考、中考，也是公平选人的一种较好的方式。试想没有高考的话，社会将变成什么样子？会不会出现社会迅速两极分化？

三、是否使用多媒体，不能作为评课的标准。多媒体只是一种教学辅助工具，可以提高教学的技术水平，但到不了教育的本质意义。美国是科学技术发达的国家，但不把技术手段作为评课的标准，这对我的启发挺大。科技手段再怎么应用，都应该落脚在培养人成为人这个点上。

四、教师首先是学习者，不是谦虚，而是一种教学姿态，以身垂范，应该试着开始做一些力所能及的探究式学习。

五、作文训练法：从理解题目到列提纲都经过讨论，改到85分以上为止。

六、规定班主任和科任管班的职责范围。

七、探究性学习是学生接受性学习的补充，小组合作是实现学生教学生。

八、美国通过学校分类实现了社会分层，精英进高学费的私立学校，普通人进公立学校。

内容还有很多，不一一列举了。

回乡见闻记

洪明利

2018年春节，我回广东省陆丰市老家过年。期间走亲访友，跟我交往的大多是在陆丰的同学、老师，因为我是做教育工作的，听到的大多是陆丰基础教育的现状。大概的情况：老牌的公办高中正在衰落，我原来所读的高中，是当时全市的重点高中，分数线很高。而现在，分数低到跟乡镇中学差不多。公办初中正在衰落，学生大部分在课堂上玩手机，在课堂上听课的只有前排的几个学生。与公办中学衰落形成对比的是各种形式的民办中学蓬勃发展，特别是民办高中，通过吸收绝大多数成绩好的尖子生、采用灵活的管理机制、改进教育教学方式方法等手段，提升了教育质量，学位供不应求。而入学优质民办高中的背后是昂贵的学费，每学年的学费是2万至3万元。这就产生了一个问题，能够上民办高中的，必须是家庭经济条件比较好的。而目前在陆丰当地生活的人，经济水平都比较一般。更何况贫穷农民，其子女就算成绩好，由于经济问题也上不了优质民办高中，只能上公办高中，而公办高中由于生源的问题，教师师资水平的问题，学校运行管理的体制机制问题，教育质量逐年下降。据我了解，粤东、粤西、粤北以及中国内地好多落后省份的农村，基础教育的情况与陆丰市的情况差不多。

网络上有一则故事：一群小朋友在操场赛跑，谁跑到前十名就有糖吃，第一名糖最好，其余依次类推，第十名之后就没有糖吃。第一周，拿到糖的，有的是天生跑得快，有的呢，是刻苦练习，也吃到了糖。第二周，没吃到糖的一个孩子请了个著名教练来指导，还买了双高级跑鞋，结果，这孩子也吃到了糖。第三周，有更多的孩子请了教练，买了跑鞋，还喝功能饮料。竞争更激烈了，每个孩子都气喘吁吁、膝盖磨损，他们的家长也花费不菲。可得奖的还是那几个人，奖品还是那几颗糖而已。第四周，有几个孩子在第一周能拿到糖，但第三周之后再也拿不到糖，因为他们没钱请教练，也没钱买跑鞋、喝功能饮料。他们起初投诉比赛不公，但裁判并不理会。他们在多次尝试无果后，最后干脆放弃了训练，得过且过。第五周，几个绝望的穷孩子在某个富孩子的功能饮料里放了泻药，试图破坏比赛，结果被关进了禁闭室并被罚出赛场。第六周，比赛越来越激烈，装备越来越高级，一些中等人家的孩子也负担不起，有几个还得了抑郁症，他们先后退出了比赛，放弃了锻炼。第七周，操场上只剩下了十个又强壮又富裕的孩子在比赛，他们总能获奖，身体也越来越好，此时的他们终于成为永远的胜利者。这会只是个故事吗？

这种状况，产生了一个严重后果，即导致贫穷老百姓的子女失去了通过公平竞争改变命运和家庭的机会，还将导致社会更加贫富分化，直接软化中国社会的根基。党和国家提出共赴小康的目标，开展扶贫工程的意义正在于解决贫富分化问题。只有解决了这个问题，才可以谈建设中国特色社会主义强国，才可以实现中华民族伟大复兴的中国梦。

作为人民教师，我们可以做什么？一位普通的老师，好像改变不了什么。但就算只是一条小溪，那也是汇聚成大海的力量。中国梦是要靠亿万中国人共同不懈努力才能实现，任何老师都可以为实现中华民族的伟大复兴作出贡献。做法就是在自己的岗位上，脚踏实地，为所有学生的成长服务，对学生负责，对教育负责，对国家和社会负责，努力做学生喜欢，家长放心，学校认可的有仁爱之心的好老师。

中国农村里面，就不乏有仁爱之心好老师的榜样。2018年春节过后，一则图片新闻报道了一个教师关爱留守儿童的事情。报道的是贵州省黔东南州榕江县加退村的一名老师，参与了留守儿童告别父母进城的过程。图片中的小女孩，舍不得与妈妈分离，一路追赶，哭着拉住妈妈的手不肯放，抱住她、安慰她的是她的老师。同时期还有一则图片新闻，报道的是江苏山区里面的一群学生在年三十晚上，集体到班主任家拜年，给班主任老师爸爸拜年，并留下全家福合影。这也是一种留守儿童感恩老师的故事，也说明了老师在学生心目中的地位，是父母和老师兼而有之。这样的老师，既充当了老师的角色，又充当了父母亲的角色，是留守孩子心灵的寄托，父（母）子（女）感情欠缺的填空者，托起了留守儿童心中的一片天。他们是有仁爱之心教师的代表。

我还了解到，在云南怒江地区，老师的任务主要是劝学。因为学生家里穷，离学校又远，孩子都不来学校读书。老师们结合实际，主要任务不是在课堂上讲多少知识、培养多少能力，而是到山里去满山遍野地找学生到学校来上学。

我在想，山区的老师是怎么做到的？我想最重要的应该是拥有仁爱之心，有了爱人之心才会产生教书育人的动力，否则只能是应付了事。地处中国较发达地区的老师要向山区老师、农村老师学习，学习他们爱岗敬业、爱生如子的精神。每一位中华儿女，都有义务和责任承担起中华民族伟大复兴的重任，只要我们每一个老师都脚踏实地，在自己岗位上做好自己的本职工作，拥有仁爱之心，面对我们的下一代，面对我们的孩子们，为他们终身发展着想，努力做好工作，不懈怠、不抛弃、不放弃，我们就对得起人民教师这个光荣称号。

十年树木，百年树人，教育大计，教师为本。人民教师必须心怀理想、信念，充满爱心，坚持学习，才能承担起教育重任。

2019年7月19日

高中语文新课程教学活动中教师的角色定位

洪明利

《普通高中语文课程标准》(以下简称《课程标准》) 指出，促进“学生探究能力的发展应成为高中语文课程的重要任务”,“使学生增强探究意识和兴趣，学习探究方法，使语文学习的过程成为积极主动探索未知领域的过程”,“积极倡导自主、合作、探究的学习方式”。而在传统的语文教学中，教师成为课堂教学的中心、主宰和表演角色。即使教师有意转变一下角色，扮演“导演”，但教师在课堂教学中仍是知识的输出者、讲解者，处于权威的地位,“指挥”着学生的学习活动，学生无自主可言，无探究自由,“学生是学习的主人，是学习活动的主体”成了一句空话，根本无法落实。不改变教师在语文课堂教学中充当主角的局面，学生是学习的主人和主体地位就无法确立，学生的探究能力就得不到发展。因此，在高中语文新课程的课堂教学中，教师必须更新观念，对自己的角色重新定位，丰富知识，提高自身的综合素养，才能落实新课标提出的育人目标。那么，在高中语文新课程的教学活动中，教师应充当什么角色呢？教师充当的当然不再是主角，不是单纯的导师型的，而是担负多种责任的复合型的。

一、教师是学生学习活动的组织者和引导者

《课程标准》指出：“教师是学习活动的组织者和引导者。教师要更新观念，丰富知识，提高自身的文化素养。”教师在学生的学习活动中，也即在课堂教学中，充当的是组织者和引导者的角色，就像会议的组织者，公众活动的引导者，而不是主角、表演者，学生才是学习活动的主人。当然，教师在学生学习活动中的组织和引导作用十分重要，没有教师的组织和引导，学习活动就没有明确的目的，就没有了秩序，就可能处于涣散的无组织状态，就不能完成教学的目标、达到教学的目的。教师所起的作用就是组织好学生的学习活动，做好组织引导工作，

导读、导写、导讨论、导探究，朝着学习活动的目标，引导学生有序地开展学习探究，让学生成为学习活动的主人，把读书的权利还给学生，把课堂的时空还给学生，把思维的过程还给学生，把书中的乐趣还给学生，把实践的过程还给学生，让学生在学习活动中学会学习、探究，激发学生的主体意识和求知欲，“努力提高组织教学和引导学生学习的质量”。

二、教师也是学生学习活动的参与者

《课程标准》指出，教师要“在与学生平等对话的合作互动中，加强对学生的点拨和指导，实现教学相长”。在学生的学习活动中，虽然教师不再是主角，不再是表演者，但也不是旁观者、局外人，而是一个积极的参与者，积极参与到学生的学习探究中，参与学生的学习、讨论，成为学生学习活动中的一员，成为学生特殊的学习伙伴。参与学生的阅读，与学生一起去领略“荷塘月色”“内蒙访古”“登泰山观日出”；参与学生的讨论，和学生探讨改革开放中如何实行“拿来主义”；和学生一起写作，教师也在课堂时间内写写作文；和学生一起体验，与学生分享自己的感情和思想，畅谈读《祭十二郎文》《陈情表》等散文后的感受；和学生一起寻真理，体味《兰亭集序》《赤壁赋》中的人生观、宇宙观，引导学生树立积极正确的人生观；探究《神奇的极光》中极光的成因和宇宙的奥秘；成为学生可以信赖的朋友，创造一个鼓励、合作、和谐的学习环境，促进学生的积极学习、探究。教师的参与和介入，可以发挥教师的组织、引导作用，相机引导学生探究问题，点拨学生理解问题，帮助学生扫除学习上的障碍，协调学生的争执，甚至和学生一起讨论，实现师生的平等对话。教师不再是权威的指挥者、裁定者，而是学生学习的伙伴。有了教师的积极参与，学生的学习活动才能按照教学的计划进行，完成学习的任务。

三、教师还是学生学习活动的协调者、评判者、照明灯

在学生进行自主式的学习探究过程中，课堂并不是放任自由，处于无秩序的混乱状态，教师并不是学生学习活动的局外人，而是学生学习活动的协调者、评判者。在学生的学习讨论中需要教师进行协调，控制课堂的节奏和局面，对学生争论的问题作出评判。如对《药》等作品的多主题性进行讨论时，教师应对学生的争论作出恰切的引导、评判，对《项链》等作品中的主人公的形象评价讨论时，

教师也应作介入、评判。虽然教师不再充当权威的裁定者，但教师恰如其分的介入、评判还是必要的。这种评判不能唯一标准论，也不是无原则无标准，既不能挫伤学生的学习积极性和探究创新精神，也不是模棱两可，无标准无原则。通过教师的评判，激发、鼓励学生的创新精神、求知欲望，给学生指明探索的方向。教师在协调和评判中，要注意“与学生平等对话”，鼓励学生探究，指明探索的方向，使学习活动更活跃，学生的探究热情更高涨，创造一种宽松、活泼的学习氛围。

四、教师还应是学生学习活动的服务者

《课程标准》指出：“教师要为学生的阅读实践创设良好环境，提供有利条件。”高中语文新课程的教学中，教师在完成组织、协调学生的学习探究活动，参与学生的活动等任务之后，还要树立服务意识，树立学生主体观，服务学生的学习活动。为学生的学习探究尽可能提供各种资源、资料，提供学习活动的各种手段，帮助学生解决学习探究中碰到的困难问题，帮助学生扫除学习上的障碍和困难。如指导学生学《林黛玉进贾府》《失街亭》等节选自长篇小说的课文，教师应尽可能提供有关的内容信息和研究资料，解决学生阅读上的障碍。为他们排忧解难，鼓励加油，建立一个接纳、支持性、宽松的学习环境，千方百计地调动学生学习的积极性，让学生主动学习、主动探究，确保学生的思维在学习过程中始终处于活跃状态，真正让学生在学习活动中扮演主体角色。

高中语文新课程中，学生成为学习的主人，课堂教学成为学生自主探究学习的活动。这对教师的素养提出了更高的要求。教师在教学活动过程中，应注意更新观念，转变角色，丰富知识，提高自身的综合素养，成为担负多种责任的复合型教师，组织、引导、协调好学生的学习活动，积极参与到学生的学习探究活动中去，服务学生的学习探索活动，引导学生的学习活动有目的、有序地进行，达到发展学生的学习探究能力，塑造全球化时代新型公民的教育目标。

2004年1月28日于南中科学楼

（本文参加汕头市高中新课标学习研讨会交流）

新时期及实施新课程对教师素养的要求

洪明利

人类已然进入新世纪，世界已经进入了网络时代，我国正在步入建设小康社会的新时期，教育也进入了新一轮的“课改”。在这新世纪、新时代、新时期、新“课改”的背景下，一切的“新”使我们眼花缭乱，应接不暇。作为一名教师，应冷静、理智地思考，新世纪的教师应该具备什么素质，网络时代的教师应该具备什么技能，我们应该如何在新时期与新课程实施中，做一名适应时代发展需求和实施推进新课程要求的合格的新型教师。

经过一段时间的思考与教育教学管理实践，笔者以为在新时期与新课程实施中，一名适应时代发展需求和实施推进新课程要求的合格的新型教师必须具备以下素养：

一、必须成为学习型教师

无论是新世纪，还是网络时代，知识量爆炸式剧增，知识更新快捷，不止是日新月异，已经是“秒新分异”。作为以向学生传授知识和培养技能为职业的教师，压力是不言而喻的。教人学者需会学。教师必须确立终生学习、发展的理念，不断更新知识，不断学习、获取、补充新的知识，包括自身专业领域（教育教学科研）发展的新理论新动向，其他相关领域或学科的新理论、新知识、新观点、新理念及发展的新动向，等等，常学常新，不断“充电”，使自己这部“机器”能不停地正常工作，成为学习型教师，成为入世适时吃得开的“潮人”。同时，还要引导学生形成终生学习和发展的理念，培养学生养成不断学习、发展的习惯。

二、必须成为学者型教师

现在许多家长都具备一定水平的普化常识、教育常识，社会各界、各行各业从业人员都有相当广阔的知识面和相当层次的知识水平，知识不为教师所专有。教师要教育学生，教给学生常新常变（发展）的知识，培育新世纪、新时代、新观念、新作派的新人（学生），免不了还要接触交际知识水平在不断提高、知识面在不断拓宽、知识量在不断更新增容的学生家长和社会各界各行各业人士，如果自身不继续学习发展，不更新、补充知识，学识不能广而博，专业不能专而精，知识功底不深厚，不能精通本学科知识与学术，不能通知其他学科知识与学术，跟不上网络时代的步伐，不想、不能、不搞网上学习，不搞远程培训学习，你能开展工作、做好工作？你能端得稳这饭碗？你能吃得开、吼得住？你能生存与发展？道理很简单：一个要教人学习的人，自己首先必须学会学习，自己必须会不断学习与发展，而且必须成为有学问（知识渊博）、能做学问（具备研究能力及水平）的学者。

三、必须成为发展型教师

时代在不断发展，社会是不断发展的。要做一个适应时代和社会发展需要的人，也是要不断发展的；肩负着教育培养适应时代与社会不断发展的人的职业使命的教师，更需要不断发展。这中间既有自身的专业能力的发展、学术水平的发展，还有相关领域或学科的理论、知识等的发展，还有引导学生学会学习与发展。要发展，首先要学习；要会发展，首先要会学习。会不断学习，才会不断发展；不断发展，更会不断学习；更会不断学习，就会获得更大发展。

四、努力成为科研型教师

做任何一项工作，需用心研究才能提高工作水平与效果；从事任何一项职业，需敬业科研才能提高职业水准与效益。用心与投入，可以克服职业倦怠；科研与探索，可以获得成就感慰。一名有事业心、有使命感、有良知的真正教师，必然会用心跟踪、关注、研究当前教育教学理论与科研的发展新动向、新动态、新成果，必然有较强或极强或敏锐的教科研意识，必然有较开阔的教科研视野与眼界，关注教科研动态，关心教科研课题动向，不断提高自己的教科研水平。新世纪、新时代的教师，应该努力成为一名科研型的新型教师。

五、最终成为复合型教师

新型的社会发展需要综合型、通用型的人才，日益复杂的社会结构需要复合型人才，高速发展的产业结构需要既专业又合作型的人才。社会发展越来越纷繁复杂，社会分工越来越细，而做好一项工作或干成一番事业，需要许多专业的人才分工又合作，其中又离不开有综合能力、复合水平的人来领导、组织、协调、指挥。培养人的人应该先具备所需要培养人的能力水平与素质素养。作为教育人、培养人的教师，要教育、培养出适合时代与社会发展的新公民，自己必须先成为有综合能力和素养的复合型人才，成为“新万金油”。“要给学生一碗水，自己要有一桶水”好像没有过时。在这知识传播极为迅速的网络时代，学生的知识视野不再单一狭窄，教师应该拓宽自己的知识视野与领域；教育活动及课程实施需要社会实践，教师必须具备活动开展及课程实施所必需的组织、沟通、协调等综合能力，教师被迅猛发展而纷繁复杂的时代赋予了必须是综合型、复合型人才的时代使命。

因时代的发展与需要，因职业的特点与要求，教师需要不断学习；教师因不断学习，知识不断更新与充实，成为适应时代需要的学者；因成为适应时代需要的学者而获得不断发展的能力与机遇；因获得不断发展的能力与机遇而具备一定水平的教育科研的能力与视野；因具备一定水平的教科研的能力水平与视野而成为综合型、复合型人才；因成为综合型、复合型人才适应了时代与社会的发展，获得更大的发展空间从而获得了更大更高的发展。使命的神圣崇高与职业的高难苛求，成就了人后天的发展，获得更大更高的人生期盼、人生价值与事业成就感，社会因此而更高水平发展，时代因此而更快速发展，人类文明因此而更快速高水平发展而更灿烂辉煌。可以不为过地说，人类文明的传承与发展，就是教师作用的记载与展现；人类文明发展的历史，就是一部教师贡献的历史。

2012年11月于南澳二中

吾师巍巍

洪明利

古语云："人生得一知已足矣。"我诚何幸，今生能有这样一位知心的师友——早年的老师，前些年的领导，近些年的同事，相识至今的忘年之交。他，就是我心中十分敬佩的方桂铨老师，我心中永远的老师。

方老师是我高中读毕业班时的语文老师。他对于我爱好语文和文学有着很大的帮助。由于他的教导和鼓励，我的语文成绩提高得很快，在高考中取得了当年全县语文单科最好的成绩，并顺利被大学中文系录取。也由于他的引导和熏陶，我对文学情有独钟，在写作上颇有长进。

大学毕业回到母校任教，有幸与方老师同事。这时，方老师是语文组长。昔日的师生变成了同事、上下级，但我一直以学生的身份师事方老师。方老师则从没有摆老师的架子，也从没有摆领导的架子。他指导我开展教研工作，鼓励我上校级、县级语文探索课，并为我上好县级语文公开课多方筹划，甚至为我开课前的准备工作和开课后的讨论小结奔忙着。那一次，我所上的课被评为全县语文教学观摩课最佳课堂奖。捧着获奖证书，我心里明白：这轻轻的纸质的获奖证书其实甚重，它凝聚着浓浓师恩，凝聚着师生两代人的辛勤汗水与心血，凝聚着语文教学改革探索的艰辛与成功的喜悦。

后来，我任高中班主任时，方老师是学校政教处主任。我负责的班有部分差生，学习成绩和纪律性均较差。在方老师的指导下，我努力搞好班风建设，着力培养班干部队伍，勤于跟班和家访，耐心教育转化后进生。每当我在工作中碰到困难时，方老师总能给我指点解决困难的办法；每当我胆怯后退时，方老师鼓励我勇敢面对，克服困难：每当我心躁气浮时，方老师总点化我沉住气："办法总比困难多。"……

随着年龄的增长，方老师"退居二线"。我这个他心目中的高足顶起了他的工作：教学上担起了高三毕业班语文把关教师的担子，行政上担任校长办公室主任。但方老师依故在我身边，只是变成了我的“助手”——教学上任高一或高二年级的语文课，为我高三接手时打好基础；行政工作上是办公室的主任级干事，负责学校宣传工作。他风趣地对我说：“有我给你打下手，你放心：高一、高二我教的班级，交到你手里教学质量你尽管放心；学校的宣传工作，我多请示你多吩咐，你也只管放心！”我不知说什么好，但我知道，我老师说的风趣话是真心话，他的工作我一百个放心。

时常，一个个矮小而实则高大无比的影子，一幅幅狭小而则实壮丽的画面，交叠着浮现在我眼前：校道上，两鬓秋霜、身材矮小的老头子却步履稳健；讲台上，声音略为苍老却阳刚之气仍足的老人循循善诱；办公桌前，背上微驼，老眼仍不昏花的老教师笔耕不辍；宣传工作室内，吾师挥毫制作宣传栏，大字气势遒劲，小字娟秀整齐宣传长廊前，吾师正指点着青年教师布置宣传橱窗……这一个个的影子，一幅幅的画面交叠着以至在我眼前叠现成一个无比高大的影像。

天边，夕阳正红，夕阳正好。放学后的校园，显得那么静，那么美。这时，工作了一整天的方老师沿着校道回家，我望着老师的背影沉思着。

赛缪尔·厄尔曼的《青春》一文写道：“真正的青春不是年龄上年轻，而是心灵的年轻，是一种永恒的心态……是生命之泉的清澈常新。”

古语云：“唯德为先，有德乃高。”

此时，我觉得老师的背影是那么的魁梧高大，步履是那样的年轻！

我师巍巍。

2002年4月于南中科学楼

（本文获2002年汕头市文教卫工会“我身边的好老师”征文三等奖，县教育工会一等奖）

校园里有一群“牛”

——记南澳县第二中学的党员教师

洪明利

我们的校园里有一群“牛”。他们中有“公”的，有“母”的；有中共党员，也有受党教育培养多年的普通教师。

他们不是“拓荒牛”，他们只是一群忠于党的教育事业，恪尽职守、默默奉献、普普通通的“老黄牛”。

他们当中有校园里的管理者，一群守望着校园勤于劳作的“耕牛”。他们早出晚归，勤勤恳恳地管理着自己的学校，关注着、确保着校园的安全、秩序、常规，在乎着学校的教育教学质量。校门口、校道上、操场上、走廊里、教室里到处有他们勤快的身影。我们可以随口叫出他们的名字：陈奇南、陈伟雄、肖开允、章膺杰、杨伟豪、吴耀文……他们当中有的被中共汕头市委、市政府授予“汕头市优秀校长”，有的被评为“汕头市优秀德育工作者”，有的被评为汕头市“学校体卫工作先进个人”。

他们当中有的是学校各项工作的实施者，一群安于本职默默工作的“孺子牛”。他们实实在在做事，完成各项常规工作，记挂着学校里的大事小事，维护着学校常规工作的正常运转。校园里、办公室里时常可以看到他们稳健的身影：蔡佩青、杨斯权、许少钦、黄素华……他们当中有的被评为“汕头市先进教师”，有的被评为“汕头市教改教研先进个人”，有的被评为县优秀党员，有的被评为县教育系统优秀党员。

他们当中有的是学校常规工作或突击性任务的“突击队员”，一群敢冲能干的“奔牛”。他们经常加班加点，不计较个人得失，完成各项急需完成的工作任务，保证学校能够按时完成上级布置的各项工作任务。校道上、办公室里经常有他们匆忙的身影：洪汉涛、周少鹏、蔡伟强、林伟生……他们当中有的被中共教育局机关党委授予优秀党务工作者，有的被共青团汕头市委授予优秀共青团员、优秀团干。

他们当中有的是班主任，一群勤于职守的“拉车牛”。他们早到校晚回家，尽职尽责地管理着自己的班级，耐心地教育开导着自己的学生，维持着班级以致学校教育教学秩序的井然有序。教室里、办公室里经常可以看到他们或亲切或和蔼或严厉的面孔：张婵贤、蔡淑芹、吴素君、柯拉珠、曾少鹏、周湘楚、杨妙芝、陈妙花、李晓利、林雪霞、吴翠苹、张淑金、林永茂……他们当中有的被评为汕头市优秀班主任，有的是汕头市班主任能力比赛的获奖者，有的班主任论文获得市级二等奖、三等奖。他们当中也有县级学科带头人和学校的教研组长、备课组长、学科骨干教师，一群平凡而能干的“水牛”。他们认真做好本职工作，备课，上课，批改作业，为提高学校的教学质量而默默地努力着。教室里、教师办公室里、实验室里经常可以看到他们稳重的身姿：黄晓得、陈玉然、洪锡森、洪进得、廖友智、阮桂珍、郑素芳、余秋月、蔡素娟、游云、吴晓霞、吴楚辉、李淑端、佘晓文……他们当中有的多次指导学生参加全国初中学生应用物理知识竞赛荣获一等奖、二等奖、三等奖，有的连年指导学生参加全国初中学生数学竞赛获得省级二等奖、省级三等奖、市级一等奖、市级二等奖，有的指导学生参加全国初中学生化学知识竞赛获得市级一等奖、二等奖，有的多次获得县教学质量奖，有的是汕头市青年教师教学基本功比赛的获奖者，有的教学论文参加市级教学论文评比获得二等奖、三等奖，有的组织、指导学校的学生“阳光合唱团”多次获得县级一等奖。

他们当中还有普普通通的临时工，一群朴实肯干的“憨牛”。他们早已把学校当成自己的家，维护着校园的财产安全、卫生环境整洁，呵护着、维护着、服务着这个共同的家。他们是林锡钦、赖楚琼、杨玉云、罗锦良。

他们都很平凡，也很朴实。他们都只是做了他们该做的事，尽了他们应尽的职责，但他们确确实实体现出了共产党员的先进性和先锋作用。尽管他们当中有的不是党员，也确实凸现了先锋作用。他们当中，有一头“领头牛”，已被公认为一头“银牛”。

我们的校园所在的地点，俗称“金牛之地”。“金牛之地”出了这么一群“牛”，可谓地灵人杰。“老黄牛”“大水牛”“耕牛”“拉车牛”“奔牛”“孺子牛”“憨牛”，都是好“牛”；“银牛”“金牛”，都是宝“牛”。

金牛之地，一群“老黄牛”在这里守望着，耕耘着。他们将在这“牛园”里教育出一群又一群报效国家、服务社会、建设家乡的“拓荒牛”“耕牛”“奔牛”“憨牛”“拉车牛”“孺子牛”。

2010年10月30日于南澳二中

（本文为“创先争优”征文文稿，2011年5月入选中共汕头市委组织部部长李学同主编的《创先争优党旗红》一书）

美丽的校园

——校长之怡

洪明利

校园的早晨

校园的早晨是很美的。

走在绿荫的校道上，沐着和煦的阳光，吸着清新的空气，望着整洁的校舍；耳边是鸟儿轻柔悦耳的呢喃歌唱，校园里回荡着琅琅的书声，令人心境宁静，心情平和，精神舒畅。这时，耳边依稀飘荡着《校园的早晨》的轻快旋律。

我们的一天，就从这美丽的校园早晨开始。

校园的绿化、净化、美化

校道上，修剪工老吴头戴着一顶旧草帽，肩上搭着一条旧毛巾，正忙着修剪花木，整齐葱郁的绿篱下已落满了修剪掉的枝叶。这样简单重复的工作，他已经干了二十多年，校园的绿化因他的勤快劳作而越来越美。

校园绿茵茵的草地上，后勤组的一位阿姨正在用竹耙清除树上飘落的枯叶和从校舍飘来的废纸，另一位阿姨正在打扫清理通道里的纸屑碎叶。这样简单重复的工作，她们也已经干了好些年，校园的净化因她们的默默劳动而越来越好。

葱郁的绿树掩映着整洁的校舍，相互映衬着，显得那样搭配，那样谐和，那样清新，别有一番美蕴和意韵。

最早来到校园的老师

每天早晨，最早来到校园的，总有这么一批老师：有的送自己的孩子上园、上学后，匆匆赶到自己的学校；有的自己的孩子正在外地上学，他们，也早早地到校；有的和自己的孩子一起早早地上学到校……

他们，到自己任班主任的班里，看看班里的孩子到齐了没有，督导孩子们晨读，或唠唠班风叨叨班务，开始一天里平凡的工作。

他们，到自己任教的班级跟班晨读，跟着孩子们大声朗读或轻声背诵，开始了一天里单调的劳动。

他们，到自己的办公室里备课或批改学生的作业，开始了一天里辛勤的劳作。

他们，巡看着楼道，巡视着楼层，巡查着班级，不由露出或满意或欣慰或稍有不快的表情，开始了一天勤快的工作。

下午，午写，最早到学校的，还是他们，重复着早上的工作、劳动、劳作。

校园因他们的美丽身影而越发美丽。

最晚离开校园的老师

每天晌午和傍晚，最晚离开校园的，总有这么一批老师：

有的刚刚从教室里走出来，刚刚从孩子们问问题的包围圈里走出来，满头汗珠，汗水沾衣。孩子们还七嘴八舌兴高采烈地争论着走出教室，或满意、释惑、重重地舒了一口气，整理书包准备回家。

有的刚刚从教师办公室里走出来，刚刚从孩子们问问题的纠缠中解脱出来，或刚刚批改完当天的作业或练习，脸上显得已有些疲惫，隐约露出一丝得意或愠恼。

有的刚刚从办公室里走出来，刚刚苦口婆心做通孩子们的思想工作，或刚刚细心地做完孩子们的心理疏导，或刚刚耐心地调解孩子们的纠纷，微愠的表情里掺着欣然，渗出得意，透出释怀。

有的刚刚干完今天手头上的工作，显得有些疲劳却如释重负，脸上隐隐透出一种满意的神采。

他们，或忙匆匆或悠缓缓地离开学校。也许自己的孩子还在幼儿园、学校里等妈妈或爸爸来接他；也许家里还锅空灶冷，家务杂乱；也许里里外外还有许多事务等他们理顺……

校园因他们的美丽身影而越发美丽。

很美的老师

时下流行一句话："没有最美，只有更美。"我们的老师，不是最美，也不是更美，却是很美。

他们，美在端庄。一走进教室，教室里纪律肃然；一走上讲台，教室里秩序井然；一讲起课来，教室里气氛跃然，学生听得表情怡然，心里释然。

他们，美在投入。一走进校园，工作顶真，做事认真，做人纯真。

他们，美在有心。对工作有责任心，对学生有爱心耐心，对教育有信心良心，对教学有热心用心，对教研有苦心恒心，对现实有平常心。

校门外路口“临时交警”

放学时，校门外路口是个交通危险地段。校门出口道与环岛公路交汇，且此处系弯道又陡坡。路面虽已拓宽裁弯，视线、坡度、路况较以前安全多了，但逢有重型载物车辆或各种车辆对流经过，颇为危险。

长期以来，此处成为学校放学时重点的监管点，学校在此设立了一个无形的“交通安全监督指挥岗”。很长一段时间，学校有一位领导坚持“站岗”，监管交通安全甚至指挥交通，充当“临时交警”，树立了学校和个人的的良好形象。

后来，在这里站岗的人渐渐多了起来，有值日的学校领导，也有值日的教师。

这里，是一道亮丽的风景线。

2012年10月于南澳二中

海阔凭鱼跃，天高任鸟飞

——在新课标下充分发散学生的思维

丁炜烨

“要给学生一杯水，教师必须有一桶水。”这一名言不知激励了多少师范生不断地自我完善；当踏上三尺讲台后，便慢慢地意识到一个教师要善于启发学生，不能一味满堂灌，“填鸭式”的教学，只能事倍功半；因此，精心设计问题，引导学生回答，却总觉得自己如一个“牵牛”的牧童；未能真正放开学生的手脚，开拓他们的思维。这样，学生就如“井蛙不可以语于海者，拘于虚也”；语文知识成了“一时有用，一生无用”的应试“饲料”；教师如“食马”，埋没了学生的才能：要如何让每个学生都能“尽其材”成为“千里马”呢？

教改的海潮一浪接着一浪冲击着、拍打着，给予教师新的教学理念，回想教学历程的点点滴滴，激起了我千层反思的“浪潮”；在新课标的指引下不断地摸索着、寻觅着，终于撷取了海中的一朵“浪花”——一个个空间，万象思维。第斯多惠说：“不好的教师是给学生传授真理，好的教师是使学生找寻真理。”给学生一个空间，任其发挥，张扬他们的个性；而教师要如“伯乐”，善于发现，挖掘学生的潜能，那课堂定能散发出万象思维，让学生学以致用；进而培养学生自主、合作、探究的精神支柱，为创新提供一个肥沃的土壤。

自渔乐学，学以致用

子曰：“知之者不知好知者，好知者不如乐知者。学而时习之，不亦乐乎？”可见，孔子是主张乐学的。是的，只有激发了学生的兴趣，使其乐在其中，同时产生渴求、探索知识的内动力，不断步入新的境界，达到至高点，获得愉快的享受、美的陶冶，才有勇于表现的冲动，才有创新的欲望。因此，在教学中，要给学生提供一个轻松的氛围，让学生勇于表现、乐于表现。设文化早餐——利用早读十分钟，给学生一个表现自我的空间，让全班同学轮流每天为大家准备一份营养野餐。或做一串“成语接龙”；或讲一则寓言故事，让同学们谈体会；读一首诗，你呼我应，说出相仿的诗句……这样化枯燥无味的朗读式早读为营养丰富的早餐；你品我析——一份作文通讯，利用课前五分钟，每周固定五个学生预读优秀的文章，下面的同学边听边记，然后再谈谈点滴感受或收获；这样激发了学生的兴趣，让学生在乐中获取知识；同时又培养学生勇于表现的精神。自渔乐学的空间，“点”式训练学生的听、说、读、写能力，从而培养学生独立性和个性化的精神。

有时课前巧妙导入，或给学生一个悬念，一个想象的空间，带一份好奇进入教学情境，激发了学生的兴趣及求知欲望，又化被动为主动；或讨论式或谈话式的导入，给学生一个空间去表达对某一个人物或事物的看法，带多向的思维或疑问进入课堂，开拓他们的思维，这些都挖掘学习的源泉。课堂多给学生一个广阔的空间，或寓诗画意境，或仿写句子，或仿写诗词，可续写课文——然后学生们一起评赏，这是一个创作的源泉；这一条条源泉将汇集为“创新”的大海。学生们将在其中自由邀游，任其发挥，相信定能迸发千万朵的浪花。如在学《相见欢》时，抱着让他们试一试的想法，我让学生仿写一首词，感受一下创作的过程，有的同学写得虽不专业，但还算不错。例如：

相见欢·战苦

独自远望天宇，星不熠，幽独小池严冬盼暖春。吹不灭，浇不熄，是战火，别是一股寒霜入冰心。

这是自编自演《石壕吏》后的感受，这位同学用“吹不灭，浇不熄，是战火”，写出战争的残酷，“别是一股寒霜入冰心”来表达对战乱中百姓的同情。

想见欢·春心

又见春花蝶恋，心如一，寡欢寒冬梦留一春水。藕已断，丝还连，是相思，别是一番情意潜心头。

当我问这个同学，为什么在这个年龄，却写出这样哀怨的词呢？她说：“这是我曾看过的戏剧，感触很深，所以就借此词表达出来。”

合作探究，活学活用

“问渠那得清如许？为有源头活水来。”要想开拓学生的思维，培养学生的创造力，那教师的教学方法应该“活”，不能限制、牵制学生的思维，不然就如一潭死水，越来越脏，越来越臭，怎谈得“清”呢？这样，学生会失去学习的兴趣，哪还谈得上什么“创新”？只有采用灵活多变的教学方法，给学生一个广阔空间，让他们“活”学、“活”用，把学习到的知识运用到生活中去或在生活中学语文才能真正地做到学以致用。以每个学生为点，培养了他们的独立个性，再以课文为点外延到生活中去，开阔他们的知识面；这样纵横交错为学生发散出万象思维提供广阔的空间。加上教师“活”地授之与渔，学生“活”以致用，那简直是海阔天空，凭鱼跃，任鸟飞。“文化早餐”“你品我析”的环节立足于培养学生的能力，以点带面，增加知识容量，开拓学生的思维。课堂上提供自主、合作、探究的空间，以张扬学生的个性为点，合作、讨论为面，集众人思维于一体，这样“面”变成了“体”。学生认识事物更多面化、立体化了。如：教《白兔和月亮》一课后让学生围绕“假如你是白兔，你会怎么对待这份慷慨的决定”，有的说：“我赞同故事中白兔的观点，因为拥有巨大的财富并非财富，而丢了家庭幸福，我宁可选择后者。”有的说：“我不赞同，这主要是白兔的心万言书问题，它如电动机抱着一种平常心来看待这份‘慷慨的决定’，拥有更好，失去也无所谓，依然用同样的心情去看待，那就不会有失落感。如中了六合彩，多了几千万，那是好事；假如被抢了，想钱是身外物，本来就不是我的，那就会释怀了；不然既丢钱，又伤身心，多不划算呀！”有的说：“我与他们不同，如果是我拥有‘月球’似的财富时，我就要运用它、驾御它，而不是守着它……”

教《我的信念》时，谈论到文中“讲究现实的人，他们在工作中获得很多的报酬，这是应该的，而居里夫人却选择做一个‘梦想家’，为工作而工作，为理想而研究工作完全不存在物质利益的观念……”。如果是你，你会选择什么？问题一出，学生们互相讨论，有的选择前者，有时选择后者，言之有理，振振有词，气氛非常热烈。

又如让学生自改自编《石壕吏》，全班分八组竞赛，举行一个“让想象迸发出想象的火花”的语文活动。学生利用假期，自编自演，非常主动热情。在表演时，为了使表演的效果更好，他们还给剧情配乐，如当老妇人诉说一家在战乱中的不幸时，配上一段凄惨的二胡加以渲染，加上学生倾情的表演，观众犹如身临其境，催人泪下。有的在剧前表演了当时战斗场面，既交代了历史背景，又渲染了一个悲凉的气氛，为下面的表演作了铺垫，赢得阵阵掌声；有的在表演老妇时，非常地投入，那一声声凄楚的哭诉，那一滴滴饱含哀求的眼泪，打动了每一个在声的人，博得评委们的赞许，最终她获得最佳演员奖……活动课结束后，学生们的情绪久久未能平静，他们不约而同地说："老师,《石壕史》一课不用讲了，我们不仅能背诵，而且能理解它所揭示的意义了。"

国庆将至；结合地方实际，让学生每七八人自由组合为一组，到生活中学语文用语文，搜集一些对联、广告词；再每人仿写至少一句以潮州旅游为主题的广告词；一副以班为主题的对联；再自编一曲班歌；还有调查我市的花店、书店的名称，写一段看法，好的在哪？不好的在哪？阐明原因。然后再把这几天深入生活，学语文用语文的一些感触，自编一个小品或相声。最后把这些内容编集成册，自定名字。这样延伸了语文的课堂，给学生更广阔的空间。学生们可说是"八仙过海，各显神通"，有的用电脑排版；有的自己编稿，自画插图；有的干脆去买一本有彩画的本子，艺术加工。这些作品成为一本精致的专稿，内容更是异彩纷呈，各有千秋。

如自创班联：

力量之源天天向上
物种以竞争为原则百万精英显神通
人类以互助为力量千重困难视小丘

班歌：看我班

对面的同学赶快来赶快来赶快来
校风并不坏请不要假装不理不睬
男孩子女孩子走过来手中的课本别出心裁
我校的教学并不赖我左看右看上看下看
原来我校的老师都不一般我想了又想
我思了又思还是在这里读书真愉快

我就是10班的同学10班的同学期待你到来
说出来谁明白班风并不坏
书山题海也蛮有趣OH真可爱!
来来来来来来原来读书不厌烦

虽然这些自创的作品尚不成熟，但这次活动激发了学生的学习热情，开启了学生的创作源泉。整个活动后，让学生谈感受，写收获，他们都深深感叹：“生活处处有语文，只是平时没有发现。”这样的语文活动课，给学生一个创造、组织、表演的空间，培养他们自主、合作、探究的精神。在这一次的教学活动中，我深深地意识到学生的潜能是无止境的，创造力是不可估量的，只要你给学生一个发挥的舞台并善于去挖掘他们，就能释放他们的创造思维，正如一位心理学家所说的“人人都具有创造力，创造力通过教育和训练可以提高”。

“海阔凭鱼跃，天高任鸟飞。”生活有多宽广，学生的思维就有多宽广，语文的外延等于生活的外延。只要给学生一片天空，一块土壤，那一只只雏鸟就能振翅而翔，那一粒粒种子，定能蔚然成荫。

（本文2003年2月发表于湘桥区《走进新课程》第一辑）

情·美·慧

——便引诗情入心海

丁炜烨

【内容提要】诗歌是诗人思想的结晶，它用最小的面积，惊人地集中了最大的理想，这是诗歌最大的优点，也是学生品诗时最大的难点。要如何激发学生的学诗热情，引导学生进入诗的意境中，诗人的情感中；从中得到情的陶冶，美的熏陶，而达到“诗歌使人巧慧”的效果呢？我觉得先“披文以入情”引导学生步入诗境中，激发学生的诗情；进而感悟诗中的情感美、绘画美、音乐美，来拨动学生审美的心弦，便引诗情入心海，滋润每个人的心房；再散发他们的创造性思维，使情感得以熏陶、人格得以塑造、精神得以提升，那么心海就会慢慢融为“慧海”。

中国是诗歌王国，五千年的灿烂文化熔铸了不可胜数的脍炙人口的诗篇，如果这些诗篇能在每一代人的身上生根发芽，定能散发出迷人的芳香，对情感的熏陶，精神的提升，人格的塑造，有着滋润细无声的作用。诗歌是诗人思想的结晶，它用最小的面积，惊人地集中了最大的理想，这是诗歌最大的优点，也是学生品诗时最大的难点。要如何激发学生的学诗热情，引导学生进入诗的意境中，诗人的情感中；从中得到情的陶冶，美的熏陶，而达到“诗歌使人巧慧”的效果呢？

“观文者披文以入情”

“观文者披文以入情”，诗歌是诗人生命的冲动，感情的倾诉，正所谓“情动于中而溢于表”，要融进诗的情境之中，感受景物逼真，感情真挚；那就要引导学生去了解当时诗人的心境及生平，让学生的情与诗中情产生心灵的碰撞，去感悟诗人的情怀，授课时教师再以情激趣，以情激情。那么此时学生的脑海里便会油然而浮现出逼真的景物，心中会涌动出真挚的情怀。

如杜甫经历了唐由盛而衰的时期，他的作品反映了不同时期对人生、对社会的不同情感。读《望岳》，你就可以感受到盛唐时期意气风发的杜甫，那开阔的胸襟，那种立志奋勇攀登高峰的凌云壮志；了解“安史之乱”，再读《石壕吏》你就能更深切地感受到战争给人民带来的苦难，更能理解文中老妪一家的悲惨遭遇；在这样的情境中，你更能体会诗人在《春望》中流露出“感时花溅泪，恨别鸟惊心”的悲切之情与“烽火连三月，家书抵万金”的感慨；你就会理解战乱中杜甫为何“不以物喜，不以己悲”而发出“安得广厦千万间，大庇天下寒士俱欢颜，风雨不动安如山。呜呼！何时眼前突兀见此屋，吾庐独破受冻死亦足！”的悲壮情怀；从而理解杜甫忧国忧民的爱国情怀；这时再来总观杜甫的一生经历及诗的特点，学生就可以理解，杜甫的诗为何被称为“诗史”，他为何被称为现实主义诗人。

诗歌是灵动的，充满了诗人的智慧和灵性。“披文以入情”是开启诗人心灵的金钥匙，是融进诗歌意境中的药引，是感受景物逼真、感情真挚的源泉。讲授时，千万不能肢解诗意，只为讲诗而讲诗，丢了诗的灵性，一味地把诗变为枯燥无味的词语解释，从而削弱了诗的感染力。

情中以悟美

“诗以言志”，不同的诗人有不同的诗风，不同的诗表达着不同的情感；有“会当凌绝顶，一览众山小”的凌云壮志；“日月之行，若出其里；星汉灿烂，若出其中”的博大胸怀；“长风破浪会有时，直挂云帆济沧海”的乐观精神；“桃花潭水深千尺，不及汪伦送我情”的送别深情；“乡书何处达？归雁洛阳边”的游子思乡之情；有饱含着深刻哲理的“沉舟侧畔千帆过，病树前头万木春”“问渠那得清如许？唯有源头活水来”；有流露出忧国忧民的“夜阑卧听风吹雨，铁马冰河入梦来”，还有……从中可以引导学生感受不同诗中表达出不同诗人对人生的不同态度，不同的人格魅力；这是一种情感的体验，是一种美。——情感美。在教学中引导学生步入诗人的心境之中，有感而诵，再加以点拨，以情激情，激发学生的思维，使他们的脑海里，浮现出一幅幅动人的画面，一幕幕扣人心弦的情景，情感随之起伏，如见其景，如见其物，如见其人，如闻其声，达到心灵的相通，情感的交融，从而引导学生更好地感受诗中的情感美。

“景中有情，寓情于景”，“诗中有画，画中有诗”，这是诗人们表达情感的方式，这使他们的情感达得更加地含蓄，更加地意味深长，这也是一种美。——艺术美。引导学生去感受诗中时间的悠长，空间的辽阔；静景的描绘，动态的点染；色彩的调配，形象的描摹；可启发学生的想象力，培养学生的悟性、灵性；从而开拓了学生的思维。这样使诗中的景、物、情、人更加的形象生动；学生品起来更有滋有味了。如刘禹锡的《秋词》“自古逢秋悲寂寥，我言秋日胜春朝”。一般人对秋天都有一种肃杀、寂寥之感，而刘诗却“胜春朝”，令人为之振奋，思绪纷飞。而“胜春朝”有很多侧面来描绘，诗人只写了一个景“一鹤排云上”意境豁然开阔，充满生机。“便引诗情到碧霄”更让人称快叫绝。情托景，景生情，情景相生，把诗人的豪情表现得淋漓尽致。一步步，一层层地引导学生去感受，联想，想象，让情感随之激荡，交织，融汇，与诗中情融汇相通，从而体验诗中的动态美，意境美，那真是美不胜收。

诗的艺术魅力还在于它的音乐美。古诗讲究韵律，平仄交错组合，跌宕起伏，节奏鲜明，加上诗的语言凝炼精辟，使诗歌具有悦耳动人的音乐美。教学过程中，引导学生步入诗的情境，用情地诵读，与诗中画、诗中情协调，读出诗的音乐美，读出诗的表现力和感染力。此时，诗的情感美、绘画美和音乐美融汇在一起，使你沉浸在诗的情境之中，情感为之熏陶，思绪随之飘荡，精神随之升华。——这便是诗歌给你以至“美”的享受。

诗使人巧慧

在课堂上，教师的点拨、引导，学生的感悟、诵读，使情感得以熏陶，精神为之振撼；若再加以引导，让学生对诗人所表达的情感来表达自己的观点或对诗中的景进行美的赏析，从中张扬他们的个性，提高他们审美的趣味，塑造他们的人格，提升他们的精神，使诗的感染力得到最大的渲染，达到“诗使人巧慧”的境界。

不同的诗人有不同的处世之道，从中也体现出他们不同的人格。如陶渊明的“衣沾不足惜，但使愿无违”，“采菊东篱下，悠然见南山”诗里行间给我们传递着他追求着“桃花园源”式的理想生活和社会，不愿与世俗同流合污，为保自身的高尚情操而甘于隐居山林，过着“无丝竹之乱耳，无案牍之劳形”的悠闲自得的生活。而周敦颐认为要在乱世中“出淤泥而不染，濯清涟而不妖”，你对他们的态度有何看法？而陶与刘的态度是否相同？有的同学认为，陶避乱世而保高洁的情操是消极的处世之道，是伪君子；而刘才是周笔下的君子也！他虽“巴山楚水凄凉地，二十三年弃置身”，其中迁徙了九个地方，却能在浊世中保持高尚的情操，因此他才称得上“君子”。有的同学却反驳道，你想一下你身处在黑暗的社会环境中，有才而不得展，处处受排挤，你不害人，人害你，你真能“出淤泥而不染”吗？我认为陶做出离世而隐的勇气是值得称赞的。

通过这样的问题，引导学生以学过的诗文为点，自主地搜集相关资料或文章来表述自己的观点，既不全部盲目地去赞同谁，又从中激发他们的思维，张扬他们的个性，培养他们的情操，在不知不觉中慢慢地形成自己待人处世之道。

上至天文，下至地理，万事万物，皆入诗中。美丽的景色，高尚的情操，做人的道理，审美的趣味，应有尽有，先“披文以入情”引导学生步入诗境中，激发学生的诗情；进而感悟诗中的情感美、绘画美、音乐美，来拨动学生审美的心弦，便引诗情入心海，滋润每个人的心房；再散发他们的创造性思维，使情感得以熏陶、人格得以塑造、精神得以提升，那么心海就会慢慢融为“慧海”。许多人都会用联想来阐述审美对象。在审美过程中，由此物想到彼物，即为联想。无论读诗、读词、读曲，我们都得调动起学生的联想，让他们暂时忘记生活中的羁绊，进入心醉神迷的艺术世界，产生与作者心灵的对话，从而理解诗、词、曲的内涵和神韵。

成学·成长·成全，建构幸福教育共同体
——丁炜烨省名班主任工作室特色成果

丁炜烨

一、工作室概述

丁炜烨工作室是广东省教育厅设立的首批中小学名班主任工作室，于2012年10月挂牌成立。工作室现有成员9人，学员17人，来自潮州各个市区县共23所学校。工作室坚持以“立德树人”为本，关注幸福教育和幸福家庭，融育学生的核心素养，开展了一系列教育研究活动，在成学成长的路上播撒幸福教育的种子；一路同研习、一路携成长、一路共分享，经过两个周期的建设，逐步成为潮州“市名班主任成长的摇篮、教育科研的基地、链接高校的桥梁、公益教育的社团”，成为班主任专业成长的共同体。

工作室成立几年来，已有3人获评“广东省名班主任”，3人获“广东省班主任专业能力大赛”二等奖，6人成为“潮州市名班主任工作室主持人”，17人被评为“潮州市名班主任”；引领60多名市名班主任专业成长。主持人也在工作室建设过程中得到发展，收获很多荣誉。2013年获评“潮汕星河辉勇师表奖”，2017年被评为“湘桥区名优教师奖”和“感动潮州十大最美教师”还被市教育局以及湘桥区妇联聘为家庭教育讲师。

二、主要特色与成果

（一）构建幸福教育共同体的背景

苏霍姆林斯基说：“理想的教育是培养真正的人，让每一个从自己手里培养出来的人都能幸福地度过一生。这就是教育应该追求的恒久性、终级性价值。”“教师最重要的任务是教会家长怎样教育孩子。”“教育的效果取决于学校和家庭的教

育影响的一致性。如果没有这种一致性，那么学校的教学和教育过程就会像纸做的房子一样倒塌下来。”学校教育在促进和完善个体发展方面起着举足轻重的作用，然而我国学校教育由于长期受应试教育的影响，在一定程度上忽视了教育使人幸福的终极目标，导致了教师和学生在教育的过程中幸福感的失落，而班主任工作的幸福感更低。所以，工作室团队如何帮助教师和学生提升幸福感？如何引领团队成员的专业成长？这些就成了我们特别关注也希望解决的问题。

我们认为，教师和学生作为教育活动中缺一不可的两个主体，他们之间的幸福有着必然的联系；而撬动幸福的杠杆则在家风，支点在家教。为此，工作室团队从与成员共同成长及家校共育的角度，探究幸福教育共同体的构建策略，开展了两方面的研究工作。一方面研究如何提升师生幸福能力，其中包括师生幸福品质的提升和幸福能力的培养；另一方面研究如何影响家长教育理念的转变，使幸福班级建设与幸福家庭教育统一相融；一切为孩子当下幸福成长与一生幸福奠基。

（二）幸福教育共同体的建构过程

1. 幸福教育共同体的内涵

构建幸福教育共同体，首要解决的是对幸福教育、幸福班级、幸福家庭内涵的认识。

（1）幸福教育。幸福教育共同体的主导在于教师，要撬动家长教育这个支点，避免家校教育关系“5+2=0”；那么教师应以学生一生幸福为本，与时俱进，不断学习提升自身幸福品质与能力；以科学的教育理念引导家长与学校同向同心同力建构幸福教育共同体。这个过程需要教师与家长，能够以传统文化中的“恕”为情怀来沟通协作，引导学生走在“成人、成才、成就”的幸福大道上。这个过程既有师生、生生、家校的互相帮助、共同成长，又让家庭教育、集体教育走向和谐，使每个人走向圆满，实现师生、家校的教育幸福。

（2）幸福班级。幸福班级就是班级集体能让每个学生、老师乃至家长都有满足感，在爱与被爱中健康快乐成长；用宽容和看开的心态去乐观地面对学习生活的种种，全情投入地追寻心中的理想。营造幸福班级，一是要让班级充满爱，让师生关系和谐，身心愉悦；二是让班级有整洁舒适的人文环境，积极向善向上的氛围；三是让班级成为团结协作的集体，让学生能够学会感恩、宽容，包容地面对学习生活，实现自我成长。

（3）幸福家庭。幸福家庭是指家长能够以自己良好的品德影响教育儿女，注重营造温馨和谐的家庭气氛，相互理解、包容，用爱和智慧调和关系，形成和美的家风，承担对孩子应有的教育责任，学习提高教化孩子养成良好的习性的能力，与孩子共同成长。

2. 幸福教育共同体的建构途径

（1）构建幸福教育共同体的理念

工作室团队以“成学·成长·成全”为目标，以优秀传统文化“恕中明德弘道”，构建幸福教育共同体；以家庭教育为支点，开展多层次、多形式、有含量的班主任学习、研修、实践的培训活动；引导家长“成德、成和、成化”地幸福家庭教育，助教师融构幸福班集体，融育学生核心素养，引领学生“成人、成才、成就”，健康成长！进而形成自己的班级管理特色和教育风格，做一个幸福的教育者，传播幸福的种子，共铸幸福人生！

（2）幸福教育共同体构建的途径与策略

基于对幸福教育、幸福班级与幸福家庭的认识，工作室在实践中通过三个维度开展幸福教育共同体的构建。用“灵魂唤醒灵魂、行动带动行动、幸福滋养幸福”。

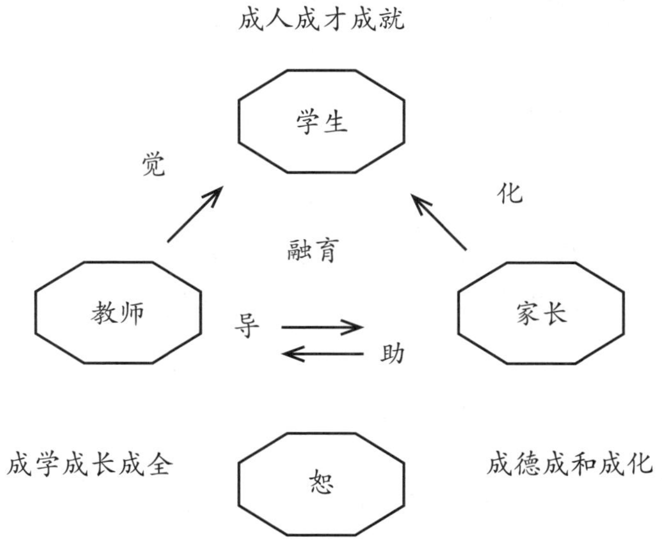

如上图所示，工作室在实践中从教师层面以成学、成长、成全，构建幸福教育团队；学生层面以成人、成才、成就，引领学生幸福成长；家长层面以成德、成和、成化，引导家长成全幸福家庭。工作室坚持“立德树人”为本，以幸福教

育为中心，关注学生幸福成长和教师的幸福教育体验，融育学生的核心素养，开展一系列教育研究活动。

第一，倡导以文化滋养提升班主任的哲学素养、文化价值、方法知识。以“构建幸福教育共同体”为中心，通过“六个一”即：一课题、一特色、一活动、一阅读、一示范课，一反思论文，引领市名班主任专业成长，从中感知教育幸福、体察教育幸福、创造教育幸福、享受教育幸福！

第二，在课题导航、主题引导、活动体验中构建幸福班级。以“潮州文化特质对构建幸福班级影响”的课题研究为主导，开展系列教学教育活动探索。课题研究发现构建师生、生生幸福共同体的载体：活动即教育。因此，因地制宜、因班选题的文化综合活动或公益活动或社团活动，都是构建幸福班集的平台，是引导学生感知、体验、创造、分享幸福的源泉。

首先，我们在“听—评—研—结”的主题班会活动实践探索中打造走心幸福主题班会的实施模式，指导教师有效开展主题班会，并引导团队成员所在学校对如何上好主题班会进行研习。“走心的幸福主题班会”的实施，以给学生学习生活解惑、引导学生树立正确的情感态度、价值观为目标，动之以情唤觉醒、晓之以理正其心、导之以行促完善；使学生在集体活动中自新，使集体在班级活动中聚力。班级活动避免了“假、大、空”的形式主义，又达成了家校教育理念的一致，同时搭建了亲子、师生、生生交流的空间，引领学生由内而外良好行为品质的自我建构。这些活动也让家长更愿意支持学校和教师的工作，密切与学校沟通协调，为孩子成长助力。

其次，通过“教育叙事”“主题班会”“家长会”“亲子活动”等教育活动，引导成员将隐性智慧显性化、将个别智慧普适化、将零散智慧系统化，逐步形成自己幸福教育的特点。

再次，在系列主题活动中探索构建幸福班级的策略。我们立足三年成长，放眼一生影响，把握时代脉博，根据成长规律，结合班情学情，规划每学年、每学期的教育主题。以“启迪学生心灵成长，为一生幸福奠基”为目标，以“构建幸福班集体”的主题活动为载体，通过“思想引领、境教陶染、自主管理、教育合力”的途径，以“育慧、明德、惟和、笃行”为教育核心，培养学生感知幸福、体验幸福，享受幸福、创造幸福的能力。在班级系列活动开展的同时，开展相应的“家校共建”活动，使幸福班级的建设延伸到幸福家庭的建设，使两者相益得彰。

主题 阶段	主题班会		家校共建
初一上	悦纳自我 感恩·友善	我的初中生活	与孩子一起成长
		畏惧错误就是毁灭进步	思想决定高度
初一下	时习觉我 谦虚·勤奋	切问而近思	习惯、方法、思维
		我的对手　我的方向	我的进步让你看得见
初二上	自省善我 自爱·担当	我的责任　我的担当	心与心的交流
		爱在责任中	放心、放手就是爱
初二下	力行新我 利他·上进	遇见更美好的自己	伴孩子走过花季雨季
		我的目标　我的方向	引领·期待·鼓励
初三上	明志笃行严谨·乐学	放飞理想　青春留全	爱孩子就助飞吧
		时习寻法　丰满羽翼	陪伴了解　静培养分
初三下	超越自我 精进·自强	笃志拼搏　实现自我	呵护心灵　静待花开
		无悔青春岁月·相约毕业庆典	

第三，撬动家教支点，促进家校共育。以家长会主导，亲子活动引导，校访电访微导，促使家校同心合力共育。通过主题家长会、家访、亲子活动、校访、电访等方式，根据不同年级、班情、学情、家庭开展一系列家校交流活动，既达到家校教育理念一致，同心协力，又增长了家长的教育智慧，促进和乐家庭的建构。家长们在参与这些主题活动与系列家长会中不知不觉学会了控制情绪、学会在陪伴中引领、在鼓励中期待，学会了从孩子身上找自身的问题根源，也学会通过自我的完善去影响孩子的改善，发挥了家庭在学生良好习惯养成和健全人格培养中的积极作用。

第四，工作室联动，共同探索幸福教育的策略。利用工作室之间开展的各种活动，借用各种资源，互相支持，实现共同发展。一是市级工作室联动。支持市级工作室的建设，担任市级工作室的顾问，指导工作室的筹建与主题活动方案设计，联动中支持并引领市级工作室专业的发展。二是“跨越”式联动。与郑学明高中工作室、谢壁妆小学工作室、刘杰高中工作室、汕头西南小学共同开展德育课题研究，在开展《家校融育学生核心素养的研究》中，将从小学到高中的幸福教育作为一个整体来进行设计，探寻幸福成长的联动点与教育策略的相关点，形成幸福教育的实践体系。

第五，构建家、校与社区的幸福教育联盟。工作室与区妇联联合成立“湘桥区家庭教育公益厅”，走入社区与家长聊家风的影响、家教的方法、孩子成长的特点等，播幸福的种子入家园；通过主题家长会、班会，引导共建幸福家庭、幸福班级，用灵魂唤醒灵魂、用行动带动行动、用幸福滋润幸福！在“成德、成合、成化”中让孩子潜移默化地学会爱，悦纳包容一切；在付出中体会永恒的幸福，学会担当，培养对家庭的责任感；“以爱构筑幸福家庭，用智启迪心灵成长”，为孩子一生幸福扎好根！

（三）幸福教育共同体的实践成果

1．文化精华滋养了师生的幸福品质。工作室通过专题讲座、专著阅读、微群研讨等形式，帮助团队成员了解学生成长特点、把握教育规律、认识人生意义、了解地方文化特质、传统思想精华等，既提升了成员的哲学素养和文化修养，又感知了教育意义和价值，增强教育幸福感。通过地方文化和校园文化精神相融合的教育活动，为学生幸福成长打通管道。一方面滋养了学生精神的土壤，提升集体凝聚力。另一方面又激发学生自主参与活动的意识。还在合作探究中学会与人相处、学会共同解决问题、学会承担责任、享受成功喜悦，提升了感受幸福的能力。

2．系列活动成全了教师教育幸福。教学相长，师生共进；活动切磋，琢磨成器。系列活动既建设了幸福教育团队，又促进了成员成长。班主任技能比赛，引导成员与学员从经验背后的故事发现方法，方法背后注入教育理念，赛事过后总结成长之乐；这样的活动达到资源共享、思想荟萃以此促发他们对教育的思考，点燃他们教育的热情，更大范围地促进当地青年老师专业发展。“导师—成员—学员”们的教育情怀、理想与智慧也在活动中生发、酝酿、融合，成学、成长中成全了幸福教育共同体。

3．联盟活动辐射幸福教育。“省级联盟，携手共进”。工作室间交流探讨工作室的建设共享工作室建设成果的幸福；主题活动观摩研讨，有教育思想的交融、教育方法策略的分享。省市近千名班主任前来参观交流；工作室成员也赴省内外各地观摩学习，开拓了视野，交流了方法，提升了工作艺术与幸福教育的能力。

4．家校、社区幸福教育共同体初步形成，联动发挥作用。工作室成员走入社区，与家长们分享家风的意义、家教的影响；走进中小学召开主题家长会，将幸福教育的理念进行传播，引起老师与家长们强烈反响。这一系列的活动更使团队成员深刻体会到家庭教育提高的重要性、需求性、紧迫性！坚定了他们幸福教育的信念！

5．幸福花开蜂蝶自来。幸福绽芬芳，高校采风来。近五年来，通过讲座交流、活动指导、示范引领等方式与韩山师范分院、韩山书院、韩山师范学院的学生互动，启迪师范生站在生命的高度思考教育的本质，解读社会发展中教育的价值，激发了师范生的教育使命感！此外还通过公益播幸福，参与民生志愿者协会、儒学宫、国学班的相关活动，以传统文化润心导行。工作室的幸福教育特色品牌的影响力也随着这些活动的开展得到进一步提升。

三、未来建设构想

工作室通过三个基本途径开展实践探索，幸福教育的特色建设初见成效。在社会主义建设进入新时代的背景下，幸福教育是人们对美好生活向往的需求。我们将深入探究“家、校、社区共育联盟”的运作机制，把构建幸福教育共同体建设进行到底。

1．深入开展“跨阶段”幸福教育活动系列的研究。探索如何根据学生成长的规律、年龄特点、学年度教育主题，有序地培养学生的幸福感受能力。

2．进一步开展“家、校、社区共育联盟”建设的深入研究。探索如何实现家庭、学校、社区以及公益团体合力共育，实现多方合作联动，使幸福教育的效应最大化。

缘会华师，结伴同研

——记《团队建设与学习任务布置》

丁炜烨

大寒日，寒流至，华师会。

来自23个不同地区的老师们，由初识的陌生到相识的荣幸，由单独的个体到小组的共识；在刘华杰老师的数“7”游戏中破冰，在小组共建中融合。

你说我听，你想我写，你找我思，组号、口号，组徽、组歌就诞生了！

我呢，开始就晕头晕脑的，进不了状态！感冒中的我头晕晕、脑沉沉，就如启动不了的车，在那发呆。

组名定什么？“澄明之光。”陈建春老师开口了。大家思来想去，还是不妥。时间已过好几分钟，其他组已在画组徽了。我们还没有头绪。这时陈明老师说：“就‘4+2’组合吧，四女两男。”大家异口同声说好。

曾一鸣老师，拿起笔在海报上写上“四二组合”。问大家：“组长选谁？”大家异口同声说：“陈建春老师。”

这时陈明老师，一手拿着一条绳子，一手拿着笔，在纸上画圆，添上两竖，便变成一个“四”字，再用蓝色笔写上“二”，形成“回”字组徽。

大家便说这又像个“回”字，也像一奋斗之梯，寓意着我们要团结一气，努力奋斗，实现统一宝岛之梦，也是我们这次出行的期盼。

这时，楚琴说：“我们的组歌就用《幸福拍手歌》吧！人人会唱又响亮！”大家说把口号也唱进去，便有了：如果你感到幸福，就拍拍手；4+2，顺顺顺。

不知不觉中，彼此从初识的生疏，已然融为一体。

“你有什么优点或者品质？此行你有什么样的期待？”刘老师的问题，又把大家的思绪引入沉思。

思考良久，我写下：自省、尽责、付出。期待了解我国台湾地区文化传承对家庭教育的影响，家校如何共育？

有的老师关注的是高考改革下，台湾如何评价；有的要了解台湾中小学课程设置，中小学生活的现状……

2018年广东省中小学骨干教师赴台研修·日志二2018年12月8日

看·思·悟

——记黄牧航教授启迪研修之法

丁炜烨

黄老师的一个发问“到了台湾看什么?”，叩响了我的心的思索。

从凝固的建筑风格——楼房不在高低新旧，机场不在气派豪华，城乡不在差距发展；到鲜活的人情风格——校长是谦虚的，家长是强势的，老师是敬业的，学生是上进的，导游是勤勉的……黄老师从他的“台湾观感”谈看什么。

2 000多万人口的台湾，近代为什么能出现那么多的人才?

看着各行各业有影响力的世界名人名家简介，思原由。黄老师从教育的角度引我们寻求答案：一从参观学校的细节，引导我们去发现教育于无痕处的感动；二看校园的简介、建筑风格读校园文化的融合；三看学校的收藏读历史积淀；四看课堂教学、课程跨学科的特点；五看特教随班就读思台湾教育理念；六看教师的专业发展；七看图书馆和博物馆；八看书店；九看民俗；十是看社会素养。

我不由想起《礼记》：“建国君民，教学为先。”很认可黄老师说作为教育者，此行的定位应是教育之旅、文化之旅、友谊之旅、心灵之旅、磨砺之旅、交流之旅。

去了之后，我看什么？思什么?

带着问题走一城一街一市，读民俗风情；看两馆一店，品文化底蕴；访一校一课，解文明缘于细节。

再思他山之石如何攻玉?

“激烈的社会转型必然导致深刻的教育转型”，黄老师最后把教育思变置于大时代社会背景下解读，引我们站在高处思台湾教育为何从下而上倒逼教育改革，进而能在此行悟我们当下教育处于何状况？怎么看？走何方？怎么行?

听君一席话，胜读十年书。黄老师从外境读社会，从事物解人情，从细节看文明；现象到本质娓娓道来，授我们以研习之法：看、思、悟！

感恩！您的分享，让我们此行于期待中思方向！

高雄莲潭会馆

2018年广东省中小学骨干教师赴台研修·日志三2018年12月10日

寻找惺惺相惜的合力

丁炜烨

入冬的第一股寒流，亦阻挡不了全员正装出行，开启研修第一站——台北市立大学。

温文尔雅的许老师，从《荷马史诗》的故事娓娓道来，深入浅出地分析“Mentor”一词是“教学辅导教师”的源起；有寄寓其内涵：既指称一对一师徒中的良师角色；又指在组织里，对所进员工或需求者，提供有计划、有系统的支持、协助或评量的资深工作者。

又从故事中发现一个规律：学生成长需求，促使家长教师也要跟着成长，而辅导者的最高境界，就是自我成长。

这节课徐老师就是我们专业成长的“Mentor”，他有计划、有系统地示范我们如何做一位教学辅导者理念与实务相结合，同侪教师同成长。用自我成长作为新进教师教学生涯中的一根浮木，凝聚成学习社群消除平凡教师的心理；一方面化解咨询教师职业倦怠，另一方面让工作的地方充满温馨，班科共同合作成长，而这一切的一切都是为了提升学生学习品质。

学生学习品质如何得以提升——从自我成长能力提升开始。

万法归宗，变的是老师、家长不断地学习提升，是学校组织丰富的活动和课程；而不变的是以自我成长引领学生自我成长，与孩子共同成长。

高校的老师于实务中发现问题寻找教育本真，有计划、有系统地支持、协助、评估一线教师的教学品质，促进其专业发展；同时也研究有所成效，进而从理论上提炼本真的教育。

正如张素贞老师所说：理论引领实务的方向！实务是理论的实证！研究者、实务者、需求者，都在行进中寻找惺惺相惜的合力点。

而自我成长力——让心惺惺相惜，让智慧合力！遇见更美好的自己，更美好的社群。

我们此行不也是在寻找心心相惜者吗?

高雄莲潭宾馆

2018年广东省中小学骨干教师赴台研修·日志四2018年12月12日

爱你，便是懂你！

丁炜烨

飞机终于降落了，我迫不及待地拿起相机拍下有“台湾桃园国际机场”的画面。有种思了千遍化为万念，终于漂洋过海来看你的感觉：因为《童年》的欢乐、《甜蜜蜜》的钟情心语、《外婆的澎湖湾》的温馨亲情、《朋友》的真挚友情、《小城故事》的人情美、《日月潭》的自然美、《乡愁》的家国情怀……旋律中的词赋曲调、文字间的共情共美，早已深深地把你——台湾，融入在大陆每个人的心中。

提笔写下此篇时，我眼眶不由噙着泪水。情不知所起，缘不知何生。

机舱出来，从见到第一位台湾人到踏上我国台湾的第一寸土地，犹如故人回乡，一切是那么亲切、那么熟悉；又似从未离开过！

育苗基金会聂良知会女士，为我们接风洗尘。大家都淑女绅士，端庄有礼；简单的包厢，局促的三桌；桌上井然有序的器具，干净具全，还标属每个教师的校名、姓名；尽显诚意与隆重。客套的介绍问好，互送礼品，还有仪式性的掌声，一切都那么的程序化。

“大家来唱歌吧！”聂持行长的一句话，与美妙的旋律打破了大家的拘谨。“大家会唱什么歌?”“邓丽君，”不知谁点这位亲善大使的名字。“哈！怎么都会唱她的歌？可不要说是听着她的歌长大的，会暴露你的年龄的。”就这样，大家在聂女士的带动下，叫好声喊起来，掌声响起来，合唱、对唱Hight起来，歌声唱开了彼此的心扉。

此时此刻，您会深深地体会什么是同根同源！什么是血脉相连！什么是语言是打开民族隔阂的钥匙！

忽然，推出一个大蛋糕，心想也太隆重、太仪式化了吧！聂持行长，念着一个个同行者的姓名，请他们一个一个出列，最后叫“丁炜烨老师”，大家都纳闷地站成一圈。

只听聂女士说：“有请叶董为他们点上生日之烛，祝12月生日的教师们生日快乐！”“哇！”大家惊喜地说，“都12月吗？这么多人，生日快乐！”“谢谢！”

《生日快乐》的歌声回落在整个包厢中，感动驱走了入冬以来的第一场寒意，融化彼此客套的礼，友善交流汇成一条无碍的河！

因为爱，所以拨动了你的心弦！

爱你，便是懂你！

因同根同源，所以懂得如何共情共鸣！

期待，让我走进你——台湾！

让我读懂你——台湾！

高雄莲潭会馆

2018年广东省中小学骨干教师赴台研修·日志五2018年12月11日

适性扬才

——孔子千年的期盼

丁炜烨

百闻不如一见，终于走入校园。去揭开台湾教育神秘的面纱，亲睹他们深耕细作时曼妙的身影。

无论是台北市立东门国小的“个别化教育计划”“舞蹈教育在东门”，还是曙光女子高中的“全人教育”，抑或是台中第一高级中学的“带好每一个学生”，光复国民中小学的“多元学习”，都让你感受到：从理念到实务，从学校到老师，都努力地满足每个孩子成长的需求，极力长善扶失，引孩子认识自我、发展自我。

犹如仰望一棵大树，欣赏那千年古树旁斜逸出一枝枝有力的新干、绽放着一叶叶舒展的新叶；寻根而去，它不正汲取着两千多年前孔子的“有教无类”、《礼记》倡导的“长善扶失”等教育思想而推陈出新吗?

变的是时代与社会，变的是教学活动方式，变的是表述的不同角度；不变的是教育的本质：有教无类。适性扬才是穿越千年时空殷切的期盼。

2018年广东省中小学骨干教师赴台研修·日志六2018年12月13日

适性扬才，有教无类

丁炜烨

迎着久违的阳光，我们一行走进了高雄鼓山中学。倾听新课纲起草人庄福泰校长分享台湾新课纲的特性和准备，点点滴滴引起了大家的同心共鸣，还有诸多热议与思考。

问答参访交流中，对习近平总书记于2018年教师节提出如何落实立德树人的教育三问，有了更为明确的答案。

一、培养什么样的人？

庄校长强调新课纲以学生为中心，素养为导向，教师因校而异，因生而设多元课程、跨领域课程，引学生自发成长，进而打造学校特色品牌。这与我们学生发展核心素养的中心与方向是相同的，对照素养内涵和表现，台湾略显精简。

两者不约而同地反映出，都想摆脱唯升学率的评价对学生能力培养与品质形成的局限，而不适应时代社会发展的需求。共同期盼培养全面发展，适应终身发展和社会发展需要的人！

二、如何培养人？

庄校长从“如何创作一道菜”为例，深入浅出地阐述什么是素养？进而分析素养导向的原则，强调注重学习策略，在情境中学习，注重能力、情感、态度价值观的生成，创设多元活动历练成长！我们对专业、睿智、勤敏的庄校长的敬意油然而生！

行进参访创意空间、美术画室、举重训练时，处处可感受到一切为了“学生需求”，校长与老师倾尽所能提供条件、多元平台，深挖学生学习潜能，培养学生品质。同行陈老师与鼓山举重教练交流时，被老师专业的精进、学生成长的爱心付出深深感动，彼此留下联系方式，期待更友好深入地交流。

对于一所升学率不高的学校，校长与老师们能以学生需求为中心，适性扬才，这样的教育是有良知的教育。与我们推进教育均衡发展的目标有异曲同工之处：就是办好每一所学校，促进每一个学生健康成长。

这都不正源于“有教无类”“大学之道，在明明德，在亲民，在止于至善”“教也者，长善而救其失者也”等中华传统教育思想吗？

三、为谁培养人？

迈向人类命运共同体的时代下，两岸面临相同的问题，同根溯源、殊途同归，寻教育的本真——适性扬才，有教无类。

为谁培养人？为学生终身自主发展，成就更美好的自己！为实现中国梦！

2018年广东省中小学骨干教师赴台研修·日志七2018年12月15日

懂你·陪你·引你

——遇见更美好的自己

丁炜烨

怀着沉重的心情，离开梓楠特殊学校。

前往参加可遇不可求的“咖啡日”活动。车上我想起曾经的方同学，他的出现让我明白：再优渥的物质、再妥贴的呵护、再尽心的安排，都无法弥补障碍学生先天的不足，抚平不了他们后天的不幸。

今天参访梓楠特殊学校，看到一个个孩子在学习行走、发音，训练协调动作……老师们的用心、耐心与努力，流淌着汩汩的爱；心中五味杂陈：对老师生敬意，观自己思不足，望学生产怜心……

驻步掩面暗涌泪的秦科长，刹时诱发内心百般滋味，我抑住涌上心头的伤怀，安慰泪流满面的她。走进艺术展览厅，一幅幅抽象的彩色画、一个个陶瓷作品，映入眼帘；一声声惊叹与疑问，在校长的解说下，我们认识了障碍学生不同寻常的灵光。

其中，有两位学生的作品，曾获得当地最高奖项，还受到当地领导人专门接见，一位现已30多岁，他的作品得到海内外华人的青睐，拥有自己的工作室；另一位的作品得到地方最高权威机构特地为之设立奖项。

是怎样的智慧才能发现孩子的个性？怎样激发其潜能，让最好的自己成为一个最亮的星？聂校长说，叶老师在“咖啡日”活动现场，待会儿你们去问问他。

那是一处公园，冬日暖阳撒在俯仰生姿的树上，树影婆娑，绿坪上错落地搭起几处太阳伞，有的拉着小提琴，有的弹着吉他，还有的敲着爵士鼓。石径左边卖的是蔬菜、小瓷器、水果，右边几个穿着白大褂的帮路人按摩，穿梭在小花园间的是穿着绿围裙的服务员，托着咖啡满足来访者的需求，一切都是那样的温馨自在！轻快的音乐伴着林间的鸟鸣声，一簇一簇的谈笑声、询价声……俨然一座庄园正在开着party！

不说，怎知这是一群特殊儿童的活动日？不来，怎能体会爱你就是让你学会独立自主，爱你就是引你潜能发挥出来，爱你就是伴你翻过万重山看到一片海的兴奋与喜悦？

叶老师说："只要有人性就值得教育，教育就是要发展他们的天性！"问及如何教育这些孩子？叶老师说："这些孩子不是金矿，是特有金属，他们需要陪伴、需要发现，并引他们把特质表现出来。""当他们遇到挫折或者问题时，您如何引导？""尊重与倾听，引他们专注地把感觉、感受、感想、感情、感悟表达出来，过程中引导他们的知情意、身心灵成长，全人的教育。"

"教育的过程中有没有遇到家长的不理解？"

"有，与家长建立信任感很重要。"

"当家长期望叶老师特别关照时，通过各种方式来祈请时，您如何对待？"

"您的孩子成为我的学生，就是给我最好的礼物，他教会我什么是教育。"

叶老师，自始至终平和地讲述着，不时放眼看着托着盘子大方接待客人的学生，或是深情地看着已有所成就的学生，满足赞叹；冬日暖阳撒在他的脸上，这就是幸福的样子——懂你，陪你，引你所教的孩子遇见更美好的自己！

2018年广东省中小学骨干教师赴台研修·日志八2018年12月15日

读你千遍也不厌倦

——故事领导力

丁炜烨

小至一个成语，大到一段历史；近可以眼前人事，远可千年哲思。一个人的故事，一群人的故事，不同维度可读出不同的感悟。洪启昌主任如剥笋般从故事的现象解读内在的本质，启发通过故事驱动读者热情，借情感传递出背后的价值，让人记忆鲜明；“说故事的能力，决定你是否被看见”，折射你灵魂深处的智慧与品质、精神、情感、态度、价值观；进而从故事中反思自己，理性看待现实准确地把握脉络。

读故事千遍也不厌倦，因为“温故而知新”，这是一个教育者应具备的智慧；还能引领被教育者以方向，启迪从故事中去自我思考、发现，自我生成智慧滋养，完善自我成长；这便是一个教育者的故事领导力。它不是自上而下的威严控制，而是由前而后的引领方向。

这一研学过程，我们不仅听了故事，也看见了制造故事剧本的“导演”，他们借活动、社会生活、自然为舞台，用他们的教育理念，引领师生编织自己的故事，在故事中自发、互动、更好！

“地图上找不到新路”，“看得真，想得深，做得美，说得好”告诉我们承前讲好故事，启后编好故事，才不会被旧思维所束缚，走出新路！顾泠沅曾说：“做教育其实就是讲故事。”

对同行周剑光老师这段话非常认可：“一位优秀的教师，应该是一位善于讲故事的教师。会讲故事的教师是工作上的‘有心人’，他们是了解学生的身心特点、掌握了教育智慧的人，他们不满足于一般的知识传授和道理灌输，而是会把教育的要求融汇在一个个故事中，渗透在孩子们心灵中，让孩子们是否真正做到‘入耳’、‘入脑’和‘入心’。”

这样会讲故事的老师，也能让学生读其千遍也不厌倦！

生命成全生命

——北京考察交流有感

丁炜烨

感恩德育中心精心安排了这次充满育人情怀和智慧的考察交流，感恩分享工作室主持经验、班主任工作智慧的北京同仁们，感恩一路走来惺惺相惜的战友们；与你们的相遇相识共进，让我的教育生命收获了满满的感动、感触、感悟；犹如一池平静且淤塞的湖水，注入一股清流，豁然通澈，激起阵阵涟漪；这是一次生命成全生命之旅，这是一次生命教育之旅。

四月的北京，风和日丽，芳菲四溢，柳絮纷飞；六天的考察交流，少了份诗情画意，多了些奔波劳累，却成就了一次生命教育之思的旅程。

一路走看，一路倾听，一路思索，一路感慨。回看一张张教育的课件，回想一个个教育的故事，回味点点滴滴教育思想的碎片，我的脑海深处反复浮现三个词：引领、陪伴、等待。

引　领

一、引领提升思想、更新理念、改善方式

无论作为一个工作室主持人，抑或班主任，还是一位母亲，我的生活面对的都是活生生的生命，我说的每一句话，我做的每一件事背后都是教育。引领孩子们走向了何方，因我思想的高度、理念的深度、行为的温度而不同。

张虹老师的《看班·管班·领班》讲座，站在生命的高度，用生命的温度，引领我们对照教育中的现象，发现不同教育方式产生不同的教育结果；触动我们需审慎地作教育选择，进而感悟教育就是让生命实现一切美好的可能，激发生命向善向上的可能。她柔和的讲述中流淌着对生命的敏感、对生命的关怀、对教育的审视，如一股股温泉，汩汩地温暖着我的心扉，浸润我的心田：刚性地看班，

是教育基于性善论的规则协商，是静态整齐的；理性地管理班是基于性恶论的防犯、控制，是动态有序的；柔性地领班，是基于感受生命的美好可能，是重过程轻结果的。

她从“性命”“生命”“使命”三个层面来分析教育的层次，从“不知不觉”“后知后觉”“当知当觉”“先知先觉”四类教师的教育状态，从不同时代的教育印迹对生命教育的影响，来唤醒我们对教育审慎思考。提出了“关系”“沟通”“氛围”三个教育主要字眼，是当下教育的呼唤。

总而言之，作为一名教育者要明白：思想塑造你的行为，你的行为影响生命教育的层次；要始终保持对生命对象的敏感，时刻审视自我的行为，提升自我的思想水平；引领生命向善向上，激发生命实现一切美好可能，让每个生命丰富而有价值。

引领，让师生、班科、生生、家校间迈向温情、和谐、幸福的氛围。张老师的分享从微观入手洞察教育实质，从宏观处分析成因与影响，时刻敲打我们一定要审慎地提升思想，更新理念、改善方式。

二、引领系统思考，一切为孩子心灵成长

北方交通大学附属中学李文校长作了《系统思考文化建设　用目标提升专业内涵》讲座，他深入浅出地讲述，为我们系统地再现可操作性强的文化建设，打破以往考察交流后大多人所说的“只能高山仰止，无法效仿的说法”。她们学校的任何活动都为了培养学生的情感、态度、品质、价值观，并以此为目标让文化建设落到实处，不图形式。

首先，李文校长从老师的期盼——既没压力，学生又能健康成长，引出教育的目标——培养学生自主学习生活能力。强调了调查中所发现的学生学习生活中存在的问题，就是一个学校研究的课题。

一切教育活动都是为了学生心灵的成长，多么务实，多么人文！

接下来的“从一张聘书谈起”，强调学生是班级主体，班主任是引领者；强调班主任退让真的不容易，需要境界和胸怀。

再由“一个班级的成绩跟踪”说起，分享整体建构工作室体系：为什么？怎么想？怎么做？思路是什么？四个问引领我们解决任何问题，都要由“问题”开始思考分析，寻找解决方法，分阶段进行，这样纵向与横向地系统构建，引领工作室、班级向既定目标发展。

“开学口袋书”的活动，初高中有别、各年级各异的教育目标，引领学生自主融入校园、自主与同学沟通、自主与老师们交流、自主与家长畅谈；活动中不知不觉地引领学生自主学习生活，培养了他们阳光、向善、向上的精神。学校真是用心良苦啊！但这样“苦”的引领是有意义的，是值得的，是真正为了孩子心灵成长的。

李校长三个多小时的介绍，让我们感受到北方交通大学附中注重对班主任系统的培训，引领全校老师紧紧抓住“目标”，有序发展，做智慧型老师，超越汗水型老师；指导性、实效性、可操作性、人文性突出。

“所有事情背后都有教育意义，我们要从事情背后的理念方法，开发有效工具，”李文校长最后语重深长地说。整个介绍，让我们感受到：学校系统的思考、心灵的目标、人文的操作，引着附中的老师们仰望美丽的教育星空，脚踏实地领着孩子们心灵走向真善美！

以教育者的身份，我写下：

引领，传递情感、态度、价值观；

引领，唤醒孩子自我认识；

引领，放手孩子自主成长。

陪　伴

再美好的思想与理念，没了用心关怀、潜心关注，一个集体、一个学生都无法成长。脚踏在实地上如何让学生成长？

“陪伴”，一个充满温情的词语在这次考察之旅中不断被体味。清华附小一年级老师的故事分享，让我感触到教育智慧在于她那自然纯朴的陪伴，在于她那有心无痕的引导。“分享月饼，合拼饼画”的活动，老师发现了一个小男孩，紧握着一块他心爱的月饼不放，眼睛馋盯着同组同学的饼。这时，老师并没有前去诱导他，而是有意地观察他：他一边吃着别人的月饼，一边听着同学分享各种月饼美味，一手攥着他那心爱的饼，始终不肯拿出来分享。接着，老师让学生们到讲台上，拼四人一组的“月饼”画：边引领大家感悟，边分享各自收获的四种饼味，边将一人一扇形的画，拼成一个想象丰富、图形各异的创意月饼。分享与合作，是付出更是一种收获：收获了美味、美图，更收获了友情。

这时，老师发现小男孩攥着月饼的手，放松了些，脸上发生了微妙的变化，终于他把心爱的月饼放在课桌中间与同学分享起来了，老师也会心地笑了。

有陪伴才有真正的感情，有陪伴才有真正的教育。

清华附小对孩子的教育分阶段：低段情感依赖，中段是非分辨，高段价值引领；始终以“让孩子站在学校的正中央”来开展一切教育教学活动。“1+X”的课程整合，更让我们感受到了无论从任何角度去看，学校都为了培植孩子有“中国灵魂，国际视野”的胸怀。

老师们一个个生动地讲述着，她们语言的背后使我联想到我的教育故事、引发了我的教育思考：学校就是孩子犯错的地方，不能一味地指责、批评，要耐心陪伴学生成长，走入孩子的心灵，写下属于我与我的孩子们的成长故事。

过后我在笔记上写下：大爱无痕，大音无声，大象无形。

只有用心的陪伴，才有真正的了解；

只有潜心的陪伴，才有真正的引导；

只有爱心的陪伴，才有真正的感情。

等　待

爱心的陪伴，更需耐心的等待。“每一粒种子都有自己的花期”，清华附小的另一位老师讲述了一个以自我为中心的轮椅学生的教育故事，这个孩子不懂如何与他人相处，而且还是一个有思想、有个性、特别执拗的孩子，屡次与他人发生矛盾后都赌气离开。有一次，当老师好言相劝时，他竟歇斯底里地说：“我还控制不了自己，我还没有像大海一样的胸怀。”老师并没有放弃，也没有埋怨，而是从孩子擅长的写作入手，课前念范文耐心陪伴、引导孩子自我认识自我优劣、发展自我优势，充分展现自我在班级中的价值，让孩子在集体中有存在感、融入感；点亮、尊重了孩子个性差异，并引领孩子认识差异，发展了自我，绽放出他独有的写作光彩，激发孩子对学习、自我、班级、老师、家人的热爱。

爱心浇灌，智慧疏导，教育更需耐心等待；静看每一粒种子生根、发芽、开花、结果，亦是一个幸福美好的过程。我不由想起老子的“无为而无不为”，所谓“无为”是指不违反自然规律，要顺其自然、道法自然；只要遵循“无为”的原则，爱心培育、耐心等待，将“无不为”。师者应“无为而导”，切勿急功近利而违背教育规律地育人、管班。这样会揠苗助长，让孩子失去发展的空间；这样会适得其反，使师生间关系紧张甚至对立。

用清华附小老师所说的："教育需要什么？等待。"

等待，是满足一种渴望；

等待，是传递一份信任；

等待，是静候心灵的抵达。

这就是育人之道，这就是生命成全生命的过程！

感恩德育中心的引领，感恩北京同仁倾心的分享，是你们用生命的教育触动了我对生命教育的警醒、思考。你们的育人情怀让我动容，你们的育人思想让我仰望，在你们身上看不到一点傲慢，有的是对教育的敬意、使命、钻研、智慧、幸福。

我有感而发地在笔记上写下："除去名利权威的教育，最迷人！生命成全生命的过程，最幸福！让我们在成全的过程中多引领少控制，多陪伴少埋怨，多等待少焦虑。"

育人之路漫漫兮，其修远兮；求索中困惑兮、无耐兮！而道中人依然步履坚定兮，何也？我写下这首小诗：

是什么让我们在这片贫瘠的土地上
默默地付出？
不是名闻利养，
也没有名闻利养。

是什么让我们在这片贫瘠的土地上
依然默默地坚守？
是一个个鲜活的生命，
是一颗颗赤裸的良知。

是什么让我们在这片贫瘠的土地上
还幸福地煎熬着？
是幸福的生命的律动！
是生命成就了生命！

老　铺

范远填

尘封的记忆，因为满眼金黄的油菜花而开启。

印象里的老铺，已然“老”了。不规则的石板路，也不再光滑，多情的苔藓染青了它，也小了它，夹缝中稀稀落落的野草在微风中摇曳。

老街不是很长，两则的店铺几乎都关了门，只留下一间豆腐店还在苦苦地挣扎着，岁月早已把门板漆黑、刷烂。

老人们常说起这里的繁华与热闹，话语中总带着些许的怀念与遗憾，但隔江对面的“新店”，已经不可阻挡地取代了它，老铺只能无可奈何地淡出了历史的舞台。

儿时，老铺的尽头是当地最大的建筑——加工厂。农忙过后，乡亲百姓们都挑着晒干的稻谷、麦子，到这里加工成大米或面粉、面条。工厂里是震耳欲聋的机器轰鸣声，让地面都震动起来，吓得儿时的我不太敢靠近，只能远远好奇地看着工人们忙碌着。最感兴趣的就是看着机器里出来的面条，工人们用半米来长的竹竿晾起，架在太阳底下晒干。但是，看多了也就腻了。

加工厂的办公室墙上贴的是毛主席、朱德、列宁、马克思等伟人的画相。墙上还有标语，但已经不记得是什么了。

后来，私营经济的出现，加工厂也解散了，有一段时间也成了榨糖厂，加工甘蔗。再后来，甘蔗没什么人种植了，那震耳欲聋的轰鸣声也就悄然逝去，成了尘封的记忆。偶尔，清晨还会有对面河岸打铁铺传出阵阵的打铁声，但时间也让打铁铺渐渐老去……

1986年的洪水彻底让老铺成了废墟，洪水让他们彻底失望了，只好陆陆续续搬走了，老铺最终成了碧绿的菜园，加工厂也只剩下四面的围墙，孤零零地被周围的水田和菜园包围了起来。

电视还没有出现在农村时，电影对我们来说是非常奢侈的，只有逢年过节时，才有机会享受那仅有的娱乐“大餐”。别的村放映时，成群结队的手电大军就沿着小路，赶赴“盛宴”。于是，电影放映队就把老加工厂改成了露天的电影院，售票价一般是二角。但对生活在山村的百姓来说，还是太贵了，加上白天农活忙完了，也累坏了，哪里还有精力看电影？小孩子们呢，贪的是热闹。这个村的，那条村的，围在“电影院”门口，总想找机会混进去，混不进去的，久久不愿离去，哪怕是听听声音也好。天气一冷，眼看进去无望，也就只好裹裹衣服，哆嗦着，嘴里念叨着，一步一回头地打道回府。

如今的“电影院”早已消失，不留痕迹。取而代之的是第二次修建的“仑岭中学”，迎风飘扬的鲜艳的五星红旗，老铺已经真正成了记忆中的老铺。

老铺旁边溶江干流的水依然流淌着，欢唱着，流淌着岁月的思念，欢唱着古老的歌谣。岸边的青林翠竹依旧伴随着溪流，伴随着远处的青山，一直在守望着这片土地。背望那连绵不断的山脉，那块方正乌黑的“猴根石”，是否还记得这片土地，它曾经叫作“老铺”？

守　候

范远填

深深浅浅的绿
沿溪散开，再散开
山绿了，水也绿了
不知夕阳红了几度
却难掩那盛夏的绿

着了装的大岭山
衔了一曲溪流
清风徐吐
便是一池的碧玉
柔波轻拨着绿影
泛起的是座淡雅的孝母亭

临溪驻望，翼然守候着

昨日的硝烟早已沉寂
信步竹林之间
因为，这里曾有东纵的足迹
曲径尽是幽林
却只得风舞云舒，鸟唱溪吟

斜阳更斜时，人影渐稀
青山怀抱里的竹溪水
依旧轻唱着
许是，为了这土地
为了这爱的守候

2018年5月

写给东山岛的太阳

范远填

办公室的老邓
喜欢唱《恰似你的温柔》
歌声里满是故事

两轮急转的电动车
亲吻滚烫的公路
只有它们才知道
是否烫伤了车轮

多情的东山岛
热情的太阳
出门后遇上
就一直跟着你
紧拉着你的双手
很快就红了你的脸

你说
你要做最咸的咸鱼
只要你愿意
东山岛的太阳可以抛弃
给你
那无限的温柔

海边的栈道

都被柔情感动

回来时

不要抱怨柔情太热情

当我初次见到你

李敬民

当我初次见到你，小陈，你穿着破牛仔裤，留着长长的头发，人字拖有节奏地在晃动。听说你小学时还是学生会干部，我很诧异，但我不相信。那天你在自习课上大声讲笑话，把全班逗得哈哈大笑，我把你揪出课室，恶狠狠地批评了你，并告诉你，开学第一天我就发现你有问题！后来，你所有的行为都在我的严密监控之中，任何一次的错误都能立刻被我发现，被我教育，被我批评。没想到你却在我的批评声中越来越散漫，越来越倔强，越来越暴躁，最后竟然在与同学的一次打架后转学了！

我是不是做错了什么？你的转学给我带来了一丝的不安。

随着时光的变迁，你慢慢淡出了我的世界。

2012年，我接手了一个新初三，班上有个女生小芳成绩挺好的，但每天都犯些小错，我用了很多方法跟她沟通，她却依然我行我素，我感觉这个小女生好像一直在针对我，对此我感到完全无法理解。这天晚上，课室又炸开了锅，隔几条街都能听到闹哄哄的声音，我火急火燎地从办公室跑到课室，又是小芳！晚修时她在甩校卡玩，一下子把校卡甩到头顶的风扇里，风扇发出可怕的声音，同学们在上蹿下跳大叫大嚷。望着像一锅粥的课室，我怒火中烧，冲过去把风扇关了的同时大喝一声："小芳，你给我出来！"

走廊里，夜凉如水，看着小芳，想着我跟她用过的种种方法，讲过的种种道理，我突然发觉我变得如此的无奈，如此的无力，如此的无语！我连骂她的语句都不知道从哪开始！沉默了很久很久，怒火竟然在长长的沉默中慢慢熄灭了，我苍白无力地挥挥手："小芳，你回到座位上好好反思下刚才的危险行为吧！"

之后，小芳竟不再随便违纪了，时间一下子就到了毕业，在毕业那天我竟然收到小芳这样一封信：李老师，还记得刚开学的第一天，我在回校的路上初次见到您，您也在回学校，但您却抽着烟，我认为抽烟的老师一定不是个好老师，所以这一年来，您说东我偏西，您说左我偏右，但那天晚上我把校卡甩到风扇里，您都没骂我，感觉您其实也挺好的，对不起啊。”

原来，一切的针对都源于她初次见到我！

突然，我想起了那年的小陈，小陈最后的转学根源不也正来源于我初次见到他吗？

小芳让我明白老师给同学的初次印象是多么重要。

但作为一个班主任，我怎么可以简单地用初次印象去为成长中的孩子定性呢？我从未走进过孩子们的内心，我根本不配做班主任，我堕入深深的悔恨之中，我毁了一个孩子啊！

仓央嘉措说：“你跟，或者不跟/我的手就在你手里/不舍不弃/来我的怀里/或者/让我住进你的心里。”

能让时光倒流么？当我初次见到你，孩子，让我住进你的心里。

2014年9月

读李镇西《做最好的老师》有感

李敬民

李镇西《做最好的老师》这本书，我用了两天就把它看完了。我要强调两天的时间，是因为之前很多书都是断断续续读完，并不能这么迅速地阅读完，李镇西《做最好的老师》这本书，差点让我明白了什么叫废寝忘食。

我喜欢这本书的最大原因在于，作者李镇西有太多地方跟我这种基层普通教师相同的地方，我能在书中找到共鸣，能在书中找到慰藉，当然也能在书中找到让我难以望其项背的地方。

李镇西老师说："我所谓的'做最好的老师'；不是与我敬仰的于漪、钱梦龙、魏书生等老师相比……但我可以和自己比呀！也就是用今天的李镇西与昨天的李镇西相比——我今天备课是不是比昨天更认真？我今天上课是不是比昨天更精彩？我今天找学生谈心是不是比昨天更有诚恳？我今天处理突发事件是不是比昨天更机智……"这是一种最为朴素的语言，当然在这种朴素之中我更能看到作者那勤勉与谦虚！这是一个教师必备的良好素质，我经常会告诫自己要谦虚，但却发觉要谦虚也不是那么容易的事，因为我要是有一点点的成绩我一定会总是去担心别人会不知道，当没人把这成绩当一回事的时候，我会非常落寞！但其实过后却发觉那所谓的成绩不但是微不足道，而且这本就不叫成绩，因为那是作为一名教师应尽的责任罢了！

记得有人说过，做教师并不要把它看作是一份职业，而应该是把它看作是一份一生的事业！什么叫事业？这难道还不能更让人明白该怎样去成为一名称职的教师吗？有多少人能把教育看作是一种事业？但李镇西老师做到了，李镇西老师告诉我们："'做最好的老师！'是一种平和的心态，也是一种激情的行动；是对某种欲望的放弃，也是对某种理想的追求；是平凡的细节，也是辉煌的人生；是'竹杖芒鞋轻胜马'的闲适从容，也是'惊涛拍岸，卷起千堆雪'的荡气回肠。"

这难道不是对教育事业最好的诠释吗？我明白了，做教师最难得的就是要保持平常心，兢兢业业，努力把每一天做好，努力把每一个学生当作自己的儿女来看待，那就是具有了事业心了，并不需要任何的奖励，不需要任何的荣誉，因为“桃李满天下”就是最好的荣誉！

过年的时候，执信中学有位知名的教师跟我聊天，他有句话总是在我的脑边回响，他说：“做老师，一定要铁肩担道义！”他有很难得的执着，我喜欢他那种执着，但我更喜欢李镇西老师的朴实，他强调自己和自己比，不断地超越自己，便意味着要尽可能在自己的教育教学中达到自己力所能及的最好程度，他说：“每天都不是最好，甚至每天都有遗憾，但每天都这样自己和自己比，坚持不懈，我便不断地向‘最好的老师’的境界靠拢。”

总之，读完了《做最好的老师》这本书，我应该已经更懂得了什么是勤勉，什么是谦虚，什么是朴实，什么才是最珍贵的“教书育人”！

2008年6月15日

接纳是解决问题的基础

李敬民

我是一个年级的大班主任，美名其曰级长，其实就是“难搞”的学生基本会送到我的手上进行“终极对决”。

今天下午，809班学生仪容仪表检查，有一个同学剪了一个怪发，两边及后边剃得光光的，前面一个黑黑的超浓密的锅盖似的刘海遮住眉毛，一双眼睛在锅盖下面骨碌碌地乱转。这样的发型肯定是不过关了，班主任跟他好说歹说，这个孩子也不怎么理会，于是把他带到我这里。

我观察了一下这个孩子，感觉他有一肚子的不满。班主任边跟我讲缘由，边用手轻轻去拨弄孩子的头发，但拨弄了几次都没有拨弄到，因为这个孩子不停地躲闪着班主任的手，一副想爆发的表情。

其实我知道班主任拨弄他头发的意图，一是想告诉我他头发哪里不符合规定，一是想通过轻柔的动作拉近学生的距离。我心中赞赏了一下班主任的做法，可惜这个孩子还在气头上，不领班主任的情。

我说我跟这个孩子谈一谈，让班主任先离开。

首先我也想拉近距离，于是轻声说：“我知道每个人都爱美，你觉得这个发型很漂亮，是吗？”我是想用同理心和自己人这两种心理原理进行试探。

可惜这孩子不理我。

我只好单刀直入：“可是先不管这是真美还是假美，我们校规规定，学生不能理怪发，应该端庄大方，简单朴素，这个你明白吧？”

孩子理直气壮地说：“这是发型师剪的，他一刀剪下去，我也没办法！”

我真是佩服他，把发型师推出来，自己撇得一干二净。

可惜他这句话已经露出破绽了。

我马上接话：“哦，原来是发型师的错，那你也是明白这个头发是不符合规定咯，只是因为发型师不懂规定，对吧?”呵呵，我很喜欢哲人说的，这世界上讲道理和发火是最无效的，我顺着孩子的话来说，慢慢引导可是我的强项！我一直认为聊天和讲道理可是有天壤之别的，我们经常说要找学生聊天，可不是找学生讲道理哦!

这孩子发觉自己说漏了嘴，但他本意肯定不想整改自己的头发，于是接话说：“我一直都是这样的发型啊，你们之前也没说不行。”孩子真厉害，责任改推到老师头上了！这可不是什么好苗头，这孩子是推卸责任高手啊!

我把他脖子上的校卡拿来一看，上面的相片是七年级照的，头发很端庄精神，人也蛮帅的。我把他校卡给他眼前一亮，你看你不是说一直都这样的发型吗? 那不是睁眼说瞎话嘛，这七年级时的头发可不是这样哦，那时挺好看的嘛!

如果就这样把事情解决了，那就简单了。

这个孩子发现又被我戳穿，气急败坏地说：“我们家人都是我现在这种发型!”

这次把责任推给家人了!

我暗暗叹了一口气，我终于明白这个孩子的症结所在了，他身上的防范意识过强，任何事情一挨到自己，就把责任推给别人，短短几分钟，他把责任推到发型师、老师和家人身上，我想，是什么样的环境会使他这样呢? 估计是平时被责骂惯了吧，被老师、家长责骂多了，自然而然一遇事情就保护自己，拿别人当挡箭牌了。

分析出了症结所在，我明白了更不能对这个孩子进行责骂了，因为每一次的责骂都会使他以后更加过度保护自己，都会使他更加忘记从自身找原因，都会使他的推卸功力不断攀升。

我把他拉到身边，拍了拍他的肩膀，我知道因为我不是他的班主任，熟悉度不够，反而有时候更容易亲近。我和缓地告诉他爱美之心人皆有之，但我们应该有正确的审美观，我告诉他我并不责骂他，我理解他的爱美之心，但我相信他们家不可能都是这样的发型。我说我完全可以叫他爸爸发一张相片过来当面对质，但我觉得已经没有必要，我相信他其实现在已经明白自己的发型是不符合学校规定的。我说，其实回去之后将自己的发型重新整改一下，一样可以很帅气，我告诉他，这本就不是一件多么严重的事情，最关键的是勇于去承担自己的行为后果，然后进行改正，就可以把事情解决得很完美。

可能这个孩子没想到我是这样处理的，身上竖起来的刺缩回去了，他点了点头，同意回去将头发再进行修理。

第二天，我特意去809班看了一下，他静静地坐在自己的座位上读着书，头发已经变成精神而端庄大方，人也帅气了不少。

教育本就是这样，有许多的事情就是小小的事情，张德芬说的，发生的事情不可逆转，学生遇到问题，我们要先接纳，没有了情绪，心平气和地去分析和处理，往往教育智慧会突然闪现，学生会更容易接受我们对他的建议。

我心目中的大先生

李敬民

我一直不能忘记的，是我一年级的班主任，我的启蒙老师，尹老师。

我小的时候什么都怕，怕鬼，怕黑，怕蛇，怕老鼠，最怕的是水塘，因为幼年时期曾掉进水塘，差点淹死。那种水拼命往嘴里灌，发不出声音，越挣扎越往水底沉，最后濒临死亡的恐惧感，在很长一段时间都困扰着我。

后来，我读小学一年级。去学校要经过一条两边都是大水塘的乡间小路，对水塘有巨大阴影的我，每天紧紧盯着路面一步一步挪着走的害怕和紧张没人知道。

更可怕的是一个大雪纷飞的日子，大片大片的雪花从黑暗的天空铺天盖地的砸下来，天地都是白茫茫的，天地又是灰蒙蒙的，我根本看不清楚哪里是路，哪里是水塘，天地真的很大很大，我却真的很小很小，我感到孤独，我感到无助，我感到彷徨，我感到恐惧。

就在这个时候，尹老师来了！她抱着我走过那条路，当中我不知道尹老师说过什么，我只知道，就在那天，是尹老师！把我们班的同学一个一个抱过去了。我只知道，就在那天，在我最无助的时候，在我最惶恐的时候，是尹老师！她给了我最安全、最温暖的怀抱。

当然，尹老师给予我的远不止这点。

有一次，学校交叉检查早读纪律，我被安排检查高年级，我不知道大家在小时候会不会害怕高年级同学，我本来就胆小，去高年级就更害怕了。拿着检查本，在离高年级还有五六米的地方，听着那边闹哄哄的喧闹声，我不敢过去。这时候，又是尹老师，她看出我的胆怯，她走过来牵着我的手，一起走到高年级的门口，静静地看着那些吵闹的学生们，直到整个班级彻底安静下来。

也许大家会觉得这是一件小得不能再小的小事，但对于一个胆小的孩子，对于一个一年级的学生，对于一个刚走人生路的我来说，就像迈过了一道之前怎么都迈不过去的坎。我在想，也许，就是在那天，尹老师亲手种植了一颗叫作勇敢的种子，在我内心开始慢慢发芽！

一年级下学期，尹老师带领我们在开学典礼上朗读一首小诗。

站在操场中央，同学们围着老师，尹老师把我拉在她身边，轻轻地带领我们一起朗诵："理想是石，敲出星星之火；理想是火，点燃熄灭的灯；理想是灯，照亮前行的路……"当我们朗读完之后，整个操场响起热烈的掌声。

是的，我开心，我也很激动，我不知道当时我的开心与激动来自于什么。若干年以后，我依然清晰地记得那天朗诵诗歌的画面，是的，是尹老师，她打开了一扇窗，让我看到了语言文学的美好。

一年级很短暂，我却感觉它是如此的丰富与灿烂。还记得学校组织我们搬着小板凳到操场看露天地方戏，戏里咿咿呀呀唱什么我们都听不懂，尹老师指着舞台上的白鼻子和红鼻子告诉我们："白鼻子是坏人，红鼻子是好人，同学们长大后，不要做白鼻子，要做红鼻子哦。"尹老师的话说得很轻，但是每一个字都落在了我的心里。我不知道为什么白鼻子是坏人，但我知道，尹老师要我们做一个好人。

就这样，尹老师通过一件一件的小事，带我认知了这个一闪一闪的世界。

习近平总书记说："教师不能只做传授书本知识的教书匠，而要成为塑造学生品格、品行、品味的'大先生'。"

说到"大先生"，可能大家立刻会想到孔子、陶行知。我却认为，我们每个教师都应该努力成为"大先生"，我们每个教师也可以成为"大先生"。

尹老师在我的心里，就是"大先生"，她给予我温暖，教会我勇敢，激发我对知识的向往，告诫我们要做一个好人。这些，都是指引我在人生路上不断前行的宝贵的精神财富。

如今我做老师也已二十年，我在追随着尹老师的脚步，我也一直执着地给予我的学生温暖、勇敢、好学和善良。我渴望也能成为学生心目中的"大先生"，我渴望我给予他们的精神财富，也能指引他们在人生路上不断前行。

2019年3月

做一个有思想的老师

李敬民

在2015年11月26日到28日这三天，我有幸参加了大沥镇中小学年级组长能力提升专题培训班的学习，聆听扈永进教授和宋广文教授的专题讲座，参观珠海景园小学和文园中学，他们先进的教育理念和科学的教育实践引发了我很多的思考，也让我收获了许多感悟。

扈永进教授给我最大的收获是思考问题的方式和方法。

做一个有思想的老师，应该努力学习科学的教育理念，有科学的教育理念才能创设科学的教育平台，在科学的教育平台上，才能设置科学的程序来实施教育活动。比如扈永进教授解释的马斯洛需求层级理论，用了秦始皇兵马俑的例子，层层推理得出秦始皇是“世界上最可怜的孩子”。教授给我带来的思考是，如果我们作为基础教育工作者，没有科学的教育理念，就会很容易简单而粗暴地对待犯错的学生，用强制手段去纠正错误，治标而不治本，最终会在学生犯错，老师纠错，学生再犯错，老师再纠错中疲命奔波，这可能就是所谓的“反复抓，抓反复”吧，而这是不正确的。所以，老师应该学会问“为什么”，不但问学生，而且要问自己。学生犯了一些显而易见的错误，老师应学会思考，学生犯这些错误的原因是什么？要学会思考联系学生犯错内部的规律，而不能简单地用道德大棒去拷问学生，因为道德已经是层级理论的最高层次了。

在这两天的学习中，张传志校长给我最大的收获是让我明白了学校是如何从平凡走向优秀，从优秀走向卓越的；教师是如何从平凡走向优秀，从优秀走向卓越的。

学校要卓越，教师最重要。教师如何卓越，学习最重要。

非常喜欢张校长给我指明了教师二次成长的方向和道路，也让我思考，作为一间学校，应该更科学地创设教师成长的平台，通过平台提升教师的专业化素养，通过教师的专业化素养，提升学校的办学质量。

怎样创设教师成长的平台呢？

学校可以为青年教师定期举行公开课的比赛，完善校内师徒结对的机制，组织科学有效的集体备课研究。为二次成长的教师定期组织读书笔记的评比，组织校本课程的研究，组织校本教材的编写，组织校外学术组织的学习等。应当充当教师成长的坚强后盾，尽量让教师在拖沓无效的烦琐事务里解放出来，只有这样，教师才能飞速成长，学校才能欣欣向荣。

宋广文教授给我带来的是对学生生理及心理的思考。

这其实与扈永进教授有不谋而合之处。了解并关心学生的生理及心理的发展规律是极其重要的，我们要承认学生在各方面的差异性，在教育工作过程中我们应当将研究学生放在首位，以人为本。同时我们也应该认识到成长环境对个性发展也起着重要的作用，教师本就是一个引导学生并与之共同成长的角色，应该多些钻研如何创设更好的成长环境。

做一个有思想的老师，是我这次培训后常常思考的问题。这个有思想，包括了学习先进科学的教育理念，也包括学习创设平台的智慧和能力，当然还包括了在平台上实施活动的耐心和恒心。

2015年12月

《潮州“水”，中华情》执教侧记

李卓彬

2017年海外华裔青少年“中国寻根之旅”夏令营于2017年8月底在潮州举办。这项活动由国务院侨务办公室、广东省人民政府侨务办公室主办，潮州市潮安区外事侨务局承办，旨在弘扬中华优秀传统文化，加深海外华裔青少年对祖国和中华乡根文化的的了解，增进他们对中华民族和中华文化的亲切感、认同感和归属感。

潮安区外事侨务局请我为这些华裔青少年上一节语言课，让海外“龙二代”们感受汉语的博大精深和无限魅力。

这确是一个光荣而艰巨的任务！

光荣自不必多说，如外事侨务局蔡副局长所言：“重要的活动，当然要聘请重量级人物担纲；砸场子事小，丢了祖国母亲颜面事大；兹事体大，容不得恣意；你办事，我放心。”蔡副局长肯定是深入研修过领导学、心理学和艺术学，三言两语就把压力山大来个乾坤大挪移，让我拍着胸膛接过重担立马上肩，还乐滋滋地上刀山下火海义不容辞。

在经历了瞬间的头脑发热、糊涂犯二之后，我渐渐地清醒下来，才发现自己接的是一个烫手的山芋。要知道，这批海外青少年来自马来西亚，共34人，是一群涵盖了初、高中两个学段六个年级的“乌合之众”。从认知生理学的角度来看，这些青少年的身体生长可谓是你方唱罢我登场，认知基础不是一般的杂乱。而在海外，中文作为非官方语言，在各地受重视程度截然不同，致使这些海外青少年的中文水平更是参差不齐。尤为重要的一点，我对他们的学情一无所知，对他们的学习习惯也毫不了解。面对这个陌生而复杂的学生群体，怎么样利用一节课的时间，让他们领略到祖国汉语言的意趣，还是令人颇伤脑筋的。

接下来的几天，就是折磨脑细胞的日子。在经过一番思量、推敲之后，我的脑海中渐渐具备雏形，一节旨在宣扬汉语言文化，感受中华优秀传统文化的专题活动课不断清晰化，鲜明化。活动课将以文字为主打，以潮州地方特色文化为背景依托，核心任务是让海外的孩子既能感受到祖国汉字的博大精深和无限魅力，又能了解中华神州大地的地方文化。

8月27日上午，这节语言课《潮州“水”，中华情》在潮安区归湖怀慈中学如期拉开帷幕。我先让这些对汉字一知半解的“门外汉”辨识出“潮州”和“潮洲”的差异，让华裔学生关注到“氵”。随后又抛出一个问题：潮州并不是没有水，但为什么称“潮州”而非“潮洲”？一下子勾起华裔学生的好奇心，个个显得兴致勃勃，都想考究起“水”来。我顺势而为，向华裔学生介绍甲骨文造字时“水”的本义：从山岩或峭壁上飞溅而下的山泉。接着，又展示了汉字“水”历经甲骨文、金文、篆文、隶书的演变过程。随后，让这些华裔学生分组竞赛写出表示水的文字符号。从各组学生展示的众多汉字符号中，我提取出“潮”“洲”两字，分别阐释了“潮”“洲”的汉字意义。在此之中，我特别点明“州”是“洲”的本字，原指水中的陆地，后因用以表行政区划，后人加水另造“洲”字以别“州”县之字。这样一来，水到渠成地引出“潮州”名称的由来和变迁，顺带着介绍了潮州历史名城的基本情况。最后，我又组织一段与“潮”“州”“水”等汉字相关连的字谜竞猜，进一步让海外游子体验到汉字的神奇。

一节趣味盎然，寓教于乐的语言课，就这样在一番啧啧称奇的不舍中落下帷幕。有些华裔学生还意犹未尽地留下跟我继续交流。尤其令我感动的是几位随堂听课的海外老华侨特意在旁边等待着，就是为了握住我的手连说几声“谢谢”。

于是，一切的累都烟消云散了……

穿行在春天里的列车

——河源送教札记

李卓彬

2017年4月9日，潮州火车站，曾经人头攒动的运输中心，如今随着潮汕高铁站迅速崛起，这里也就成为时代的弃儿，丧失了昔日的容光焕发，面如菜色，毫无光采可言。望着稀稀疏疏的旅客，猛然间有种感觉，潮州火车站的没落，与乡村的萧索历程有着惊人的一致。乡村常住人口的锐减，也迅速波及乡村教育。如今的乡村学校，大多在规模缩水的逆境中苦苦挣扎着。而乡村教师，则在这股洪流中顽强地坚守着阵地，屹立不倒。可敬可佩的一个群体！

少年强则国强，然则需教师强方有少年强。是的，由此说法还可演变出其另一分论：乡村教师强方有乡村少年强。面对城强乡弱的现状，让乡村教师强起来更是一个亟待解决的迫切任务。在此背景下，广东省教育厅出大招了：组织中小学新一轮“百千万人才培养工程”培养对象走进乡村教育活动。此举旨在提升乡村学校教师和校长的教育教学能力和教育管理水平。而我忝列其中为新一轮“百千万人才培养工程”名师培养对象，对广东省教育厅的征召当然责无旁贷，义不容辞，欣然规往。按照省教育厅的统一安排，我被分配到了河源市东源县，将于4月10日、11日两天对其示范带学。

潮州到河源，城际直接距离不到300千米，但铁轨一路蜿蜒爬行，绕道揭阳、丰顺、兴宁、龙川等地多站，硬生生地把整个下午约6个小时的时间都洒在路上。抵达河源时已是傍晚六点。我们在东源县的送教活动由广东第二师范学院和东源县教育局共同主办。在安顿好行李之后，我马不停蹄赶到会议室，参加活动的启动仪式。启动仪式显得简短而不失隆重，东源县教育局极其重视，邓副局长充满激情的致辞，让我们感受到来自官方的殷切期望，也感受到诸多东道主的热情洋溢。我们十多位送教的教师来自广东各地，学段涵盖幼儿园至高中，活动主办方把我们分成几个组，每个组都由一位东源局教育局教研室、师训处的领导全程“陪侍”，足见东源县教育局的贴心和礼待。依其安排，我需一个人撑起向东源全县初中语文教师送教的重任，活动分期分批异地举办。

4月10日清晨，6:20起床，吃过早餐后，7:15出发，坐了一个多小时的车深入到东源县船塘镇。我将在这里上一节公开课，听评一节课，面向教师举办一个讲座。船塘中学做为活动的举办地点，学校领导十分重视，全程做了细致周到的布置，安排多位老师协作配合，还有一位张副校长更是全程听课、主持，令人感动。几十位听课教师皆来自距离县城较偏远的乡镇中学，从他们质朴纯粹的眼光里，我读到了好学的执着，也读到了期待的热切，还捕捉到偶尔闪现出来的迷茫与困惑。

课堂上，学生多数有着乡村孩子特有的腼腆和拘谨，我尽力消除他们的紧张感，不断鼓励和引导，慢慢地拉近了彼此的距离。终于，初始那种隔阂在不知不觉中消融了，学生慢慢亲近起来，开始蚊子般低声回应；后来，声音慢慢提高八度，胆子也越来越大了，手渐渐如雨后春笋般高高举起来。师生都全情投入到课堂中，一起精心呵护着，促进着，享受语文生命生成发展的那一瞬间的美妙愉悦。

与老师们交流时，很多老师都对我这节课赞不绝口，表示不枉此行，受益匪浅，甚至用到“仰止”等词，这让我倍感欣慰之时，也不禁暗中汗颜。此乃缘于自身业务修养过于浅薄，愧疚于未能确如其所言“传经送宝”，未能给这些教师带来更多的顶级干货，唯恐辜负了教师们的厚望。

4月11日是送教到河源的第二场活动。东源县借地东源县青少年宫会议中心，借班东源县实验中学学生，东源县县城及周边乡镇近百位教师聚集于此。我在这里举办一节古诗词公开课。这里的学生明显活泼得多，课堂上也愿意发言，但思维活跃程度相对其活泼程度而言，有着明显的距离。我想，园丁与园艺工作者的区别在于：园丁的责任是给苗子浇水施肥，促进苗子自身内在的生发成长；园艺工作者则是使用蛮力从外部将苗子扭曲为机械般的造型。教师向来被誉为辛勤的园丁，我们自不可辱没这称号。我把整首诗置于底蕴丰厚的文学背景，在课堂上着力创设出浓厚的古诗词学习氛围，把课堂还给学生，让学生深入到文本之中，自主体验，生成发展。这节课收获了东源县教研室专家和当地教师不吝赞扬的高度评价。随后，听课，评课，讲座……一切都按部就班有条不紊地进行着。直至活动结束，我才如释重负，幸亏不辱使命！

回程之际，听当地人说河源高铁站已在规划之中，联系河源和潮州的汕昆高速也即将通车。“春种一粒粟，秋收万颗子。”看来，河源的秋天，将会是一个令人充满遐想的季节。

春雨的力量

——赴韶关示范带学活动侧记

李卓彬

暮春4月，雨是最寻常不过了。雨最为眷恋的是粤北韶关这座古老的城市。瞧，迷蒙雨烟，细微雨丝，银白雨线，倾盆雨帘……全都用来润饰着城里城外。一天，一周，一个月……山被雨唤醒了，披上一袭盎然绿意；水被唤醒了，撩下一波翻滚涌动；人被雨唤醒了，却蜷伏着一团烦躁在体内，不停地滋长、蔓延。这里的人，是否还在渴盼着什么？

2016年4月17日，在一场雷鸣电闪的暴风雨开路之下，广东省中小学新一轮“百千万人才培养工程”第二批初中名教师培养对象陆续抵达韶关，分头扎营马坝镇、梅花镇、乳源瑶族自治县，在此开展示范带学活动。按照广东省“百千万人才培养工程”项目办公室的安排，我来到了乳源瑶族自治县民族实验中学，主要任务是对当地教师进行听评课、执教公开示范课。与我同行的还有来自广州、深圳等地6位不同学科的名师培养对象。

18日清晨，乳源民族实验中学张副校长一大早就从学校赶过来接我们。这是一位年轻有为、文质彬彬、细致周到的专业型管理者，去年刚到这个学校履新，主管教学板块，时逢民族实验学校正在扩容升格，可谓是任重道远。在张副校长带引下，我们来到学校的会议室，参加了一个简短的欢迎座谈会。乳源教育局教研室李主任出席了欢迎会，告知我们，乳源县各乡镇中学皆已派教师过来听课交流学习。这话让人深感荣幸之余，只感肩上的担子又重了几分。

为对当地的教学情况进行初步了解，我先跟各乡镇中学的老师一起听了一位姓赖的女老师执教的《醉翁亭记》。赖老师谦逊好学，认真务实。其课亦如其人，自然朴实。课堂上展示出了不少教学亮点，也显示出一些不足之处。而到场的教师以中年者居多，普遍沉稳有余，创新不足。针对这一群体特征，选取何种带学方式方能行之有效？我不断思索着，琢磨着，推敲着……最后，我设计并执教了一节以轻松、新颖见长的《游山玩水赏〈醉翁亭记〉》。我想，示范带学仅有两三天，既然无法成为润物无声的细雨，那就只能来场狂风骤雨的洗礼了。唯有头脑风暴，才能在短暂时间内给人带来震撼。我要通过这节课来激活教师的课程设计意识。事实证明，我的思路是正确的。当我执教完示范课后，与当地教师进行交流时，不少教师异口同声地为我这节课的创新性点赞，并坦言以前在课程设计上比较少花功夫，未曾想到课堂可如此之精彩。这课无论是课程设计、教学方法，还是课堂上对学生的引导，都给其观念带来了巨大的冲击，有着颇大的引领作用，也使其意识到自己在教学上的症结。大家都表态不枉此行，满满的收获使得自己赚得盆满钵盈。

示范带学的过程是忙碌的，也是辛苦的。有苦，自然也有甜，但看到微显迷茫的眼光开始坚定下来，当看到略带滞麻的神情开始鲜活起来……一个个细微的变化让人觉得：忙、苦，都是人生的春耕。

临返潮州前夕，我再一次来到乳城河畔，欣喜地发现，丰盈的河水源源不止，而远近的青山又绿出了新的境界。

聆听教育好声音

李卓彬

2015年7月12日至18日，广东省中小学新一轮“百千万人才培养工程”第二批培养对象第一次集中培训在广州鸣锣开讲，承担初中名师培养项目的广东省第二师范学院煞费苦心为学员们精心筹划了一场教育界高大上的“好声音”盛宴。

一、来自美国的“好声音”

7月15日7:30，我们从广东省第二师范学院乘坐大巴赶赴广州大学附属中学大学城校区。大约8点到达目的地，美国中小学校长协会主席Michael Allison早已携十多位美国年度荣誉校长、教师，现身“创新与创造力”中美校长高峰论坛会场，与陆续抵达的学员合影得不亦乐乎。这让我瞬时产生一个错觉：我们是远道而来的客人，他们才是随和热情的东道主。

开幕式之后，美国杰出现代教育创新思想家和实践家Ted McCain教授发表了《认识每一个大脑的独特性：基于脑科学的个性化教学策略》的主旨演讲。在近两个小时的演讲中，Ted McCain让我了解到美国教育的鲜明特色：顺应时势，服务学生，强调实用性。换句话来说，即美国教育的首要目标并非立足于某一政团的需要，而是立足于人的需要；不是要把学生塑造成一个什么样的人，而是培养学生适应社会生活的能力。这话带给我的震撼不亚于平地惊雷。此前，我自问还是一名认真勤奋的教育工作者；现在，我才醒觉自己至多是一名教育领域里的上传下达者。我从没有想过学生需要什么，我也没有想过学生怎么需要，我只是热情洋溢、想方设法、呕心沥血地将课本上的东西一股脑儿硬塞到他们怀里，而学生在懵懵懂懂中半推半就、却之不恭抱着一大堆连自己都不清楚有用没用的知识茫然四顾不知所措。确实，我是时候停下来，好好沉思一番了。

我至今仍不能忽略Ted McCain教授口中多次出现的“变化”一词。没错，社会在变化——衣不蔽体食不果腹早已渐行渐远，小康生活触手可及；技术在变化——智能化产品越来越高端化，数据化管理越来越大众化；人在变化……但是我的教育观念几乎没有变化。当我仍然捧着一本厚厚的《教育学》埋头苦读时，我还没意识到学生的漫画书本早已束之高阁，甚至连电脑里面的漫画图都被手机里的动漫视频打入冷宫。在铺天盖地的海量信息环境中，学生阅读文字的时间骤减，这就是一种变化，也是一种趋势。Ted McCain教授呼吁因应变化，视觉化地教授学生。是的，山不转水转，水不转人转，变化是生命不变的规律。一切从学生出发，教给学生终身受用的知识，这是我们永恒的使命！

二、来自北上广的“好声音”

【北京】7月16日下午，北京十一学校校长李希贵莅临广东省第二师范学院报告厅，席卷起一股学校转型的头脑风暴。走班，自习，自选……一部20分钟的微电影纪录片展示了三名学生在北京十一学校一天的生活。学生在十一学校享得其他任何学校都无可比拟的高度自主。2062个教学班，269门学科课程，34门综合课程，70门职业考察课程……这样下足血本，就是为了4 300名学生清楚自己的跑道，为了发现与唤醒每一名学生。奇才刘行建是幸运的，因为他可以获得北京十一学校为他而设的专用研究设备，从而“在发现自我的道路上发现世界”(李希贵赠言)；生物发烧友石珺然是幸运的，因为她可以在北京十一学校单科独进，以生物科撬起整个成绩总分的名次；小评论家谢安琪是幸福的，因为她可以在北京十一学校信马由缰，享受到量身定制的语文学习方案。李希贵校长缔造了一个教育传奇！他是如何筑起北京十一学校这个教育王国，我们不得而知。于大处，我无法亦无能成为其追随者；于微处，我倘若能得沧海一粟，就是一笔足以欣喜若狂的巨大财富了。

【上海】7月14日下午，广东省第二师范学院学术报告厅，肖建彬院长以一句“请一位名师，为一批准备成为名师的人才讲课！”幽默地拉开了上海市教委副主任陆靖教授讲座《上海高考改革方案的设计》的序幕。高考是基础教育关注度最高的一个节点，上海作为高考改革试点省市，备受瞩目。陆靖教授介绍了上海高考方案“初稿—修改稿—定稿”的设计过程。整个过程中，讨论、修改、打回，再讨论、再修改、再打回……反复循环，可谓是“千锤万凿出深山，烈火焚烧若等闲”。听至此处，我不禁肃然起敬，深为折服，更以之为工。教育是一件关乎到千家万户未来发展的大事，容不得马虎，容不得敷衍，容不得急蹴。由彼及己，在设计教学方案时，我不也应该克服浅尝辄止的坏习惯吗？研究，研究，再研究。“山重水复疑无路，柳暗花明又一村。”

【广东】7月中旬，广东教育名家云集广州，中国教育学会副会长吴颖民教授在“百千万”启动仪式上对新百千万工程顶层设计进行了解读，从名牌、名声、名气三方面来阐释名教师。华南师范大学教授黄甫全在教师论坛上勉劝大家走课题研究路线，避免“会生孩子不会取名”的尴尬。广东省原教研室主任吴惟粤则建议教师做课题研究可从“对行动的研究”和“在行动中研究”切入。广东省第二师范学院教授闫德明主张教师应当具有鲜明的教学风格，并就《我的教学风格》的凝炼反思与案例撰写展开辅导。

在此期间，广东省第二师范学院还特别接地气地邀请了11位名师上台介绍其研究成果、教学风格。吴向东、林君芬、刘晓晴、楚云、娄红玉、王炜煜……一个个如雷贯耳的名字熠熠生辉，各领风骚。或许是缘于同一学科之由，两位初中语文名师最是令我过目难忘。广东省实验中学楚云老师以公开课起步，视公开课为享受，循公开课而超越，在课堂上温情脉脉，行云流水般让人如沐春风，那是一种赏心悦目的诗意美。广州市景中实验中学娄红玉老师唱念做打十八般武艺样样俱全，干练伶俐，一语中的，身上满溢激情，那是一种催人奋进的正能量。

三、来自“卓越初语”的“好声音”

广东省新一轮“百千万”第二批培养对象共有八位初中语文教师。“卓越初语”是我们初中语文组的组名，既是“卓越的初中语文组”的简称，又寓意我们在追求名师的路上开始发声。我总是觉得用“开始发声”来涵盖整个组并不合适，因为语文组赫赫有名者大有人在。

深圳宝安区教研员倪岗老师早已声名远扬，一骑绝尘，当属大师级人物。在2012年广东省骨干教师培训，我有幸拜听他关于阅读教学新途径的专题讲座，再历经多次见面，了解渐深，真心觉得他就是纯粹做语文的。一是够专业，面对问题时，再乱的一团麻，他也能一下就捻出关键节点，顺势而为，三下五除二，捋得有条有理。二是够专一，倪大师固守语文世界的方式特别有意思，在纷繁杂陈的五光十色中，他以“我眼观我需”“我耳闻我欲”来应对，关注且只关注语文领域中自己想要的要素，不为余者所动。三是够专注，用“动若脱兔，静如磐石”

来形容倪大师一点都不为过，他是话匣子、网球手、鬼马者，但当他坐下来化身为思想者之后，恐怕除了余映潮、温儒敏等几位语文泰斗外，再也没有谁能把他拉起来。有一句话说得好："与智者同行，你会不同凡响；与高人为伍，你能登上巅峰。"感谢倪大师放慢脚步，吆呼我们前行。

江门蓬江区教研员周华章老师是一位足以与倪大师相媲美的高人。国家级、省级、市级、区级荣誉称号，不计其数；论文发表、获奖，核心杂志封面人物，讲座，示范课，举不胜举。我尤其敬佩他饱读诗书，满腹经纶，出口成章，笔如泉涌的儒雅气质。与周老师对话，总能让人获得一种心灵的平静和淡然。

语文组还有诸多不容小觑的佼佼者，一张嘴即龙吟凤鸣，穿云裂石。惠州徐日纯老师在不动声色中运筹帷幄，收放自如，课题研究硕果累累；河源李敬梅老师是特殊教育工作者，把手语化为舞蹈来演绎美、分享美，自身也成为美的一种诠释；惠州沈秀荣老师则是另一位莎利文老师，无声的语言漫延着浓浓的爱意，散发出来的是另一种细致的魅力；韶关丘石梅老师投奔红色娘子军，一路勇往直前，冲锋陷阵，向一个又一个堡垒发出强有力的宣战，斩获颇多。茂名郑晓霞老师是一名"80后"的小年轻，22岁即参加广东省教学大赛获奖，一鸣惊人啊！

教育"好声音"，大珠小珠落玉盘。我不禁伸颈，侧目，微笑，默叹，以为妙绝。

流淌的“紫藤萝瀑布”

李卓彬

我越来越担忧了。

临近下课时，我再次将视线转向林小A。她依然还是保持着那副姿势——身子坐得端端正正，两臂平肩自然下垂，肘关节撑在课桌上，一手握着笔，一手执着语文课本，垂着眼睑，似乎正专注地看着书。在一间坐着几十名学生的教室里，她的这些行为，显得大众化，并不引人注目，更没有出现什么突兀出格的动作。然而，我却知道，这种貌似正常的行为，仅仅是表面的假象，在极力掩饰着一种底子下的不正常，并且还不是普通的不正常。林小A保持着这姿势，已经至少20分钟了。整整20分钟，林小A的眼皮儿都没有抬一下，视线仿佛被凝固成一根冰柱，从课本上竖撑起来一直到眼皮底下。

我早已察觉不妥，但却不敢去惊扰。

与其说我怕惊扰到林小A，还不如说我怕看到林小A眼底的那片灰茫茫的空洞和无助。我教过的学生不计其数，好歹也算在教育界摸爬滚大多年，对教育学生时应该到什么山头唱什么歌，向来是胸有丘壑的。但对林小A的低迷状态，我却只能眼睁睁地看着徒焦急，如同站在沼泽地旁看着别人身陷泥潭，空有一身绝世武功却无法施以援手。我心底滋生出来一种深深的挫败感，与挫败感结伴而至的还有一股无力感，夹杂着一丝丝愧疚感。这种纷乱复杂的感觉，不是三言两语就能讲得清道得尽的。

林小A出现这种低迷状态已经超过一个月了。从一开始我就已经知道根源所在，也料到她必然会跌入谷底。这一切，源于不久前她的家庭变故——就在一个月前，她的父亲突然生病离世了。家中的顶梁柱轰然一声，骤然倒下来，让这个家庭猝不及防，整天笼罩在一片悲伤之中。

我决定跟林小A的班主任一起再去林小A家走访一下。

越过一座小山头，穿过一片田野之后，我们来到山脚下。林小A家所在的小村庄就座落山脚下，村民的房子基本都是背靠着一个山坡散落蔓延着。林小A家仅有的一间老房子孤零零被抛在坡顶，屋前用黄土砖搭建了一个简陋的小棚子来堆放杂物，兼做厨房。这是一个竭尽全力来跟贫困抗衡的农村家庭。原来有着父亲担当一家子强而有力的主将，与母亲携手一起为林小A三姐弟撑起一片未到小康但尚算安宁的天空。如今，整个屋子里弥漫着一种令人窒息的沉静。

林小A的母亲佝偻着腰坐在一把方凳上，没一会儿又把方凳往后挪了挪，以便后背能倚靠着墙。墙体已残旧老破，灰白色的墙面已逐渐转向米黄色，时不时冒出一些深浅不一的暗黄或褐色的斑驳，那些不规则的图案围拢在这个瘦弱身影周围，似乎正欲合力搀扶这名中年妇女。一张憔悴苍白的脸，跟灰白色的旧墙融在一片阴暗的白色之中，几乎快分不出哪是墙哪是脸。这个从来不需要拿主意，一直习惯于跟随在丈夫身后的乡下女人，整天以泪洗面，在彷徨中迷失方向，一直不知所措。

林小A坐在母亲旁边，默默地陪着母亲流泪。林小A原本是一个好胜而开朗的人。不管是身体病痛或成绩偶尔滑坡，都不曾见过她哭鼻子。也正由于她的这种性格，我们原本以为她会很快从丧亲的巨痛中走出来，但事实证明我们都把事情想得太简单了。后续的日子，无论大家通过什么方式来关心和帮助她，结果总是令人倍感沮丧的。很明显，林小A把心门关闭起来，在面对每位老师的关心时，她总是低着头沉默着，偶尔敷衍性地应答一两句话。很多老师都觉得像是面对着一片深邃不见底的静止幽潭一般，不知道该从何下手。

我们的家访显得收效甚微。离开的时候，林小A送我们出来到村口。“老师，”她并不看我，回避着我的眼光，抬头注视前方不知什么地方，声音如同坠落的风筝一般轻飘而低缓，“我知道您关心我，但您不明白我现在的感受，还是让我静一下，好吗?”我愣了下，竟然不知道该如何回应她。

接下来的几天，林小A还是一直保持着“静一下”的状态，并且还看不出有好转的迹象。再这样下去，后果不堪设想。我看在眼里，急在心里，不断地寻思着良策。

这天，天好像要下雨了。我在办公室等着上课，翻着语文课本时，不经意间看到课文《紫藤萝瀑布》，突然间灵光一闪，有了一个想法。心病还须从心医，既然明着劝导林小A已行不通，只能暗着来啦。林小A是一名文学爱好者，具备较高的美文欣赏能力。《紫藤萝瀑布》是当代作家宗璞的一篇散文，写于1982年5月，当时弟弟身患绝症，作者宗璞非常悲痛，徘徊于庭院中，见一树盛开的紫藤萝花，睹物释怀，由花儿自衰到盛，转悲为喜，感悟到人生的美好和生命的永恒。我打算调整教学计划，从课堂教学入手，将《紫藤萝瀑布》提前安排在今天上课，借这篇课文中的人文情怀来启迪林小A。

上课铃一响，我立刻走进教室，告诉学生这节课要先学习《紫藤萝瀑布》。林小A听后似乎稍感意外，眼神扫了一下黑板上的题目，就跟大家一起打开课本翻到这一篇课文。根据我对林小A的了解,《紫藤萝瀑布》这样的文章，从题目到内容，正是她所喜欢的类型。果不其然，一开始林小A还一如往昔显得心不在焉，随意瞄了几眼书本，眼光在书上飘忽不定。随着课堂的推进，阅读不断深入，宗璞丧失亲人的遭遇，引起了林小A的关注，她显然产生了“同是天涯沦落人”的感慨，于是渐渐集中注意力，深入文本，跟着宗璞一起移步共情。尤其当阅读到那句“花和人都会遇到各种各样的不幸，但是生命的长河是无止境的”，她身子微微一颤，随即好像中了定身法一样长久地定格着，脸上现出一副前所未见的凝重神情。窗外，天色变得更加令人捉摸不定，乌云与太阳正在展开一番激烈的厮杀，晦暗了又明晰，明晰了又晦暗，直到最终，一阵清风把乌云大力推开，天空的格局最终明晰起来。这股清风，穿过窗口，捋起垂挂在林小A眼前的几绺发丝。她抬起头来，我看到一双明亮的眼睛，散发着经历了大彻大悟之后明晰起来的神采。她加入到全班的朗读行列：“……过了这么多年，藤萝又开花了，而且开得这样盛，这样密，紫色的瀑布遮住了粗壮的盘虬卧龙般的枝干，不断地流着，流着，流向人的心底……”

铃响了，林小A一脸平静地下课了，我也在心里舒了一口气。

此情绵绵无绝期

林雪芹

王国维在《人间词话》中写道：古今之成就大事业，大学问者，必经过三种境界："昨夜西风凋碧树，独上高楼，望尽天涯路"此第一境；"衣带渐宽终不悔，为伊消得人憔悴"此第二境；"众里寻他千百度，蓦然回首，那人却在灯火阑珊处"此第三境。这也是读书的三种境界。

——题记

望尽天涯路

与书一见钟情后，从此爱的种子，就在我稚嫩的心中深埋。人生之旅，一路行来，山长水远，我对她始终保持着一种绵绵无尽的情意。我是被书养育大的，我是吮吸着书的乳汁成长的，我是得到书的浇灌而变得挺拔的，我是受着书的雕琢而成熟的。没有书，我可能还是那个幼稚、狂野、自私、任性、低俗的小女孩。永远不会忘记，为了得到书，我所承受的眼泪与苦痛；永远不会忘记，为了得到书，母亲所付出的艰辛和心血；永远不会忘记，为了得到书，岁月在我心灵刻下的斑驳印痕。只因为家贫如洗，只因为农村的"重男轻女"的封建思想，只因为我有一颗不屈的心。在无数个清晨黄昏，我站在飘着茉莉花香的庭院，仰望着飞鸟在白云间快乐地穿梭，我在心底告诉自己：我要飞翔！我相信我一定能像飞鸟一样美丽动人！而冥冥中，我预感到能无私地赐予我飞翔的翅膀的，唯有书！我坚信：读书是快乐的，唯有读书，我才能舒展心灵的触角，让飞翔变得轻盈；读书是幸福的，唯有读书，我才能仰望理性的星空，让目光变得深邃；读书是美丽的，唯有读书，我才能品味别样的人生，让生活充满阳光；读书是崇高的，唯有读书，我才能搭建思想的阶梯，让生活放射出璀璨的光芒。但是，前路仍有荆棘，夜晚仍有迷雾。望尽天涯路，书籍牵引我前行。

为伊消得人憔悴

在母亲疲倦而坚毅的眼神的牵挂下，我颤巍巍的自行车，走出了乡村，走过了“澄海中学”，走进了师范学院。伴我一路同行的，依然是那温柔动人的书香。每当夜深人静，一书在手，顿感心潮如海涌。潜心拜读古今中外灿烂的文学长卷，卷卷都倾诉一个深深的“情”字：“少小离家老大回，乡音未改鬓毛衰”是满溢乡情的牵挂；“慈母手中线，游子身上衣”是充满亲情的牵挂；“桃花潭水深千尺，不及汪伦送我情”是满载友情的牵挂；“愿君多采撷，此物最相思”是写满爱情的牵挂；“但愿人长久，千里共婵娟”是明月的牵挂；“劝君更尽一杯酒，西出阳关无故人”是寂寞的牵挂；“同是天涯沦落人，相逢何必曾相识”是萍水的牵挂……因为爱国之情，屈原用血泪凝结忧愁悲思而书《离骚》；因为壮志未酬之情，东坡高唱“大江东去，浪淘尽，千古风流人物”；因为报国无门之情，辛弃疾感叹“千古江山，英雄无觅、孙仲谋处”；因为不堪压迫之情，陈涉怒呼“王侯将相宁有种乎”；因为不满世俗之情，陶渊明“问君何能尔，心远地自偏”折射出他冷静的人生选择；因为博爱豁达之情，范仲淹“先天下之忧而忧，后天下之乐而乐”道出政治家的深重责任感；因为胸怀天下之情，杜甫“安得广厦千万间，大庇天下寒士俱欢颜”显露出普度众生的伟大情怀；因为拯救大众之情，毛泽东的“问苍茫大地，谁主沉浮”更是一代伟人对饱经沧桑的神州大地的历史性叩问……千般气象，万种风情，都在你手指的翻动下一点点倾泻，一点点被你解读，如沉醉千年的睡莲，在纯朴的心灵召唤下，在纤纤玉指的抚摸下，一瓣瓣绽放，一瓣瓣飘香，一瓣瓣抖落岁月的辛酸。把我熏染成一只“不死鸟”，飞翔于青山白云之间；飞翔于怒海狂涛之间；飞翔于电闪雷鸣之间；飞翔于桃红柳绿之间。沉入书海，我在“情”浪里畅游，接受洗礼，洗涤污垢，虽“消得人憔悴”却甘之如饴。

那人在灯火阑珊处

华灯初上，灯火阑珊，蓦然回首，那人依旧。是感动，是欣喜，是震撼，是悲怆？

我不怕俗世的洪流把我掩埋，可是我真怕中夜的偶然凝伫，在凄冷的月影里我找不到我钟爱一生的书，找不到自己，以及一叶在风中飘落的红枫……

醉过方知酒浓，爱过方知情重！你梦里有我，我醉了也忘不了你。几缕的牵挂，一世的情缘，我庆幸幼年懵懂的我，不仅练就了飞翔，更找到游子的家园。范仲淹的岳阳楼，欧阳修的醉翁亭，王之涣的鹳鹊楼，崔颢的黄鹤楼，张继的霜叶枫桥，陆游的驿外断桥，马致远的流水小桥，曹雪芹的大观园，施耐庵的梁山泊，夏洛蒂·勃朗特的桑菲尔德庄园，艾米莉·勃朗特的呼啸山庄……古今中外一座座新老建筑物渐渐远去，涤荡着我不安的魂灵。“心安即是家”，我恍然惊觉，不顾红砖绿瓦、高楼林立的诱惑，我的翅膀，始终坚定不移地飞向我的心灵家园；我恍然惊觉，一份深沉的爱，竟可以化成梅花烙，一刻上即永世不会褪去。

醉入书籍，在大师的书桌间随意穿行，我的灵魂经历了三次崇高的历练：望断天涯路，为伊消得人憔悴，那人却在灯火阑珊处。书籍慷慨无私地将各种情感各种信念注入我干枯的心田，使我舒展开片片绿色的羽毛，使我摆脱悲哀与痛苦的羁绊，使我神清气爽，飘然若仙，使我诗意地栖居于清晨每一滴晶莹的露珠里……但一切都会过去，一切都会抹上风沙的锈。百年前英雄系马的地方，百年前壮士磨剑的地方，这儿——小女子我卸下岁月的风尘。历史的锁啊没有钥匙，我的行囊没有浮华只有书。要一个铿锵的梦啊，趁月色弹奏一曲《女儿红》：热爱书籍，热爱生命，超越自我，做新时代的女性！

我就即将远扬，我在向你诉说。得以有机会遥望自己生命的既往和未来，那条坎坷的少女游途上，每一段都立着一块里程碑。里程碑中最古老最美丽最长久的一块，清晰地刻着“书”的名字，以及我永恒的爱——此情绵绵无绝期！

（本文2007年获澄海区征文比赛一等奖）

“崇高师德铸就教育辉煌征文”

敢唱一曲“红头船”之歌

单位：澄海东里中学

作者：林雪芹

时间：2013年5月

敢唱一曲“红头船”之歌

用红头船精神熔铸崇高师德

勤敬业乐奉献创造东中辉煌

——引子

第一乐章：沉没

漫步在学校那一小片苍翠的竹林下，我想起一位名人曾说过：“生命岂能如雪，悄悄地来，倏然地消融，平淡无奇怪；生命应是冰雪覆盖下的江流，奔腾出一段壮丽的行程。”是的，我总觉得，人活着，应该有点精神动力。我相信，凡人都害怕空虚。那正像无数条虫子，优哉游哉地生活在你的躯壳里，吞噬你的精神、意志。然后，你就沉没在汹涌澎湃的大海里，从此无声无息；然后，世界上又少了一个“活着”的人。

那种空虚的感觉，其实我曾有过。从充满诗情画意的大学校园到平凡枯燥的工作岗位，喜欢追寻太阳的我，其实一度跌入黑暗的漩涡。也不是没有阳光，只是那阳光太微弱，我想：那就沉没吧，别总是自命不凡，其实你很平凡！平凡得如一颗不起眼的尘埃！

第二乐章：蜕变

然后，我让每一个匆匆流逝的光阴从我指尖滑溜溜地飞过，慵懒的我冷眼看着周围的世界，直到2003年新校址的搬迁。由于学校发展的需要，我们和东里四中对换校址。张校长带领原班人马，开始艰难的“东部大开发”。占地六十亩的新学校，其实除了杂草丛生和一幢光秃秃的五层教学楼外，什么都没有，连校门也不成样子。我不懂在这艰苦的环境下，张校长将带领我们进行怎样的“艰难创业”。但为了全校师生，为了学校的发展，我们那个沉默寡言、雷厉风行的张校长，其实一直都是脚步沉稳、走在漫漫征途的前头，带领我们，走过风雨，踏过霜雪，没有一路的掌声和欢歌，只有一串串浸着汗水、浸着心血的平凡脚印！

当我沉没在大海里的时候，其实我清楚，是张校长把我这条小鱼捞上来，刚搬到新学校，他就让我负责毕业班的语文。我诚惶诚恐地推卸，因为我没有“初生牛犊不怕虎”的拼劲和冲劲。但他只简单丢下一句话：“相信自己！”于是，万般无奈的我只好踏上征途。从精心设计好每一个教案，到认认真真上好每一节课，我和我们的莘莘学子，同样走过一条辛酸的路。每当看到学生们在夕阳里疲惫的面容，我总是一阵心疼。但“路漫漫其修远兮”，我们还是“你手牵我手”坚持走下去！总相信路的尽头，会有“柳暗花明又一村”！我也惊讶自己为何在困境下还能保持如此浪漫乐观的心情，但当看到张校长那早出晚归的忙碌身影时，当看到他坚毅沉着坚强自信的脸时，我已丝毫不敢让自己再变回原形。如果说我们毕业班的老师是一根根崩紧的弦，那张校长，应是崩得最紧，最超负荷的一根。时光老人的脚步走得很快，一转眼迎来了黑色的六月。我从没感到自己的肩上是如此的“泰山压顶”，周围的空气弥漫着灼人的气息，似乎很静又似乎涌动着一股暗流。“不在沉默中爆发，就在沉默中死亡”吧！——幸而，捷报频飞，喜讯频传。那年中考迎来了历史上的新高，谢雯同学获得澄海区总分第一名，陈培娜、林禄同学分获澄海区第三、第十名，共有64位考生上重点中学。高考也取得骄人的成绩。本科线17人，3A线45人，共有170名考生上线。追忆往昔，我们应该感谢所有为之付出辛勤血汗的人。说真的，这一年中，面对黑色的天空，当我无助无奈想放弃时，总有一股力量在推着我这只摇摇晃晃的小舟继续向前。那股力量，来自于学生们的明礼诚信，不倦追求；来自于同事间的团结拼搏、携手共进；来自于张校长的开拓创新，敬业奉献……总之，经过一年的风雨，我发觉自己已蜕变成一只懂得拼搏、懂得进取的蝴蝶了。

第三乐章：飞翔

江湖夜雨十年灯，崇高师德伴我行！是“红头船”的精神，铸就了我胸中的一把正气的剑，挡住了我风雨路上多少荆棘的羁绊。在滚滚红尘里，在物欲横流的社会，我不追求能桃李满天下，不追求能像春蚕“到死丝方尽”，不追求功与名、利与禄！我只追求当一名受学生欢迎的语文教师，我只追求以文学与莘莘学子心灵交汇，我只追求笔耕不辍真情不断一生无悔，我只追求能继续编织我人生路上的七彩花环。我只渴望我的生命能波澜壮阔海纳百川；我只渴望能厚德载物绽放异彩；我只渴望能投身于改革的滚滚浪潮；我只渴望在平凡的岗位奉献青春与热血；我只企求，能传播爱心与光明；我只企求，能挥洒美丽与智慧；我只企求，守护着故乡的山山水水；我只企求，生命不留下丝毫的遗憾。我只祈祷，让贫瘠的精神荒原鲜花开放；我只祈祷，让迷路的小孩心灯点亮；我只祈祷，弹拨澄海的悠扬激荡的旋律；我只祈祷，放飞一只只追寻理想的白鸽！

于是，我收获了真诚、收获了尊重、收获了自信；我的学生在中高考中名列榜首喜讯频传，我的散文诗歌相继在《汕头特区晚报》《澄海报》等报刊发表，我被评为澄海区优秀教师和课程改革积极分子……一切都只因为有您啊，崇高师德的指引。没有您赐予的勇气和力量，哪有我的一切？没有您赐予的勇气和力量，我哪能在洪涛巨浪中依然坚守一方净土？尽管沧海桑田多变幻，风沙过处，我依然屹立成长空里的那只“不死鸟”，吐露我储蓄多年的芬芳，撒播我粉笔下的白色精灵，唱响我不屈灵魂的生命之歌。撑一艘“红头船”，在激流中奋进，为学海的彼岸铸造神话。哭也罢笑也罢，醉也罢醒也罢。“我自横剑向天笑，去留肝胆两昆仑。”我真的不怕将自己的历史以真实的姿态展现出来，或许那样可以成为瞩望未来，但永不忘记过去的人。我只怕辜负了党的栽培之恩，辜负了乡亲的嘱托，辜负了“人民教师”这一沉甸甸的称号！

第四乐章：绽放

夏日的花朵，尽情展示，无比绚烂；夏日的花朵，从根到茎、从叶到花，无不散发出一种蓬勃的生命力。泰戈尔说：“愿生如夏花般灿烂，愿死如秋叶般静美。”

满载着绿色的希望，红色的梦想，收获的六月，一路高歌而来。在这特殊的日子里，漫步在学校绿草如茵的操场，望着教学楼八个金色的大字“我以校荣，校以我荣”，我的心潮澎湃，久久不能平复。因为我的身边，有太多太多的感动。感谢党，为我们创造了和平安定、繁荣昌盛的社会环境；感谢教师这一职业，为我的灵魂镌刻上了“爱岗敬业、刻苦钻研、奋发进取、乐于奉献”的崇高师德；感谢东中，给了我充分展现自我风采的平台；感谢林校长，高风亮节，以身作则，指引我们前进的方向，用三年的时间，配合上级顺利完成初中部办学的分流，从2011年把我校改办成高级中学，为全区普及高中和高中布局调整作出贡献；感谢老师们，默默耕耘，呕心沥血，共同铸造学海的神话，近三年来，共有教师167篇教育教学论文在省、市、区论文评比中获奖，共有师生147项（次）在区级以上教师教学能力和学生学科知识竞赛中获奖；感谢学生们，知礼守法，谦虚好学，创造东里中学一次次的辉煌，近三年高考中，本科线共104人、3A线共369人，总共有1 215名考生上线，高考整体水平一直居澄海面上高中第一名。真的，我感动了！感动于“东中人”身上流淌着那股团结、拼搏、拓展、创新、奉献的“崇高师德的血液”！而偌大的整个教师队伍，无不都是如此啊！没有对祖国、对党的无比热爱，何谈奉献？没有对教师这一神圣使命的肩负，何谈奉献？没有对生命的敬畏和珍惜，何谈奉献？你让我寻找新时期教师的风采，这身边的老师，身边的奉献的人，不就是最好的证明吗？学生的每一小点的进步，高考的喜讯，不就是我们奉献给党和人民最好的礼物吗？真的，我没有多少豪言壮语来歌颂我们的老师们，我只是在蓝蓝的碧空下，在缓缓流淌的韩江边，说出我最真的心理话，道出我的感恩之情。每一个默默奉献的老师都如夏花般灿烂，而我，也是其中最不起眼的一朵！

第五乐章：反思

人民和历史最终接受的，是坦诚而透彻的生命！

“经历风雨，终见彩虹”，但“彩虹”不会永恒，当我们还沉浸在以往成绩的喜悦时，又是我们的林校长最先在我们每个人的耳边敲响警钟：“我们要反思成绩……”于是义无返顾，再上征途，我感到很累也很怕，但“人在征途，身不由已”，遥想当年，我们的祖先乘着红头船，在风里浪里打滚时，他们肯定也是累过怕过吧？但“大海航行，不进则退”，为了生存，为了发展，你能退缩你能胆怯吗？于是一路跋涉、一路辛酸，冲击海浪，冲击暗礁，直到彼岸。彼岸上，并没有黄金满地，并没有香车美女，于是继续冲击，永不言败！于是在洒尽血泪的同时，他们也迎来了一片艳阳天……一样的艰辛，一样的泪水，一样的拼搏，一样的欢笑啊！我真的惊叹潜藏在人弱小身躯内的不可藐视的生命力！滚滚江尘，芸芸众生，都只是沧海一粟！但这微不起眼的一粟，历经风雨的洗礼，历经拼搏、拓展、创新、奉献，却能创造出生命的奇迹，铸就生命的辉煌！以前为张晓风的《敬畏生命》而感动；今天，在读懂了“红头船”的内涵后，我同样被深深地震撼啊！其实我未曾见过真正的红头船，也曾想到故乡的樟林古港去“凭吊遗迹、怀念先人”，期望让自己的血脉浸入一点“红头船”的光耀。但我知道我必定失败。而当自己在经历了东里中学校址的搬迁，读懂东里中学“三度更名、三度易址、四度改制”背后的辛酸；看到两届校长带领我们一路披荆斩棘；带领我们走过黑色的六月；带领我们反思“辉煌”；带领我们继续开始长征……我感动了！没有凤凰涅磐的崇高境界，也有丑小鸭变成白天鹅的欣喜、自信、期待……我不敢说校长们是多么伟大，但我敢说他们都是一条条敢冲敢拼永不言败的红头船，永远航行在最前面，带领我们这一条条小船一起扬帆出海。不管海的彼岸有没有亮丽的风景，不管海面上有多少狂风暴雨；中国的牛只懂低头犁田，那我们，就只懂搏击风浪，只懂迎接挑战！你听那，星空下闪烁着银光的海面上，正荡漾着一支蓝色的歌“莲花山环，南海水绕，灵山秀水环绕成一个温暖的怀抱。这就是东里中学，这就是我的母校。活力四射的青春，我是这里的主色调。让最纯净的阳光把成长照耀，让红头船的性格把一生塑造……”只祈愿：用红头船精神熔铸崇高师德，勤敬业乐奉献创造我东里中学的辉煌！

（本文于2013年获澄海区师德征文比赛一等奖）

教育不止眼前的苟且，还有诗与远方

林雪芹

教育在左，师德在右，走在生命的两旁，随时播种，随时开花，将这一长径，点缀得香花弥漫，使穿枝拂叶的行人，踏着荆棘，不觉得痛苦，有泪可落，却是幸福。

——引子

缘 起

今年来，朋友圈最流行的一句话就是："生活不止眼前的苟且，还有诗与远方。"而当我在看了近段时间在网上疯传的《18日，我辞掉了正式在编教师工作！漯河教师都看哭了》的文章，当明白那位仅工作三年的年轻女教师辞职的原因是因为"钱少，事多，离家远"，当这篇文章受到一些同行的追捧并纷纷吐槽出心中的苦水，我想我不再沉默了，我只想在白云蓝天下，在小桥流水边，轻轻说一句："教育不止眼前的苟且，还有诗和远方！"

仁爱如春风细雨

我还是喜欢讲自己的故事，就像我在课堂上总喜欢讲自己故事给我的学生听。我想这是我受到学生喜欢的原因，其实他们的老师我并不是学识多渊博，但我绝对是用真心真情在爱着他们；而今天我想讲讲我的两个故事，也只是用真心真情来诠释，我所理解的教育和师德。我想起了遥远的16年前，那个寒冷的冬日下午。那时我在学校任教已三年了。外面有阴雨，我在被窝里睡懒觉，难得的周末。美梦中，我被一阵急促的电话铃声吵醒。我睡眼惺忪地接过电话，当我听到的是一个陌生男子的声音："你是林老师吗？我是某某书店的，你能过来一下吗？你的学生在我们店里偷了一本书。"我感觉我当时怔在电话旁，半晌都没反应过来，简直不敢相信自己的耳朵。但很快，我立即回答说我过去。披上大衣，我骑着自行车冒着雨急匆匆赶到镇里的那所书店。当踏进店里的刹那，我看到了那个低着头流着泪蜷缩在角落里的女孩，我的脸色和天空一样阴沉，天哪，真的是我们班里的小陈！那一刻，我除了恼怒，更是羞愧！我甚至不敢和店主的眼睛对视，我也低着头，我说话也断断续续，我感觉我也是一个犯错的孩子！真的，平生第一次，知道什么是耻辱，虽然犯错的不是我，但她是我班里的学生啊，这让我这个班主任的脸往哪搁啊！但望着那个可怜兮兮的女孩满是泪水的脸，最后，我压抑住一腔的恼羞的怒火，冷静地问清事情的来龙去脉，交清了书的钱数，在众目睽睽下，有点悲壮地领着女孩快速离开。我把她带回学校的办公室，给她倒了一杯水，尽量用平静的口吻对她说："现在，你能告诉我，这么做是为什么吗?"女孩在这时候，完全卸下心理的负担，把一切都告诉我。原来她生长在一个富裕的商人家庭，父母整天忙于生意，她又要做家务，还要照顾三个弟妹。稍有做不好，父母除了责骂，很少关心到她的生活和思想。所以，久而久之，她感到厌烦不堪，她感觉没有人能注意到她的存在。那天下午在书店，她明明知道口袋里没带钱，但突然动了偷书的念头，或许是故意报复父母对她的漠视吧。可是当事情发生后，她又怕了，她父母将对她怎样惩罚，怕再也得不到父母的信任和爱，所以情急之中，她想到了我这个救兵，所以把我的电话号码告诉了店主。我说："你就不怕我不来救你吗?"她的眼神里闪过热切的光芒，坚定地说："你不会，因为我觉得你是一个好老师!"那一刻，一句"好老师"让年轻的我心中骤然升起了暖意，我感觉自己的形象好像高大许多，我还有理由去对她生气呢，刚才的屈辱好像也立马消失了。不过，我没有飘飘然，而是心平气和地对她讲了很多，让她明白在今后的人生道路上该如何走，让她明白一个人的诚实和信誉是多么重要，让她明白该如何理解孝敬父母和追求自己的理想……最后，我向她郑重承诺：这件事是我和她两个人之间的秘密，只要她走上人生正确的道路！是的，16年了，这一直是我心中的秘密，我知道女孩后来兑现她对我的诺言，后来考上广州的大学，毕业后留在广州工作，现在已经结婚生子，过上幸福的生活。我们之间失联好多年，直到去年教师节，我收到一份从广州寄来的礼物——青花瓷的钢笔，上面别有用心地刻着我的名字，才知道是她辗转询问到我的消息后寄来的，我的内心，收获满满的感动和自信。杨绛说："好的教育不是硬塞给孩子大道理，而是言传身教潜移默化的积极影响。"是的，我知道当年年轻的我并没有做什么，我只是尽到一个老师该尽的教书育人的责任，我只是用我的宽容和爱心感动了女孩，我只是对得起我的良心，而这些，不就是平凡得如那原野上的春风细雨般的师德吗？“师德”并不是高大上遥不可及，它就在你的身上，在言谈举止中，润物于无声！

我只愿做摆渡人

还有一个故事，你愿意继续听我诉说吗？这是刚刚发生在我今年送走的这届高三毕业生身上的。江湖夜雨十年灯，不止十年了，在这个平凡的讲台，在这个远离城区的村庄，在这个历经变迁依然焕发生机的学校，我已经从教19年了。当年那个“我自横剑向天笑，去留肝胆两昆仑”的充满豪情的年轻女教师，在红尘滚滚中，是否已经“折戟沉沙铁未销”了？不可否认，我也曾消沉过，失望过，痛苦过，后悔过；但带了14年的毕业班，从初三到高三，我更多的是收获了，感动了，蜕变了，成长了！最让我难以忘怀的是这届高三的小林，那个内向倔强偏激脆弱的男孩。犹记得那个下午，他涨红着脸，向他班主任恶狠狠抛下一句“我报毕业了”。他的班主任在了解情况后让他填好表格，等家长签名后就同意他提前离开学校参加社会实践了。我是他的语文老师，当时他填完表格从我身边经过时，我觉察到他的情绪有点异常，就叫住他，叮咛他几句。其实在我们这些农村的面上中学，因为成绩较差和家庭的原因，提前毕业是有一部分学生的。但所有提前离开的学生中，我还真没见过一个像他这样异常的。果然不出我的所料，两天后，在办公室，我见到了他的父亲，一个衣衫陈旧，神情暗淡的中年男子。他见面的第一句话是“救救我的孩子吧！”原来，小林其实是喜欢读书，想和班里的同学一起去参加自主招生，他报考的是中山火炬职业技术学院，因家庭经济困难，在遭到父亲反对后，他才赌气报提前毕业。但自从回到家后，他开始不言不语，以绝食抗议父亲的做法。真是一个傻孩子啊，在感叹之余，我突然发现他的父亲已是泪眼婆娑。一个流泪的男人是让人震撼的，我安慰他的父亲，建议他同意儿子去中山考自主招生，费用我们老师来出。因为那一刻，我的内心波澜起伏，我不忍心让一只鸟儿过早地断了翅膀，从此停止追求理想的脚步。他的父亲喜出望外，让我和小林通了电话，鼓励他回来参加自主招生。后来在我的倡议下，我们办公室捐出了2 400元，全部送到小林家。本来一切应该如愿的，但一波未平，一波又起。在同学们满怀信心去参加自主招生的考试时，小林却没去参加了！这真的令我又急又气，到最后了解原因，原来问题又是出在他的父亲身上。因为小林是家里独生子，他父亲舍不得他将来去远方读大学，在临出发前又和小林吵了一架，并要求儿子别去了，情绪失控的小林撕掉了准考证和车票，最终放弃了。于是，悲剧又是重演，几天后，他的父亲又失魂落魄地到学校，见到我的第一句话又是“救救我的孩子！”小林又以绝食抗议无知懦弱的父亲，已经卧床不起几天了。那天夜晚，又是寒冷的阴雨，我和他班主任赶到他家时，看着他四壁萧然的家，看着他哭红双眼的母亲，看着他病弱兮兮绝望的眼神，我的眼泪也悄然飘落。我心疼地说：“孩子，你这是何苦啊，你要让我们多担心！”后来，在做通了小林父亲的思想工作后，在我们的劝说下，小林又回学校读书，并一直坚持到高考完。可惜的是，他最后只是考上了三B类的学校，在考虑经济的原因后，在家长的请求下，在征得他的同意下，我竭尽所能帮他联系上汕头的技校，他现在终于选择了喜欢的专业，在技校开心地学习生活。一切终于尘埃落定，我悬着的一颗心也终于放下了。张嘉佳说：“世事如书，我偏爱你这一句，愿做个逗号，呆在你脚边。但你有自己的朗读者，而我只是个摆渡人。”摆渡人，一个平凡但神圣的角色，这也该是对爱岗敬业、乐于奉献的“四有”好老师的最好诠释吧？！

诗和远方的追求

教育不止眼前的苟且，还有诗和远方！我所理解的眼前苟且，是指或许我们教师在社会上地位不是很高，或许我们教师还会受到一些人的误解和不尊重，或许我们教师一生清贫两袖清风。但我们还有诗和远方，那就是一世坚守换来的桃李满天下；那就是百转千回永不放弃终把学生送上成功的彼岸；那就是因为有理想信念，有道德情操，有扎实知识，有仁爱之心，而能让我们屹立成俗世洪流中的一道道精神丰碑，诗意地栖居于地球上！董仲蠡说：“教育是社会良心的底线，是人类灵魂的净土，是立国之本，更是提高个人修为，增强我们对于生命的感受力，从而更好地认知自己，并且不断地提升自己，这是教育的核心目的。”是的，我们一直在路上，“甘守三尺讲台，争做‘四有’老师”是我们一直无怨无悔的追求。在岁月的诗行，谱写如莲的心境，繁华尽处是平淡，铅华洗却非寻常。为天地立心，为生民请命，为往圣继绝学，为万世开太平！

（本文于2017年获澄海区读书征文比赛二等奖）

农村女人三部曲

林雪芹

岁月如歌，女人如歌，在广袤的黄土地上，传唱不衰，创造奇迹。

——引子

女人是岸

在那遥远的时代，女人的名字叫作弱者。媒妁之言，父母之命，女人在豆蔻年华的少女时远嫁他乡，从此安分守己，辛勤劳作，相夫教子，逆来顺受。如果不是列强的侵略，战争的爆发，时局的动荡，女人也许永远不懂思念的滋味。可是，为了生计，为了逃避战乱，当男人驾着一艘艘红头船飘洋过海时，女人成了一道道空空的岸。女人从此独挑家庭的重担，从此独自照顾起年迈的双亲和稚嫩的婴孩。天亮了，女人挺起单薄的腰杆在田野间挥汗如雨；夜深了，女人蜷缩着身子在黑暗中凄凉垂泪。

我的奶奶就是这些女人中的典型。在20世纪40年代，19岁的她遵从父母之命嫁给爷爷，与爷爷相濡以沫只有五载，在产下父亲和姑母后，从此独守空房，开始了一生漫长的等待。爷爷当时就读于黄埔军校，因为时局的动荡和一些我无从知道的原因而选择乘坐红头船，远赴重洋飘流到泰国且一去不复返，撇下了年轻的奶奶和一双幼儿。从此所有家庭重担压在奶奶身上；从此年轻的奶奶在岁月的侵蚀和漫长的等待中一点点苍老；从此奶奶成了永远守望的岸。

而在我们村庄，奶奶并不孤单。因为那时的村庄里，还有好多好多和她相同命运的女人。农暇时，她们说着共同的相思，做着共同的团圆梦，她们手牵着手，筑起一道道守望的岸。任凭沧海桑田，任凭风霜侵袭，岸屹立不倒，书写着坚强与不屈！书写着爱情的忠贞与女人的伟大！解读这些岸的故事，有谁能不为之动容？有谁能不为之震撼？

女人是水

时光的脚步来到20世纪60年代。农村女人的地位稍稍有点提高。女人虽然可以上学堂，可经常因为家里贫穷而中途辍学。女人开始没日没夜跟随父母在黄土地上耕耘，可吃的依然难以下咽，穿的依然难抵严寒。女人在辛苦的劳作之余，唯一可以安慰的，是田间偷偷结下的恋情。只要男方身体强壮，勤劳朴实，女人的父母也就同意，不在乎男方家里是否贫穷。因为贫穷，原就是那个时代农村的代名词。女人怀揣着梦想与心爱男人开始新的征途。可是贫穷的折磨，生活的压力，早已把当年的浪漫感觉消磨干净。男人开始喝酒，开始赌博，开始动手打女人，以发泄对生活的失望和不满。谁叫女人的名字叫作弱者呢？谁叫女人天生逆来顺受呢？真的还得深深感谢邓小平同志的改革开放，不仅给农村的经济带来了翻天覆地的变化，也给农村的精神文明带来了强烈的震荡！女人开始露出了发自内心的微笑，女人开始享受多劳多得的待遇，女人开始挺起腰板对家庭暴力说“不”！真的，从20世纪60年代到现在，农村中这些勤劳朴素、坚韧顽强、能屈能伸的家庭妇女，总让我感觉女人是水！因为水的悠远绵长；因为水的韧性；因为水的宽容博大！

这总让我想起母亲。对我们三姐弟来说，母亲永远如水般的感觉。她忍受着家庭的沉重压力，忍受着奶奶的体弱多病，忍受着暴躁父亲的怒火，忍受着我们的调皮捣蛋，依然一如继往地默默奉献自己的青春与精力，帮助父亲撑起曾经风雨飘摇的家，不离不弃，无怨无悔！母亲最让我们感动和尊敬的，是没上过几天学堂的她清楚意识到“知识改变女人命运”的重要性，勒紧腰带，省吃俭用，供我和姐姐读完大学并一起走上神圣的讲台为人师表。真的，没有母亲如水般的呵护与支持，就没有我和姐姐的今天。

而在改革开放的新农村中，崇尚知识，崇尚科学的新女性比比皆是。她们辛勤耕耘，挥洒汗水，把一批批儿女送出农村，送进大学。儿女的成就就是她们最大的骄傲！她们厚德载物，悠悠流淌，环绕着美丽的村庄，奏响快乐奉献的交响乐！

女人是船

因为有了岸的守望，因为有了水的引导，女人让自己成了船。船的性格写满勇敢与挑战，船的征途注定辛酸与不凡，船的幸福源于突破与创造，船的归宿烙上美丽与知慧！是新时代的召唤，是改革的春风吹拂，让女人敢为人先，勇于探索，奋发有为，义无反顾，选择了船。在各行各业，在每个工作岗位，到处都有女人忙碌的身影，到处都有船儿奋斗的航迹！因为她们的血液，流淌着祖祖辈辈的韧性和坚强；因为她们的气质，烙上了红头船敢冲敢拼的印痕！作为20世纪80年代农村的新女性，女人不满足于过去的相夫教子，时代赋予她更高的追求目标。女人以女性特有的柔美、坚韧迎接着挑战，女人与男人并驾齐驱，女人将名字写进光荣榜，高唱一曲“巾帼不让须眉”；作为妻子与母亲，女人为使丈夫在事业上能全身心地拼搏奋斗，主动承担起家庭的重担，用她那柔弱的身体将一切打理的井井有条，解除丈夫的后顾之忧。尤其是那些军嫂、警嫂们，更是用她们无私的爱默默地付出着，以她们博大的胸襟支持丈夫去完成维护社会稳定、世界和平的光荣使命。这就是女人，平凡、伟大、博爱是她们的写照，她们将美丽与智慧集于一身，世界因她们的存在而精彩！不管社会变革大潮的冲荡，在家庭与就业的双重压力下，女人也许曾经哭过，可女人不是弱者，女人并没有向坎坷的命运妥协。无论是在就业市场上四处求职的她，还是在商场中奋勇搏杀的她；无论是承担起家庭重担的她，还是被男人的无情刺伤的她，都不是弱者！面对坎坷、面对考验，她擦干眼泪，昂起头，笑对一切。我知道因为她是船，船的追求在于远方的彼岸，船的理想在于快乐的奉献，船的境界在于无悔的选择和强大的自信！

我知道我也是一艘航行在大海中的小船。怀揣着党赐予的力量，怀揣着母亲殷切的叮咛，怀揣着少女浪漫的梦想，我从韩山师范学院毕业，来到了东里中学，踏上了神圣的讲台，开始了漫长的教书育人的征程！在滚滚红尘里，在物欲横流的社会，我不追求能桃李满天下，不追求能像春蚕“到死丝方尽”，不追求功与名、利与禄！我只追求当一名受学生欢迎的语文教师，我只追求以文学与莘莘学子心灵交汇，我只追求笔耕不辍真情不断一生无悔，我只追求能继续编织我人生路上的七彩花环。我只渴望我的生命能波澜壮阔海纳百川，我只渴望能厚德载物绽放异彩，我只渴望能投身于改革的滚滚浪潮，我只渴望在平凡的岗位奉献青春与热血，我只企求能传播爱心与光明，我只企求能挥洒美丽与智慧，我只企求守护着故乡的山山水水，我只企求生命不留下丝毫的遗憾。我只祈祷，让农村贫瘠的精神荒原鲜花开放；我只祈祷，让迷路的小孩心灯点亮；我只祈祷，弹拨汕头的悠扬激荡的旋律；我只祈祷，放飞一只只追寻理想的白鸽！于是，我收获了真诚、收获了尊重、收获了自信；我的学生在高考中名列榜首喜讯频传，我的散文诗歌相继在《汕头特区晚报》《澄海报》等报刊发表，我被评为“澄海区优秀教师”“汕头市教学改革先进教师”“广东省特级教师”……因为是船，我能在洪涛巨浪中依然坚守一方净土；因为是船，我能在风沙过处依然屹立成长空里的那只“不死鸟”，吐露我储蓄多年的芬芳，撒播我粉笔下的白色精灵，唱响我不屈灵魂的生命之歌。真的，我只想撑一艘“红头船”，在激流中奋进，为学海的彼岸铸造神话。我只怕辜负了党的栽培之恩，只怕辜负了母亲的嘱托，只怕辜负了“人民教师”这一沉甸甸的称号！

满载着绿色的希望，红色的梦想，光辉的改革开放，一路高歌，走过40周年！在这神圣的日子里，请允许我道一声深情的感谢！感谢党的改革开放政策，为我们创造了和平安定，繁荣昌盛的社会环境；感谢母亲，为我的鲜血注入了“自尊自强、快乐奉献”的灵魂；感谢老师们，默默耕耘，呕心沥血，共同铸造学海的神话；感谢所有的女性，在建设文化强市和幸福汕头的伟大事业中作出了伟大的贡献，推动了社会经济文明和精神文明的蓬勃发展！没有对祖国、对党的无比热爱，何谈奉献？没有对“女性”这一神圣使命的肩负，何谈奉献？没有对生命的敬畏和珍惜，何谈奉献？你让我讴歌改革开放40周年的变化，从我们家三代女人的蜕变故事，不就是最好的证明吗？而我们家只是一个小缩影，在改革的洪流中，大千世界，芸芸众生，有太多家庭，有太多故事，无不诉说着一个个伟大的传奇。真的，我没有多少豪言壮语来歌颂我们的改革开放，我只是在蓝蓝的碧空下，在缓缓流淌的韩江边，说出我最真实的心理话，道出我的感恩之情。泰戈尔说：“愿生如夏花般灿烂，愿死如秋叶般静美。”每一个默默奉献的女性都如夏花般灿烂，而我，也是其中最不起眼的一朵！

历史的长河静静地流入我的身体，成为我的生命我的历史我不朽的信仰！歌在河里诗在河里希望也在河里。我知道再也用不着对伟大的祖国说感谢了，我的生命正虔诚地答复着这个感谢，印证着这个感谢，践行着这个感谢！女人是岸，坚守着一世的承诺；女人是水，流淌着一生的希望；女人是船，自尊自信、自立自强、奉献自己、铸造神话！我只想以这朴素的《农村女人三部曲》，献给生我养我的母亲，献给改革开放40周年！献给我可爱的祖国！

（本文于2012年发表在《汕头特区晚报》）

我是一条天空的鱼
——汕头市骨干教师高级研修班学习心得体会

林雪芹

【开始篇，2018年10月29日】我是一条属于天空的鱼，因为我相信，总有一个人，在天空等待。——《大鱼·海棠》我是一条鱼，我知道上海的天空没人等待我，但我知道，这两周，在这座幽雅诗意的大学里，会留下我一串串虔诚的脚印。真喜欢当回学生的感觉，好感谢两位教授的精彩讲座，妙语连珠接地气，把深奥的理论与真实的案例相融，令我们在阵阵笑声中深深感悟，豁然开朗。有眼界，才会有境界；有实力，才会有魅力！潜回深海中，我只愿做一条鱼，去捕捉住这深海里，每一道溢着书香的海景！

【2018年10月30日】在华东师范大学第二天，聆听了祝庆东和陈珍国两位教授的讲座。祝教授主要围绕如何选择专题而展开了深入浅出的讲解，理论深刻，以案例而进行的实操指导很到位。特别是他那句"在能力边沿上的成长是教师专业发展最大化的最好形式"，让我深受启发。陈珍国教授因下午有事，一点提前上课。他笑容可掬，在不经意的讲解中抛出一连串的问题，并随机让我们站起来回答，让本来略有倦意的我们，都高度集中精神，进入陈教授的气场而听得忘记时间。陈教授用他精湛的专业知识和有趣的问题情境，让我们明白——什么是翻转课堂。开放性、互动性、批判性、探究性就是它的四大特征。真的感谢两位教授，让我这条飘浮的鱼，在原地打转，止步不前的困境中，找到能呼吸的新鲜氧气！

【2018年10月31日】在华东师范大学第三天，同样收获满满。上午聆听了嘉定区教育学院院长凤光宇的讲座《提升课程意识增强教学有效性》。凤院长以渊博系统的理论知识和亲身经历的案例，接地气地为我们阐明课程的重要性。最后，凤院长强调：确立课程意识，提升教学有效性。一、变化课程与教学理念（前提）；二、课程理念指导课程意识（方向）；三、课程意识在教学中的体现（关键）；四、

加强教学五环节有效性（抓手）。这将有力促进教师专业的发展和学生终身的发展。下午我们一点出发，前往上海市彭浦初级中学参观学习。一踏进学校，真的是细节处见精华。我们一下子感受到这个学校浓浓的PALS的最大特色：体育、艺术、心理、人文的结合体。让我感触良多的是睿智优雅的程核红校长，她为我们做了专题讲座，主要介绍了彭浦中学半个世纪的发展历程和对学校，教师，学生发展的专业研究和论断。从德育生活化，课堂高效化，特色精品化，校园和谐化四个方面阐述了她对办学理念的理解：让学校成为师生共同成长家园，让每个人成为更好的自己！今天两位专家让我感悟到：心无旁骛，把一件事做到极致，就是最大的幸福！加油！

【2018年11月1日】华东师范大学第四天：潜心学习，潜心修炼。上午，聆听华东师范大学教育管理学系书记胡耀宗《从普及迈向质量——十九大报告学习体会》，胡书记从中国的政策制定过程谈起，深入分析当前的教育形势，再结合亲身经历的很多案例，为我们展望未来的新战略。他特别强调新形势下，教育要落实立德树人的根本任务，发展素质教育，推动城乡义务教育一体化发展，高度重视农村义务教育。下午，我们聆听了教育部中学校长培训中心研究室主任王俭《做，做一名新时代的好教师》的讲座。王俭主任主要从理解专业内涵、把握成长规律、完善自身结构、积极投身实践、提升实践智慧五个方面阐述了新时代好老师的内涵。他引用原上海师范大学教授李清悚的一句话“且求知且求行，且教人且教己”来勉励我们。我印象最深的是他的几句论断：“当不了解自己是谁，就不了解你的学生是谁；当不了解自己是谁时，也不能了解你教的学科。要当一个优秀的教师，要有悟的智慧：对学得与习得的思考，对关键性问题的研究，对自身专业发展感悟；要提升实践智慧：在不变与变中行进，不变的是教育的本质，变的是课程与课堂，智慧在辩证中生长。”最后，王俭主任送给我们几句话：“经历即人，我是我经历之集，每个人都是自身经历的囚徒；人即学校，以文化人，人文化人，人校合一；学校即梦，保护梦，催生梦，梦的解析与引领。”在华东师范大学四天的学习时间，一晃而过。每天步履匆匆，穿行在富有学术研究精神又美丽优雅的校园，踩踏在飘满梧桐落叶的小径，我心充满宁静和安详。我想起余秋雨说的：“我们对这个世界，知道得还实在太少。”无数的未知包围着我们，才使人生保留迸发的乐趣。我是鱼儿，我在深海遨游，也在天空翱翔；我很快乐，也很充实！

【2018年11月2日】华东师范大学第五天：依然天高云淡，依然梧桐飘飞，依

然寒气袭人。我越来越喜欢这种纯粹的读书生活。与哲人面对面，感受什么是高山仰止，什么是智慧之光。上午为我们开讲的是来自《上海教育科研》的编辑张肇丰。他的讲座题目是《教师实践研究的特点与方法》。张老师主要从行动研究（演绎式）和经验总结（归纳式）两种方法来谈如何进行实践研究，指出当前几个实践研究的误区，并结合大量实例来帮助我们理解深奥的理论知识，实践性、操作性强。张老师把教师要掌握研究方法比作金庸笔下武林高手要掌握的武功一说，生动形象，通俗易懂，实在高明。下午为我们开讲的是华东师范大学教育管理学系副教授刘竑波，一个知性优雅，光芒照人的女学者。她的讲座题目是《多元期待多维评价》。一开讲，刘教授就先用两段视频冲击了我们的大脑，然后一系列深刻独特的理论加生动有趣的事例，像珍珠般一颗颗倾泻，震撼着我们的心灵。前瞻意识，颠覆传统，大胆创新，体贴的人文，张扬的个性，是刘教授留给我的最深印象。刘教授所努力传递的教育理念：没有“差生”的说法，我们要学会用多元去期待学生，用多维去评价学生。学生生命中的贵人，是能够给予学生自信的人。我们要着力培养学生：健康的身体和心理，探索欲望和科学精神，关注人际关系敏感性，培养对美的体认及感悟。这些精辟的见解，真的是让我们的头脑来一次风暴的震荡。汪怡文在《求真之路》中说：“我悲哀我们在霓虹灯下成长，灯越亮，人越迷茫。”我真的庆幸自己，不管在霓虹灯下，还是在灯火阑珊处，我曾泪流，但不曾迷失；我曾沉默，但不曾沉沦。因为前方始终有你——指引我，鼓励我，关爱我，让我享受教育的乐趣，让我收获自信的幸福！

【2018年11月5日】华东师范大学第八天：芳草萋萋碧连天，上海的深秋，写满诗意。今天上午给我们讲课的，是上海静安区教育学院的金莹老师。她的讲座题目是《上海研究型课程与研究性学习》。金老师主要从宏观的理论对我们进行指导，再结合上海几个中学开展的研究性学习为实例，引导我们如何指导学生开展研究性学习。特别强调的是在研究性学习中，要重点突出规则意识和关键技能二个能力目标。规则意识中，主要培养学生自律、合作、严谨、创新；关键技能中主要培养学生的实践能力。这和我们当前所提倡的学生核心素养的培养是相吻合的，这为我们以后开展研究性学习点亮了一盏明灯。下午的讲座是来自华东师大教育学部的张远增教授。他主讲的题目是《学生评价与教育考试命题》。这个讲座的内容是我们所陌生的领域。虽然我们天天和试题打交道，但我们是第一次站在命题者高屋建瓴的角度，去科学地审视评价学生。最让我感兴趣的是，张教授用

仁、义、礼、智、信、勇几个关键词来评价一份试题是否达到善的要求。仁义礼智信是董仲舒在扩展孔子、孟子的理论后而提出的“五常”之道，“五常”是做人的起码道德准则，用以处理与谐和作为个体存在的人与人之间的关系，组建社会。张教授在这里增加了“勇”，我之拙见，也是为了更好地体现心中有学生，体现考试的正义原则和公平原则。虽然今天两个讲座的理论都比较高深难懂，虽然今天身体出了点小状况让我难受伤感，但我仍激情满满，求真，不敢停留。因为啊，感动于能有机会重返学堂收获书香；感动于我们澄海组的同行温暖的照顾；感动于远方，总有诗的召唤与你的牵挂！！

【2018年11月6日】华东师范大学第九天：任世上千般繁华，终敌不过时间的脚步。还是一样的上学节奏，华东师范大学梧桐树的金黄，映照着雪堂雅集的学术之光。上午聆听了华东师范大学教育学部张文国教授的《学生安全问题法律应对与应急处理》。三个多小时的课，张教授用幽默生动的语言，大量翔实的案例，准确阐释了学生一系列安全问题的应急处理，可谓是有理有据，令人信服。大家听得津津有味，全然不觉时间流逝。我印象最深的是张教授反复强调，学校对学生只是负有教育、管理、保护的义务，但并不担负监护的义务，学生的监护人是家长。这种观点，真的是让我们恍然大悟。下午一点半，我们坐车来到上海晋元高级中学参观。上海的天，五点就黑。这里的学校，都是一点就开始上课，老师和学生从没有午休一说。这样的连续作战状态，真的是让我们佩服。晋元中学是百年老校，晋元一名，是为了纪念抗日名将谢晋元而取的。学校宽敞优雅，美丽现代。在学校领导的陪同讲解下，我们参观颇具特色的校史馆，并听取了学校年级部长的讲座《分布式领导管理探索》。这种新型的管理模式，充分调动了学校老师主动管理的意识和学生自主管理的热情。让我们深深感受到，整个学校，无论是教育教学的管理，还是在科技创新的领域，或是在教改教研的专题，都体现出晋元中学全体师生的优良传统，彰显了百年老校的文化底蕴和文化自信。合作中显智慧，展示中露才华；精美源于细节，细节决定成功。这将是我今天学习到的最深启迪！

【2018年11月7日】华东师范大学第十天：一清早，秋雨淅淅沥沥，下个不停。溅着水花，行走在梧桐叶飘落的校道，竟是一丝叹惋。走在急匆匆的人群中，有几秒，我竟是有一阵恍惚茫然。上午开讲的是华东师大教育管理学系的白芸副院长。她的题目是《新媒介时代的课堂文化重构》。白院长从当前的互联网的大背

景谈起，主要引导我们，在新媒介时代，如何重构课堂文化。新媒介时代的课堂文化主要有如下几个特征：自主，合作，参与，对话，问题，探究，开放，体验，互动，生成。白院长强调，我们要以课堂文化的重构，来倒逼课堂教学的评价和育人目标的调整。这给了我很大启发，往后的课堂教学，我们是不是该反思，除了该有的常规环节外，我们要在课堂，注入什么文化内涵？我们还该进行哪些深层次的调整？我们该如何缩小教师与学生的“前台”和“后台”的距离？下午开讲的是来自华东师范大学经济研究所的所长张万朋。他的题目是《提升学校教学有效性基本路径思考》。张所长不愧是研究经济的，他从另外一个视角来剖析教育存在的问题。他用风趣幽默的语言，生动真实的案例，高瞻远瞩的眼光，深刻睿智的理论，给我们详细分析了解决当前教育问题的基本路径：一是要控制教学成本；二是要评估教学的收益。印象最深的是他从机会成本管理、时间管理、人际沟通管理三个层次阐释了如何进行教学成本的控制，真是见解独到，让人受益匪浅。近三个小时的讲座，我们听得是频频点头，笑声不断，真是精彩。十天了，接触了这么多位大学教授，听了这么多堂讲座，我总是感叹：优秀的人总是相同的，他们都是那么的才学渊博，专业精湛，敬业认真，平易近人；优秀的人又总是不同的，他们有各自的专业领域，各放异彩，各具个性，各自主张，各展魅力！他们都是各个专业的翘楚，是我们可仰望，可效仿，但无可复制达到的榜样。致敬，华东师范大学的老师们！

【2018年11月8日】华东师范大学第十一天：上海今早降温，最高只有14℃。听说家中最高温度是28℃，还穿着短袖。真的是“你在南方露着腰，我在北方披着貂”，何况这还离北方远着呢。在阴冷的寒气中，我们还是早早来到学校，开始今天的课程。上午开讲的是来自华东师范大学教育管理系的刘海波教授。他的题目是《教师科研能力提升：研究性思维》。这个题目很是吸引我的兴趣，因为我很了解自己，从教这么多年来，瓶颈就在这里。我的科研能力，急待提高。刘教授主要引导我们，如何进行课题的研究。他说：“任何一个问题，都有可能提炼为课题，只要你能够把握住两个变量的关系，即X与Y存在什么关系，研究出新知识，并对问题进行回答或提出解决问题的办法，就是完成对课题的研究。”这个观点是很有启发性，他让我们明白，看似高深的课题，其实也不高深。刘教授还用了一些生动的例子来指导我们，如何把问题变成课题，实操性强，课堂是笑声不断。下午开讲的是来自上海市教育委员会的林炊利副主任，他的题目是《推进实

施新一轮高考综合改革》。林主任很年轻，可能比我们在坐的同学们都年轻。但一开口，那是妙语连珠，滔滔不绝。他对新高考改革中焦点问题，一一为我们作了解答。例如选科怎么选，走班如何走，时间安排在几月考，成绩将如何计算，综合素质如何评价，学生的职业生涯如何规划等。林主任一一为我们作了详细解读，为我们指点了迷津。下午最高潮部分，是我们汕头教育局的胡冬局长千里迢迢从澄海赶来参加我们提前举办的结业典礼。胡冬局长先带领我们，学习了“习大大”视察广东的讲话精神，并结合“习大大”的四点精神，畅谈了汕头如何在四大方面作了深刻的变革，鼓舞我们，要不忘初心，共同前进，努力撑起汕头的教育天空！真的感谢领导的关怀与重视，让我们忘记身体的寒冷，而倍感温暖与激情。心怀梦想，做个幸福的教书人，这应该是我们全体教育同仁终其一生的追求吧。我们且行且思，精益求精，至诚至善！

【完结篇，2018年11月9日】华东师范大学第十二天：鸟儿在天空唱歌，鱼儿在深海舞蹈。时光脚步匆匆，两个星期的培训已来到尾声。一清早，我们告别了前两天的阴雨，迎来了艳阳天。上午我们聆听了华东师大副系主任董辉教授的《指向深度学习的教师领导力》。董辉教授又是一个年轻小伙，他彬彬有礼，侃侃而谈，向我们阐述了何谓领导力。何谓教师领导。何谓深度学习。原来，所谓的领导力，只是一个关系概念，简言之“有人跟随”。领导力是一门艺术，是吸纳凝聚一个共同体共同面对一个复杂的，共同性的问题的艺术。领导并不等同于管理，我们要学会从管理走向领导。董教授还畅谈了深度学习的内涵及要完教师的新角色转换，即由激发者到文化营造，到合作者三个身份的转换。这样全新的观点与视角，于我是拓宽了我的眼界及知识领域。下午聆听了华东师范大学教育管理学系的魏志春教授的《现代教师素养与培育》。魏教授虽已是华东师范大学的退休教授，但看起来是一位富有激情与心怀梦想、可亲可敬的学者。魏教授从身边的实例谈起，谆谆教诲我们如何当一位好老师，要我们树立起“一切了学生终身发展”的教育理念。它的核心就是一切以学生出发点，所有的教学设计都以提升学生能力和已有经验积累为前提的，重在培养学生好的价值观及道德人格形成。魏教授最让我们惊讶的是会说一两句潮汕话。这让身在异乡的我们感到特别亲切。后来教授才说：“我其实是潮阳人，我的老家就在文光塔附近。”一句老乡，拉近了距离。整个讲座过程，轻松愉快，温情脉脉。这个讲座结束，我们的全部课程也已修完。感谢上级领导，给我们搭建了一个高大上的学习平台；感谢华东师大的教授们，殷殷教诲，诲人不倦；感谢我们澄海组的九个同学，朝夕相伴，团结互助，共同进步，温暖和谐！真的感谢此次培训，让我重新体验做回学生的乐趣与纯粹；让我学到了很多前进的理论及生动的案例；让我重新审视自己，反思自己，提升自己！木心说：“万头攒动火树银花之处不必找我。如欲相见，我在各种悲喜交集处，能做的只是长途跋涉的归真返璞。”回到原点，坚守初心，你关注的目光里，总有我绽放的光彩！再见，华东师范大学！

（参加2018年汕头市骨干教师高级研修班学习心得）

班级管理中的“变”与“不变”

刘美芳

这个甲骨文大家认识吗？肚子里面有个孩子，有点像“孕”，是吗？有一种感觉它是来自内心深处的，用心疼惜呵护，喃喃倾诉柔情，为之奔波辛劳，这就是“爱”最初的内涵。对了，这个字是“爱”！我们做老师有一个不变的真理：必须爱学生。

常常听到有班主任抱怨工作烦琐，责任重大，甚至有老师宁愿不评高级，只要不做班主任。班主任工作有这么难吗？我认为做每件事只要把握了事物的规律，以不变应万变，那么就能运筹帷幄，大事化简。我认为班主任工作有不变的抓手，那就是制度文化建设、物质文化建设、精神文化建设。抓好这三大建设，这个班级的管理就会有序而有特色。而变化的是学生，要根据学生的特点适当改变一些做法，如果深悟了这个道理，那么班主任工作也没那么难。

在10年的班主任工作中，我深深体会到班级文化对班风的影响。杜威说过，“学校是一种特别的环境，它用专门的设备来教育孩子”。假如说学校是教育的“社会”，那么班级就是教育的“家庭”。班级文化是一门潜在的课程，是无形的教育力量。因此，我们应高度重视班级文化建设，为班级文化建设创造更多的有利条件。

一、班级制度文化

接手新的班级，我会把班级的制度文化放在第一位。无规矩，不成方圆。根据魏书生老师的经验介绍，以空间为序制定的原则：班级的事，事事有人做；班级的人，人人有事做。如常务班长职责、班委会委员职责、值周班干职责、科代表职责、物品承包责任制等。以时间为序制定的原则：时时有事做，事事有时做。

如一日常规、一周常规、一月常规、学期常规、自主管理制度、班级激励制度、班级德育分量化考核制度、班级奖惩制度等，并且在每项制度中都要有明确的管理细则。

对于班干部的任命，是开学那几天非常关键的事情。开学第一次大扫除，观察学生对待劳动的积极态度。开学第一天让孩子们填写履历表，从中了解到学生以前担任过何种职务。第二天，进行了班干部竞选，根据上台的表现及所演讲的内容评分。第三天我就确定了主要班干部人选，试用期三周。三周后，我根据科任老师的意见和自己的观察进行了班干部的调整，并确定各自的职责。

接下来是班规的制定。很多教育专家都说班规要由学生讨论制定。但是对于初一刚入学的孩子，对学校很多情况很多规矩不熟悉的情况下是讨论不出什么东西的。所以我自己先制定班规十条，"四不""六要"，分别是：

一、不迟到，不早退，不旷课。二、不买零食，不买有色饮料。三、不在课间喧哗嬉闹，不随便串班。四、不在自习课、集会随便串位，说小话。五、要带红领巾，带校卡，背双肩书包，穿规定的校服、规定的鞋子上学。六、要准时保质完成作业，规定时间内交作业。七、要注意上课遵守纪律，积极举手回答问题，但不扰乱课堂秩序。八、要注意个人卫生和班级卫生，垃圾丢到教室后面的垃圾桶。九、要在值日当天的早上、中午、下午完成负责区的保洁工作，保持桌椅整齐。十、要懂礼仪，仪表大方得体，懂礼貌，同学互助，尊敬老师。

除了"四不""六要"，还根据班规制定扣分加分细则。在班会课利用一节课来学习规则。各类加分扣分由指定班干负责。每周值周班干统计出本周每个人的分数，分数最高的被评为"每周一星"，他（她）的风采照将会贴在班级专栏上。

在班级制度中很重要的一点是小组竞争制，基本上是"一荣俱荣""一损俱损"的原则。做得好全组加分，做得差全组扣分。比如早读课哪个小组最快开始早读，那么全组加两分，一次数学课上，值日生忘了擦黑板，数学老师说全组扣分，这样，小组成员之间就会互相监督，互相帮助。

当然，那么多制度，那么多加分扣分，如果这分数加了扣了就不去管它，学生很快就不在乎这个分数。于是我与家委、班委商量，首先是两周换座位，分数高的小组先选位置。其次设计班级货币。每周一班会课领取属于他的工资，班级货币攒到一个月可以按跟人民币5:1的比例换取礼物。后来孩子们建议，直接换人民币，这样可以根据需要买合适的物品。这种方式真的受孩子们欢迎，同时也一定程度上培养了孩子们的财商。

二、班级物质文化

环境造就人。苏霍姆林斯基说过："我们的教育应当使每一堵墙都说话。"我给班级定的基调是"清新、典雅、品味"，鉴于我班学生太活跃，不合适用暖色调，我选择绿色为我班的主色调。

然后是定下几个板块。第一板块是班训，我们班到底要成为一个什么样的班集体呢？我看很多班级都是类似"宝剑锋从磨砺出，梅花香自苦寒来"之类的佳句，但我觉得这作为班训不够振奋人心，这样的名句可以作为座右铭贴在窗户上面的墙上。而班训应该贴在两根最显眼的柱子上。我带前面两届的班训都是"做最出色的自己，做最优秀的班级"。刚带完的这一届我的班训是"贵族气质，平民情怀"，这也是自己带班心态的转变，更注重学生内在素养的提升。

第二板块是黑板两边，一边是"班务公布栏"，一边是"大家名作"。"大家名作"，顾名思义，"大家"可以理解为每个人的作品都可以展示，也可理解为"大方之家"，就是见识广博或学有专长的人。这一栏我组织学生贴上了平时获奖的书法作品、手抄报等。

第三板块是靠走廊这边在后门旁边有一大块空白的地方，这个板块我取名为"明日之星"，这个板块分成左右两部分，左边是"每周一星"，这里贴上了按班规每周加分最高的同学的照片。右边是活动剪影，贴上了军训、校运会的精彩照片。

第四板块是教室后方黑板两旁有两块。左边那块是"班级荣誉"，贴满了班级所拿的奖状，贴不完的就把奖状收藏在书柜里。我觉得这样贴确实显得整齐有序。而右边这个板块是"人生哲言"，我们买了米黄色的硬纸，把它剪切成小长条，在长条上写下我精心挑选的名言。比如哈佛家训"今天不走，明天要跑"，还有"含泪播种必将含笑收获"。这些名言既显示班级的文化底蕴，同时也有一定的激励作用。

第五板块就是两边窗户上的空白的地方，我安排学生买了长条的绿叶子，曲线形绕窗一周，在凹下的地方贴上我班同学写的隶书"一万年太久，只争朝夕"，这是我很喜欢的毛泽东的名言。

当然我班级最闪亮的地方得数我们的窗户。当时我跟几个学生说，窗户可以贴什么呢？你们几个给我搞定。据说那几个女生走遍了大街小巷才买到这么好的贴纸。而且是绿色为基调，一朵花，一个阳光映照下的池塘，给人无尽的遐想。

当然还值得一提的是我们的课桌文化，每个小组都有自己设计的便利贴，写上自己小组的名字、小组的格言，PK对象等。上周一开学，由于个别小组成员调换了，不少小组长就又着手设计更漂亮更有内涵的便利贴了。

三、班级精神文化

魏书生曾说过，世界也许很小很小，心的领域却很大很大。班级精神文化是一个班级的灵魂，如果一个班级缺乏精神支柱，那么再好的制度与物质文化，也只是一个空壳。

首先是班级目标和班训，这两者我把它融为一句话“做最出色的自己，做最优秀的班级”。刚才我也分析了班训的内涵。我对学生的希望是不管你的基础怎样，不管曾经犯过多么大的错，老师都不会在意，我在乎的是现在的你，请你改变自己，尽量做到最好。不管在何时何地，每一个同学要以班级荣誉为重，积极为班级荣誉而努力。

其次是建立班级图书角。开学初，我们班一位热心的家长主动提出要给我们班购置书柜和图书。同时也发动学生捐了一批书，现在我们的藏书量还是比较可观，不仅有中文读物，也有英文读物。班级设有专门的图书管理员，借阅有制度，读书有规定的时间，这样同学们养成了热衷于阅读的习惯，提高了文化品味。

再次是充分利用每一次的班会课。德育处有时会指定班会主题，但更多时候是由班主任支配。我的班会课不是训斥学生的课，也不是用来做作业的课，而是实实在在教学生做人的课。这里我列举初中三年主要班会的主题：

初一：如何适应初中生活、认识自我、习惯培养、感恩系列班会。

初二：如何与异性交往、培养淑女气质、打造阳光男孩、合作与竞争、高效学习方法、校友讲坛。

初三：理想与超越、挫折教育、学生课堂、感恩系列班会。

系列班会还有我班的班本课程，包括家长课堂、学生课堂，让孩子们广泛地吸收多方面的知识。还有我很重视学校组织的每一次大型活动，以此团结学生，鼓舞士气，提高班级凝聚力！

学习不仅在于学校，更重要的在于社会。我和家委组织孩子们走向那广阔地天地中去！这一届贵族四班，我们邀请了优秀的学长、心理学博士来传经送宝，参观了中山纪念堂、宝安城市规划馆、宝城朱坳水厂等增长了见识，前往东莞某山庄进行拓展活动，让孩子们学会吃苦，懂得团队协作的重要性。初三我们举行了隆重的成人礼、百日加油会，让孩子们士气满满，最后赢得了中考！

做班主任，把以上三大建设搞好了，这个班级肯定就带好了，而且孩子们越长大越感恩班主任，因为我们培养的不仅是孩子的这三年，我们做到了让学生终生受益！

随着时代的发展，孩子们的身心也发生了很大的变化，我们班主任思想与方法都不能固守一隅，应该做到与时俱进。

做一个出色的班主任，你可以的！

与小叶“交往”三境界

刘美芳

十二班的科任老师甚至全年级的老师都对我班小叶的转变感到吃惊。曾经是“风云人物”的她，今天显得平静淑女很多。回想与她“交往”的日子，我既心酸又欣慰，我觉得这个过程可以总结为三个阶段，三个境界。

第一境：看山是山，看水是水

开学第一天，大多数同学都很早来到教室。当我给全班同学介绍学校有关规章制度时，一个女生背着书包慌慌张张地来到教室门口。我问她是十二班的吗？她说“是”，于是我就让她坐下来。原来她很早就到校了，只是找教室找了很久。一切相安无事。

开学第二天开始要布置作业，数学老师遇到我时，特意和我说：“你们班的小叶同学要注意一下，基础太差了，最基本的数字计算都不会。”英语老师也说小叶看人的眼神很怪，眼神是呆滞的。对于科任老师的反映，我觉得小叶最多就是个基础比较差的孩子，以后再慢慢辅导她吧。

安排值日时我对全体同学是一视同仁的，每个人都有自己的一块“责任田”。小叶值日负责擦窗台，只见她这抹一下，那抹一下，也不管干净与否。收拾工具房也很粗糙，扫把随便放。看到这样，我就过去告诉她应该怎么做。她冲着我笑了笑，眼睛眯缝着，这是个多么灿烂的笑容呀。我想，对于这一代孩子，在家不用做家务，来到学校做起值日来不太利索都是很正常的事吧。

开学没几天小叶感冒没来学校，原来她第一排的位置我暂时给一个开学时生病的同学坐了，小叶一进教室我让她先跟后面的一个男生小郑坐。顿时几个男生都在笑，小郑也很勉强的样子。坐没几天，小叶妈妈就打电给我说小孩座位太后了，而且同桌最好换个女生。后来我给她安排了一个很文静的女生小任做她的同桌。但是据旁边同学反映，小叶老要动小任，弄得小任上课都分神，不免有点讨厌小叶，只是小任太文静了，也没跟我反映。

不管小叶的真实情况如何，既然父母也没主动和我说小孩有什么异常，那么我就应该把她当作正常同学看待。只有这样，同学们也都才能用正常的眼光看待她。

第二境：看山不是山，看水不是水

小叶在我班大概半个月后，暴露出一些很奇怪的言行。她最早表白的对象是同学宋××，她居然敢对着全班同学的面大声说："宋××，我爱你!"而说出这话时毫不羞涩，甚至引以为豪。小宋是全班男生中最高大威猛的一个，自然最早引起了小叶的注意。小叶居然还有要抱宋××的举动，弄得小宋课间都不敢进教室，只有等老师到了教室才敢进来。于是我就找小叶谈话，跟她说这样随便说"爱"是不行的，你已经不是小孩子，这样说爱会被人笑话的。她笑着回答我：好好好！还连连点头。但很快她把全班同学都爱遍了，甚至不称全名，叫昵称。比如周××，她说"旭旭，我爱你"!这样搞得全班男生都拿小叶开玩笑，甚至对小叶感到恶心，谁都不敢轻易接近她。

对于这种随意对同学表示爱意的行为，我听她以前的同班同学说，她在小学时也有过这种情况，甚至还追赶那个男生。我认识到这个小孩必须要特殊对待了，她不像一般的小孩。

第三周周末，我和副班主任李丹丹老师在年级主任（我班英语老师）李清萍主任带领下专门到小叶家家访，家长还是比较热情地招待我们。同时家长也比较诚恳地希望我们不要太计较小孩的成绩，特别是数学、科学，希望学校大考可以不计她的成绩。她父母说，她从小就对学习不敏感，只希望在学校乖乖的就行了。

在聊天的过程中，父母丝毫没有提到小孩会有什么不正常的地方，就只是强调学习基础差，对小孩的要求不高，只希望平安度过初中生活就行。

后来我也了解到，这个小孩一直到两周岁还不会说话，属于先天性发育迟钝吧。但是父母一直不在外人面前承认小孩弱智。

我想不管是弱智还是什么，只要小孩交到我手中，那么就有责任去关心她、教育她。为了让同学们能够接受小叶，我利用几次班会课对全班同学进行教育。

首先讲到"同学之间如何相处"的话题，提到小叶问题时我叫小陈把小叶带到我办公室避开。我说："我们经常在电视上看到残疾人运动会时，我们不禁会泪流满面，因为他们身体的残疾让人同情。但是还有一种精神的残疾也值得我们同情，比如我们班的小叶，她或许先天不足，不像正常人那样思考问题，我们应该更多地去关心爱护她，而不是去取笑她，甚至欺负她。"……班会课后接下来一周男生比较不计较小叶的言行了。

第九周我们进行了为期一周的军训。军训前，小叶妈妈交代我安排一些乖一点的女生和她一起住。车上我就和几个女生商量好要多照顾小叶。当时在基地也正好分到陈沅苑、任楚云、欧芃械、陈依婷等比较乖的女生一起。她们在这一周中都帮小叶做了很多事。比如任楚云经常帮小叶叠被子，甚至解皮带。陈沅苑她们帮小叶洗衣服等。小叶在军训期间也比较听话，但是她居然很多私人事务不能自理。比如洗完澡没穿衣服就直接从洗手间跑出来，但女生并不取笑她，而是赶快帮她穿好衣服。有时小叶没洗澡就睡觉了，同学叫她洗她硬是不肯，说很累。

回到学校后，第十周班会课我总结军训时特别表扬了这些助人为乐的女生，我也特意叫小叶上来说说自己想感谢的人。她边说名字边擦眼泪，此时我深深感觉到她也是一个有血有肉的人，她也懂得感恩。

军训后一两周，小叶还是比较乖，影响班级上课还不至于太严重。但是大概从2009年12月开始，她上课特别喜欢讲话，喜欢突然叫某个同学的名字，甚至上历史课时随意接老师的话，弄得老师无法上课。那天晚上我就接到坐在她前面男生丘妈妈的电话。她说要把小叶调开，影响她儿子听课。

下课了她也不喜欢呆在教室，偷偷到老师办公室打网上订购电话。几次被其他老师听到她要订减肥的药或器材。

我开始认识到问题的严重性，于是把在学校的情况一五一十地跟小叶妈妈讲了。她妈妈听了我的反映后也有教训她，甚至打她，但是也没有多少好转。就在那个周日晚上，她妈妈打电给我说班上有孩子周末去她家玩说班上有几个小孩老踢她，她说如果踢坏了不会放过这些小孩。当时我也纳闷，会有谁去找小叶玩呢？小叶妈妈这番话不管是真是假，我都得对孩子们进行更慎重的教育。

接下来第二天的班会课我就小叶问题讲了一堂关于"我们离优秀班级还有多远"的班会课。就这个标准一一衡量自己的班级。最后列举出自己班级存在的问题。我特别强调同学之间和睦相处、集体荣誉感的问题，同学们都深受感染。我叫了陈国禹、陈依婷、林敏、陈沅苑、钟俊豪等同学上来讲，小叶自己也上台来保证，她说以后不再撒谎、不再买零食、不会在课堂乱说话。班会后班上的同学都基本不主动招惹小叶了。小叶在周二也表现得还可以。但是周三、周四情况又严重了。上课乱说话，甚至用纸团、笔等丢前面的同学，弄得周围的同学又无法听课。旁边的女生小徐一直在跟我投诉小叶，我也只好和小叶妈妈及时沟通，说了这些情况。她妈妈也说有什么情况要及时告诉她，她在家也会教育。但是由于之前叶妈妈打孩子的经历，我一再跟叶妈妈强调要心平气和地教育孩子，引导是关键。

我也多次找小叶谈话，她每次都会承认自己错了。但是出了办公室门她好像又什么都忘记了，一切依旧。

后来我跟小叶爸爸商量，除了我对班级孩子的教育，可能当事人的爸爸出面教育会有更好的效果。小叶爸爸也是个教育工作者，他赞同我的看法，就在那个周三早上（2009年12月18日），小叶爸爸送小叶过来上学跟我说顺便到班上和同学们见见面。我问他要不要叫小叶回避，他说不用了。他跟班上同学意味深长地说小叶一出生就有缺陷，读书成绩不好请同学们不要见笑。而现在小叶总说一些不该说的话，有一些不好的举动，还请同学们包容。他说自己和小叶妈妈都是老师，他也曾做过校长，虽然现在离开了教育一线，但是也懂得这个年龄的孩子，确实比较贪玩，小叶的一些举动或许也是正常的，不要太过敏感。他说了大概15分钟的肺腑之言，小叶也听得很认真。同学们似乎也慢慢原谅了小叶。这一天，似乎小叶真的上课少说了很多话，乖了不少。

很快迎来了寒假，据说小叶去了外婆家，还会帮忙做家务呢。

第三境：看山还是山，看水还是水

初一第二学期开学后，小叶慢慢变得文静了很多。上课她不随便说话了，下课也不随便到处乱走了，最重要的是她不随便说同学什么了。老师和同学无不称赞她进步快。于是后来大家一致推选她获得“行为规范进步奖”。她天真的微笑常常挂在嘴边了。她的家人更是开心，现在省心很多，平平安安的就什么都好了。

初二的第一学期，小叶似乎成熟了不少。她开始能把作业做好一些，课堂上也会做一些笔记。不管能读到多少，只要她能乖乖的，懂得学习了就是一件无比欣慰的事情。

与小叶“交往”的日子，就是这样，我觉得可以分为三个阶段，三个境界。

由最初的把她当正常人看待，再到问题不断出现，纷繁复杂。这个阶段让我很烦恼，很头痛，使得我不得不把她当作“病人”来治疗。后来通过大家一起努力，小叶有了较大的转变，我们又可以把她当作正常人看待了。

现在小叶已经在宝安职业技术学校就读，每个节日，她都会发信息跟我说一声节日快乐，感谢我一直对她的关爱。

班主任或许只是一个非常渺小的角色，但是我们也可以改变孩子的人生。所以怀着一颗热忱的心，尽能力去转变吧。这样我们的人生也会因挑战而无比精彩，因教育而无比欣慰！

读书人是世间幸福人

张丽芬

“读书人是世间幸福人。”这句话是毕淑敏说的。第一次看到这句话，我有点疑惑。也许正是这点疑惑，让我带着兴趣去走近毕淑敏，去阅读她的作品。

接触她的第一篇作品，是选进教材中的《提醒幸福》，可能初中的学生读完这篇文章，还有点不大理解；可我就不一样了，我是被深深地吸引了，我享受着里面对幸福细腻、生动的描写：“幸福常常是朦胧的，很有节制地向我们喷洒甘霖。你不要总希冀轰轰烈烈的幸福，它多半只是悄悄地扑面而来。”“幸福不喜欢喧嚣浮华，常常在暗淡中降临。贫困中相濡以沫的一块糕饼，患难中心心相印的一个眼神，父亲一次粗糙的抚摸，女友一个温馨的字条……这都是千金难买的幸福啊。像一粒粒缀在旧绸子上的红宝石，在凄凉中愈发熠熠夺目。”“幸福有时会同我们开一个玩笑，乔装打扮而来。机遇、友情、成功、团圆……它们都酷似幸福，但它们并不等同于幸福。幸福会借了它们的衣裙，袅袅婷婷而来，走得近了，揭去帏幔，才发觉它有钢铁般的内核。”我更关注她对感受幸福的提醒：“当春天来临的时候，我们要对自己说，这是春天啦！心里就会泛起茸茸的绿意。”“丰收的季节，先不要去想可能的灾年，我们还有漫长的冬季来得及考虑这件事。我们要和朋友们跳舞唱歌，渲染喜悦。”“当我们守候在年迈的父母膝下时，哪怕他们鬓发苍苍，哪怕他们垂垂老矣，你都要有勇气对自己说：我很幸福。”“当我们一无所有的时候，我们也能够说：我很幸福。因为我们还有健康的身体。当我们不再享有健康的时候，那些最勇敢的人可以依然微笑着说：我很幸福。因为我还有一颗健康的心。”我不知道别人在读这篇文章时，是否也跟我一样有这样的感触：是啊，我很幸福——有关爱我的父母、兄弟姐妹，有支持我的师长朋友，有健康可爱的儿女，有温馨美好的家，有自己喜欢的工作……于是我常常提醒自己：我是幸福人，我要快乐地生活，快乐地工作。

而对这句话的真正理解，应该是今年9月参加教育部“国培计划（2011）”培训的那段日子。尽管第一次在他乡度过了两个节日——教师节和中秋节，尽管没有鲜花、没有礼物、没有庆祝活动，但一句句祝福、一声声问候通过手机告诉我：我是幸福人。还有在上海华东师范大学美丽的丽娃河畔：我和国培班的同学白天在教室里聆听站在教育研究最前沿的教授们的见解，晚上在校园徜徉漫步时的心得交流，以及到苏州进行的“同课异构”教学活动中，跟那里的老师取经的过程，还有晚饭后坐在宿舍地板上敲打着键盘，在电脑上写下读书心得、教学反思、设计教案、编排活动简报时；难得的忙里偷闲去领略江南水乡的神韵、感受杭州西湖的柔美、欣赏苏州园林的完美时，我彻底理解“读书人是世间幸福人”的含义：那一篇篇精辟的见解，那一节节精彩的讲学，那一场场激烈的辩论，那一幕幕难忘的美景，那一次次涌动的灵感，没有地位的左右，没有利益的冲突，只有学术的交流、意见的差异、平等的对话……我珍惜这段日子，在我心中最幸福的生活，人生的最高境界。

感谢毕淑敏，她不仅让我懂得幸福，理解幸福，珍惜幸福，他还让我知道“每天都冒一点险”，因为它“能让人不由自主地兴奋和跃跃欲试，有一种新鲜的挑战性”，“真诚是一种勇敢坦诚的生活态度，它是我们思想和行动的出发点和归宿。真诚不虚张声势狐假虎威。它似乎因清澈透明而软弱无力，但它其实是强韧而富有弹性的，使我们简洁明快，干爽清正”。也让我学会在紧张的学习工作中“像烟灰一样松散”，因为“放松不仅仅是生活的常态，更是物种进化的链条。人们啊，需要常常提醒自己，像烟灰一样放松。放松不是无所事事，不是听天由命，不是随波逐流。放松是一种高度的自信，放松是一种磨炼之后的整合，放松是举重若轻玉树临风。当你放松的时候，你所有的岁月和经验，你所有的勇气和智慧，便都厉兵秣马集合于你内心，情绪就会安然从容，勇气就会源源不断。你不一定能胜利，但你能竭尽全力去参与过程”。而在对待友情的问题上，毕淑敏告诉我“友谊是一种易变的东西，假如它不是变得更好，就是不可抑制地变坏了，甚至极快地消亡。友谊是一种生长缓慢的植物，砍伐它只须一斧一瞬，培育它则需一世一生。也有像泡桐一样速生的友谊，但它也像泡桐一样算不得上好的木材。友谊说起来是极宽广极忠厚的襟怀，其实不是很自私的。它的不可转让性就是明证。它只是一个个体对另一个个体单枪独马的承诺，时间地点都有严格的限制，馈赠不得的。友谊还需要滋养。有的人用钱，有的人用汗，还有的人用血。它是一种纯粹个人栽植的情感树，树上只结了一个果子，叫作信任”。于是我更加笃信“君子之交淡如水”的信条。

也许我还不算一个真正的读书人，因为我有自私的欲望，我会心浮气躁，我会滋生厌倦情绪，但我也可算是一个读书人，我因为毕淑敏的作品，因为她善意、祥和、冷静，而学会重新审视自己，并对自己有了新的要求，懂得如何更好地工作和生活。我会更加在乎亲情和友谊，我会恪守真诚待人的准则，我学会了从容和淡定。

做一个读书人，做一个真正的读书人，做一个世间的幸福人，是我的人生追求，也是人生的一种境界。

爱，筑起沟通的桥梁

张丽芬

凡是教师缺乏爱的地方，无论品格还是智慧都不能充分地或者自由地得到发展。

——罗素

在班级管理工作中，要做好每个学生的思想工作，培养学生树立正确的人生观、价值观和世界观，激发学生对真、善、美的追求，班主任起着相当重要的作用。班主任作为班级的组织者和管理者，是学生健康成长的引路人，是联系各科教师和学生的纽带，是沟通学校、家庭和社会的桥梁。在多年的班主任工作中，我深深体会到这份工作的艰辛，也深深体会到在严格要求学生的同时，应给予学生子女般真挚的爱，因为爱能筑起沟通的桥梁。

因此在我的班主任工作中，我关爱着每个学生，只有用自己的爱心赢得学生的爱，学生才乐于接受我的教育。相信每位班主任都憧憬着一个美妙的境界：师生彼此信赖，犹如亲密的朋友，携手共进。其实，只要这样做，一切皆有可能。

爱，拴住了“野马”的脚步

1995年的秋天，我接手了一个全校有名的调皮班级——初三（2）班。其中四匹“野马”闻名校园。他们无心向学、吸烟、逃课、到校外帮朋友打架。他们被定为“后进生”，是学校政教处留校试读、跟踪教育的对象。面对他们，我知道校规班训或许可以从表面上约束他们，但要真正拴住他们的心——难。因为我已对他们的情况掌握得比较清楚：家庭经济好，读初一时从农村转学来的，知识基础差，自控能力低，与班科任老师、同学相处不来。摸清情况之后，我采用与以前班主任不同的方法对他们进行教育。

首先，我“逆”校规，大胆在班会课上宣布取消政教处的处理，并代表全班同学欢迎他们回归集体。

其次，我“怂恿”他们发挥身高优势，参加学生篮球队，鼓励他们融入大集体。

再次，我为他们开“小灶”，课余帮他们补课，甚至带着他们登门拜访科任老师，查漏补缺。

更多的时候，我是他们的家庭常客……

一学期过去，我突然发现，“野马”的脚步被拴住了。他们懂得珍惜时间了，他们知道学习的重要了，他们明白该让老师省心了。

爱，就是教师以赤诚之心去关爱；爱，孕育着希望，并贯穿于整个教育过程；爱，是用母亲般的情怀去爱护，去感化，去消除他们的自卑和消极，去筑起沟通的桥梁。

爱，融化了心头的坚冰

1997年的秋天，我又迎来了一个新的班集体。在那70多张陌生而亲切的脸上，我敏感地发现一双与众不同的眼睛，里面更多的是冷漠和怀疑。因为刚接触，我不敢马上去触及。可刚开学两天，这个学生就缺课了。随之而来的是跟他妈妈的一番交流。原来，他自小父母离异，以后又各有新家。他跟妹妹寄住舅父家，妈妈远嫁台湾，每年回来探亲一次。台湾继父有意让他到那边定居，可他死不接受。而每次母子见面，一说到这个话题，他就离家出走，可不，这又来了。面对泪流满面的家长，我答应帮她找儿子，并解除他对妈妈的误解。

我找到班里跟他要好的同学，跟他们介绍了我跟他妈妈见面的情景，并说出我要帮他的想法，让他们带我去找他。他们犹豫了片刻，说：“老师，我们下午带他到学校来，你跟他谈吧。”

下午，他来了，脸上有倦意，但眼睛中却多了一点对我的信任，交谈开始了，我先把从学生中了解到的有关他讲义气的事说了一遍，肯定他的为人；再把从科任老师中了解到的有关他学习很努力的事说了一遍，表扬他的用功；然后跟他说说我对他的印象，告诉他我很欣赏他的个性。也许，缺少爱的心是容易得到满足的，没过十分钟，他就把心中郁积的对妈妈的看法全倒出来。原来，他恨妈妈，因为妈妈弃他们兄妹而去，他生父家庭又很困难，妈妈却从不肯帮助。听到这里，我明白了，这个孩子渴望的是亲人间的互相关爱！

我又找他妈妈，把孩子的想法告诉她，并建议她改变与孩子交流的话题，尽可能让孩子体验母爱的温暖和无私。他妈妈听从我的建议，把探亲假延长半个月。

在接下来的时间，我经常跟他们母子交流，掌握信息，促进了解。只记得他妈妈在返台的前一天晚上，跟我说的一句话："谢谢你，老师！有你这样的班主任，我放心了。"在以后的日子里，这位学生竟跟我无话不谈，而言谈中对他妈妈更多的是理解和关怀。

爱，就是要善于调动集体的力量，营造温暖的氛围，给缺少关爱的学生温馨；爱，就是要与家长真诚、和谐地沟通，营造有利于学生健康成长的学校教育环境和家庭教育环境。爱，可以融化心头的坚冰；爱，筑起沟通的桥梁。

爱，消除了无形的代沟

小A是三好学生，没有一个老师不这样评价他。可是，那一天，他妈妈的告状却吓了我一跳：在家里不关心父母，我行我素；攀比心理严重，要名牌手机，名牌衣服；重视打扮，爱跟女孩子交往；出口不逊，对妈妈粗言粗语。

我找小A，跟他聊了半个小时，他什么话也不说，只是说跟妈妈之间的代沟使他喘不过气来。

我找小A妈妈，让她把小A最近的表现具体告诉我。听完小A妈妈的倾诉，我表示要帮她。然后我建议：能否暂时不当小A是儿子，当朋友如何？小A妈妈开始一愣，后来答应了。

我又找小A，问他想不想知道我是如何教育孩子的，他点点头。我便把跟女儿之间严肃、民主、知心、谅解、沟通的生活片段讲给他听，问他："想不想做我的儿子？"他笑了，又摇摇头。我问他："你妈妈也这样和你相处过吗？"他叹了口气，我鼓励他说："说一些来听听，好吗？让你妈妈也跟老师学学吧。"他沉默了片刻，看到我真诚的眼光，终于都说出来了。我也明白了，他妈妈过分严格，他烦妈妈过激的言语，他烦妈妈过分的行为。我问小A："知道你妈妈为什么这样做吗？"顿了一下，我在小A的肩上重重地按了一下："爱，浓浓的母爱，你却误解了。"我又跟他谈我是如何担心女儿的学习，如何要求她的生活，如何关注她的交友情况的。完了，问他："老师跟你妈妈有没有共同之处？"小A说："有，但你做得比我妈强多了。""那就让老师跟你妈妈做朋友，也跟你做朋友，成为沟通你们之间的桥梁，好吧？”小A用力地点点头：“好！”

华灯初上，我把小A送到他家楼下，摸了摸他的头，关切地说：“今晚，跟妈妈好好谈吧，需要的话，打个电话，老师过来！”

后来，我又听到小A妈开心的笑声了，看到小A灿烂的笑容了。而更重要的是，小A跟我之间无拘无束。

爱是纽带，拉近了彼此之间的距离；爱是熨斗，烫平了心中的褶皱；爱，填平了无形的代沟。爱，成为沟通的桥梁。

“人非草木，孰能无情”，班主任在班级管理，一定要用爱心去关怀、爱护、帮助和指导每一个学生，要以自己的热诚之心关心学生、影响学生、感染学生，使学生真切感受到班主任的关怀与温暖，用爱筑起师生沟通桥梁。

未成年人可塑性强，班主任要言传身教，引导帮助学生学会做人，做一个具有健全人格、崇高道德、高尚情趣、丰富学识、开放观念、具有社会责任感的中国人。班主任应像妈妈那样和蔼可亲，应像朋友那样认真倾听、平等交谈，调动他们自身内在的力量自我疏导、自教、自律、自强。

“不让一个孩子落后。”是啊，中学阶段正是接受能力强、极富模仿力和可塑性，也是学生个性人格形成的关键时期，但同时又是感情最脆弱的时候，我们应抓住这一重要契机，用爱心、耐心去温暖每一个孩子的心灵。当学生的脸上绽出笑颜，当心灵与心灵架起沟通的桥梁，当我体验到工作的乐趣，我可以向这个世界宣布：我很幸福，因为我是一个班主任。

希望我们每一班主任都是成为快乐的班主任。

语文教学新理念——重在会教与会学

石明珠

为了适应教育教学改革的新形势，国家教委颁布实施了“新课标”，随之而来的是新的教育理念的诞生。面对新的教育理念，作为语文教师，尤其是山区教师，我们应该如何去适应这一改革并实施到教育教学实践中去呢?

由于教学理念发生了根本变化，课堂教学的重点产生了移位，教师不再是课堂教学的中心，学生才是学习活动的主体。但是成了课堂主体的学生真的能自己来主持语文学习活动吗？一直以来口才横溢于课堂来展示教学功底的教师难道就不用多讲了吗？过多的课题训练是否有悖于语文教学的人文性呢？种种摆在眼前的问题，让大多数语文教师感到迷惘，无所适从。

其实，不管教育教学新理念怎么样，关键是学生怎么样才学会学，才学得好。那么，教师就此想办法想对策怎么样去教。学生会学，教师会教，抛开条条框框的束缚，这样才会乐在其中。

常言道：“学问学问，边学边问。”学生如果学而不问，学而不思，又怎能学得好呢？故教师首先要做的是如何激发学生的学习兴趣，怎样让学生兴致勃勃地参与学习活动，而不是教师在唱独角戏。

首先，要消除学生的紧张恐惧心理。我观摩过好几次语文课堂教学，一进入教室，那种严肃沉郁过度的气氛像铅一样压抑在学生头顶上，学生难免会紧张拘束，教师提出问题，学生往往因为紧张而不知所措，一堂课就在教师“满堂灌”的情况下结束。学生什么也没有学会。开课时我们教师应该有意识地营造一种宽松和谐的气氛，脸上应该带上微微的笑容，让学生感觉如沐春风，觉得老师就是自己的朋友，课堂教学就是朋友式的交流。这样才能不断地激发学生主动探究、发问的兴趣和热情。

其次，给学生足够的空间互相提问、研讨。这其实是培养学生合作学习的兴趣。在讨论中，学生的热情被调动起来，求索的欲望被激发出来。每个学生都是课堂的主角。当然，刚开始时，会有些学生不懂得怎样去提问题或解决问题。这时教师就起到指导的作用，在旁边旁敲侧击。有时，学生难免会提出一些游离课题的问题，教师就应及时给予纠正。久而久之，学生提问的方式、提问的水平也就会逐渐提高，在合作学习中也促进了个人的发展。合作学习的过程，也是学生独立思索、自主成才的过程。

所以，课堂教学应高度重视培养学生提问题的意识和质疑能力。现代著名教育家陶行知的两句诗就很好地强调了质疑的作用："发明千千万，起点在一问。"

再次，应让学生认识一堂课的学习目标。有经验的教师总是在讲课前让学生明确学习目标，并在堂上解决重点的一两个问题。有些教师让学生讨论问题时，总是罗列太多的问题，学生讨论了大半天，还没有时间交流就下课了，这样问题过多，反而把必须掌握的遗忘了。

放手让学生在课堂上大胆质疑问难，不仅是教育观念的重大改革，而且对教师的知识水平、教学组织能力和课堂应变调控能力要求更高。那么，语文教师在课堂教学中究竟该充当怎样的角色呢?

第一，教师备课时应做更充分的准备。如果没有经过精心备课和对教材有着深刻理解的话，教师是不可能完成一堂成功的语文课的。如本人在讲授星新一的《喂——出来》一课时，在备课时就准备好了三幅漫画，并对课文反复品味，抓住"环境污染"这个话题让学生展开讨论，继而以漫画的形式来表现文章的内容。学生很快在我的调动下跃上了一个新台阶。

第二，教师适当的感情洋溢地讲授，能引领学生展开想象的翅膀。如本人在讲授高尔基的《海燕》这篇散文诗时，我借助富有感情的语调和丰富的表情范读课文，带领学生架起想象的翅膀进入那个革命浪潮滔天的时代，这样一来，学生在听读中就很自然地初步领悟到课文的精神和要旨。这情感的影响能起到举一反三的作用。所以，课堂上有时教师的范读是很有必要的。语文教学理念是要更新，但有些传统的教学手段我们还是需要浸透进去的。我们不能因此而说教师的表演是代替学生的学习。

第三，教师还应重视对学生的评价。在传统的课堂教学中，对于学生的回答，教师一般总是点点头或干脆利落地否定或是面无表情，这对答对的学生既没有起到鼓励性的作用，对答错的学生更是一种打击。随着社会的人性化，教育教学的改革，人文主义早就浸透到课堂教学中。在课堂上，对于学生的回答，教师不仅要和颜悦色，态度和蔼，给以期待的目光和鼓励的神色，而且还要给予巧妙地指点、恰当的评价和热情的鼓励，让学生得到支持、受到鼓舞，进而使他们信心百倍，劲头更足。

总之，课堂教学活动是师生双边的合作劳动。学生应该成为课堂的主人，而教师也应灵活地做好角色的转换，这样的教与学才会达到新的境界。我想，教学新理念也不过是在于会教与会学吧？

把文言文教得和诗一样美

谢雪梅

回忆自己学生时代的语文学习，文言文学习还是记忆犹新。倒不是因为自己领会了文言文中的乐趣，而是因为每一篇文言文老师都要从头到尾地串讲，我书本的字里行间也就写满了老师给的译文和理解，其余同学则只能艳羡我的成绩。每每文章讲完，我就很有成就感。我的学法可能是世界上最笨的方法，其中的辛苦不言而喻，可是这也奠定了我坚实的文言文基础。

现在自己做了教师，我也把这种教法教给学生，希望自己的学生也可以和当年的我一样，通过苦学来奠定坚实的文言文基础。可是现在的学生和现在的社会一样浮躁、好走捷径，这种学法奏效的时候并不多，尤其是到了初三的文言文专项学习时更是如此。眼见学生的学习兴趣越来越低，我的心中也越来越急：怎样才能提高学生学习文言文的兴趣呢？

正当我困惑不已的时候，有位经验丰富的老师说："把诗歌教成文言文分析是失败，但是把文言文教成诗歌一样的美是高手。"又正好看见陶渊明在《五柳先生传》中介绍他学文的方法"好读书，不求甚解"。这两件事给了我新的启示：文言文毕竟离我们的生活较远，教法不可能和现代文教法等同，但它并不是外语，和现代文有非常强的传承关系，是"大同""小异"。我们必须寻求两极均衡，实现言文统一：对于文言文既要掌握基础，又要领会古人精神，还要提高学生的阅读兴趣，真正把文言文教得优美、活跃。

教文言文，首先要激发学生的学习兴趣。有了兴趣才产生主动学习的可能性，培养学生对文言文的兴趣是教好文言的前提。讲课时务必脑子里时刻牵着这根弦。

（一）教师富有激情，精心设计导语。让每一节古文课的导语符合短小精悍、形式多样、调动兴趣的原则，起到"一石激起千层浪"的效果。以《出师表》为例，《出师表》是一篇较难的文言文，但只要激发了学生的学习欲望，就能学好它。本文的学习目标我定位为“体会诸葛亮的赤胆忠心，侧面看‘三国’”导语设计为“表是出兵打仗前，主帅给君主上的奏章，或表明报国之心，或呈现攻城掠地之策。历来以表传后者颇少，惟有诸葛亮的《出师表》彪炳千古，奥妙何在？‘忠有《出师表》，孝有《陈情表》’一语道破及他被称为《三国演义》中的‘忠绝’”这两点展开。同时教师示范背诵课文，要背得抑扬顿挫、感情丰沛，使学生产生激情。

（二）精心设计问题。课堂提问要求紧扣文章重点、难点，有梯度、有思辨性，有引领性，且尽量生动有趣。所谓“风乍起，吹皱一池春水”。试举几例：《核舟记》——本文结构是怎样的？为什么先写船舱后写船头？《大道之行也》——大同社会什么样？它同陶渊明描绘的世外桃源有无相似之处？它可能实现吗？《记承天寺夜游》——苏轼笔下的景带有什么特点？“闲人”指什么样的人请回答“我认为苏轼是一个（　　）的人”，你对苏轼怀有怎样的感情？你认为当今社会需要隐士吗？《三峡》——山水有何特点？请你想象2009年三峡大坝建立以后，三峡会有哪些变化？教师的提问少而精，保持足够的吸引力。

（三）创设轻松和谐而有活力的课堂氛围。课堂是不是盛满生机、充满人文气氛，需要师生协力打造，需要教师倡导、需要学生配合，在师生互动、生生互动中实现师生和谐的一体式。

1.精讲字、词、句。文言文字词疏通需要花较大功夫，这是我们必须面对、承认的。如果还是教师一字一句地教，学生一字一句地记，当然重现死气沉沉的局面；如果统统把字词的解决都抛给学生，认为学生完全可以通过自学完成，那无疑是自欺欺人。讲是必要的，问题是怎样讲，许多老师给出了适宜的方法即抓关键，精练习。首先布置预习，让学生查工具书、对照注解初步扫清字词障碍，这只是第一步，因为这些知识留给学生的印象并不深，很模糊。老师在课堂上没必要串讲，因为面面俱到，反而处处重点处处不是重点，也不过是“水过地皮湿”。我们选择重点、难点的关键处点拨、讲解，这些重难点的确定依据教师对文本的分析、学生的反馈。

2.教学方法灵活化。每节课都有一个让学生兴奋的点。运用教学形式多种教学手段如朗诵比赛、知识竞赛、辩论会、故事会；多媒体、幻灯投影、图片等创设教学情景，拉近学生与文本的距离，让他们能欣赏到文言文的言简意丰的美妙，并体验到主动学习的快乐。如《愚公移山》课，网上有很多有意思的动画，也有

MTV歌曲，可以教学生唱，既可以让课堂活跃，也可以加深对愚公形象的理解。

3.讲究教学语言。我们要求课堂语言文雅、幽默、亲切、富有激励性。如时时穿插精炼的成语、名言、俗语肯定会起到榜样的作用，让学生回忆学过的名句名篇，还起到知识迁移的效果。

其实，传统的教学模式，虽然单调枯燥，但学习效果还是可以的；现在的一些教法，课堂兴趣盎然，但根基不牢，必须在教学中采用适当的方法，以丰富教学手段，实现课程目标。

《散步》教学反思

李晓华

《散步》是体现着浓浓亲情的一篇文章，文章记叙了一家三代野外散步的“生活细节”，表现出一家人之间互敬互爱的真挚感情，体现了中华民族尊老爱幼的传统美德。这单元的学习要求是要在整体感知课文内容的基础上，注意语言的积累和运用，并学习朗读和圈点勾画。所以，教学这篇课文，要在学生学习前面课文所掌握的方法的基础上，在老师的启发指导下，在学生的合作探究过程中，运用所学方法，继续巩固感受亲情的要求。

七年级的学生正处于发展独立思维的重要阶段，他们的主动性和求知欲都已大大提高，不再喜欢被动地接受知识，已初步具有自主、合作、探究学习的能力。但同时缺乏良好的观察生活的品质，对生活缺少体验，对散文知识的了解更少，而且由于受社会上许多不良因素影响和家庭的误导，许多学生没有形成正确的家庭道德伦理意识。因此，我通过引导学生去自读自悟，运用自主探究的方法学习，通过朗读、圈画、小组讨论、揣摩鉴赏，学生对散文有初步的了解，体会课文浓浓的亲情，并从中感悟出正确的家庭伦理道德准则。

在教学方法上，我选用朗读法，将朗读作为主线贯穿整个课堂教学，让学生在朗读中进入课文，在理解课文的同时反复吟诵，最终用朗读表达出自己对作品的感悟，对亲情的感悟。在突破教学重难点时，我发挥学生的主观能动性，让他们通过自主、合作、探究的方式运用圈点勾画法、品读法、讨论法，读与写（读与说）结合的方法抓住关键语句反复咀嚼，从而领悟平易朴实的文字下深长的意味。在此基础上，让学生联系生活，运用课内外结合的方法，以外促内，以内促外深入理解文本体察生活，将自己的独特体验表达出来。

文言文阅读教学四步法

何志雄

随着素质教育的不断深化，新的教学理念也不断融入到课堂教学改革中。课堂教学要适应新的形势，必须实现全面的转型，师生角色要正确定位。在课堂教学中要突出学生的主体性和主动性。文言文教学是初中语文教学的重要环节之一。以学生为主体的“读、释、译、品”是文言文课堂教学的四个步骤，能让学生在愉悦的氛围中完成学习任务，取得良好的教学效果。

一、读——引发学生的兴趣，初读文本

当前学生的文言文阅读能力并不令人乐观，大部分学生对文言文都有一种畏难情绪。其中最重要的原因是教师还用传统的“满堂灌”“填鸭式”的教学方法，使学生越学越困惑，越学越吃力，越学越乏趣。

此时我们应当转变传统的教学理念和方法。有意识地利用文章内外的人文因素，引导学生走近文本。尤其在课堂导语部分，要多花心思，巧妙设计，先让学生对文言文感兴趣。如在学习《邹忌讽齐王纳谏》一文时，可以用小故事《琴师与齐王》或《魏征劝谏》导入；在学习《隆中对》《出师表》时可以讲一两个关于诸葛亮神机妙算的三国故事作导语，以引起学生的兴趣，引起他们追索另一个精彩故事的好奇心。“知之者不如好之者，好之者不如乐之者。”学生满怀兴趣，带着好奇走近作品，可以使学生更愉快地学习文章所蕴含的知识，体会作品的人文思想。

引发起学生阅读的兴趣后，就要让学生初读课文，走进文本。让学生初读文本的方式很多：（一）可以让学生以小组合作的方式自由地、自主地读。引导学生借助注释和工具书，扫清字词的障碍；遇到障碍互相讨论，共同解决问题。（二）带问题读。老师课前精心设计适当的练习或问题，让学生带着问题读，学

生在解决问题过程中，读通文本，整体感知。（三）分组竞读。根据需要把全班分成两大组，四组或六小组不等。以不同的形式引导学生读准、读齐、读畅。分组竞读，可以促使学生课前自觉预习。在竞读时，读的同学认认真真，听的同学全神贯注，充分展现了学生的自主性和自觉性，能收到良好的教学效果。这样可以让学生在初读文本的过程中学会交流、合作、竞争、共同探究，提高学生自主学习的能力。

二、释——再读文本，解释文本重点文言词

学习文言文，最要下功夫的是掌握文言词语。只有把一篇文言文的重点字词的意思弄清楚了，才能把整篇文章读懂；只有掌握了一定数量的文言词的意义，对文言词语的词义知识有一定的积累，才可以较顺利地阅读文言文。所以在学生读准、读畅的基础上，引导学生再读文本，理解文中重点字词。再读文本时指导学生读出停顿、读出节奏。让学生再次借助注释、工具书，理解文言词意。

但是这样再读，借助注释、工具书理解文中重点文言词意，还是远远不够的，我们在平时的文言课堂教学中要有意识渗透理解文言词的方法。理解文言词的方法也很多。

（一）组词解释法。古代汉语大多是单音节词，发展到现代汉语基本上都演变成了双音节词。有的词语只要在文言词前面或后面加上字就组成现代汉语的双音节词。掌握了古代汉语与现代汉语的这一规律，能帮助我们更好地理解文言词。如“荆之地方五千里”(《公输》)，其中的“地”，理解为“土地”；“方”理解为“方圆”。再如“可以一战”(《曹刿论战》)，其中的“可”理解为“可以”。

（二）对应解词法。古人写作时，往往采用结构相同或相似的句子，在相对应的位置上使用同义、反义或相关联的词语。根据这一点，有些文言词联系上下文就能断定其含义。如“一鼓作气，再而衰，三而竭”(《曹刿论战》)，其中的“三”有三种解释，第一种是“三次”；第二种是“第三次”；第三种是：“多次”。根据上文的“一”“再”，是对应的。“一”理解为“第一次”；“再”理解为“第二次”；那么“三”应理解为“第三次”。

（三）活用解词法。古汉语中，某些词在特定的语境中可以灵活运用，临时改变词的用途，即“词类活用”。根据这一规律，我们在遇到活用词语时，要想到它活用后的特殊意义。如“优劣得所”(《出师表》）中的“优劣”形容词活用作名词，

解释为“能力好的人和能力差的人”。再如“亲贤臣，远小人”(《出师表》)，其中的“亲”“远”形容词活用作动词，解释为“亲近”“疏远”。

此外，我们在解释文言词时还要注意其词的使动用法、古今异义、通假字等，并要不断积累文言词汇，在往后的文言文阅读中懂得知识迁移，灵活运用。

三、译——翻译文本，全面理解文本

“读书百遍，其义自见。”在理解文言词的基础上，还要指导学生三读文本。三读文本要读出句子的陈述、疑问、感叹等不同的语气；要读出故事的起伏；要读出作者所表达的情感。译，这个环节可以边读边译，也可以先译后读。但无论采用何种形式都不能脱离学生的主体地位，老师的主导作用。文言文翻译要求字字落实，以直译为主，意译为辅。翻译时要尽量保持原文的语言风格。翻译文言文，我们多采用的是“口诀法”。

例如翻译口诀——“读通全文，领会大意；字字落实，符合原义；掌握虚实，保持语气；补充省略，调整语序；专用名词，不用翻译；语句通顺，检查仔细。”如翻译“舜发于畎亩之中”(《生于忧患，死于安乐》)，“舜”人名“专用名词，不用翻译”照抄下来；“发”被起用；“于”虚词，理解为“在”；“畎亩”，田地；“之”，的；“中”，中间；还要“调整语序，补充省略”。那么全句应翻译为“舜在田地间被起用（后来成了尧的继承人）”。这句话会翻译了，那么后面的五个句子类似，学生自己也会翻译了。

指导学生翻译时，还注意文中不同于现代汉语的特殊句式，如判断句、被动句、倒装句、省略句等。指导学生掌握特殊句式的翻译方法。然后放手让学生自行翻译，可以让学生边读边译；同桌同学间、小组同学间互译；你译一句，我译一句；你问我答，你读我译……让学生选择自己最喜欢的方式进行全文翻译，并进一步熟读全文，理解文意。

四、品——品读文本，品评文章思想内涵

新课程标准指出，“欣赏文学作品，能有自己的情感体验，初步领悟作品的内涵，从中获得对自然、社会、人生的有益启示”“诵读古代诗词，有意识地积累，感悟和运用，提高自己的欣赏品位和审美情趣”。所以引导学生品读文本，赏析文本，领悟文本内涵，提高审美情趣是学习文言文的最终目的。

“旧书不厌百回读，熟读精思子自知。”在学生理解文本的基础上，指导学生反复诵读、美读文本。让学生运用自己现有的知识、能力和经验，对文本产生正确的认识和理解，进一步让文章的观点、作者的情感，在诵读、美读中自现。

在教学过程中，我们要指导学生从不同的角度品评作品。可以评一评作品的价值，可以评一评其艺术手法，可以评一评其写作的手法。如学习《邹忌讽齐王纳谏》可以让学生谈谈邹忌的形象，学习其劝说艺术，谈谈其劝说艺术的现实意义；学习《孙权劝学》可以引导学生了解学习的重要作用；学习《生于忧患，死于安乐》，可以引导学生谈谈他们的阅读体会，让他们懂得“逆境磨炼人”的道理。

以学生为主体，把读贯穿文言文教学的整个过程，灵活多样地进行读、释、译、品，既可以让学生在学学习文言文基础知识的过程中，提高学习文言文的能力，掌握一套学习文言文的基本方法；又可以让学生在体会文言作品内容思想的过程中，自由地吸收文言作品的思想精髓，弘扬民族的传统文化，培养学生的人文精神，使学生形成正确的价值观、人生观。

教育随笔

黄　瑶

“既然我们当了老师，与其痛苦承受，不如开心去拥抱，与其平平庸庸地活，不如扎扎实实地干！我们应该拥有教育这块天地，纵情驰骋于教育这块天地！”

——题记

一

这是我在书中看到的一段话。看似简单，其实言简意赅，直到我真正走上了人民教师——班主任之路后我才真正感慨，要明白当班主任之幸福感要付出多大的努力，但目前为止我还无法做到如此信誓旦旦。

如今我国的科学文化得到了大发展，在这一背景下成长起来的青少年身上具有的不轻易服从、不愿吃苦耐劳的特点。回头想想自己走过来的初中年代与这时代的初中生大大不同。在这一背景下，班主任面对的全新教育对象，困惑更显得突出，遇到的问题也更加集中。是从前的孩子害怕、敬畏老师，这个年代的学生具有更多自主权，是独特的人；还是对教师这个角色的转变没有把握？而在我们这种高素质，优质教育的学校又时时刻刻要求班主任出色完成学校各部门布置的工作。我想，在这种巨大压力的冲击下，作为一名新教师、新班主任，如何出色完成班主任工作和实现专业发展，适应新时代的要求，是一个值得思考的问题。回首我的班主任路程，可以说是曲曲折折，战战兢兢，充满了艰辛。我记得刚踏进校门的时候我是昂首挺胸，雄心勃勃的，但是很多时候处处碰壁，工作前没有获得任何引导与培训，又加上学校对班主任要求较高。久而久之对班主任工作和教学研究充满了痛苦，我对班主任的激情日益荒芜，面对学生也时而会产生“不求有功，但求无过”这种可怕的念头。有好几个星期我都打着辞职不干的心理上战场。

这种日子稍微得到缓解是因为我们班几位科任教师对我们班的赞扬，和班集体还算争气，在合唱和朗诵比赛中意外获得一等奖，特别是有几名家长打电话表示对我班主任工作的肯定，刹那间，豁然开朗。这一点点小成绩可能与我求学有着密切联系。

（一）借助书籍找到良师

在工作之前我收到通知得当班主任，我第一件事是上网，去图书馆借阅了很多班主任工作的书籍，运用了其中的一些建议解决了班级迫在眉睫的问题。

比如，学校要求学生大课间要做课间操。学生下课喜欢打闹，对于没有纪律性新生要求他们按时集队认认真真做操有些困难。第一天的时候，学生在我的极力要求下完成了做操，可是队伍乱七八糟，还有人只是比比动作。我顿时火冒三丈，想立刻把这些学生揪出来。不过我想起在书中看到的例子，应该用微笑去说服学生，不要以火烧火。于是我当天上课前这么和学生说：“小学时，我们一天只有三门课程，无忧无虑也有可能把课程学好，不过呢，现在我们慢慢长大了，不能永远读小学对吧？那么初中生呢，像你们一样不但有6门主科，还有各方面的评优，如果我们没有强壮的体魄可能很难扛得住压力，那么我们哪有时间去参加集体锻炼呢，还好学校安排了做课间操帮我们解决了这个问题，我们是不是应该认真把它完成啊？我相信你们一定可以做得到。对不对？”第二天就没有装病请假、中途逃跑的学生了。

（二）师生共行，架起心灵沟通桥梁

新生对宿舍生活是极度难以适应的，特别是要服从宿舍管理的条条框框，整整两个星期下来，我几乎每天早上都到男生宿舍检查内务并帮忙整理内务，居然还几乎每天被扣分，怎么让学生自觉有效率地把内务整理好来，我是伤透了脑筋了。一天，我在检查男生宿舍时，一名男生向我提出建议——我们可以把舍员整理内务时候要注意的事项贴在门上，这样他们就明白自己要做什么了。这个建议简直是当头一棒，我立刻回去构思，把要整理内务的注意事项点点滴滴整理出来，并且我以此舍规来惩罚被扣分的宿舍，要求他们抄、背、默相结合。一个月下来，被扣分情况大大减少。

做一名班主任，在从事班级管理工作时，是在为每一名学生的幸福人生奠基。我知道要尽可能地保持一种平和的心态，尽力让自己淡化名利，勿因各项评比乱了心性。要尊重学生的个性，尊重教育的规律。班主任专业成长的道路上，刚出

社会的我需要学习的还很多，“路漫漫其修远兮，吾将上下而求索”。

二

教师这一职业是非常辛苦的，尤其是班主任，不仅担负着教学工作，更担负着管理全班同学的重担。下面是我在班主任工作中的一些做法和体会。

（一）关心学生，亲近学生

想要关心学生、亲近学生，首要的事情就是了解学生的各方面情况，如学生的家庭情况，学生的兴趣爱好。从接班开始，我每天都会提早一点来到教室，和一些同学聊天，问一下他们晚上完成作业的情况，是自己做的，还是有家长辅导的，做完作业后有没有复习，完成作业后一般会做些什么事。通过这一段时间的交流谈话，我了解了我们班大部分同学家庭教育情况。在平时下语文课后，我不急着离开教室，主要是想看看班上的学生在课间都会进行一些什么活动，也可以和一些留在教室的同学聊天，问问他们上课有没有听懂，下课为什么不出去玩，通过这下课的短短几分钟，我了解了班上学生在学校的一些情况。和学生谈心聊天，很好地让我了解了学生的情况，让我明确了关心学生的方向，更亲近学生。

（二）多鼓励表扬学生，为学生建立自信

有位教育家曾经说过“好孩子是表扬出来的”，我认为应进一步说好孩子是教育出来的。人都是需要激励的，尤其是小学生，一句由衷的赞誉，或是夸奖，可能使他们终生受益，因为他们喜欢把老师的赞誉、夸奖看作是自己积极行为的结果。班上有位学生，父母常年在外打工，只有放假才到父母的身边，所以他经常不完成作业，在学习方面，他总会受各科老师的批评。在刚入三年级时，很多同学都不会自己整理桌柜，他也不例外。当时，我便会在旁边教他们该有次序地摆放。大部分同学都没能一次就学会，但在整理书桌时，他已经能把本子放一块儿，书放一块儿，并且还准备了一个垃圾袋，整得桌洞干干净净。当时，我马上夸了他一句“小刘不仅会整理桌洞了，还能这么有次序，富有创新，真棒！”自从这次之后，他每每劳动都很积极。我发现，他的成绩不好，对自己没有信心，通过这次老师的表扬，他开始发现自己并不是一个总是受老师批评的学生。现在，他做什么事都会很认真，而我都会鼓励和表扬他，提高他的自信心。虽然，他的学习还没有很大的进步，但我知道他一直都很努力。

（三）引导学生关心集体，团结协作

俗话说“团结就是力量”，想在一个班级里开展一项活动，不是单靠老师或一两个同学的努力，而是要靠全班同学共同努力才能取得好的成绩。在平时的课堂上，我常会组织学生分小组完成一些教学活动，让学生亲身体会团结的精神，学生从刚开始各做各的到现在基本上能组员间合作完成任务，进步非常大。在上周我们学校开展了现当代诗歌朗诵活动，为了使我们这个团队更好的展现，同学们个个献计献策，有的贡献服装，有的贡献鲜花，有的牺牲中午休息时间自由组织一遍又一遍地演练，在全体同学的努力下，我们班获得了优秀的成绩。这一活动更能激励起学生关心集体，团结协作的精神动力。如在排队的时候，有同学没有排好，这时，旁边的同学就会提醒他排好；在扫地时，扫得快的同学就会自觉地去帮扫得慢的同学，绝不会站在旁边说话，倒垃圾、擦窗都是争着去做。渐渐的，在学生的意识里已经懂得关心集体，团结协作。

总之，作为教师我们是幸福的，作为班主任我们的人生更是精彩的，我会在享受班主任幸福的同时不会忘记管理育人的职责，我会谨记教育是一门科学，育人成才是一种精雕细刻的艺术，在工作中我会不断讲究科学、创新、艺术，培养出适应社会需要的高素质的人才来。要将这次班主任培训学到的经验、方法运用于班主任的工作实践中去，为了对学生全面实施素质教育，扎实而有效地做好班级工作，我对自己的班主任管理要不断地反省，不断地总结，不断地进行创新，力争做一个学生喜欢，家长满意，教育上称职的优秀班主任。

三

亲其师，进而信其道。有人说班主任是世界上“最小的主任”，可这“最小的主任”管的事却特别多、特别细，大至教育教学工作，小至学生的头发样样少不了班主任操心。

初一的学生处在12岁左右，心理学家将此年龄段称为“危险年龄”，理由是这一年龄段的学生比较难教育，但又特别需要正确的教育和引导，如果教育不得法，将会对今后的教育带来很大的困难，也不利于学生以后的发展。

现在的孩子大多吃软不吃硬。如果学生犯了错误，班主任就训斥一通，学生可能当时不反驳，但可能会埋下怨恨的种子。而当学生犯错误时，耐心地说服教育，让孩子们认识到你是真的为他好，他就会接受你的教育。下面这个故事就是

说服教育成功的案例之一。

我班学生小林，是初一有点早熟且性格孤僻的男生。在上学期，我就发现他和别的男生不一样——前额的头发有点长、不怎么爱说话、两手老爱插在裤兜里。找他谈话后，头发稍微短了些，因不太过分，就没再说他。

国庆节后返校，发现我班好几个男生的头发很扎眼——有的头发长长的、硬硬的，打了摩丝；有的头发前边是桃形的；小林的前额头发盖过眼了。于是，我要求他整改。第二天，小林没有变化。再次找其谈话，并告诉他两种解决办法：其一，我亲自领他们到理发店理短些，其二就是由班主任我亲自出手——免费理。他决定那天放学后到理发店剪短。

第二天早上，我像往常一样去教室看看，发现小林坐在教室里，头上戴着黑色棉袄上的大帽子，我就走过去问他："在教室不冷，干嘛戴着帽子?"他没说什么就摘了下来。中午在食堂准备吃饭时，他还是戴着黑色大帽子，我又凑到他跟前，小声说："小林，吃饭怎么戴着帽子?"他没说话，但也没摘帽子，他对面的同学小声对他说："你的头发又不短，比我的还长呢，有什么见不得人的，摘下帽子来吧!"于是他又摘下了帽子，我也没太在意。

可是此后几天，我时不时见他课间仍然戴着黑色大帽子，而且科任老师也向我反映："小林不知怎么了，上课老戴着黑色的大帽子，叫他摘下来，他就是不摘。"我觉得问题有点严重了。

周四早上，我早早地来到教室，教室里的同学在读书，我站在教室里，远远地看见小林走过来。我在教室门口拦住了他。

"上课别戴着帽子。"

"我不!"

我感觉到问题严重了，经验告诉我，此时绝不能发火，否则，将难以收场。于是我让他跟我来到了办公室，心平气和地问他：

"小林，你以前从不用这种语气和老师说话，今天这是怎么了？难道你对老师不满意?"

"同学们都笑话我!"

通过这句话，我猜想，肯定是小林理完发回到教室，有学生说了一些笑话小林的话。

我把我的猜想说了出来，小林点了点头。于是我因势利导，先表扬了他以前的学习成绩以及宿舍管理（舍长）表现，看到他的表情有所缓和，然后提出：戴着帽子上课，不尊重上课的老师；在食堂就餐就他自己戴着黑帽子，更容易引起他人的注意，也不方便吃饭；和自己班的同学多交往。这时他的语气也缓和下来，向我承诺：上课、吃饭不戴帽子，下周天暖和就不戴帽子了，以后会和自己班里的同学在一起。

在午自习时间，我到教室表扬小林理发的行为，并批评了同学笑话别人的行为。此后小林真如自己所说，上课、吃饭没再戴帽子。

这个案例使我更深地领悟到：班主任要设身处地地走近学生，才会让学生亲其师，信其道，通过坦诚亲切的交谈，“晓之以理，动之以情”，促使学生内心消极情绪转化为积极情绪。

有人说过“老师的一个不经意的判断或断言，可能影响孩子的一生”，所以，对学生的教育，尤其是有个性的学生，必须因材施教，如果采用训斥、冷漠的态度，就极易让学生产生逆反和对立情绪，一旦这样，会给以后的教育工作带来更大的麻烦。对于这样的学生犯错，只能采用耐心地说服教育的方式，让他们感受到是真正为他们好，他们才会接受、认可对其的教育。如今，这位男生从初一时经常顶撞老师，变得我怎么说，他怎么做，虽然也会偶尔犯错，但是在我对他进行批评教育时，态度非常好。这就是信任老师的表现，亲其师，才会信其道。

四

我与你们的相遇，始于去年那个阳光明媚的九月……

其实，我清楚，你们早就知道我会担任你们的班主任，我也知道你们不止一次地猜想，新班主任会是怎样的角色，你们也在班级群里不止一次地讨论，新班主任的种种。但在走进教室的那一刻，我装作什么也不知道。环视教室一周，与你们的眼神做了个交流，我们的故事，就此开始……

第一节课，课前，我在黑板上写下了1到12这些阿拉伯数字，你们感到很诧异，我写这些数字干什么，我向你们解释，从今天开始，我们实行小组竞争评比制，每周评比一次，做得最好的小组有奖励。一开始，你们并不相信，第一周结束，当获得第一名的小组组长拿着大白兔奶糖、德芙巧克力……走进教室时，你们都瞪大了眼睛：“啊，真的有啊？”“下周我们组要争取拿第一。”“下周的第一是我们的！”于是，我又和你们说：“在前五周，凡是拿第一的小组，奖品可以自行选择，我负责购买。”“哇，真的?”“老师，我可以要求吃大餐吗?”“老师，我可以要求免作业吗?”“老师，我可以要求……”我站在讲台前笑着点头，教室里的你们一片沸腾。

我的孩子们，在那一刻，我的每一个细胞充满的是欢乐。

初三的生活总是忙碌的，一次次的练习总会让你们中的一部分应接不暇，一回回的测试也会让你们中的少数感到迷惘。他，是个很有思想的孩子，他有自己的目标，有自己的方向，可是，二模测试把他的自信击得粉碎，我知道他的痛苦，理解他的忧虑，找到他和他聊了聊，给了他一些建议，分析了他的实力，找到专业的老师给他辅导。渐渐的，自信爬上了他的脸庞，更令人兴奋的是，在最后的中考中，他如愿以偿，实现了心中的梦想——进入通州高级中学。他的兴奋，我看在眼里，乐在心头。

转眼，中考已然来临，最后一门是数学。她是我们班女生中的佼佼者，但是，面对这一场人生中无硝烟的战争，她也紧张，特别是面对她比较害怕的数学。进入考场前，她走到我身边，说：“老师，能不能抱我一下，我紧张。”我张开双臂，紧紧地抱住她，轻抚她的背，告诉她：“没关系，我在考场外等你，把你会做的都拿到分就行。”两个小时的数学，我担心了一百二十分钟，当我看着她笑着走出考场，我知道，她赢了，我释然了。她跑到我身边，乐呵呵地说：“老师，感谢您那个温暖的拥抱，我镇定了不少。”她的笑容，我看在眼里，甜在心头。

又是一年金凤花开，又是一年毕业季。六月，我们在相聚一年的教室分离，或许我们都是比较内敛的人，没有太多感伤的词语，没有多少惹泪的煽情，发下了分数单，拿到了毕业照，简单地和你们回顾了一年的点滴，我挥挥手和你们说：“再见!”“珍重!”出乎意料，你们谁都没有动，又静静地坐了一会儿，才缓缓起身，“不舍”两个字在教室里蔓延……这时，他，一位平时沉默寡言的孩子，慢慢走到讲台前，对我说：“老师，我会来看你的。”怕我不相信，他又加了一句：“真的!”我抬头，笑着说：“我相信！等着你!”接着，涌上来几个女生，她们也嚷嚷：“我也来，我也来……”幸福在那一刻漫上我的心头，它来得那么容易。我知道，你们的存在，就是我的幸福。

五

“金风玉露一相逢，便胜却人间无数。”风景因为我和我的学生相逢并奋战而美好着。

当我以班主任的身份迎来我的第一批学生。接受一个新班级，第一印象是至关重要的。我自己个人是多么愿意给他们的第一印象是，这个老师有点让人好奇。开学之初我拿到班级名单，对这个班的学生的总体状况有个大致估计。接下来我背过所有学生的名字，包括成绩，等待第二天的见面。当学生第一次出现在我面前交上费用并报出名字时，我有时会脱口而出“原来是你啊”，我会准确写出他名字的用字并嘴里念叨“是这个字而非那个字”，甚至直接说“恭喜你，考得不错”，有些学生不知道宿舍号来问我，我会准确地告诉他。很多学生在座位上流露出诧异的表情，这个班主任显然非常了解我们的情况。

接下来，我配合新生第一课，强化学生的行为规范。我对学生的衣着发型、行为举止、内务整理都做出了严格具体的规定，并逐一检查落实。最终他们在各项评比中都获得了优异的成绩。与其说是行为规范养成教育，不如说是集体教育，所有的规范要求都渗透着集体观念，所以我的学生基本上是成片出现在校园里的。我希望学生来到陌生的环境，能找到幸福的归属感；进入学习新阶段，能找到自豪的成就感；并让学生意识到在以后的学习、生活中，要不断地战斗，但又不是一个人在战斗。

有人总结过班主任的主要工作，最常见的一项就是讲道理。不讲道理，仿佛就达不到教育的目的。殊不知，大道理人人都懂，但知易行难，现在的学生，又有多少人能体会呢？我坚信体验教育。高一下学期，我组织过一场“感恩父母”心理班会活动课。那节课我不想过多地展示他人的视频、故事、图片，不想用他人的故事来教育自己的学生；更不想空洞地说教和表白。而是开展亲子活动，在活动中体验，在体验中交流，可以说这是一堂让学生真切体验感受的课。

班主任的工作绝不只是讲讲道理，当我们创造更多的机会让学生体验到“改变的快乐”，我们的学生一定会在一路跌跌撞撞的探索中逐渐成长。这也是我的体验。

无论我和我学生的故事怎样延续，我始终坚信和奉行：爱学生和以我感染学生。正因为爱学生，我才会和学生一起接受惩罚；正因为爱学生，我才会公正、民主地对待每一个学生；正因为爱学生，我才会原则性很强，相信以理服人。“爱”是师生间最动人的旋律，没有爱就没有教育，当然只有爱也是不够的。要求学生做到的，我会首先做到，我更愿意以我来感染学生，用正面形象诠释正能量。你认真投入，学生就踏实忘我；你坚持不懈，学生就奋斗不止；你积极进取，学生就激情能干；你热爱工作，学生就热爱学习。

选择—渗透式语法教学的思考和探索

孔维波

一、中学语法教学有关问题的思考

1.目前的状况和原因

目前中学语法教学有越来越淡化的趋势，甚至有取消的可能。为什么会造成这样的局面？分析起来，主要是以下两个方面的原因：

一是中学语法教学的效果不好。中学语法教学中最主要的内容如划分词类、分析句子等，一方面是太烦琐，如各类词的语法功能和语法特征，各种句子类型等；另一方面是实用性太差，在实际应用中发挥不了多大的作用。二是教学语法系统的适应性问题。“暂拟系统”是第一个中学语文语法教学体系。该系统制定时对可教学性考虑不够。20世纪80年代公布的《中学教学语法系统提要》弥补了“暂拟系统”的不足，修订前确定了三条原则，其中第二条明确指出：“教学语法，内容应当是提供基本知识，方式应当注重简明易懂，效果应当力求切合实用。”但是修订后的系统并没有做到这一点，比如内容仍然过于系统、详细、复杂，基本上就是大学语法知识的浓缩。根据提要编写的中学语法教材自然也不符合中学语文教学和学习的实际。提要中的语法知识脱离读写教学，同学生运用语言的实际情况联系并不紧密。教师难教、学生难学的情况依然存在。这种情况引起了师生们的普遍不满。

2.需要解决的问题

现在的状况是一方面中学生的语言文字水平比较低，另一方面中学语文教学中的语言教学又在不断削弱。这是一个很尴尬的局面。如何解决这个问题呢？我们觉得应该搞清楚以下几个方面的问题：

第一，中学语法教学的地位问题。

语法教学在中学语文教学中的地位如何？这个问题首先要搞清楚。定位不准确，不管是高是低，都对语法教学的实施有重大的影响。

在语法学界，一些人对中学语法教学往往定位过高，认为只要学会语法就能学好语文。比如，一部分人认为语法教学有三个目的：一是科学地认识母语，提高语言素养。中学生学习语法有助于此。二是培养运用语言的能力，以提高听说读写的能力。三是培养热爱祖国语言的爱国主义思想情操。

以上所说的三种功能，多多少少都有点牵强。实事求是地说，中学语法教学实在难以承受这样的重负；而且反例处处都是：难道不学语法就不爱国了吗？或者爱得少一些吗？答案当然是否定的！

在语文教学界，一部分人则定位很低，认为中学语法教学的作用很小，甚至没什么作用，因而没有必要给中学生讲语法知识；只要多读多写多练，语文能力自然就会提高。所谓“熟读唐诗三百首，不会吟诗也会吟”，所谓“读书破万卷，下笔如有神”，所谓“书读百遍，其义自见”，正乃此之谓也。屈原没学过语法，不照样写出千古不朽的《离骚》？司马迁没学过语法，不照样写出史家之绝唱、无韵之《离骚》的《史记》？没听说曹雪芹啥时候学的语法，人家不照样写出世界名著《红楼梦》？因此，语法不学也罢！

对于这种看法，吕叔湘先生有一段精辟的话。吕先生说：“很多人，包括一部分中学教师，不赞成跟中学生讲语法。理由：一，没有用；二，接受不了。语法无用论在一部分知识分子当中是相当流行的。他们说，自古以来中国读书人不讲文法，可是出了很多能文之士。反之，现在很多人学了语法，可是文章写不好，包括语法学家在内。这个话，听起来似乎也有几分道理，但是有很大片面性，逻辑上有问题。正如同有些人说，有人不讲卫生，也不生病；有人讲卫生，要生病照样生病。事实怎么样呢？事实是，讲卫生的人总是比不讲卫生的人少生病。文章的好坏，语法知识是其中的一个因素，还要多读范文，讲究作文法，讲究逻辑思维。可是就拿语法这一件事情来说，学过语法的人比起没有学过语法的人来，文字通顺的比例也总要大些。古时候不讲语法，出了不少文人学士，一点不错，可是同时也出了数不清的不通的读书人，不过他们写的东西都没有传下来，大家都把他们忘了就是了。人们的各种技能很多是靠经验得来的，是不知不觉学会的。可是如果把经验总结总结，懂得其中的道理，把不自觉的变成自觉的，不但知其然，并且知其所以然，他的技能就会得到巩固和提高。这个原则也适用于语言文

字，语言文字的运用也是一种技能。"（《怎样跟中学生讲语法》）

对于中学生来说，语法到底有没有用？回答是肯定的：有用！但是用处并非无所不能，而只是体现在一定的方面。

第二，中学语法教学的实用性问题。

教学语法与专家语法（理论语法）的一个重要区别就是实用性。尤其是中学教学语法。关于这一点，大家的看法基本上是一致的。

教育部原副部长浦通修在20世纪80年代初关于中学语法教学研讨会上代表教育部所作的报告中强调：

"在中学，语法教学要有一定的地位，发挥一定的作用，但内容不能太多，不能过分强调它的系统性、独立性而忽视它的实用性。一定要很好地明确中学语法教学的目的，针对今天中学的情况考虑中学的语法教学。"（《关于中学语法教学的几个问题》）

浦副部长要我们"一定要很好地明确中学语法教学的目的"。那么，中学语法教学的目的是什么呢？

北京大学的陆俭明先生认为：

"中学语文教学中讲授语言知识，其目的并不是为了给学生灌输一套死的语言知识，而是为了让他们更好地理解课文，是为了更好地增强他们良好的语感，是为了帮助他们更好地表达，是为了帮助他们防止出现或减少语病。总之，对学生来说，学语言方面的知识，不是为了死背一些知识，死抠一些概念，而是为了用，是为了对学生的阅读、写作起到点拨、启示的作用。"（《关于中学语文教学中语言知识的分布与教学问题》）

这里，陆俭明先生回答了"中学语法教学的目的"这个问题："就是为了用！""是为了对学生的阅读、写作起到点拨、启示作用"。不过怎么样"点拨"，怎么样"启示"，要落实陆先生的要求，并非易事。不过，陆先生毕竟指出了重要的两点："点拨"和"启示"。这就让我们不至于看不见、摸不着。

俗话说，说着容易做着难。要从汉语语法体系中选择出能够让中学生觉得有用的东西谈何容易！就拿《中学教学语法系统提要》来说，修订前经过反复讨论确定了中学教学语法必须注重实用性的原则，主编张志公先生也明确指出：

"教学语法应当尽可能地简易，不宜繁细，应当在不违反科学的前提下，力求通俗、浅显。在能够准确地说明和分析语言现象的前提下，要力求避免过于抽象，

过于理论化，避免晦涩难懂。”(《关于建立新的教学语法体系的问题》)

但是制订出来的《提要》并非如此！比如词组一节，既有结构分类，又有功能分类，其中动词词组就分为6大类，其中的“状+动”又分为8小类。如此复杂的分类让学生如何掌握？关键是，即便记住了又有什么用处呢？

二、关于选择—渗透式语法教学

我们认为，语法教学的实用性一定要联系中学语文教学的实际。

首先是听、读。由于“听”还没有真正在中学语文教学中实施，所以中学语法教学的实用性首先应该从“读”即阅读入手，也就是联系课文实际，分析其中的语法现象。但是也不是课文中每个语法点都分析，而是要选择与理解能力和表达能力等有关的语法知识点分析讲解。我们把这样的语法教学方法叫作选择—渗透式教学。

所谓选择，不是不分轻重，系统讲授；也不是对教材中的语法知识全部讲授分析，而是选择与理解和表达有关的语法知识点分析讲解。

所谓渗透，就是把语法知识的讲授渗透在语文课堂的教学之中。把语法教学和常规语文教学融合在一起。

这种教学方法的基本原则是：

以提高学生的语言运用能力（主要是阅读能力）为目的，把语法教学渗透到中学语文教学中去。而不是集中地、系统地讲授语法知识。具体地说，就是通过对课文中相关的词语和句子的分析解释，提高学生的阅读能力，然后进一步提高学生的语言表达能力。

这种教学方法的基本操作方法是：个案法+系联法。具体地说就是：对讲读课文单篇分析解说，讲解课文中的语法知识点，然后在自读课文中的进行点拨作类推分析。最后，进行单元语法知识小结，学期语法知识总结。对课文中的语法知识的分析方法基本上采用结构分析、功能分析、认知分析。其中功能分析法主要是表达功能的分析，认知分析主要是解释性的分析。

下面我们就对“选择—渗透式”语法教学方法进行例释。我们采用的个案是《从百草园到三味书屋》。

三、个案分析例释

课文：从百草园到三味书屋（人教版初中语文教材七年级下册第一单元课文）

语法知识点1："从……到……"格式

在《从百草园到三味书屋》这篇课文后的"研讨与联系"中有这样一个问题：

按照要求阅读课文，讨论下面的问题

本文题为"从百草园到三味书屋"，你从这个题目得到了哪些信息？

要回答这个问题，就要进行语法分析。因为构造"从百草园到三味书屋"这个词组运用了现代汉语中常见常用的一个语法格式。要理解这个语法格式所表达的意义（语法意义），获取这个语法格式传递的信息，那么对这个语法格式进行语法分析就是必要的。这就是我们所说的语法教学中语法分析的必要性。下面我们就对"从百草园到三味书屋"这个语法格式进行语法和语义分析。

"从百草园到三味书屋"可以抽象为一个语法格式，或者就叫作格式：

从……到……

这是现代汉语中一个常见的表示移动、变化的格式。根据语法形式和语法意义的对应原理：一个语法格式可以表达多种语义内容。根据现有的研究，该格式可以表达如下语义内容：

1.空间位置移动。表达这种意义的时候，格式中出现的都是表示地点（处所）的词语（处所名词）。例如：

从广州到北京

从家里到学校

从高山到平原

从百草园到三味书屋

2.时间推移变化。表达这种意义的时候，格式中出现的大都是表示时间、年龄的词语（时间名词）。例如：

从早晨到晚上

从初一到高三

从开学到期末

从童年到少年

3.境况处境的变化。表达这种意义的时候，格式中出现的大都是表示处境、状况的词语（境况名词）。例如：

从山村到都市

从天堂到地狱

从黑暗到光明

从乐园到囚笼

4.身份地位变动。表达这种意义的时候，格式中出现的大都是表示人的身份、地位的词语（身份名词）。例如：

从奴隶到将军

从市长到囚徒

从农民到企业家

从孩童到学生

5. 情绪、状态的变动。表达这种意义的时候，格式中出现的大都是表示人的情绪、状态的词语（形容词）。例如：

从愤怒到平静

从糊涂到明白

从冲动到冷静

从快乐到郁闷

做完“从……到……”格式的语法分析，我们现在就可以试着回答教材课文后提出的问题了：

本文题为“从百草园到三味书屋”，你从这个题目得到了哪些信息？

答案：通过上面的语法描述和分析，通过句法联想，我们得到如下信息。如下图所示：

从百草园到三味书屋 → 从孩童到学生→从童年到少年

从百草园到三味书屋 → 从乐园到囚笼→从快乐到郁闷

上图中，“从百草园到三味书屋”后的箭头所指向的例子就是我们通过课文题目获取的信息，这些例子通过“从……到……”这个句法格式联系起来，在语义上则通过“变化”这一共有语义联系起来。因此，当我们阅读到一个格式（句法结构）中的具体的例子时，就会联想起同一个格式的其他例子。这种联想叫作句法联想。句法联想的基础是句法格式的结构因素和句法语义因素。句法联想是阅读中获取广泛的、深层的信息的重要机制，也是一种重要的阅读理解手段。

句法联想是比词语联想更高层次的联想。句法联想的基础不仅有构成句法结构的词语，而且还有词语构成的句法结构模式（也就是“格式”）。这样，句法联想的范围就是：成分联想+格式联想。因此，句法联想的范围比词语联想更广阔，也更深入。

接下来，我们的选择—渗透教学的任务就是拓展和迁移：由阅读转向写作，也即把“从……到……”格式从阅读理解转化为写作表达。

从阅读（学习）转变到写作（运用）是一个不等式，即：

阅读（学习）≤写作（运用）

也就是说，学生通过阅读学习到的知识，不可能百分之百地转化到写作中去。因此，知识转化教学的范围比阅读学习的范围要小，而不是百分之百地转化。这是知识转化教学的一个基本原则。

以“从……到……”这个格式的转化教学为例。从上面的描述来看，这个格式基本上可以表达五种语法意义。但是，在进行格式的表达功能的教学的时候，不能把五种语法意义和构造要求一并讲解，而是把比较常见常用的表达功能先讲解，其他的表达功能可以在以后的学习和教学中逐步掌握。比如，“从……到……”格式基本的用法是表达空间、时间及其变化，这种基本用法也是句法引申的基础。因此，空间、时间的表达是学生们应该掌握的。下面的例子是学生们应该类推、模仿出来的。例如空间的表达：

从大兴安岭到海南渔岛，从帕米尔高原到东海之滨，我们的祖国欣欣向荣，春意盎然。

稍稍加以扩展就可以得到：

从白雪皑皑的大兴安岭到碧波荡漾的海南渔岛，从辽阔的帕米尔高原到美丽的东海之滨，我们的祖国欣欣向荣，春意盎然。

再如时间的表达：

从春天到夏天，从秋天到冬天，我们每天都生活在色彩的世界里。

稍加扩展就可以得到：

从绿色的春天到多彩的夏天，从金色的秋天到银色的冬天，我们每天都生活在色彩的世界里。

再比如：

从天真烂漫的孩童到初识人生的少年，从意气风发的青年到气吞山河的壮年，从两鬓如霜的中年到白发苍苍的老年，我们走过了漫长的人生道路。回首往事，扪心自问，我们无愧人生！

如果我们的孩子们通过“从百草园到三味书屋”这个语法格式的学习而能够写出像上面这样的词句，孩子们还会觉得学习语法没用吗？

语法知识点2：不必说……，也不必说……，单是……

这个格式在课文中是这样呈现的：

不必说碧绿的菜畦，光滑的石井栏，高达的皂角树，紫红的桑葚；也不必说鸣蝉在树叶里长吟，肥胖的黄蜂伏在菜花上，轻捷的叫天子（云雀）忽然从草间直窜向云霄里去了。单是周围的短短的泥墙根一带，就有无限趣味。

上例是一个选择复句，可以抽象为一个格式：不必说……，也不必说……，单是……

类似的格式还有：

且不说……且不说……，单说……

先不说……也不说……，单说……

不用说……也不用说……，就说……

等等。

这些格式表达的共同的语法意义是“高程度”意义。

那么“不必说，也不必说，单是……”这个语法格式（复句格式）是如何表达高程度意义的呢？或者说，运用什么机制来表达高程度意义的呢？

这个语法格式综合采用了排除法和选择法，再加上强调法和蕴含法。可以概括为下面这句话：

高中选低，低却不低（甚至很高），（那么高的就更不用说了）。

例如：

国家篮球队是个巨人队，不必说身高两米二十五的中锋姚明，也不必说身高两米一十的前锋朱芳雨，就说最矮的后卫周鹏也有一米九十。

课文中运用这个语法格式表达的意思是：

百草园中最不值得一提的就是园子周围的短短的泥墙根一带，但即便是这里也有无限趣味；而碧绿的菜畦，光滑的石井栏，高大的皂角树，紫红的桑葚等，还有鸣蝉、黄蜂、云雀等，趣味更是多了去了。

运用这个语法格式表达高程度意义，既可以用于夸耀、夸赞、炫耀等，也可以用于/贬低、斥骂等。也就是说，这个格式是一把双刃剑！例如：

我们一班是我们学校的王牌班，那真是人才济济，藏龙卧虎。不必说数学王子张三，也不必说语文状元李四，就说全班排名第十一的王五，前不久也刚刚捧回了全市物理竞赛的亚军奖杯。

现在人们的外语水平普遍提高了，不用说那些大学生，也不用说那些中学生，就是一般的老百姓，见到外国人也能聊上几句。

这个流氓团伙个个都不是好东西。且不说那个领头的，也不说那个狗头军师，就连那个跑腿的马仔，也是头顶长疮，脚底流脓——坏透了！

语法知识点3："我的蟋蟀们"的语法分析

再看下一个语法知识点：

Ade，我的蟋蟀们；Ade，我的覆盆子们和木莲们！

这个例子涉及几个方面：

（1）汉语的"—们"和英语的"—s"的区别

过去认为，汉语的"—们"和英语的"—s"都是表示复数。这个说法不太准确。要搞清楚汉语的"—们"和英语的"—s"的区别，我们首先要对"数"这个语法范畴了解一下（如果对学生讲，就不要讲什么"语法范畴"了，就讲"数"的内容就行了）。

"数"可以分为单数和复数，单数就是一，大于一的数（从二开始）就是复数。复数又分为确数和概数。确数是清晰确切的数字，三、十一、一百二十三等都是确数。概数是不清晰、不确切的数字，几、许多、三十上下、五十左右等都是概数。准确地说：英语的—s表示的是复数，例如：three teachers/many books。汉语的"—们"只能表示概数，不能表示确数。所以汉语中没有"三位老师们""三十个同学们"这样的说法，因为"三、三十"都是确数，而"—们"表示概数，二者是矛盾的。顺便说一下，"—们"的这种用法也是考点之一。这是汉语的"—们"和英语的"—s"区别的第一点。

汉语的"—们"和英语的"—s"区别的第二点是同名词的组合情况。汉语的"—们"原来只能和表示人的名词组合（先生们、女士们、老师们、同学们等），后来又发展到和表示动物的名词组合（野牛们、狮子们、老鼠们、天鹅们、蚂蚁们等），但是和植物名词组合的情况很少，和无生物名词则不能组合，所以汉语中没有“桌子们、椅子们、电脑们”这样的组合。而英语的“—s”则没有这个限制，teachers，dogs，desks，books都是合法的。

第三个区别是，汉语的“—们”可以用在词的后面，也可以用在词组的后面。而英语的“—s”只能用在词的后面。请比较下面的例子：

兄弟姐妹们——brothers and sisters

叔叔阿姨们——uncles and aunties

我们觉得，把汉语的语法知识和英语的语法知识讲清楚，对于孩子们学习外语也是有帮助的，关键是准确地掌握了汉语的“—们”的用法。

（2）语法结构和修辞手法

语法结构和修辞手法本来就是密不可分的。修辞手法一定要通过一定的语法结构表现出来。鲁迅先生在该文中巧妙地运用“—们”表达了一种修辞手法——拟人。

前面我们说到，汉语的“—们”正常情况下一般附加在表示人的名词后面。但是，如果一旦出现了超常搭配呢？例如像课文中呈现的那样：

Ade，我的蟋蟀们；Ade，我的覆盆子们和木莲们！

那么我们该如何解释这样的语言（语法）现象呢？

实际上，这种现象的而产生是作者运用了一种修辞手法——拟人手法。鲁迅先生根据“—们”主要附着在表人名词后面这种用法，利用“—们”的语义转化能力，把动物、植物人物化了；甚至说朋友化了！

具有语义转化能力的不仅一个“—们”。词缀、助词都有语义转化能力。例如：

—子：刷子、盖子、胖子、尖子。

—者：读者、学者、损坏公物者、成绩优异者、见义勇为者。

—的：吃的、学的、说的、硬的、野生的。

—了：春天了、高中生了、大姑娘了、王府井了。

—虫：懒虫、笨虫、糊涂虫、跟屁虫、应声虫、可怜虫、捣蛋虫、害人虫。

—货：骚货、贱货、蠢货、吃货。

（3）语法结构的情感表达

过去认为语法结构（或者说语法格式）只能表达语法意义（或者说结构意义）。这种说法如果在词组层面来看，还说得过去。但是如果在句子词层面来说，那就不全面了。实际上，我们抽象出的各种句式，由于是在表达单位——句子层面上抽象出来的，因而不可避免地带有句子表达的各种情感。因此，语法格式应该包含着一定的情感因素。例如：

将革命进行到底！/将爱情进行到底！/将高考进行到底！/将语文教学进行到底！

上面这个句式所表达的坚定、激昂的情感是十分明显的。再例如：

谁说女儿不如男？！/谁说鸡毛不能上天？！/谁说山窝里飞不出金凤凰？！/谁说中国人不如外国人？！

上面这个句式所表达的肯定、自豪情感溢于言表。

那么，“Ade，我的蟋蟀们；Ade，我的覆盆子们和木莲们！”这个例子表达了什么情感呢？这个例子中表达情感的语法格式是“我的 ×”，表达的情感是“亲密、亲爱”。

在现代汉语中，“我的 ×”这个格式表示的语法意义是“领属”，意思就是某人拥有某物，或者某物属于某人。既然一个人拥有某种东西，或者说这些东西是属于他的，那他当然十分爱惜了！古语曰：家有敝帚，享之千金。正乃此之谓也！因此这个格式表达亲密、亲爱的情感也就是很自然的了。请看下面这些例子：

我的妈妈、我的祖国、我的心肝儿宝贝儿、我的兄弟姐妹、我的父老乡亲、我的遥远的清平湾、我的蟋蟀们、我的木莲们！你是我的小苹果。

因此，学了这一课，老师应该让同学们知道并记住：当你要表达亲密、亲切、亲爱感情的时候，别忘了“我的 ×”这个格式哦！

这篇课文中还有其他的语法知识点。例如教材中的思考题提到的“动词的时序”问题，还有“长妈妈讲的故事”的话语结构的问题，等等。这些问题也应对学生作适当的讲解。

四、以后的工作

通过上面的讨论、分析和例释能够说明选择—渗透教学方法的科学性和可行性。接下来，我们拟对现行初中语文教材中的语法知识点进行筛选，然后进行描述、分析、解释、拓展、迁移，编写一套配套的初中语文教材语法知识教学参考书。我们希望能为搞好中学语法教学尽自己的绵薄之力。

静水流深，真水无香

——听特级教师余映潮授课之感

洪淑芸

好多年前，听过一位特级语文老师钱梦龙的课，今天再睹另一特级语文老师的风采。余映潮老师讲的是《蚊子与狮子》这一课，因为2008年我教过这一课，所以更有感触。我从三方面来概括我听课的感受：

一、内功的震慑力

余老师的教学思路明晰清楚，老师讲什么，怎么讲，学生听什么，做什么，一听就明白，一看课件就了然。第一步骤学生朗读，教师纠正读法；第二步骤指导学法，通过三个活动串联教学目标、重点与难点，将分析寓言的方法贯穿其中。第一个活动——概括情节，第二个活动——赏析语言，第三个活动——解析寓意。最后小结寓言究竟是什么样的文体。

整节课流程简洁、鲜明，便于操作，教师设定框架，让学生填充，引导的方向明确，学生便于掌握寓言的学法。看似容易的设计其实透露的是教师的思路，我认为高明之处在于点出学法，或许我教的时候也是这样的导引法，但却未必会明确地告诉学生：这是学法实践课，学会怎样分析寓言。所以有些课并不是年轻老师设计不好，而是没有鲜明地将教法与学法明确地体现。人家在评课的时候方方面面都会考虑，教师在教学中清晰展示思路，从教到学都设计得清清楚楚，评课也无可厚非了。所以我的感悟就是教学的目标与学生要掌握的重点内容一定要让听课者明白——有些话不得不讲明，有些字不得不标明。

余老师的课件简洁明了，没有底纹、图案，白底黑字，干脆利落，言到手到点到。

二、形象的修炼

余老师温文尔雅，颇具儒生气质，课前站在讲台上微笑面对大家。他的形象证明了气质是决定一个人魅力的关键，长相好坏不是最重要的，重要的是由内焕发出的气息、韵味。

他的手势一摊一扬皆有力度，或表现风度，或表示谢意，或表示赞赏，或表示邀请，起落俯仰皆有其稳重儒雅的风度。我恍悟：特级教师的魅力第一来自个人丰富的学识与经验，第二乃是气质形象的修炼。形象是需要修炼的，不是天生的。这当然与满腹诗书有关，但还需要个人的修炼，比如眼神、手势、神态，这些绝不是天生就能拥有迷人风度的，必须是教师在常年的教态中修养而得的。

余老师步履缓慢有力，端庄稳重，没有拖沓之步，如行云流水般移动，没有急促步伐，有的是沉稳的慢步。

三、语言的定力

余老师的赞赏让人感到权威的肯定而收获成就感，他的提问让人感到大师开启智慧之门，他的点拨让人感到智慧灵光的闪耀。他的语速缓中有快，急中有徐。对学生回答及时评价，他不否定别人的答案，总是寻找亮点予以肯定。学生妙答时大家赞赏，及时表扬。这是特级的智慧，一切评价皆有方。下课时也不忘肯定他发现的学生优点。

没有漂亮的导入与引人联想的结尾，没有华丽的饰语与拖沓的缀言，从头至尾是简洁如流云的牵引、激赏、点评、肯定，所以，我们的课其实不必讲究花俏与技巧，真正的内涵不需要修饰，内功的表达是自然地由内而外焕发，而非靠外在形式来吸引人。我今天的感悟就是一位教师的魅力是由这三个要素互相结合，彼此衬托，彼此牵引而焕发的。我们应修养的就是这三种功底。

特级的风采：朴实、简洁、清晰，行云流水，却静水流深。

2009年12月

幸福与快乐

洪淑芸

最近看周立波的《笑侃30年》，周立波说“幸福与快乐完全不同，很多人幸福但不快乐”，想想有点道理，我也曾有如此的迷惑，感觉自己没理由不快乐，因为生活在幸福中。现在这么一想，才知道，其实自己是幸福的，但每天不一定都是快乐的。

快乐是那种不假思索的欢笑，而幸福是思考后浮现的淡淡的微笑。现在的生活缺少不假思索的欢笑，必须要思考后才有感觉。究竟是感觉迟钝了缺少笑容还是生活中可让人掩藏不住的欢乐太少了？

每天的快乐与不快乐

如果问自己：“每天快乐吗？”很多人都会思索一下，然后说“差不多”。如果问自己：“每天不快乐吗？”很多人可能会不假思索说“不会”。因此，我想大多数人每天是处于快乐与不快乐的中间状态的，也就是“差不多的快乐”，不妨称之为“亚快乐”吧！

我每天的快乐在于清晨到校，校园寂静，我可以独自在办公室看一下微信的朋友圈，了解资讯或者朋友们的心情；在于午饭后临窗看海景，午睡前看书；在于下午放学时分至回家时分时的休闲；在于晚上跟孩子玩耍；在于睡觉前的读书时光。这些时间为什么快乐就因为时间是由自己决定的，我可以由自己决定做什么事。当然，课堂上如果与学生交流很好，也会让我快乐；跟学生讲述经历或发表言论，也会快乐；跟学生聊天也会快乐。不知为什么这两年来找我聊天的学生少了，刚毕业那阵就有很多女生放学了跑来办公室找我聊天，探讨一些问题，以至于很多次我回家很晚。还有2004届，好几个学生几乎可以称之为朋友式的交谈了。2002届、2004届、2007届、2008届这几届我教过的学生各有特点，2002届有成就的较多，性格矜持的也多；2004届随和，最能与我海阔天空地谈话；2007届只教了一年，但好几个学生给我留下好印象；2008届最有个性，与他们谈话我自己也收获颇多。然后是2012届、2013届、2016届，青春就在一届又一届的时光中消逝了。我把青春献给了聿怀中学！

读书时代的快乐

周立波说现在的孩子不快乐，因为他们压力太大了。可面对学生，我们不得不适当给他们加压，因为他们大多数没有目标，不知为何学习？所以面对学生，我经常跟他们唠叨人生规划、人生理想。我不要求全班都感悟，只期望有一部分人能突然醒悟就好。当我站在校门口时，当我站在讲台上时，我看着学生，发现他们大多目光无神，没有朝气。在讲台上时，我就忍不住叫他们重新坐好，挺直腰杆，集中精神。他们这一代，同学的直接交流太少了，那种周末串门的现象很少，取而代之网络交流；那种放学流连学校，窃窃私语的现象很少，多数被家长接回家；那种周末群体活动也不多。他们的生活真的不如我们这一代丰富啊！看似物质丰富的年代却往往精神空乏。

有多少人是有一定目标的？有多少人是展现青春朝气与活力的？有多少人的礼仪是做得很到位的？正因为这个年代缺失的东西太多，所以我看到一些突然出现的本该有却稀少的现象时，竟然会掀起一阵感动。比如学生收集作业后双手恭敬地拿给我；比如通知学生做某事时，他跟我说“谢谢”；比如在校道上，遇到一个迎面而来，充满笑容，眼神炯炯的学生跟我道一声“老师好”；比如课堂上，学生听我的解答后在座位上喜滋滋、情不自禁地发出一声“哦”的延长音；比如学生跟我谈理想……面对学生，我总拿我们这一代跟他们相比，在感叹他们身上缺少应有的朝气时，也发现他们确实不如我们这一代快乐。他们没有自己的时间，每天大量时间应付作业；在学校就是上课，缺少与同学交流的时间；学校难以创造春游秋游的机会让他们交流；他们没有固定的良好的爱好，多数没有目标，更毋庸谈理想。他们的课余时间大部分用来上网聊天、玩游戏，看书的很少，出去交谈的更少。

我们这一代流连在学校玩耍、在街上聊天、在空地玩闹的时间可多了。从小学到高中，我从来没有下午放学按时回家的。小学放学就找个空地，大家一起跳绳、扔沙包；初、高中放学就找地方吃东西聊天，每天不玩够一两个钟头是不回家的。这样的日子，孩子肯定会喜欢学校更甚于家庭，因为学校有朋友，有更多玩耍的空间。现在的孩子大多不喜欢学校，我的孩子这么小也不喜欢学校，如果这种情绪一直蔓延，我不敢设想他将如何度过之后十多年的读书生活？

学校怎样做才能让孩子喜欢？如果让孩子知道：友情的诞生地就是学校，同伴玩耍的机会就在学校，智慧萌生的场所就是学校，展现风采的舞台就在学校，那他才会喜欢学校。学校就是一个小社会，只有喜欢小社会，才能更好地走向大社会。

教师的快乐

教师的快乐是什么？以前常听人家说当老师就是好，因为“桃李满天下”，人脉丰富。我一直在想，教过的学生越多，老师就会越快乐吗？不一定。鲁迅说“学生云者”，你记住几个？到最后你就算是记住一串串教过的学生数量，也没多少成就感。而我最反感的就是“人脉”这个说法，给教师形象蒙上了一层功利的面纱。

当我与教同届的同事谈论曾经共同的学生，谈得眉飞色舞、得意忘形时，才恍然一悟：教师的快乐是培养出许多有成就、有特性、有能力的学生，尤其是那些经过你的点拨、教育有所转变的学生。也就是在你的心底，你有多少育人记录。这份记录是你当时倾注许多心血与精力谱写的。不是说班主任才有育人记录，只要是老师就有不可推卸的育人责任。科任教师不该将育人工作全部交给班主任，以本学科的眼光发现学生人格问题时就应该教育学生。比如语文科任教师从学生的作文中发现学生性格的缺陷、思想的偏激，数学老师发现学生性格中的粗心和莽撞，历史老师发现学生思考问题的局限等。老师就要教导学生从改变本学科存在的毛病开始，培养学生人格的健全。

作为语文老师，我最容易从学生的作文了解学生性格、思想，所以我经常“多管闲事”地找学生谈话，不局限于学科，而是指出他的思维的误区或是看法的偏颇，或是对他的情感问题、交友问题提出建议。因为这样，有许多学生因此把我当成了朋友，有了困惑就请教我。我想起儿时的一个梦想，看到《少年报》上有“知心姐姐”给人家解答问题，当时就想当“知心姐姐”，不料当教师了还能寻回儿时梦想，满足一下儿时心愿。

当教师还有一个快乐，那就是毕业的学生每年还会去学校或是家里看望你。一般学生对班主任最有印象，最有来往，所以每年学生来看望我这个科任老师时，我最快乐，我心存珍惜。有的甚至没去班主任那，反而是到我这了。这未免是沾沾自喜了。我关注学生的去向、人生的选择，有时提提建议，有时了解一下教育领域外的事情，这于我也是一种拓宽思维的方式。一席谈话下来，等人走茶凉之时，我还在回味或者思考学生的话，那就是最有收获最快乐的事情了。

年老之时，有若干一直来往的学生，都是老人了，耄耋之人面对花甲之人，偶尔坐一坐，谈一谈，这就是我幸福的设想了。

生活的快乐

一个连要什么样的生活都不清楚的人，他是不会知道快乐与幸福的真谛的。快乐需要易感的心灵才能捕捉与体会，幸福需要从容、豁达的心境才能拥有。因此幸福关乎一生，关键取决于性格，而快乐关乎每天，在于你的创造与感受。

我每天的快乐有哪些呢?

快乐在于课堂，与学生交流我的想法，学生鼓掌而呼或者上课时突发妙语自感成就的得意。

快乐在于饭后时间，我独自一人在办公室的惬意。小天地中唯我一人，我可以阅读，可以观海，可以观看视频，此时的时间是我可操控的，我为这每天唯一独享的时间、空间而快乐。

快乐在于下午放学时分5点半到6点半回家前，我又可以获得片刻的宁静与独享时间。这种不看时间，有人来安排的感觉真不错。

快乐在于晚上跟孩子玩耍，这时候可找回童年的感觉，孩子也当我是姐姐一样。我们基本不看电视，满屋子追逐，要么玩游龙板，要么玩打枪、打炮，要么在床上玩表演，各式各样的花招都有，导演是孩子，但我会提建议，他也会虚心采纳。玩累了就坐下来玩玩具，听孩子调配他的汽车，讲述他的想象故事。

快乐在于逛商场，每回有商品宣传单，我们都一起研究。孩子喜欢看饮料区、玩具区，我们就在那看有没有新产品，在那里讨论要不要买。在化妆品区，孩子喜欢那些瓶瓶罐罐，看到精致、可爱的瓶子他就爱不释手。他竟然能发现有一些面膜瓶子做得跟他的口香糖瓶子一样，沐浴露瓶子有做成喜羊羊样子的……他一发现样式特别的瓶子，就会叫我注意，然后问我买不买。有时我们会为了外观而买东西，兴趣有在于东西之外的。买饮料，每次饮料都要换新品种，这家伙对新的东西有兴趣，但又有一定原则，最好是蓝莓味的或是蓝色瓶罐的。

快乐在于晚上睡觉前的阅读，大概有一个钟头，与爱人一起阅读，有时就讨论一些问题，彼此都有启发。每个人的思想世界都是需要完善的，讨论可以丰盈思想。

快乐在于周末，全家人出去外面小游一番，找家餐馆，老少小酌几杯，孩子就以水代酒也凑凑热闹，亲情就在三杯两盏中演绎。

快乐在于突然想起某位朋友，立刻打电话约喝茶聊天。

生活就在这些温和的快乐中度过，快乐的日子堆积起来就构成了幸福的生活。

快乐其实很简单，只要心灵善于捕捉，快乐就在身边。幸福其实并不难，伸手可及，只要心态稳定，目标明确，幸福就可拥有。最遗憾的就是身在福中不知福，有乐而不快。

2016年6月

英国纪行

洪淑芸

2013年，我校与英国威尔士的卡迪夫公学签订了合作协议，我校设立国际部。今年，我们带着国际部的部分学生到卡迪夫教学交流学习。

在雨中走近你

等待了一个多月的签证，终于拿到手，还未细细端详，便开始了行程的准备。于是前后乘车8小时，乘机12小时，在中国时间晚上12点出发，在英国时间第二天中午到达，因为时差相差8小时，所以仿佛时间变慢了。

英国的一、二月是多雨的季节，卡迪夫、伦敦、剑桥、牛津、爱丁堡几个城市的天气都是同样的特点，雨说来就来，有时刚庆幸没雨，突然就下起来了，但不大，小雨霏霏倒是常见；偶尔阳光加小或中雨，所以有时可以看到“东边日出西边雨”，有时小风小雨交加。

下完了雨，天气就很清新，大片的绿草地更加亮眼。难怪威尔士的外交部长开玩笑说：“卡迪夫城的绿化很好，因为有雨的滋润。”如果撑伞，穿梭在牛津城、剑桥城安静的街巷中或爱丁堡的小镇中，仿佛在油画中行走，非常惬意。如果不撑伞，细雨打肩不湿衣。在绿地上有一些跑步的人穿着短裤，迎雨锻炼；或者遛狗，让狗锻炼捡球或树枝，也是一帧帧动人的风景（据说英国人养狗，对狗要加强锻炼，要陪它散步，不得把狗单独留在家，否则是违法的事）。

冬日的天在下午四点开始就暗下来了，以至于感觉一个晚上很长，经常睡至半夜就醒，以为睡了很久。晚上八点商店就关门了，英国人要么在家喝啤酒，要么泡酒吧。周末的公园人不多，据说因为周五晚上，英国人开始放松喝酒了，第二天醉醺醺地在家睡觉，晚上清醒了继续喝酒，第二天又睡觉了。但是英国的商店与办公大楼多数是灯火通明的，下班了也要亮起灯，呈现夜晚璀璨的另一种风情。英国的商店很多采用落地玻璃窗，所以你可以想象：虽然店关了，但有些顾客还可以在窗外瞄一瞄自己心仪的东西，留待白天精确地购买看中的东西。

你向我说“Thank you”，我朝你微笑

我对英国人绅士风度的理解就是礼貌用语不离口，言语手势很优雅，男人长装风度翩，女士淡妆眉眼深。

英国人一天之中要说无数次的“Thank you”，感谢别人时会说，酒店服务员拿餐具给客人时会说，商场购物你付钱时，收银员会和你说，旅游景点检票员查完票会说（还用加强语气“very much”）。英国的一些电梯没有设置关闭的按键，只有打开的按键，据说英国人认为要为别人按打开键，这是一种礼貌。难怪英国的房子设置了很多防火门，一层楼要推开好几道门才进入房间，一间洗手间要推开至少两道门才进入“要塞”。每道门推开时需要一定的力度，重门叠掩可以防火，为别人推开门也是一种礼貌。看来英国的设施设备处处要体现人的绅士风度。当英国人跟我说“Thank you”时，我就只能向他微笑。来的这段时间，我讲得最多就是开口问人时说“Excuse me”，然后说“Thank you”和“OK”。

先前听说白种人容易长雀斑，来到英国却发现满街的帅哥美女。男人身材颀长，穿长大衣，非常潇洒，加之很多男人是双眼皮的，高高的鼻梁，深邃的眼窝，不少男人会佩戴戒指，衣着干净整洁，很是迷人。女人肤色白嫩，没有雀斑，长睫毛，高鼻梁，轮廓鲜明，红唇一点，很是动人。如果还是金发女郎、苗条身材，更具风情。当然，那种庞大体型的欧洲人也偶或可见。街上各式发色的人都有，黑色的也不少，以至于怀疑很多亚洲人跑到英国来了。

在卡迪夫走来走去，仿若在一个岛上散步。到沙滩上，你会看到遛狗的比带小孩玩的更多，一些孩子在玩橄榄球。沙滩与看得到海水的距离相距很远，不知是因为退潮还是平时就是这样的沙滩面。以至于不太敢走太远，怕走着走着就陷进大海去了。夜晚的话，在街上看得到人的就是中国人，很少有当地人在晚上的街道上行走。如果在卡迪夫学习，肯定是不错的选择，安静、舒适。

伦敦的街道则熙熙攘攘，人头攒动。你可以看到街头艺术家在弹奏吉他，你可以看到等待观看博物馆的排队长龙，你可以看到英国标志性建筑物前拥挤的人群，你可以看到游行的队伍（我们那天遇上埃及人游行），你可以看到正在走路的抽烟的女人，你可以看到商店密集的人流。但是你不会听到街上嘈杂的喇叭声，

不会听到街上嘻哈的打闹声，不会在咖啡厅里听到热闹的说笑声，不会听到顾客与街头小商贩的讨价还价声。如果你不小心挡住了行人的通道，挡住了商店的大门，你会听到“sorry”的提醒。每次遇到这种情况，我会感觉很不好意思，赶紧歉意地带着微笑侧身让道。

白天古典，夜晚浪漫

其实整个行程最让人震撼的是建筑的风格、城市的特色，最让我倾心的是大片大片的绿草地。

如果问我还想去英国吗，回答是肯定的，我想再去好好地看看那些各具特色的建筑，我开始发现我对建筑设计充满了热忱。想学建筑专业的人一定要到英国去研究那些建筑。你可以想象当时林徽因到剑桥大学时是怎样被英式建筑深深吸引，怎样被英伦风格所折服。

卡迪夫城市的色调是不太艳丽的苏格兰红与白色相嵌，偶尔可见黄色与白色相嵌，明快、清爽，走在城市里，像走在一个小岛上，就差桃花掩映了。静谧、温馨，算得上宜居城市，也是读书的好地方。

伦敦充满了古建筑群，最震撼我的不是那些标志性建筑物，而是一座恢弘的占地非常广的军情六局大楼。在此楼前拍了很多照片，因为无法完整地拍整座楼，只能选择角度切割。大概过了几分钟，突然出现了阳光，照射在大楼上，立刻显得金碧辉煌，令人目瞪口呆。仅仅是片刻之间，建筑蒙上一层金色，古朴的明黄色就变得金光灿灿。这是我见过的最漂亮的建筑！自然与人工演绎的曼妙协奏。白天看大本钟，矗立笔直，喜欢顶楼精致的雕刻；夜晚的大本钟，灯光以淡绿为主色调，蒙上了别样的温柔。还有夜晚的“伦敦眼”摩天轮，所有的灯光是蓝色的，神秘而浪漫地在半空中出现一个圆圈。

英国建筑的白天是古朴的明黄色，而夜晚却是五彩缤纷的世界。白天是古典，夜晚是浪漫。也许你不懂白天的古典，但你会喜欢夜晚的浪漫。底色是统一色，点缀是多彩的。流光溢彩的背后是古典雅致的本质。这是我对英国建筑的赞美。我想你猜不到伦敦塔桥的搭配色，桥是古朴的泥砖色，栏杆是庄严的白色雕花，桥上的吊线是天蓝色的，白与蓝，醒目清爽。伦敦塔的颜色是古朴和鲜明的绿地搭配，你到哪都感到英国的风情永远是古典与现代的结合，颜色总是古朴色加上鲜亮的现代色，而红色并不多见，建筑物有的红色却不是艳丽的，而是有点黯哑的、不张扬的红色。

哥特式建筑的特点是尖塔高耸、尖形拱门，古希腊的建筑特点是圆顶高穹。伦敦古建筑多为尖顶，城堡多为圆顶。因为英国的建筑都没有围墙，所以你所见的每一幢建筑物都恍如突然兀立在你面前一样，给你无限惊讶。突如其来的宏伟大楼屹立在你面前，富有层次感的古典雕花近在咫尺，你仿佛置身在一幅幅油画面前，你可以靠近研究它的纹路，你可以端详它的凿痕。在它面前，你是渺小的，你一直要以仰视的姿态瞻仰它，膜拜它，尽管它没有摩天大楼高。原来，远距离会带来神秘感，近距离会带来震撼与倾心。在中国，带来震撼感与崇高感的可能在一些寺庙里会体验到，但敬畏感会将人与建筑的距离拉开。而这种靠近是拉近距离的欣赏与崇拜。我以为崇拜的审美体验在于远距离的欣赏，原来近距离也能引发深度崇拜感。我本不喜欢拍照，但英国的建筑让我手足无措地将相机与手机轮番上场，目不暇接，手也不暇接。而每张照片不得不提一提那些光秃秃的树枝，特别在伦敦，光秃的枝桠绝对是景物的点缀。有时，一片天再加枝桠就是不错的风景，或者一角建筑物，一角枝桠也是不错的构图。

剑桥大学是心仪许久的胜地，到达时触目所及就是一大片绿草地，想象开始驰骋，比如年青姑娘白色裙裾飘飘，在草地上旋转；比如年青的小伙在举行激烈的足球比赛……一切与青春有关的图像尽情地浮出脑海，也许绿色代表青春。一个英国的帅小伙招呼我们坐船，用蹩脚的中文说出“徐志摩”三个字，意思是康河就是他当年流连的地方。于是我们用19个英镑租了一条船，开始在康河的柔波里感受“那河畔的金柳”“软泥上的青荇”。河上看国王学院、三一学院，淡黄色调，不觉古老，而觉清新。所以剑桥给我的感觉是年轻的、明亮的。

而牛津大学的色调则是古老的、暗黄色的，没有剑桥那样的大片绿地，有些雕塑还是希腊式的，所以牛津给我的感觉是古老的、学究型的。据说剑桥大学与牛津大学类似与清华与北大的关系，在英国难分伯仲，总之是名校。

让我感觉大气恢弘的大学其实是格林尼治皇家海军大学，走进去就感觉大气，建筑呈现整齐的对应型，辅之以绿地，加上那天有霏霏小雨，雨中看大学楼，添了几许韵味。据说这所大学名气一般，但风景真的让我赞叹不已。

我们还看了巴斯大学，比较古朴，据说是同声翻译这门专业比较有名。巴斯有温泉，誉为皇家圣地。巴斯的街道有各式各样的商品，衣、食、赏各类东西都有，适合逛街购物。像伦敦的街道，服装店就比较集中。

英国的学校楼层不高，最高不超过五层，卡迪夫公学的教学楼才有五层，这是后来建的。老建筑都是两三层。卡迪夫公学有十五个校区，校区的概念其实就是一幢楼而已，教师办公室在一幢楼，不同专业在不同的楼。另外几乎所有的学校都没有一个“像样”的校门，更没有什么好的院墙。不要说中学，就是剑桥、牛津等世界一流的大学也是如此，学校大门就是一个家门而已，学校门口的牌子也很不起眼，就是一个普通的木牌，甚至在牛津大学的“三一学院”旁边上还有几头牛在吃草。校舍外表也毫无装饰，墙壁均是红砖，看上去确实是“原汁原味”。

爱丁堡的城堡很有特色，据说看了这里的城堡就不必看温莎堡了。但这里的风也特别大，能吹乱人的步伐。寒风凛冽，乱发披散，拎着相机，举步维艰。但美景阻挡不了这一切，我们依然不亦乐乎地取景、赏景。皇家里路这条石板街上布满了卖羊绒织品的商店，因为羊绒是这里的特产，随处可见围巾、披肩，还有苏格兰特色服装。

英国人素以保护古建筑为荣，他们从不因为建新的而毁掉旧的建筑。我们在路上走经常看到英国人在维修一些旧楼，他们的脚手架全是钢铁结构的。几乎每条街道都有一、两栋百年以上的楼房，与现代化建筑在一起显得非常不协调，但他们不会因为求同而去毁掉旧的。伦敦大部分街道都非常狭窄，因为街道两边的建筑多是18世纪或19世纪所建，所以伦敦很多街道都是百年以前的原样。所以有人说，英国和二十年前没什么两样，变化不大。想及这一点，就难免想及我们汕头的传统建筑骑楼的命运堪忧，如果能有英国人这样的保护意识，就不会沦落到今天变成废弃的危房了。

学习是你自己的选择

据说英国家长从不为孩子的学习操心，学习是你自己的事，你要学习还是工作，自己选择吧。英国的父母从小就注意培养孩子们独立的品质，他们很少宠孩子。在英国，很少见到年轻的父母抱孩子，他们或用童车推着孩子，或让孩子跟在自己身边踉踉跄跄地走，他们也不会把孩子严严实实地裹起来。英国父母很少像中国父母那样望子成龙，望女成凤。他们在家庭中给孩子们创造了宽松的环境，让他们自由发展。孩子们在周末可以去踢足球、打棒球、和同学聚会，也可以呆在家里看书、上网、玩游戏，而不会被家长逼着去参加这样那样的学习班。18岁以后，英国的孩子就离开父母独立生活。英国义务教育是小学至高中，高中后任由孩子选择工作还是读大学。据说工作与读书差不多一半对一半的比例。有的工作后还想学习的，还可以回到学校进修。

英国的教育体系经过几百年的沿革，相当的完善和复杂，且具有非常大的灵活性。总体来说分为三个阶段：义务教育、延续教育和高等教育。就课程和学历资格而言，英国存在两种不同的体制，一种是英格兰、威尔士和北爱尔兰教育体制，另一种是苏格兰教育体制。

幼儿3岁之前在家庭接受教育，3—5岁，在幼儿园接受教育。从5岁开始接受义务教育，5—11岁为小学阶段。其中5—6岁为阶段Ⅰ，不需要考试，只填学生成长档案；7—11岁为阶段Ⅱ，分别参加7岁和11岁两次统考。12—16岁为普通中等教育阶段，16岁参加GCSE考试，即普通中学教育毕业文凭考试，这次考试社会用人单位认可；17—18岁为普通高级教育阶段，16—17岁延续教育第一次考试；18岁延续教育第二次考试。高等教育入学考试，中国目前还是以高考一次考试成绩为唯一依据。而英国以16岁、17岁、18岁三次考试成绩为依据。每所大学都有自己的招生简章并有不同的成绩要求，学生在延续教育第一年结束后，就可以凭普通中学毕业文凭考试和延续教育第一年考试的两次成绩，到大学提出入学申请，大学则根据学生的学习情况，对尚不符合入学要求的方面提出学习建议，这样该生在下一年就可以根据大学的学习建议，有目的地去学习和提高某一方面的成绩，负担自然不重。

我找到一份对照表格，一看就清楚两国的教育模式：

<table>
<tr><th>年龄</th><th colspan="3">英国</th><th colspan="2">中国</th></tr>
<tr><td>3—5</td><td colspan="2">基础教育</td><td>幼儿园教育（5岁为学前班）</td><td colspan="2">4—6岁幼儿园教育</td></tr>
<tr><td>6</td><td rowspan="8">11年义务教育免费</td><td rowspan="2">阶段1</td><td>小学1年级</td><td rowspan="7">9年义务教育免费</td><td rowspan="4">小学
1—6年级
12岁考试</td></tr>
<tr><td>7</td><td>小学2年级7岁考试</td></tr>
<tr><td>8—11</td><td>阶段2</td><td>小学3—6年级11岁考试</td></tr>
<tr><td>12</td><td rowspan="3">阶段3</td><td>中学1年级</td></tr>
<tr><td>13</td><td>中学2年级</td><td rowspan="3">初中
1—3年级
15岁考试</td></tr>
<tr><td>14</td><td>中学3年级14岁考试</td></tr>
<tr><td>15</td><td rowspan="2">阶段4</td><td>中学4年级</td></tr>
<tr><td>16</td><td>中学5年级16岁考试</td><td rowspan="3">高中
教育</td><td rowspan="3">高中
1—3年级
18岁考试</td></tr>
<tr><td>17</td><td colspan="2" rowspan="2">延续教育免费</td><td rowspan="2">12—13年级17岁考试
大学、就业预科18岁考试</td></tr>
<tr><td>18</td></tr>
</table>

另外，说说考试。英国有专门的考试机构，每一类考试都有《考试指导》，其中明确规定命题的知识点和难易程度。但不告诉你怎么教、怎么学。《考试指导》教师、学生人手一册。学校考试成绩排名在《泰晤士报》公布。国家统一考试，但试卷多元，难易程度各不相同，学生可以根据自己的学习状况自由选择试卷参加考试。如：普通中学教育毕业文凭考试，成绩分为A+、A、B、C、D、E、F、G八个等级，不同等级表示不同的学习水平。难、中、易三种试卷成绩的等级范围各不相同，较难的试卷最高等级为A+，而中等的和较容易的试卷最高等级则分别为B和D。考试频繁，名次公布，但为什么学习仍然轻松，学生还是15：30放学呢？这其中原因是多方面的。如教育评估机构对学校的评估不是只看考试成绩，更主要的是看进步、看发展，考试成绩并不代表全部。再如英国的家长比较务实，他们根据学生的实际实事求是地选择发展方向，社会就业面宽选择余地大，上大学不是每一个学生的追求，牛津、剑桥更不是每一个学生的人生目标。又如学生参加统一的国家考试，但试卷有时却是教师自己批阅，如7岁、11岁、14岁的考试等，再加上试卷多元，考试方法灵活（7岁的考试和平时上课一样，学生在规定时间内答题，但并不知道是在考试），因此师生压力不大。英国学校中，尽管学生成绩是否合格由教师说了算，但一般不会出现弄虚作假等作弊现象，因为社会诚信、法制健全、职业规范。统一、多元的国家考试，规范了国家对教育的标准和要求，促进了学生的差异发展，有利于学生愉快享受学习生活。

我跟着学生去听一节高中生物课，发现教室很宽敞，全班却只有15名学生，英国都是小班制教育。教室布置符合学科特点，有摆满生物类书籍的书柜、有人体模型、墙上贴着学生手绘的细胞结构图，窗台上还有小盆栽，温馨的一角。教师上课也采用多媒体教学，学生可以即时与教师对话，不必站立，可在座位上马上发问，马上回答问题。这节课讲小白鼠实验，将实验数据进行对比。他们的理科比较重视实验和动手能力。据听数学课的同学讲，课堂练习量很少，中国学生精于计算，很快就完成练习。从演算来看，中国学生在数学和理科方面学起来比较轻松，因为中国课堂学得多，练得多，到英国就驾轻就熟。而涉及一些实验、一些文史知识，估计就不太听得懂。

我们的外教老师拿到了两份英国初三年级的数学试卷，试卷分用计算器的和不能用计算器的试卷，都是必做的试卷。我感觉考试范围比较广，既有小学的应用题，又有这边初中的知识，每道题要求学生第一步写答案、演算过程，第二步要说出你这样答的理由是什么，下方有空白处可供笔算。我觉得中国学生演算没问题，估计回答理由不一定能完整。西方数学重视推理的思维，中国强调演算的技能。

行文至此，大概将行程都写出来了，用最多笔墨写的还是建筑。稍提一点，英伦风格的服装，我也很喜欢。那种肩上有纽扣、大衣修长、两排有纽扣、中有腰带的风格是我非常中意的款式。想一想，英国衣、住、行都很不错，食的就只能说说下午茶和红茶了，喝的最多是TWININGS这个牌子的茶。这次也见识了奢侈品一条街，中国人、中东人非常多。在赴英国的飞机上，一个人意外地获得三个座位的享受，又看了两部电影，其中《回到爱开始的地方》结尾时说：我们出外，不要以为仅仅是认识世界，其实是认识自我。就以这句话作为英国行的结语吧！

2014年2月

何为人生第一等事

蔡　森

我们这一生为何而来？早在明朝，王阳明就回答了这个问题，他是一位著名的思想家、政治家、军事家，心学的集大成者，12岁那年，在私塾时，向老师提出了一个很不寻常的问题："何为人生第一等事？"老师告诉他，第一等事无非就是科举及第。王阳明不以为然，他觉得真正的第一等事，应当是"读书学圣贤"。自此，"成圣"成了他毕生的志向和自觉追求，最终也得到了大家的认可，成为"孔孟朱王"儒家四圣之一。那么，新时代的青年，如何实现人生第一等事呢？

一是立志。立志，实际上就是对人生方向、目标的思考，我们要想清楚、弄明白自己这一生真正最想要的东西是什么，到底朝着一个什么样的目标去奋斗。王阳明说"志不立，天下无可成之事"，很多政治家、科学家在少年时期就树立远大理想，2014年"感动中国人物"黄旭华院士少年时期求学路上辗转颠簸，面对着日寇的侵略，在中学时代就立下宏愿，保家卫国。自此立志成才，打下科学研究的坚实基础，以后响应国家号召，担任核潜艇的总设计师，隐姓埋名三十载，成为"中国核潜艇之父"，为国家做出了重大贡献。当你埋头于书山题海时，切莫要忘了要先树起拼搏奋斗的志向。

曾子曰："士不可以不弘毅，任重而道远。"实践志向的路途虽然遥远，但只要我们肯走，所走的每一步，都充满无限的价值与道德的光辉。一个人心胸宽大，才能够以仁为己任，不会自私自利；意志刚毅，敢负责任，才能够坚持到底，不致半途而废。孔子说"仁远乎哉？我欲仁，斯仁至矣"，学习目标离我们很切近，是自己要不要去行动，当你有心去做时，希望一定会呈现你眼前。"众里寻他千百度，蓦然回首，那人却在灯火阑珊处"，理想的实现将会是水到渠成。

二是学习。"学而时习之，不亦说乎！"被列为《论语》开宗明义的第一句，应当有其深意。其实，学习是有乐趣的，因为学习是人成长的主因。1969年，16岁的习近平从北京来到陕北延安梁家河村，开始了7年多的知青生活，住窑洞、睡土坑，挑粪筑坝。每天晚上和午休间隙，习近平最喜欢在窑洞里看书。书是他下乡时带来的，有马列主义原著、哲学、传统经典之书，满满一箱，借着墨水瓶做的煤油灯，一读就是许久，今天我们看到总书记学识渊博，这与他少年时期打下坚实的知识基础分不开的。

学习需要善于静下心来，如颜回的安贫乐道，“一箪食，一瓢饮，在陋巷。人不堪其忧，回也不改其乐”。生活要素虽然简单，但颜回却能坐下来，找到学习乐趣。今天的网络时代，我们就更要倡导整本书阅读，读圣贤之书，读传统文化经典。学好扎实知识，打好人生底色。

三是良知。《三字经》说“人之初，性本善，性相近，习相远”，每个人都有一颗为“善”之心，这个心其实就是王阳明所说的良知，也即是本心、良心。本心是一个人对外界的照射，犹如一个镜子的反射，但有时灰尘遮盖住这个本心，他就看不到本性的阳光，看不到世界的光彩，觉得一切均不如人意。当我们找到那个本心与初心时，擦拭自己的良知，你会发现心敞亮了、光明了。虽然生活还是那个生活，世界还是那个世界，但世界已尽是美好与精彩。当我们累了倦了时，不妨停下脚步，聆听一下内心的声音，在净心之时，“心”已成为再出发的动力，成为幸福的源泉。

四是成长。想与大家分享两句话：一句是“你能走多远，取决于你与谁同行”。《论语》说：“益者三友，损者三友。友直，友谅，友多闻，益矣。友便辟，友善柔，友便佞，损矣。”有益的朋友有三种，有害的朋友也有三种。朋友正直、朋友诚实、朋友见多识广，是有益的；朋友走邪门歪道、朋友谗媚奉迎、朋友花言巧语，是有害的。另一句是“你能飞多高，取决于你与选择怎样的天空”。这是一个美好的时代，也是中华民族复兴的伟大时刻，这正如北宋张载说“为天地立心，为生民立命，为往圣继绝学，为万世开太平”，青年人要扣好人生第一粒纽扣，让成长与祖国的发展同频共振。

2018年5月2日，在纪念五四青年节前夕，习近平总书记来到北京大学与师生们座谈，他说“青年人既是追梦者，也是圆梦人，追梦需要激情和理想，圆梦需要奋斗和奉献”，他引用《大学·礼记》中所说的“大学之道，在明明德，在亲民，在止于至善”来勉励青年人。人生第一等事，让“善”成为我们一生的追求，“立好志、读好书、成好人、做好事”。珍惜当下，珍惜拥有，珍惜健康，珍惜生命，活出一个健康、快乐、活力的自己。

2018年5月21日于春晖楼

有度成就慧师

蔡　森

从1994年毕业，一晃25年了，一直都没有搁下语文教学，越往后越舍不得这职业，只想当一名纯粹的老师。这些年，在教育路上不断成长，是广东省中小学新一轮“百千万人才工程”名师培养对象、广东省名教师工作室主持人、高中语文正高级教师、教育部“中小学领航工程”首批名师对象，一直在成长为慧师的路上努力着。我对“慧”的理解，从字面上来看，手拿着扫把扫除内心的尘埃，洞察真相，明心见性，“慧”是摒弃纷繁之后内心的丰盈，新时期教师应该成长为一名慧师。

一、以爱的温度明心育人

2017年随广东省教师代表团到台湾，来到宜兰佛光大学，校园鸟瞰广阔的兰阳平原，清幽寂静，极具人文精神，由星云大师所建，他致力于推动佛教文化、教育和慈善，以佛教的悲天悯人办教育，特别强调宽容，因为世人经历不同、信仰不同、思想观念不同，所以要尊重每个人，接纳每个人。这就像受教育的学生，每个人都独一无二，有愚钝、有聪颖、有乖巧、有顽皮、有勇敢、有懦弱，需用宽容的心态接纳他们，这种宽容与接纳，更需要有大爱。

我很推崇“教育如天，语文是地”，任何学科教学上升到哲学，其出口都是教育。要把学生培养成为大写的人，仅仅教给学生语文的知识技能、习惯方法，仅仅把语文视为学习的工具、交往的工具是远远不够的，语文必须落实在育人的广阔天地，关照每一个学生的生命主体发展及适性学习需求，而这一过程无不需要教师倾注着爱，其最终归宿是把每一个学生都培养成为有修养的文明人，可持续发展的智慧人，身心健康的幸福人。

二、站学科高度植根课堂

2018年10月我在浙江省绍兴市鲁迅中学讲了《观点致胜，创意表达——“跨媒介阅读与交流”的读写融合》一课，教育部“国培计划”优秀教师与教研员130多人听这节课，课后备受赞赏。其实我深知，背后老师却是于漪、钱梦龙等名家，是借鉴他们课堂提问的设计、语言和思维的魅力，是对2017年新课程标准的深入解读。这些年，从教材钻研到专业期刊、从教学案例到学科专著、从语文教学到古今中外教学理论，不断啃一些难懂的“烧脑”的书，静静地读、慢慢地想，是时间的积累让我对学科的轮廓更为清晰。不断在教学上凝练“慧语文”思想，就是教师注重日常专业发展和思想修炼，成为慧师；在教学上能够实施高效的方法，做到慧教；学习者能够获得适宜的个性化学习和美好的发展体验，得到慧学。

语文教学除了站在学科的高度，还需站在学生的角度。8年前，我们编写了《正读论语》《孟子选读》《经典诵读》《古代小说选读》《我们的四书五经》等传统文化校本教材，坚持“大语文”教育观，和学生一起诵读古诗词；坚持课前3分钟演讲，积累词句、凝练语言、关注社会热点、提升思维能力，在阅读中寻求慧，在写作中彰显慧，在实践中创生慧。就这样走一步，进一步，这件事我们一直在做，并坚持下来。教学站位高一点，提高教学质量才更容易些；语文距离学生再近一点，学生才能走得更远些。

三、用共享广度示范引领

我担任广东省名师教师工作室主持人，每年均参加广东省乡村送教，到东源县送课，为茂名市送讲座，工作室也承担全市大型教研活动，如组织2018汕尾市诗歌教学研讨会，加强与全国名师的交流，充分发挥教育部中小学领航名师工作室辐射引领，参加浙江师范大学举行的“第十届全国新语文教学尖锋论坛”，主持了评课，并做了主题发言。近几年来，为省、市、区学校介绍经验、专题讲座累计达30多次，利用寒暑假致力于学科与信息技术的整合与推广，共培养800多名学科教师，有效地促进了汕尾市的教师专业成长。教育理想因为一群人走在一起，你将不会孤单，志同道合的伙伴们会让你走得更踏实、更幸福。

四、以学养深度成人达己

我们身边总有这么一群人，他们具备如下特质：一是热爱生命，热爱生活，贴近人生，只有对生命充满热爱、有丰富生活的人，才能点燃学生心中的未知热情；二是学养深厚，对知识充满兴趣，洞悉教育规律，这将使他们内心更为丰富，只有人性丰富的人，才能用耐性启迪学生心灵，种下慧根；三是具备教育情怀，具大爱，有担当，在这信息碎片化、功利盛行、价值观迷茫的时代，仍在坚守、仍在前行，以情怀传播着时代的最强音。

教育是成人达己的事业，幸福是师生的彼此成就。新时期教师面临新课程、新课标、新教材挑战，同时也面临也是一个大有可为的契机。教师应是一个有梦的人，做一名慧师，时刻叩问生命的本质，生命的意义，用自己热爱生命的激情、饱满的文化涵养、高尚的人格魅力，去影响学生。

寻找生命的绿洲

——为学生文集《春晖集》作序

蔡　森

这是一群精力充沛，又不乏有创造力的后生，他们有如诗的年华、激情的青春，十七八岁的年龄，有着许多的希冀、又有少许的依赖，确实是令人羡慕，又是令人爱惜，今天的这七十篇自选文章，终于和大家见面了，这是高二以来他们撰写的作文自选集，取名《春晖集》，因纪念他们朝夕相处的母校春晖楼而命名，这是他们思想的荟萃，写作的又一次飞跃，也是两年来他们越过荆棘之路的过程中，不断寻找的生命绿洲。

生命的执着让人感动，两年来，他们三更挑灯背诵，黎明摸黑读写。整整两年，为了心中的象牙塔，只争朝夕，在高中的缤纷舞台上长袖善舞。俗话说，千里之行，始于足下，记得他们为提高写作，他们从30字叙述和50评论入手，积累表达方法，先后经历“我的成语故事”“我的文学常识”，到后来的材料立意的训练，开始“我有一个好立意”“我有一个好题目”的演讲，一路走来，他们辛勤得到了回报，成绩走在平行班中前列，令人欣慰，两年来，支撑他们的是对学业的追求、生命的执着。

直面生命的微笑让他们坚强。回顾两年的高中生活，也许平坦的大道让你心旷神怡，赏心悦目；也许荆棘丛生的山路让你望而却步。殊不知，不经历风雨，怎能见彩虹？走在坎坷的人生路上，我们何不微笑人生？微笑应是一种无声的亲切的语言。记得有一个故事，有人走在广袤的沙漠中只剩下半杯水时，乐观的人会说：“谢谢上帝，还有半杯水。”相形之下，悲观的人却说：“啊！只剩下半杯水了。”直面人生困境，生活态度积极的人“轻推小窗看春色”，从点点绿意中感受到生活的美好，产生蓬勃向上的进取力量；生活态度消极的人则觉得世界灰暗一片，万念俱灰，甚至一蹶不振。生活上，即使我们有百般不如意，万事不顺心，我们可以有N种理由苦闷、埋怨，但却不能有一种理由不微笑，毕竟，因为我们还年轻，希望与阳光属于我们。青春，就是一份潇洒与风流，青春，就是一抹灿烂和辉煌。你们的青春就应当昂首挺胸、微笑人生。

自我的完善让你们走得更远。生活，给予了人们一个自我完善的平台，你们在这个平台上自由地、美好地塑造未来。自己丰富才能感知世界的广阔，狭隘的世界则只是永远钻不出的穴洞；自己好学才能感知世界的新奇，懒汉的世界只是单调的重复。追求人生的真、善、美，不断自我完善，让我们的人生推向一个追求完美的更高境界。

你们的梦想正在当下。青春之梦，色彩斑斓，又是很遥远，愿你把它细化为每月、每周、每天的任务。你坚持往前走，再远再高的路程你都可以走完。某一天，你会发现，不是在夕阳西下的时候去幻想什么，而是在旭日初升的时候即就投入学习、工作之中，把你的大目标分解为多个易于达到的小目标，脚踏实地向前迈进。每前进一步，就会体验到“成功的喜悦”，这种“感觉”将推动你调动自己的潜能去达到下一个目标。愿今天的你，做一个立足于现在，不轻言放弃，学会坚持，一步步实现当下的目标与理想。

在你们身上，我看到了执着的追求、微笑的人生、自我的完善、立足当下的梦想，这是你们的真实写照，也即是你们寻找的生命绿洲，今天你们即将启航了，我欣慰，心中却有太多的依恋与不舍，唯有默默祝福，愿你们寻梦之路走得更远，人生之路更为辉煌。

与高二（11）班诸君共勉。

2017年5月19日于春晖楼

遇见师大

蔡　森

来到我国台北市台湾师范大学之前，我对这所在台湾师范类排名首位的大学几乎一无所知。2016年12月5日是广东省“百千万”教师代表团到台北的第二天，当我进入校门时突然想起了一位只在书本中见识过的著名画家、作家——刘墉。呵，他是在台师大毕业的，这里是他文学、艺术生涯的起点。畅销书《萤窗小语》《我不是教你诈》《刘墉山水写生画法》在大陆异常火爆，他自述是“一个很认真生活，总希望超越自己的人”，曾任美国丹维尔美术馆驻馆艺术家，出版中英文著作六十余种，在世界各地举行个展近三十次。过去的我深受他“为自己说话，也为时代说话”的抱负、“不负我心，不负我生”的执着而感动。

现代文学史上著名的理论批评家、作家梁实秋1950年起曾在这里任教国文，担任文学院院长，直至1966年退休；著名国学大师牟宗三于1950年至1956年在这里任教，讲授理学、哲学概论。他曾借助台师大教室以文会友，聚会之人无分校内外，自由参加，一时大师云集。他致力于儒家哲学与康德哲学的融通，并力图重建儒家的“道德的形上学”，终成新儒学集大成者。这校园有着培养大师的土壤和基因呢！校园中“师大·大师”的纪念墙就是历史的回眸。

校园的传统文化气息较为浓厚，这与其悠久历史底蕴和深厚文学积淀分不开。台湾对中华传统文化保留得较好，文化经典诵读一直得到传承。记得2012年8月，我参加北京师范大学“传统文化骨干教师高级研修班”时，毕业于台师大后又任教于台师大的王财贵教授曾给我们授课，他师从儒学大师牟宗三，被誉为“大陆推广经典诵读”第一人，在大陆传统文化诵读仍处于迷茫阶段时，他在20世纪90年代就已经开启他在大陆的传统文化经典诵读之路，他为文化的缺位呐喊、呼吁，并以行动实践着。2001年在北京师范大学做了《儿童经典导读》的演讲，被称为“一场演讲，百年震撼”。今天，我们传统文化遍地开花，是节奏落后半拍，抑或亡羊补牢，此刻我感慨良多。

上午讲座规格很高、研修内容精彩。台湾师范大学校长张国恩先生致欢迎词，直面当前教育改革要旨。后来听主持人介绍要见到张校长不容易，原因他确实很忙，近年来致力于台师大建章立制，把学校打造成师范教育类排名第一、在全球大学前50名的品牌，现在学校已进入快速发展时期。上午还邀请了台师大校友“台湾地区教育行政机构”林腾蛟先生做了《台湾当前教育政策与发展》报告，详细分析了台湾十二年的国教经验与思考。台湾实行十二年国民基本教育，制订课程主体由教育管理部门和学校，包括国家课程、地方课程和学校课程。经过20多年的改革与调整，从课程的结构到科目设置都建立了相对完善的课程体系，尤其是在相关政策的配套跟进、评价制度的调整，以及招生制度、辅导制度、学生选课制度等得到系列完善。让学生通过选修试探与适性辅导，帮助学生依据自己的学习成就、潜能发展、兴趣性向等进行未来的职业规划。

下午聆听“台湾地区教育行政机构学科中心”、台北市第一女子中学陈丽明女士《从教材教法试题看两岸教学现象》讲座。台北市第一女子中学是台湾最顶尖中学之一，陈丽明女士曾多次参与高考国文命题、制定课程标准，是一位学识渊博的优秀教师。她从教育的本质、自己亲身经历、多次与大陆同行的交流，分析了两岸教育的差异和趋同，她指出：大陆教育追求的是“美”、台湾教育追求的是“真”。

适性多元是台湾基础教育课程特点。随着全球化进展，人口结构的异质化、多元化文化差异、科技网络的发达、追求持续的绿色发展，如何在全球化的视野中，立足于区域与校际，关照每一个学生的生命主体发展及适性学习需求，成为未来制订学校课程的关键。教育本质不是擅长“加工”，而是善于“发现”，发现每一个孩子的禀赋，并进一步保护、支持其成长，这是教育核心属性，一所学校对课程的领导力体现了学校的管理水平，特色课程的建设便为学生提供喜欢的课程资源和课程体系，满足学生发展的需求，学生才能适性扬才、学会终身学习，适性与多元的课程成就了每一个孩子。

师大的研修是令人震撼的，大师们学问令人景仰，如何让教育更接地气呢？未来的教育要从世界的发展、全球化中进行思考，教育的思维更需要转变，今天我们说翻转课堂，首先是理念的翻转，实质上是思维的翻转；教育更是强调认同与尊重，让学生自我建立；对比我们教育教学的实际问题，需要打破各种束缚教育发展的形式主义，调整那些无意义的教学形式，建立以学生核心素养为中心的活动平台，这路子还很漫长。

教育记·爱情，期待你的成熟……

黄炎真

面对如期而至的“爱情”，十七八九岁的你，要学会在情感与理智中选择……

——题记

翻开中学课本，“爱情”扑面而来：《诗经》的《静女》，把一对情侣的密约幽会抒写得情趣四溢、欲语还休，令人遐思无限，神往依依；徐志摩的《再别康桥》，把一段刻骨铭心的爱情描绘得艳影荡漾、青荇招摇，令人轻轻的走、悄悄的来；柳永的《雨霖铃》，把一出难以割舍的离情悲剧演绎得泪眼朦胧、风情千种，令人无语凝噎、醉酒清秋……当你面对这浪漫而凄美、流连而凝眸的情感冲击，你的心能不随之摇曳跌宕、默默惊叹吗？这，就是爱情，这，就是爱情的力量，因为爱情是人类的完整情感中，最令人向往、最令人陶醉的情感。所以，有人说，爱情是田野里一片绿油油的庄稼；有人说，爱情是朝阳下一绺飘逸的白云；有人说，爱情是心中一泓清澈见底的河水随波荡漾；更有人说，爱情是人生长河中不可或缺的美丽浪花。

的确，爱情是美丽的，三千多年前我国的第一个诗集《诗经》的第一篇诗歌《关雎》就是我们汉民族最经典的情诗，它表现出我们汉民族特别明快、特有诗意、十分含蓄的爱情观；爱情是动人的，哪怕是穷乡僻壤、天涯海角，爱情也不会遗忘哪个角落。一些乡间的民歌虽然不像《关雎》那样典雅，但也写出了爱情的另一种火热，另一种韵味，常常使人感受到一种带着野草芳香的诱人魅力，让人感受到充满人间烟火的爱情力量。在湘西这一个生产土匪的地方，竟然有一首民谣，令人百读不厌。“想你想你真想你，请个画师来画你。把你画在眼睛里，睁眼闭眼都是你。”这种充满乡土气息的爱情是火热的，是富有创意的。他告诉人们，美丽的情感，美丽的爱情，它是贯穿人的一生的，它是人生命中非常重要的基石，人的生命一旦缺少它，就会显得黯淡无光，毫无生机。

正因为如此，有些同学可能会目无旁人、理直气壮地说：我们可以大张旗鼓、招摇过市地谈情说爱了。其实，这是对爱情的误解，爱情的产生受到年龄、心理、环境、事业、理想、现实的限制，在没有做好各方面的准备之前，过早地涉足爱情，稍不注意，就会把人类这种最值得珍惜的感情摔得支离破碎，甚至抱憾终身。

俗话说，哪个少年不钟情，哪个少女不含春。十七八岁，正是春情萌动的花季，这是正常的，也是可以理解的。所以有同学为自己的“早恋”找到种种的“好处”：一来可以在同学面前扬眉吐气，看别人羡慕而嫉妒的眼神，“我好陶醉”；二来可以享受到亲情以外的无限温馨，想想心中的“恋人”，“我好幸福”；三来可以让枯燥的学习生活变得生机勃发，想到对方接到自己炙热的信息那可掬的笑容，“我好开心”；四来可以在为“恋人”排忧解难、化解心结中，体味到自己存在的价值，常常在梦里说，“我好成熟”……身在“早恋”中的人恐怕还会列出更多的好处，只是我不禁想问：“恋爱”，你真的准备好了？如果翻开“早恋”的另一面，你还还会“忘乎所以”吗？请听我一一道来：

有了恋人，你的感情专注了，可你的交际圈缩小了，你把一群朋友拒之门外，朋友也不想介入，你要明白，朋友——特别是没有带上功利色彩的中学朋友，是你人生成功的垫脚石，没有朋友的人生，你会寸步难行。

你和“恋人”相互牵挂，卿卿我我，这要耗费多少时间、多少精力，那你还有多少时间用于学习，用于发展自己？你尚未健全的头脑，充满了爱情，那么功课、学业怎么办，你还想考大学吗？

你们的所谓“恋爱”，因为触及校纪校规，所以“恋爱”得胆战心惊，你们总在这焦虑和浮躁中让自己的心理日趋疲惫，这样一来，你还能做到专心致志，聚精会神吗？

“生命诚可贵，爱情价更高”，神圣的爱情本来应该得到张扬，应该受到祝福。但你可以张扬吗？有人为你祝福吗？回答如果是否定的，那么这种偷偷摸摸的早恋不是对这种神圣情感的亵渎和玷污吗？

“芳草遍天涯”，“山外有山楼外楼”，当你面对新的环境、新的“诱惑”，你能保证此心不变、忠贞不渝吗？如果仅仅把“早恋”当成人生的一场游戏，那你的人生品位也未免太低了。

还有，爱情不是漂浮在天空中，爱情是生长在现现实实的土地上，恋爱的下一步是结婚，是生儿育女，是养家糊口……这一切，你都准备好了吗？如果没有，这“早恋”不就是“无言的结局”吗？

……

通过比较，我相信大家心中的天平一定会有所倾斜。虽然，我们也承认，随着年龄的增长，情感的到来是不可抗拒的，但我想忠告大家，当你面临爱情事件时，一定要绷紧责任这根弦，你的选择只有两个，一个是把握好情感生长的方向，期待他们的真正成熟，另一个就是纵容情感恣意生长，直到你的生活爬满不成熟的爱的藤蔓，最后只有无可奈何地任其枯萎、凋落……

最后我想用一位同学写的一首诗结束这个话题：

亲爱的同学
我们正年轻
如含苞待放的花朵
期待着阳光的照耀
期待着雨露的滋润

一天又一天
一年又一年
在悠悠流淌的岁月中
一种莫名而又奇妙的情愫
默默地孕育，滋长

这并非过错
更不是堕落
而是真实的生活
亲爱的同学
善待精灵的诱惑
要靠自己把握

当雨季如期而至的时候

我们还年轻

当告别在你背后升起的时候

我们都不懂爱情

当成熟的爱情之果

变得丰硕

我们才可以大声欢呼

收获的季节到了

2008年7月3日

老师PK学生——元芳，你怎么看？

黄炎真

时维乙未，序属盛春，晨光驳而柚木翠，天空蔚而啼鸟疏。2015年3月19日上午八点四十分的校园，一片沉寂，听不到琅琅的书声，看不到游动的人影，那种静，让我这个久经“教场”的“老将”，也生出了寒噤。我移动着飞快而沉重的脚步，向着那一个既定的地点——科技楼教师会议室走去。颠过宽阔的行健大道，拐过冷冷的文质路，来到沉静的会议室走廊。那气氛，不是简单的严肃，那是非常的严肃。校长、副校长、主任总共四个人，几乎一字的摆开，几乎在同一个时间，他们的眼光与我的眼光在彼此的距离中间，喷出了无声的火花。在时钟敲响九点之前，我如一只孤鸟，投进了一个早已放开缺口的“大笼子”，还带着微笑，以示心甘情愿。

进入试室，三十多个语文教师已经按照安排各就各位，井然有序，表情凝固。有的若有所思，有的呆呆仰视，好在我的进入没有影响到他们的苦思冥想。我找到座位，一张试卷，一支水笔，一支铅笔，一块橡皮，就如饿坏的孩子，正等待我的安慰与抚摸。我没有考虑，也不允许我考虑，就淹没在“文字”的海洋中。我从头到尾浏览了整份试卷，然后在心里分配着各个板块的答题时间。我决定先写作文，作文依然是传说的“材料作文”。材料是：面对一项活动，不同的人有着不同的表现。有的人引领大家，走在前面；有的人跟随众人，参与其中；有的人静静旁观；有的人质疑批评……要求是：自选角度，确定立意，自拟题目，文体不限；不要脱离材料内容及含意范围。我历来就喜欢涂涂写写，而对于“材料作文”的写作，更是驾轻就熟。我略一思考，豁然开朗，今天的这一项活动——让老师与学生在同一时间参加广州市的一模考试，不就是一个活生生的作文素材吗？俗话说：有了思路，就有了出路。下面听我一一道来，绝对不会越过“作文材料”的含意范围。

听说学校领导对于这次活动，有所顾虑但最后坚持。学校办学十九年，考试无数，可让老师与学生同时参加考试还是第一回。主要领导多方征求意见，力争找到一个完全之策。反对者说："老师是教练，不是运动员。每个老师都是运动员出身，磨炼无数，现在熬成教练了，还要与运动员比个高低。你让刘国梁跟王皓来一局试试，刘国梁肯定没有大胜的把握，但刘国梁却能够把王皓锤炼成人见人怕的主力队员，为中国争光。老师重在指导，不在实战。"彷徨者说："老师与学生同台竞技，虽然有它存在的价值，可老师输了，学生赢了，老师会怎么想，学生会怎么想，这都是无可控的，一旦失控，产生的负面影响将无可估量。"赞成者说："一来可以让老师感受学生解题的艰辛；二来可以亲历学生解题的过程；三来可以检验教师的解题能力；四来可以发现拔尖的老师。"公说公有理，婆说婆有理，最后还是校长高明，作了一个"中庸"的决定：这次活动叫作教研活动，就不要说是考试了；所有参加考试的老师奖励200元；45周岁以上的老师只做题，不评分，自己对答案，自我检查；45周岁以下的老师，要上交答题卷，网上评分，单线反馈，成绩从高到低，排在前的20%再奖励200元。实在是"人性化"十足的"教研活动"啊，既安慰照顾了"老教师"，更激励锤炼了"新教师"。如此决策，你说可赞乎？可叹乎？还是可歌可泣乎？

纵观会议室里的这三十多位应试老师，有的挥笔如流，丝丝作响；有的挠头摆脑，苦苦思索；有的若无其事，悠闲浏览；有的东张西望，若有所期；有的进进出出，视若无人……而我在想，我该进入正题了，我该写写面对如此活动，不同的人不同的表现了。

面对如此活动，有不少老师特别是青年教师积极备战，做了一套又一套的高考题，熬了一个又一个的通宵，决心在学校搭起的这个"竞技台"上一展雌雄，可谓是雄心勃勃，跃跃欲试。有老师说："是驴是马，拉出来溜溜就知道谁强谁弱。我就是要让领导知道，数千古风流人物，舍我其谁？"能有这样的心态，能有这样的参与度，哪个"领导"不喜欢，哪个活动不一流？

面对如此活动，有的老师不置可否，随其波而逐其流，跟着活动的感觉走。这些人不会说风凉话，也不会说偏激话，这些人走的是中间路线。这些人早早的来到试室，等待摆在课桌上的考验。这些人会按部就班把题目答完，似乎重要的还是给自己一个交代。面对这些"中庸"的人，领导放心，同事无心，他自己开心。

面对如此活动，有的老师静静旁观，以不变应万变。且一旦有风吹草动，就会合着节拍，左右摇动。有老师说："我把这次两个半小时的活动，当作一次监考活动，监考所得不外乎50元，而参加这次活动所得是200元。是得是失，不是明摆的吗？"更有老师说："希望学校领导多搞类似的活动，既锻炼了老师，又让老师获得实惠，何乐而不为乎？"既然是逃不掉的，就只能去适应，人在江湖，身不由己嘛！面对如此"有所为，有所不为"的老师，如果让鲁迅先生评价，那么他老人家一定会说：做惯了奴隶，还开心大笑。

面对如此活动，有的老师"暗地里"质疑批评。有老师说："教师水平的高低，不在于解题能力的高低，教师的职责在于传道、授业、解惑。"有老师说："说起答题技巧和答题思路，我是比学生略胜一筹；但在解题速度，临场发挥方面，我承认不如学生。拿学生的优点PK我的弱点，谁胜谁负，不言自喻。"更有老师说："当今的应试教育本来就多有诟病，老师在把学生变成考试机器的同时，学校领导也想把老师变成考试机器，这是反教育的行为，是与新一轮课程改革的初衷逆道而行的，希望决策者慎思慎为。

写到这里，有点累了，试室里似乎有一股沉闷的空气在流动，让人喘不过气来。我暗中思忖：面对如此活动，不知在三十多位语文老师中，还有没有其他的表现，我实在是无从得知，就连自己的表现，也是模糊的，我真的不知道自己是在引领，还是在跟随，是在旁观，还是在质疑，这大概是"身在此山中"的缘故吧！

这次活动，对于正走向盛年的一中来说，是一个新生的事物，而按照辩证法的推断，新生事物在成长的过程中肯定会遇到挫折，甚至还会出现反复，但最终是要被认可直到胜利的，只是以什么姿态去被认可去取得胜利——在何年，何月，何日，你知道吗，他知道吗？说实在，我真的不知道。

800字的作文，我写了2 000多字，再度审视，缺点多多：开头蜿蜒，游离而不入题；中间蔓延，有条而真紊；结尾续貂，偏题而无厘；观点恍惚，忽左而忽右；结构失调，头重而脚轻；思路错杂，想到而写到。恳请能见此文者，革其弊，留其利，帮我提高写作力，传递正能量。

2015年3月19日

周日游·带着心情闲逛去

黄炎真

周日的下午，听起来并没有什么稀奇，就是一个下午嘛，可是初夏某一个周日风清日丽的下午，对于有想法的人来说，就很不一般了。比如今天，这个下午，我就不愿意呆在家里，看时光穿过阳台，消逝在对面人家墙外那一株开得正灿烂的三角梅里。怎么办呢，那就去找一个可以来去自由的空间，让心思在天地间肆无忌惮地闲逛。

周日的下午，就做一个慵懒的人吧。虽然隔天又要工作，可我还是很乐意抓住假日的尾巴，给自己一个“放纵”的理由。完成了午休，凉也冲了，茶也喝了，楼下花园，孩子们的打闹声，开始此起彼落。阳光从对面的屋檐往下掉，斜斜地，慢慢地。而从江那边飘来的歌声，被风吹得断断续续，我拼不出一句完整的歌词，但那旋律似乎有一种魔力，在我的桌前椅后缭绕着。呆不住了，穿上宽松的布衣，穿过青花装饰的客厅，穿上轻便的胶鞋，戴上可戴可不戴的鸭舌帽，出门，下电梯，赶紧从花园的后门溜出去。

我本来可以光明正大地走，为什么要用一个“溜”字呢？还不是要给自己糊弄出一个逃离杂物务、投向自由的感觉。徜徉在江边的绿化带，就漫无目的地走，时而抬头，时而低头。低头时就数数脚下的石砖，抬头时就看看天上的白云。每次经过那株金凤树上的那一对小雀，一边吱吱，另一边就喳喳，听了大半天，我也搞不清楚它们究竟是在谈情还是在吵架。一阵风吹来，地上的几片落叶争先恐后的往前窜，它们是想去见见那边台阶下的同伴吗？走着走着，一个熟人打了招呼，擦身而过，我也拐了一个弯，在一条椭圆椭圆的石椅坐下。这时什么都可以想，什么都可以不想。风把婆娑的树影吹得支离破碎，而不远处的那一对老人却聊得津津有味。打扫落叶的阿姨扫过来了，我也起身，对她笑一下，然后学着“流浪”的模样，走向江边。今天正好是涨潮，原来斑斑驳驳的“水浮莲”已逃得无影无踪，水面显得非常的洁净，那艘放网的小渔船也在有意无意的晃动，很努力地制造出一种“放乎中流，听其所止”的诗意来，我，有点感动了。

时间如流水，已流到那边的航标灯下。绿道上，人越来越多了，有赤膊上阵的，有拉长嗓音的。排球场的“老头儿”开始吆喝，篮球场的“小伙子”开始冲撞，滨江大道的过往车辆也骤时多了起来。天桥下的“老干部们”已经围成了两桌，扑克大战正在进行中，四个人在打，坐着，四个人在看，站着，我也把头伸进其中的一桌，想凑个热闹，看到靠近我的“白背心”就要抽错牌了，有人大喝一声“打A打A”，空气凝结，大家都朝我看，就像看一个外星人，对面的那个“光头”还把眼镜往下推，白了我一眼，我觉得很无趣，就“静静”离开了。凭着护栏，看湿地公园里稀稀疏疏的“散客”，有的牵着手，慢慢行，有的挺起胸，阔步走，还有的一边走，一边“舞弄”着一个个奇怪的动作。靠桥的那一片空地，是“白发垂髫”的乐园，最吸眼球的是那十几个穿着白太极的“老妈妈老爷爷”，他们在“红太极”的带领下，时而野马分鬃、白鹤亮翅，时而手挥琵琶、双峰贯耳，动作虽然有点不协调，也有点乱，但那音乐的高低缓急、抑扬顿挫，还是把我陶醉了。

继续走，就是我经常要绕过的小池塘，有人在钓鱼，一个帅哥，两个小女孩，帅哥手把钓竿，蹲着，做出专注的样子，两个小女孩在堤上跑来跑去，找来小石块或小土块，往池里扔，看谁扔得远，一扔两个笑声，我也站在远远的“美人蕉”下，配合着小姑娘的动作，一扔就一笑。明白了，这一家子，不是来钓鱼，而是来成为我的风景的。小池塘的隔壁，就是小荷塘，田田的叶子中间，是一个个白色的荷苞，我站立良久，心中暗笑：“啊，我来，你不开，可你总要开，明早，我再来。”不知是不是心有灵犀，微风过处，满塘荷叶纷纷点头，还送来缕缕清香。

太阳慢慢地往下坠，与江水交接的那一大片云霞，怎么就红起来了，是它们相逢的激动呢还是告别的羞涩，我猜不透，我只是站在柳树边，看缓缓移动的云朵是如何变幻出或坐或卧或跑或飞的各种动物来，兔子也好，野猪也好，我都喜欢，而我懊恼的是，这慢慢收拢的夜幕，分明是在制造黄昏的忧伤，我是不是也应该配合一下，独立江头，若有所思。有朋友悄无声息地来到我身旁，动了我的肩膀，看他汗流浃背的，我就知道，我也逛久了，该回家了。

我是跑着回家的，穿绿带，过马路，进花园，上电梯……打开门，客厅里弥漫着熟悉的香味，厨房，有忙碌的身影。真个是：

偷得一周半日闲，听了雀语看了莲。
归来饭后茶当酒，醉到婵娟卧月眠。

2018年5月27日

中学古典诗歌教学之我见

李丹妮

中国是一个具有悠久历史的文明古国，是一个诗的国度，历代留下了灿如星海的优秀诗篇，几千年来古典诗歌一直滋润着我们的民族，在当今的教育新环境里，古典诗歌也具有不可替代的作用。提高古典诗歌教学的水平，首先要更新古典诗歌教学观念，拓展古典诗歌教学的视野。

一、从了解培养全民族文化精神的高度看古典诗歌教学

古典诗歌是中华文化的精髓，著名作家余秋雨先生曾经说过："在欧洲，作为古代经典最醒目的标志，是一尊尊名扬天下的雕塑和一座座屹立千百年的建筑。中国历史上毁灭性的战乱太多，只有一种难以烧毁的经典保存完好，那就是古代诗文经典。这些诗文是蕴藏在无数中国人心中的雕塑和建筑，而一代接一代的传递性的诵读，便是这些经典连绵不绝的长廊。"确实，古典诗词成为中国心目中屹立不倒的雕塑。

中国古典诗歌绵绵三千年，从诗经、楚辞到唐诗、宋词，都体现出极其光辉灿烂而又各具特色的成就，作为华夏祖先的精神追求，情感体验和生存方式的重要表现手段，直至今天，古代诗歌仍影响着我们的文化生活，显示出顽强的生命力，因为它积淀着中华民族及其深沉丰富的历史文化。国家教育部新近颁发的部编版教材强调了古诗文的教学和古诗文文化的传承。对中学阶段中华优秀传统文化的学习也确定了明确的目标，并规定了量化的标准。教材中大量增加了诗歌的内容，尤其是古典诗歌的篇目，"诗教"问题已引起了教育界的普遍关注，人们意识到：历代优美诗歌，对于培养我们高尚情操、爱国思想和健全人格起着潜移默化的作用。

1.“天人合一”的哲学精神

中华民族是一个古老的农耕民族，漫长的农业劳动孕育了中国哲学最典型的“天人合一”思想，培养了中国人植根于农业生产浓重的乡土情韵，形成了我们民族重视自然、与其他生物和谐共处的思想观念。

《老子》第二十五章云：“人法地，地法天，天法道，道法自然。”施惠《庄子·天下》中的“泛爱万物，天地一体”，都强调“天”与“人”的和谐，“天”与“人”的一体，追求人和自然的和谐统一。而“天人合一”的思想在诗歌中就是自然和人的内在精神融为一体。自然美与人格美融为一体，达到“主客合一”。正如陶渊明的《归园田居》，发现了景物的美，还悟出生活的真谛，他所追求的理想在自然中寻找他的映征。古典诗歌中大量的景物诗、山水诗、咏物诗也离不开自然，如《诗经》的“关关雎鸠”“蒹葭苍苍”，《观沧海》中的“东临碣石，以观沧海”，《白雪歌送李判官归京》中的“北风卷地百草折”，《西江月》中的“稻花香里说丰年，听取蛙声一片”，《钱塘湖春行》中的“几处早莺争暖树，谁家新燕啄春泥”，《使至塞上》中的“大漠孤烟直，长河落日圆”……无论什么年代，什么性格气质的诗人，有什么样的生活经历，处于何种心境，表达何种情感，他们都会选择自然景物来抒怀，自然界中的一草一木、花鸟鱼虫、江河湖海，都可入诗。

人与自然之间温馨和谐共存，人在其中找到自身的意义与价值，获得生命的意趣，而主观情绪的荡动来自心物之间的感应、交通、物我交融，诗歌就是这种高度心灵化又高度客观化的产物。这是中华民族千百年来代代相传的民族精神，顺应自然，追求与自然之道、宇宙之精神相统一，永葆活力，这是中华民族的生存信念。在当前自然环境严重遭受破坏，人类生存环境中遭到严重威胁之时，“天人合一”的传统文化观念更应该成为我们着重培养和弘扬的精神。

2.“以天下为己任”的爱国情怀

一个民族的生存与发展，历经沧桑，而中华民族更是多灾多难，人民饱受流离之苦，生存之艰。在中国古典文学中，爱国主义不仅仅是一种个体现象，而且有着群体的意识和群体行为，“男儿志在四方”，有“齐家、治国、平天下”的用世理想，读书人自觉承担起了政治和文化的重要使命。一个真正的诗人是国身统一的，他们把自身的性命与国家、民族的命运紧密联系在一起的，他们忧国忧民，甚至可以为国献身。正如唐代伟大的现实主义诗人杜甫一生始终在关怀国家的命运，一双泪眼，一直注视着流血的大地。他在《春望》中写道：“感时花溅泪，恨别鸟惊心。”还有辛弃疾慷慨感言：“了却君王天下事，赢得生前身后名。”（《为陈同甫赋壮词以记之》）而文天祥对国家的关怀更是执着、坚定：“人生自古谁无死？留取丹心照汗青。”只有心怀众生、心怀天下，国家才能有自我。中华民族一向不固守在一个狭小的天地，而是把小我融入到家国天下之大我中，伟大的诗人谈着他自己，谈着“我”的时候，也就是谈着大家，谈着全人类。构建和谐的社会离不开心系他人、心系社会、以“天下为己任”的爱国情怀，这是一股强大的凝聚力，我们要通过古典诗歌教学，培养当代中学生的“大气”，构建一种社会国家和谐的美。

3. 深厚高尚的道德情操

一个民族绵延不断，生生不息的主要原因在于生命个体精神境界的超然脱俗。在生活中处乱不惊，宠辱皆忘，将自然的生命激活为一种艺术的生命。道德至上的价值取向与文化精神，在古典诗歌中得到最鲜活的体现。古典诗歌中，以梅兰竹菊作为吟咏的对象的数不胜数，竹的气节、菊的飘逸、兰的高洁、松的坚贞，这些都赋予了人的品格，千百年来，诗人们在这些事物身上寄托崇高的理想和高洁的品行。还有，初中课本中陆游的《卜算子·咏梅》：“无意苦争春，一任群芳妒。零落成泥碾作尘，只有香如故”，这是何等高洁，又何等坚贞。苏轼的“人有悲欢离合，月有阴晴圆缺，此事古难全，但愿人长久，千里共婵娟”旷达豪放，跃然纸上。陶渊明的“结庐在人境，而无车马喧，问君何能尔，心远地自偏”，他摆脱了世俗的束缚，追求高妙的生活意趣，才有“采菊东篱下，悠然见南山”的自得其乐。这些都是洞察了世间万物之后的释然、超然，是个人生存智慧的最高体现。在竞争激烈的时代，借助古诗的教学，提高中学生的自我疗伤的能力，以宁静的心态对待得失，形成超越性的生活态度和健全人格，“淡泊明志，宁静致远”，不断培养他们高尚的情操。

诗人们怀着丰富的感情，对生活体察入微，他们或醉或醒，或执着或洒脱，可谓风情万种，千古流芳，他们留下的精神财富，对后代滋养性情，陶冶灵魂，重铸民族精神具有重要作用。

二、从培养学生审美能力的角度看诗歌教学

于漪老师曾说过：“教育者在塑造青少年学生素质的过程中，重要人物之一在于把美感，把人类许多世纪创造的美变为每个学生的心灵财富，变为他们认识世

界的审美素养。”

中学语文教材所选的古典诗歌，具有极高的审美价值，音韵和谐、节奏鲜明、语言精练、想象丰富、感情炽热，教师要善于发挥教材内涵美的魅力，“悉心地耕耘学生意识，情趣的土壤，把美的种子撒播其间”（于漪），在诗歌教学中指导学生再现形象，体验作者感情，领略诗歌中的美，对学生进行审美教育。学生需要传统文化的熏陶和滋润，从而培养民族的自豪感和责任感，一课堂教学为载体，传承中华文明，弘扬民族文化。

（一）诗化的汉字

汉语是一种富于诗意的语言，汉语的语言结构本身就具有一系列诗化的因素，它使汉语蕴含一种天然的诗意的美感。诗化的汉字是诗意语言的天然质料。鲁迅说过“汉字有三美，意美以感心，音美以感耳，形美以感目”（《汉文学纲要》），我们可以通过文字的形式阅读并欣赏这优美的诗句。庞德也说，用汉字组成的诗，就像一组组“活动的图画”，具体展示了世界并“避免了抽象”，使读者“直接触摸诗人的经验世界，进入纯粹的审美状态”。

汉字本身就是一种意象，例如——春：太阳低伏在草木茁壮成长的枝干下；男：耕耘于田间的有力者；明：日月的光芒同照大地；暮：夕阳时分太阳在草丛中倦伏。（庞德的解释）诗人用汉字写诗时，用这些类似“意象”的汉字组合起来，就相当于“意象”的组合，营造了一种具有审美意义的意境。

（二）诗歌的音韵美

诗歌起源于劳动，而劳动是有节奏的。语言有规律的停顿，形成节奏。音韵，就是节奏与音乐。它体现人的生命活动的节律。音韵美不是纯形式，而是情感内容不可分割的因素，是有意味的形式，情感的形式。例如《诗经》中的《蒹葭》，全诗重章叠句都是为了合乐而形成，以增强诗歌音调的和谐美和描写人物的生动性。诗的二、三章只换了几个词，“苍苍”“凄凄”“采采”，内容与首章基本相同，体现了诗歌的咏唱的音乐特点，增强了韵律的悠扬和谐美，使表达的情感愈来愈烈。

优美的语言、节奏能叩击着学生的心扉，用“诵诗”的方式让学生走进教学，对诗歌进行美读。“所谓美读，就是把作者的感情在读的时候传达出来。”席勒认为“诗里的音乐在我心中鸣响，常常超过其内容的鲜明表象”，让学生以饱满的热情，或圆润或浑厚，或清脆或甜美的嗓音来朗诵诗歌，注意节奏、重音、停顿，正确把握作者的感情和作品的思想内容，在背、诵诗的同时，感情也会随着课堂教学的延伸而产生共鸣，从而中得到一种心理上的艺术满足，诗心在胸中荡漾。在美读中张扬个性，进行再创造，让学生展示出他们的智慧和才能。通过美读，陶冶性情，涵养心灵，养成高尚的审美理想和高雅的艺术趣味。

（三）诗歌中的意境美

朱光潜先生说："诗比别类文学较谨严，较纯粹，较精微。"简短的文学传递无比丰富的内在信息，要了解这些信息，必须透过诗歌中的意象去把握诗歌的意境。有些是比较直观的，如杜甫的《绝句》"两个黄鹂鸣翠柳，一行白鹭上青天"，《晓出静慈寺送林子方》中的"接天莲叶无穷碧，映日荷花别样红"，张志和《渔歌子》的"西塞山前白鹭飞，桃花流水鳜鱼肥"，这些让人感觉读诗如读画，丹青挥洒，色彩斑斓，美不胜收。

诗歌中的色彩，有"形美以感目"的审美效果，在一定程度上能激发学生学习诗歌的兴趣，而且有助于学生对诗歌内容的理解和受到美的教育。有一些需要引导学生做有关的积累、领悟的，有时一个物象往往寄托了一种或多种寓意和独特的情感，它们是客观物象同作家主观感情高度融合的结晶和语言呈现，是情景的交融，是"虚实的结合"。例：

水：爱情，愁情。

雨：缠绵愁情。

月：思乡之情。

云：游子漂泊，无所寄托的孤寂。

柳：离情别意，折柳赠别。

学生深入感悟这种种原形意象，便是一种深层次的心灵沟通，更是一次生命的原始感悟，不仅能使他们更好地理解诗歌内容，更能提高学生的审美能力。要让读者自由遨游其中。

其次，诗歌无限的审美空间需要读者自己去开拓。

古人云"纸上得来终觉浅，心中悟出使知深"，"诗贵悟"，教学时要引导学生"想意境，悟诗情"，想象诗中的意境，入情入境，超越时空，捕捉古人那悠远、空灵的气息。如"鸡声茅店月，人迹板桥霜"中让学生发挥想象，"鸡声"：是商旅彻夜不眠而闻鸡鸣声声？还是鸡鸣声声唤起早行人？或是早行人惊起了鸡鸣声声？"茅店月"：是低垂的残月？还是高挂的朗月？"人迹"：是早行人自己在雪霜未融的板桥上留下足印？还是早行人看到前一天晚上还未被雪覆的足印？

各种各样的想法诞生，诗的意境就会被不断拓宽，学生的心灵与诗人的心将慢慢接近，甚至相互碰撞。

再次，读古诗时，要引导学生通过语言媒介，抓住诗中的关键词语，挖掘其深层含义，感悟诗歌的画面和气氛，在脑海中勾画出诗中的艺术形象，并站在诗人的时空中把画面进行逐幅拼接，从而形成整体的认识，反复品味，在形象感受的基础上进入作品的特定意境，特定角色之中，去感受生活，体验体情感，如同品茗一样，品酒一样，亲口品尝、亲身体会，对作家情感、作品情景再度体验。虚实结合，提升审美情趣。如营造虚实相应的意境美，如“一川烟草，满城风絮，梅子黄时雨”（贺铸《青玉案》），三个相叠的意象，实是描写具体可感的东西，虚是表达内心无所依托的凄迷缠绵的愁绪心境，“一川烟草”写愁的无边凄迷，“满城风絮”写愁得轻柔，无所依托，“梅子黄时雨”写愁的缠绵凄迷，无法排遣。如“问君能有几多愁，恰似一江春水向东流”，实：描写春水；虚：写愁思如春水一样奔放倾泻，汪洋恣肆，又如春水不舍昼夜，长流不息，无穷无尽。

古典诗歌是以“意境”为最高审美境界而非“知识”的载体，古典诗歌的教学，在其本质上应是一种审美的陶染，学生学习一首诗，不是在一堂课上学习到诗中所容载的“知识”，而是用整个身心感受进入整个诗的意境之中，或许他不能完全感受诗中的意境，但感受一旦发生，势必对他的生命流程起到不断深入和强化的作用，诗的意境已经注入他的生命流程，美的“质素”也就渗透到他的生命和深层的精神结构中，最终受到“美”的熏陶，教师应进行情景的诱导和情感的牵引，让学生在欣赏意境美的同时动情于中。

（四）诗歌的含蓄美

“诗贵含蓄”，汉民族的传统崇尚一种含蓄之美，言不尽意，意在言外，读者的阅读过程实际是破译诗意密码的过程，在这种破译式的阅读欣赏中，获得“顿悟”的愉悦，从而与诗人产生共鸣。

1. 以景寄情

或借景抒情，或寓情于景，或托物言志，所以在教学中对诗歌中所借之景，所托之物，一定要抓住，引导学生解读，如温庭筠的《望江南》中的“帆”：水波浩淼，船只如梭，来来往往，交织前行，不曾有一只停泊驻足。“夕阳、江水”：水天相接，江水悠悠，残阳斜铺水中。如“白蘋洲”：芳草萋萋，蘋花摇曳。落日本无意，流水本无情，但此时，似乎懂得思妇的含情脉脉，斜阳欲落未落，江水无语，悄然逝去。白蘋洲依旧，而离人不归，怎不叫人柔肠寸断。诗句中融情于景，含蓄、隽永、引人沉思遐想。

注意分析诗中所蕴含的诗人的情绪、感觉、理想和愿望，知道诗人赞成什么、反对什么、爱什么、恨什么，是高兴、是悲伤？这样一来就可以很好地把握诗歌的主题，

2. 以典寄意

典故，作为诗词中的一种特殊的“词汇”，既述说了古老的历史，又蕴含着丰富复杂的意义内涵。

如李白在《行路难》中“闲来垂钓碧溪上，忽复乘舟梦日边（用典）”希望自己能像姜太公、伊尹一样，一展宏才，有为与当世。他对自己政治追求的含蓄表达，使诗意扑朔迷离。复杂的故事内容和意义常用简短的文字表现出来，这几个就像一种情报的密码，要读者费一番心思破译其中隐藏的深意，领略其中深邃的含义。

汉民族的传统崇尚一种含蓄之美，言不尽意，意在言外，读者的阅读过程实际是破译诗意密码的过程，在这种破译式的阅读欣赏中，获得“顿悟”的愉悦，从而与诗人产生共鸣。古诗中主要表现为：

“操千曲而后晓声，观千剑而后识器”，在对“含蓄美”的不断感悟和积累中，鉴赏、审美的能力不断得到提高。诗歌本身富有音韵美、意境美和含蓄美，教学时，我们要让诗歌教学成为一种感受美的愉悦活动。

三、从提高教学者自身素质的角度看待诗歌教学

有高度文化教养的诗人，总以他们敏感的诗心，多情的目光注视到社会、生活的各个方面，或念亲、爱国，或思旧、怀乡，诗歌中有农夫们的逍遥神态，武士们的矫健雄姿，恋人们的深情注目，夫妻间的切切私语，把读者带到了一个亲切、熟悉的世间，同时，他们不但描述了丰富多彩的生活，还通过自己的情感表现，告诉人们应该怎样去生活，不但以抒情的方式揭示了生活的本质，而且还表达了生活的旨趣、观念、品格、才情，让读者体会人类的生活美，感受人类的伟大。

诗歌的本质特点是情感的抒发，是个人情绪的瞬间爆发，让读者感受到人类

的爱与恨、美与丑、和谐与冲突等的普遍的感情，它是人类某种宝贵的情绪、情感在瞬间的灵光闪现，是社会人生经验的浓缩，是人类真、善、美情感的结晶。我们读诗，正是通过对某个瞬间的把握，引起心灵的共鸣，或来弥补自身情感经验的不足，从而体验到某种人生情绪的极致。

优秀的诗歌，往往是包含着丰富的感情，深刻的思想，深邃优美的意境，精致优雅的语言，能使我们的审美情感受到熏陶，心灵得到浸润，有利于开阔视野，增长知识，陶冶性情，加强修养，塑造高尚优美的灵魂和完善人格修养。

作为教育者通过对诗歌的教学与研究可以使生活变得富有情趣，自身的人格魅力不断得到提升。叶秀山说过："我羡慕、佩服、敬重，也有点嫉妒那些会作诗、能吟诗、能体会诗的人。"（《中国史学·序》）纵使我们不是诗人，但我们却可以用诗一般的心灵，在生活中捕捉诗意，诗化生活，诗化人生。

“扶起”的工程

李丹妮

春阳暖，春雨润，浓浓的春意在校园里蔓延，漫步在景贤园的楹联小道，倾听飘荡在耳际花开的声音，感受充盈于眼前生命的律动，一直惦记的那株老榕树也已展示出它独特的风韵，半站半倚的姿态似乎在向我们讲述一段引人深思的记忆……

它也曾形如华盖，鬖根飘拂，它也曾向清风探听春天的消息，它也曾微笑地注视着它关爱着的学子，可是，就在6年前的一次暴风雨中，坚守在校园里的它被连根拔起，已是筋骨裸露，伤痕累累，横倒在地的还有许许多多的残枝败叶，它已濒临生命的死亡线……百年老树的倒下揪动了许多人的心，学校领导、老师来了，园林局的工作人员来了，园艺师来了……寒风中，它瑟瑟地等待人们对它的“处决”。没有把它连根刨起，更没有把它拆解清理出场，而是带着满腔的期待重新把它扶起，用强健的柱子为它支撑、固定，把断下来的五枝树干重新栽培。丰泽的土壤包容着它、甘美的雨露润泽着它、和煦的阳光温暖着它……日复一日，年复一年，老树静穆地站立着，注视着它的五个劫后茁壮成长的孩子，舒展着点点绿意，摇曳着勃勃生机……

如果没有当初的“扶起”，怎会有今天的重生，如果没有当初的“支撑”，又怎会有今天的稳健，如果没有当初的“栽培”，又怎会有今天的新生！这是对遭遇苦难的体贴，对生命存在的尊重，对个体成长的信任……教育何尝不是如此，齐心协力，共同撑起一片爱的蓝天，让倾倒之树重获新生！树出像“树”一样葱葱郁郁，根深叶茂的人，收获“扶起”“支撑”“栽培”所带来的茂盛和惊喜，这是一个为师（从教）者莫大的幸福！

分数以外，还有感动

李丹妮

今天是初三级学生的模拟考试，坐在教室里，看着大家专注的表情，我似乎感受到“中考”浓浓的火药味。“分、分、分、学生的命根”，从某种意义以上讲，初中三年的学习，就是为了在“中考”考场上取个好成绩，成与败或许就只在这一战了。教室里严肃得让我感到有些许的冷……几声鸟鸣把我的视线拉到窗外，无意间，那万绿丛中的几抹红映入眼帘。

哦，那火红的凤凰花，那雨中的点点暖意……

回忆起那一年与学生一起备考的日子，回忆起那段段湿漉漉的往事。大地，如同今年一样蓬勃生春，校园里的树木依旧葱翠欲滴，火凤凰依旧娇艳似火，朋友的一句话依旧在耳边响起：“每年的这个时候，它们总会来为毕业的学子壮行……”

还记得那是当届毕业生的最后一节语文课，也是学生们在初中生涯中的最后一节课。那一节课，因许多原因，我迟到了，学生并没有因我的迟到把课堂搞得乱哄哄的，而是安静地用期待的眼光注视着我，站在讲台的那一刻，我心花怒放，如同室外火红的凤凰花一样美丽……“今天，我将拿什么送给我即将离开校园的学子们?”部分重点知识的回顾、点拨，常规性的答题技巧指导之后，我腾出了近10分钟的时间和学生一起感受共同学习的喜怒哀乐，让他们意识到在成长的历程中，有鲜花掌声，也有风霜雪雨，我们正慢慢地长大。最后是我美好的祝愿，对不同层次的同学我都有不同的祝语，但我希望每一位同学都充满自信，正常发挥，我也希望每一位同学都勇敢地迎接挑战、面对一切。

我把祝福语庄重地写在黑板上，每一个字都倾注了我对他们的情感。我告诉他们这是我们考前的宣言……那时，教室外风雨交加，电闪雷鸣，教室里群情激昂，士气十足……

我说："同学们，让我们的宣言响彻校园的每一个角落，看谁喊得最洪亮、最真诚、最能感动天地……"看着教室外的倾盆大雨，许多同学会意地笑了，它们似乎在告诉我"已经感动天地了"。当他们整齐地、响亮地、一字一顿地、铿锵有力地喊着"志在必得，舍我其谁……"时，我分明看到，有一些同学的眼眶湿润了。

中考后，有学生告诉我，他永远忘不了那个风雨交加的下午，有一个挺着大肚子的老师和他们一起激动万分的情景。那份感动一直温暖着他。

或许，这份感动并没能让他们在考场上取得高分，但一定能够给他们的生命一点温暖，让他们成为一个美好的人。如同燃烧的凤凰花，用灿烂的色彩，展现自己绚丽的人生，用一朵花开的声音，为世界唱响一首歌。

雅斯贝尔说过："教育意味着一棵树摇动另一棵树，一朵云推动另一朵云，一个灵魂唤醒另一个灵魂。"于是，又有人说："我们的事业是感动另一个灵魂的事业。"

作为老师，备考的时候，我会认真地落实"双基"、分析考点，我无法置分数而不顾，但我更希望学生能感受得到：分数以外，还有属于心灵的领域，那就是"感动"，有那么一瞬间，它能触动你心灵的最软处，有那么一瞬间，它能让你体会生活的无限内涵，有那么一瞬间，它能让你拥有一切。

教学感言

开国元勋朱德说过："对我影响最大的书是《识字课本》。"

曾在我们湖山度过中学时光的原广东省省长卢瑞华也深情地回忆道："我忘不了小时候那一本《潮州十五音》。"

语文，对于每个人的影响都是那么重大而深远！

语文让我们认识长江和长城，认识屈原和李白。它承载着厚重的历史，弥漫着诗性的柔情，闪烁着理性的光芒。

所以，语文教师应该是智慧、诗性、美感的化身。

塑造一个具有智慧、情感、意志为一体的高级生命，是语文教师神圣的使命。

用生命的真诚去感动每一个生命；

用生命的激情去拥抱每一个生命；

用生命的执着去滋养每一个生命；

我将与我亲爱的同事们，齐心协力，共创明天的辉煌！

林楚拥作品汇集

林楚拥

一、古诗组诗5篇

1.崖居九首

【序】是日，将登天门山。或曰："后山有路，可直上天门。"故从之。至后山，寂静无人，花木鸟啼流响纷来，山如群屏，雄峙青天，颇乐之。上山径滑，泥融苔湿，盖昨夜雨雪故也。过土坡泥路，便至山脚。野老言："此拜观音大士之故道，今少人迹。"径陡甚，皆昔时凿壁而通。至山肩处，更觉其高。来路已如丝线，游者零落，如缀线之珠。然至此处，瀑鸣泉响，风声鸟啼，偏历历在耳。有叉路，沿山肩而入，山墙潦倒，荒藤垂蔓，瀑水上落，自成世界。坐其中，崖割青天，峰嶂列屏，深谷怀翠，远村耕野偶见几点。因静坐遐思，不觉有离尘之感。得诗九首，诗曰：

《崖居·其一》肩嶂横云通一痕，领崖坠瀑自成门。数里吐纳青峰供，两岸阳阴曲涧分。饥取老藤生红果，渴捧新泉贮岩根。天路眼外何必往，此间小住已仙人。

【注】天路：过此嶂，便可望群嶂雄峙。群嶂之北，有夹峰，生天门，高百丈，可通天也。

《崖居·其二》垒墙为避蹈虚空，开席由来木藤风。闲摘云底初春句，日调杉弦老秋翁。养鸡晨啼天下白，种花暮求一径红。须黄齿落吾何惧，来日已在丹井中。

《崖居·其三》峡路如丝曲向东，游者如珠穿线中。春野上来黄近我，秋云下去白随风。琼花自应溪边早，野果几度雨中红。崖下今日人来去，又入茫茫烟树丛。

【注】春野：远野多有油菜花田，梯田层叠，自远而来。

《崖居·其四》幽崖小筑近天宫，朝来烟霞晚来风。浮阶云海送山色，入户星河钓虬龙。日月常驱车轮过，万山明暗变林中。吾岂自律仙家子，自酿小酒缸又空。

《崖居·其五》嶂中久住苔青黄，每至雨来思欲狂。劈柴烹水观鱼眼，念远呼人眺兰汤。王峰道骨今瘦否，马岩茶魂莫太忙。何年同来崖上住，洞天归尔又何妨。

【注】1.鱼眼：水沸至可饮，有水泡冒起，状圆，似鱼眼。2.兰汤：武夷兰汤村，大王峰脚下，吾友茶人阿炜之居处，时种茶马头岩。

《崖居·其六》崖居此日猿来到，献果略言云上梢。为道湖阴春色好，已见山鬼归结茅。山鬼吾来久相安，偶来求诗坐松涛。即唤青鸟使飞去，告余将访莫丰劳。

《崖居·其七》归来春意满青丘，借得青女车出游。点点杨花飞前路，处处峰峦染白头。桃苞霜裹女夷叹，梨木冰封东君愁。不使诸神为难甚，回鞭喝令雪俱收。

【注】1.青女：主掌霜雪，云车动而风雪至。2.女夷：百花之神，女夷至而草木皆蕾。3.东君：春天之神，栖扶桑之树，又言木帝，青帝。

《崖居·其八》世外何日杜鹃到，啼破空山长林梢。寻不得也肠将断，归不得矣泪已潮。思我来时径无绿，阻我归日阶尽茅。便来浮生长喟叹，稚子与妻今孰高。

【注】杜鹃：又言子规鸟，其声哀怨，如泣血。细味其声，多言“归不得也哥哥”。

《崖居·其九》漫漫云间取故道，瀑流耳边挂得高。分拨藤花随径转，合寻潭水与影瞧。袍褶多如梳羽鹤，发须长似披风妖。离得人境荣枯久，吾家今在第几桥。

2.黄石寺六首

《其一》坐庐忘来意，提笔有初心。山云常彼此，阶雨无古今。

《其二》一寸千尺水，眼前过去峰。舟过留何迹，云生销几重。世外岂得外，住寺非住空。由来持愿力，古今此般同。

《其三》黄石只一山，古寺住此间。狮象崖两看，水月十里宽。岸影生早树，山云随晚寒。只宜二三子，盘坐指禅烟。

《其四》晨来食饥笋，座下饱山云。石径久泥泞，苔雨屡浸侵。松来因啮风，犬吠或行人。法师云遊去，留与夜关门。

《其五》寺高湖下沉，百屿矗青痕。渔舟爱清晓，崖鸟觉黄昏。每有畸客到，对语真妙人。法殿慈严甚，不可妄屈伸。

《其六》其仔为自在，寺犬名如意。听谒常随顺，悟琴颇入迷。护寺偶月吠，坐崖屡云息。浑然世外客，此意更不移。

3.遊泰宁记及五首

前数日，过黄石寺，寻乐同。寺在峰间，襟山带水，屿岛如螺，风含无限。遂相与煮茶谈禅，琴歌诗画，陶陶终日。作《黄石歌》《兰经图》《如实图》之类，唱和间，更觉尘外天远，云上不孤。噫，乐同真真妙人也欤！

又，寺后崖上，有老陆之茶圃，其名“解药”。古松四围，峡云流淌，妙韵自生。饮之，有风透松林，云泉细流之感，又得茶联者二。

后虽归来，茫茫昧昧，如在梦中。为武夷友小朱写茶厅之联，更觉魂未归来。呜呼，倩问何日，而可重见斯人也哉！因以记。附诗联于下：

《黄石歌》今夕何夕兮，坐此湖中。举兰棹以追云兮，入丹崖之重重。孰叶舟之可逍遥兮，何开襟之自有清风。岂大笑而世可知兮，盖浮碧波者心亦成空。凭啸傲而渊谷相应兮，咏长歌其气贯长虹。将逝水以追无极兮，哀俗世而宁守其中。固知命之不可违兮，宁江湖而悠悠相从。问二子其何人兮，唯楚拥之与乐同。

《题兰经图》嫋嫋兰骨，婉柔素盼。即离远近，几度忘川。悠悠此生，茕茕斯人。情已何堪，梦岂安还。

《题如实图》流水今日，明月前身。春复非春，君岂斯人。涵烟尘雾，煮透叶根。此杯饮得，亦莫当真。

茶联:《其一》一片松风堪入骨，两袖白云半出门。

《其二》坐到山深云起处，饮至杯中月圆时。

《其三》云升云落不外峰现峰隐，人来人往岂止茶冷茶温。

桥联：没头没尾只有流水，顾此顾彼还能住谁。

厅联：云中茶花自开落，世上何人识去回。

4.村居二首

《其一》小坪村里野人家，天门山下油菜花。入雨白屋青蓝瓦，出云两涧黄金沙。泥融牛思耕高地，日暖鸥愿守低涯。嶂上春归昨夜雪，溪头网住今晨虾。

【注】小坪村：山中小村，地近天门后山，野旷山幽，偏见村屋几间，故乐之。

《其二》山上云海下山来，枝头梅苞末枝开。已知细雨多一阵，更催芭蕉绿两排。遣词多因节气改，饮酒岂从黄梅摘。桑荫归吾犬吠管，阶粒莫使雀邻猜。

5.游衡岳五首

《其一·题梵音亭》瀑坠五峰雪，林掩三湘门。偶来世间客，几回衡山云。庐沉雾天上，塔浮雨非真。鸟翼空茫渺，鹿趾自无痕。群峰出白浅，幽潭入碧深。花润溪流素，苔湿岸已春。径转多新景，道得岂旧身。亭中独坐久，应见魏夫人。

【注】1.梵音亭：入衡岳山门，便入梵音谷，其间叠岩幽潭，飞瀑素湍，平湖

峰影，甚为可观。入谷前行百步，有狂瀑坠雪，瀑前有一亭，名曰梵音。2.魏夫人：即南岳魏夫人。名华存，字贤安。生于三国魏嘉平四年，自幼好道，博览百家，尤好老庄。在太极真人安度明，清虚真人王褒指点下，著《黄庭经》。后得道升仙，预知中原大乱，携二子渡江至衡岳，成为道教上清派开山始祖。

《其二·过梵音谷》一径南岳自梵音，夹峰饷客半山云。扫阶秋山叶无数，坐亭白水叠纷纷。砺齿岩尖孤鸟立，洗耳流边幽兰存。此生已向山中去，乐寻枝底几寺深。

《其三·石浪台遇雨》骤雨忽来万峰飞，得伞闲步水空垂。石浪千松声犹在，破门诗僧归不归。群鸟仓皇四野没，寒花洗洗黄又回。此地古来多人迹，半山惊传晨钟微。

【注】石浪台：香炉峰下。明末诗僧破门在南岳修炼二十余年，常在香炉峰下一巨石打坐。因其前后乱石如林，千松万竹，涛声入耳，石浪扑人，故书“石浪”二字于其上，今存其摩崖石刻。

《其四·登祝融峰》祝融吐雾尽漫漫，下界岂得等闲观。天台九丈云飞动，金殿几炉烟生寒。登高多为成俯瞰，胜景未见何心安。便宿绝巅观夜散，朝来复讨山下山。

【注】祝融峰：南岳七十二峰，祝触为极峰。海拔1 300米。上有金殿，祀火神祝融。火神为轩辕帝大臣，管南方事物，住衡山，功勋卓著，故南岳最高峰以其名。祝，意为持久;融，意为光明。

《其五·晨起再登祝融峰》狂雾漫天实可哀，深山晨起竟徘徊。光自扶桑巡天去，雾从溪亭上山来。烟笼不觅峰七二，雨落更滴檐下苔。无可奈何唯归去，浅呵祝融实不该。

二、现代诗10首

1.只是一个雨季

（哪一年的阳光那样明媚，哪一天心的琴弦骤然响起？）

如何让时光停住

当我侧着头，看你，并且遐思

如青春时，如神话里，如洛水之滨

风中，你回头，看我，多么安静

心如礁石啊，次第听声声潮响，不停

永恒，是一刹那么，而刹那，可是永恒

（哪一句话能深入心底，哪一个吻能泛起三月的涟漪？）

等一把红伞，穿过巷子的拐角，穿过我的眼睛

等一对小酒窝，盛满微笑，盈盈，未饮先羞

十指相扣，掌纹轻合，我的命运流进了你的命运

明年三月，下不下雨，谁知道呢？明年

今年的雨，倒是柔柔软软的情丝，下个不停

你说吧，我静静听

（哪一朵花能开过季节的迁徙，哪一把爱情的竹笛，能不忧郁？）

花开，只为了最后的陨落

花落，是否从花开就已开始

你转身，衣一川风雨，如一个决绝的词语

走过小桥，一直走去，一直走进诗经里，走进苍苍蒹葭里

让我每一次阅读，都如夜空一样忧郁

明月在外，明月当窗，明月一地，明月是不眠的眼睛

你说吧，我仍想静静听

（哪一天青山不再饮泣，用瀑布，溪流，泉眼的声音，哪一天，花朵不再为季节而殉情？）

何时，才有另一次蓦然相遇，眼睛与眼睛，魂灵对魂灵

何时，又会另一次默默别离，魂灵与魂灵，眼睛对眼睛

今晚的梦里？来年的季节里？来年么，下不下雨
来年，还有多少似你的身影
在枝头，梳理三千里春风，以及我的愁绪
你说吧，我还在静静听

2.立　秋

明知，此去再无归期
明知，终将埋进冰冷的大地
啊，倾尽所有啊
只为了季节一句耳语
便落得人生枝头再无一片新绿
一叶，应秋风之征远去
万叶，在枝头哗哗为其饯行

3.当爱情被时光打劫尽净

谁带来一场沙尘，迷了我的眼睛
睁开眼时，岁月的河，已流去十万八千里
草野锋利，扎疼了脚底茫然，蹒跚而行，迎着晨曦，走向繁星
三十年回头，惊觉仍在原地
啊，莫非跋山涉水，行行复行行，只是我的心
上苍——当爱情被时光打劫尽净
今夜，我又在流光的镜里端详自己
点一个火褶子，把皱纹里的记忆照得格外透明
搁浅在诗集扉页的笔，脸色酡红
还想替代谁静静呼吸

4.距　离

如此之近

像一朵与另一朵槐花的距离
缠在同一缕阳光的丝线里
同时听得红嘴雀的啼鸣一句
比半张纸还薄，比玻璃还透明
怎奈——西伯利亚的台风从这里刮起
想止息，无法止息，乃至生生不息
而后，大地，满目疮痍我已不是我，你也不是你
我们之间，湖面辽阔，陌生而安静

5.遐　想

让我们藏到雪糕里吧，我的爱
你一口，我一口，建造我们冰凉的村庄
十几块钱就能实现，愿望多么美好
可是，谁来走这段流火的街道
为难——
让我们在加冰的可乐中游泳吧，我的爱
手牵手，扎个猛子，看气泡，一个一个往上冒
那感觉，从头发到脚趾，一定彻底冰爽
可是，北京这么热
肯德基说不定卷铺盖回他美国老家去了
你让我就这么冒死前往，若买不到
多不值当——

6.归　去

——写给余光中
了却半生的盼望，此刻，你终可安躺
脱下形体，任灵魂随意飘荡
像火金姑的灯盏，像红蜻蜓薄薄的翅膀
去扬子江边，听一夜的涛响

到海峡的波里，枕一枕初升的太阳
或者，该去江湖中，深巷杏花里，唱一段莲花落
或者，举起黄河与长江，痛饮一觞
从此，辞了那白发的侵扰，换上童颜
回那青草的坟边，叩叩碑门，偎入慈爱的臂膀
或者，穿起那青春的行装，重回五陵年少
在雨中，在江南，在伞底，在那莲的中央
在情人的脉搏里，在柔软的沙丘下
折腊梅，写红豆，重枕那绣裙的慵懒
谁说那浪子已老，鹤嘴锄下掘开多少矿藏
舴艋舟已在等待，鹧鸪的声响，唤醒清明的月光
听啊，是谁在岁月喊你，一声声，似近似远
唤你归家，执起那木质的筷子一双
从此，辞了那些千古浩叹
莫再管那世上的烟波，千顷万丈
莫再管多少明月，白了那桥头的风霜
沏一壶上好的龙井，或温一坛高度的酒酿
去唤那莎翁或者子昂，去叫醒那青莲或者李广
让尘化尘，土入土，管他什么长河日落，天圆地方
留下那葛洪的长袖，与重构的盛唐
坐那霍霍飞旋的杯盏，去九阁，去洪荒，去任何一个你想去的地方
让错愕得想要落泪的时光，都洒作漫天花瓣
让得到恩泽的笔尖和眼眶，继续在世间呐喊
而你，便消失了罢，如青烟一缕
不必再捻须瘦想，不必再去称那乡愁的重量
白衣翩然，如古人一般，走入历史敞开的胸膛

7.孩子，我该以什么为你命名？

当你，在我爱人平滑的腹部，隆起山丘

躁动，欢乐，顽皮，还有一堆堆难以表达的词语
像小脚丫，一次次踢打薄薄的小肚皮
我便开始为你着迷
仿佛，这世间唯有你才是真正的生命
仿佛，你已懂得向我撒娇，低语
哦，孩子，我该以什么为你命名
用大山的身影，花朵的芬芳，月色的皎洁
还是乍来的晨曦，苍茫的大地，旷古的豪情
哪一句诗，能配上你的单纯
哪一句哲言，能表达我的心情
哪一个字眼，能让这辈子，我喊，你应，都分外甜蜜
哦，孩子，我亲爱的宝贝
此刻，那么多的意象在我笔尖来来去去
此刻，那么多的情感在我心头汇聚，宛如潮汐
世界，在我窗外，而我，在傻笑，并遐想
多么美妙，又是多么奇特的感受啊
哦，我的孩子，我甚至，还不知道你是男是女

8.后　来

后来，你像一阵风，再不知去向
后来，湖水疯狂上涨，柳条一夜绿了堤岸
后来，梧桐开始结籽，像提灯笼的谁，总踮脚张望
后来，雨越下越大，越下越慌乱，从城北一直下到城南
后来，夜越来越暗，越来越空荡，再没有一盏微笑的星光
后来，古都的城墙终于坍塌，缺口很大很大
好像，有很多很多的故事，却不知如何去讲

9.世界多么安静

我的爱，世界多么安静

空旷的夜色里，没有一丁点声音
月光的堤围，没有潮声涌起
老城根的风湿，也没有响起半点呻吟
我的眼睛，是两湾深邃的湖
你，要走进来，还是走出去

10.遐　想

一转身，猛见老槐把一身新绿，推向云端
春天啊，你是谁家的姑娘，闪烁着这么动人的眼睛
再转身，一街的行人像走在诗里
春风啊，莫要轻易吹破这一河的涟漪
只可迷失，绝不许春日里，请让灵魂们手牵手走出躯体
到山巅，到远方，到云端去把儿时的笑容，浣洗

三、文言散文10篇

1.将采野柿赋并序

秋客入山，过樱桃沟，遇古柿树，皮若鳞甲，枝若虬龙，子若梅花。心甚奇之，跂采而食，入口甜甚，后则涩极，口不为开。顾与友曰："天生此树，殆百年也，独以味涩，见弃深山，殊可恨也。"友亦尝之，怅叹良久。

归而遍寻去涩之法，或曰：以米覆之，则四五日涩去。或曰：以水浸之，则七日而脆甜。又曰：以酒治之，期月而黄，味甘醴醇，兼治久咳。吾得此喜，思入山中，篼筐以归，治以诸法，以尽物用。顾念明日，陶陶焉，有吟哦意，故而为文，作《将采野柿赋》，赋曰：

怅其树也，百载滋泉而一朝为木，春花秋实而人焉不择。其非佳果耶，何众人之不待也。初逢其涩，则弃敝履。芬芳美质，将待谁欤？冬风竦竦，霜雪将崩，高枝今日，明朝委地。负造化之深意兮，叹世人之不识。何厥命之坎壈兮，哀貌丑之子羽。孰斯世之可亲兮，顾吾四野将临。

吾其采兮，祈风雪之迟迟。过白虎之涧兮，入樱桃之林。登龙鳞之虬枝兮，攀栖鹘之末梢。愿赠我以佳果兮，莫负斯人之衷情。盈我篼筐兮，盈我怀袖。盈我匏樽兮，盈我日月。孰将尽物之用兮，孰可得世之美质。

故曰：山深何木兮，其果盈盈。世远何人兮，其意纷纷。愿斯游之不远也，俟日耀兮吾将行。

2.多依河赋并序

余自丙申年十月初七至此，过多依寨，沿河行。河若碧玉，滩瀑涓柔，时有光影跃动，若出女子之眸，情之为动。或曰："此河婉丽，盖布依女子化之。今久，不闻其事。然旧历三月，沿岸男女，悉集河畔，泼水为戏，求歌求偶。"余感此言，又闻水声潺湲，若见其人。久而怅恨，若离若失，有潸然之感，故而为赋。赋曰：

此何人兮，在水之滨。濯发兮而鱼龙动情，清歌兮而麋鹿为听。野花顾而将放兮，芭蕉绿而待雨。其裙青而百褶兮，委地数寸。系五彩之绣幅兮，腰垂翅之花带。佩滇山之骨玉兮，戴银花之项圈。发若垂瀑兮，腕若兰蕙。何馨香之动人兮，其绰约也如此。

余慕其芳质兮，惆怅而动情。欲结昆山之连理兮，将涉水而徘徊。恐佳人之犹疑兮，故歌诗以求之。何烟云之弥江兮，忽不见窈窕之倩影。其复见而垂髻兮，步清波之涟涟。羌明眸而善睐兮，顾未笑而多情。解余佩以为媒兮，指苍天而为誓。何还佩之泪落兮，感吾言而神伤。君来何迟迟兮，妾且将婚。其爱我而不得相随兮，焉因情而负义。顾青天之渺渺兮，愿来世而先达。

呜呼！余欲稍留而不得兮，忽一朝而花落。怨佳人之不回兮，望岸木其皆老。徒沿溯而追寻兮，观流水其若鸣。举余袖而掩目兮，何泪落之浪浪。叹此生之未央兮，眺来世而茫茫。余将归而离此兮，问何人知余之衷肠。

3.沧浪亭记

沧浪亭者，姑苏之名园也。地僻小，中隆狭为山脊，奇石嶙峋，古木荫郁，有亭翼然处其巅，是为沧浪亭也。亭之西下，有湖而小，仅十余步，水皆幽碧，自有壑谷森然之感。环山水有复廊焉，白墙灰瓦，窗窗如画，可内外相望也。其南，遍植�竹，有步碕、看山楼、印心石屋、明道堂诸处，各为佳胜。其北临水，叠石为岸、有临水轩、藕花水榭、静吟诸处，烟光澄静，风月徐徐，又生几番妙境矣。

自五代始，钱氏窃国，遂造池馆于斯，屡经兴废。风雨焉，草腐焉，兵燹焉，其败之因何能罄书；别馆焉、庵庙焉、学舍焉，其成之理自各不同。然今独以沧浪名之，何哉？盖欲以其名而思其人也邪？

昔苏子美以罪废故，流寓此间，有归隐意。见孙氏弃地，而罄以四万钱买之。筑亭北碕，榜舟其间，放荡形骸，日与鱼鸟为伍，岂非天人之至乐哉？然未及四载而官复湖州，未赴任而撒手人寰，斯可痛悼也哉！盖名缰利锁，世人困之而不觉，忽一旦脱之，则神魂俱归，如对沧浪也。亭者，停也。然苏子欲停而不得，欲出而不能，天人交困，以至于死，斯真可痛悼也邪！

故为之记。

4.游崂山太清宫记

崂山太清宫者，始建于西汉，迄今二千余载，香火不断，蔚为鼎盛，有“道教全真第二丛林”之称。史传有张廉夫、张若拙、丘处机、张三丰等于此间悟道。又，观中有蒲松龄著书处，其大意曰《聊斋》之狐鬼神仙，皆脱胎于此。余是日将登仰口，偶入此间，始知其所以不凡也。

其可观者大略有二。

其一曰地势奇绝。宝珠山有七峰，中为老君峰，气势磅礴，奇岩层叠而摩天，而其下，太清宫居焉。接七峰之地脉，而开东海之波涛，有涵养阴阳之情态。每于皓月东升之时，天宇横青，海空浪碧，上下空明，真使人如在玉壶冰镜中也。

其二曰随地赋形。宫在峰下，而涧脊相生。故沿涧而筑山墙，过涧而修石桥，桥墙上下相望而山洪遂化危为奇。脊上多生乱石，盖冰川造山之漂砾所成。有如山、如房、如牛、如钟似鼓者，而亭台殿宇，随石而得其宜，草木藤萝，依石而成妙趣。地有高低，可赖石阶石径，牵连而入幽境。又，宫中多有古木，千载而成，撑黄擎翠，旁逸遮罗，自作一番阴晴。

坐阶下久，风透林木，鸟唤其侣，游者来而复去。宫观寂寂，偶传寒钟之声，使余毛孔为开，魂与道俱，顿思古人。因以记。

5.小管赋

秋客入市，购得小鱿，俗称小管，将归以烹。道逢行者，曰：“此海怪也，大且百丈，方其小，故为食也。”余闻而叹，遂作斯赋。赋曰：

嗟彼小管，大称海怪，身可百丈。栖万里之渊黑，忽上浮而岛广。巨眼睁而若屋，黑雾吐而行浪。其来也山丘相连，其去也漩涡久张。擒鲨捕鲸何难，翻樯断桅随掌。婴孩闻而止啼，渔人见而弃桨。实四海之霸主，处生杀之顶上。然其小也，虽嬉遊而自伤。入渔者之罗网，归秋客之灶旁。冰肌而甜质，软玉以生香。配以椒酱，炒以蒜姜，盛以盘碗，佐以琼浆。引稚儿之食指，饷吾辈之胃肠。实五味而疗五脏，顾执迷而犹口爽。故而有叹，知得道之异常。得者攫乎四海之上，失者堕为口齿之享。其有异哉，其有异哉！尚飨。

6.遊坑口诸古木记

《宅谱·迩言》云：“广陌局散，非林障不足以护生机。苟无木，其宅也，如人无衣，若鸟无毛，安求其暖。”《宅法举隅》又云：“宅外植木，招聚阳气，使成环抱之势。”是言也，余信然焉。

戊戌七月中，余过坑口，入车盆坑，访村头村，皆有古木在焉。车盆之木，植于峡口，以阻群山涌入之煞；村头之木，植于肩脊，以挡平野侵村之气。阻者，亦聚也，外不得直入，而内不得骤散，宜乎族也，乡也。故古之人也，择地居必植木，观其木，则亦得古人之意也。

然古人不可长存，村舍不得永久，数百年间，风雨侵蚀，遂至颓坏破落。而今人多羡声色富贵，又岂肯安居瘠地也邪？故村落间，稍存耆老，疑犬吠客，更见寥落。唯先人手植之木，已蓊郁无边。其形也，龙蛇俱飞；其气也，擎天拔地。余处其下，若蚁望天，但觉幽气逼人，寒意透骨，乃知天地山川之气，斯木得之矣。

噫，今人趋荣利而避清淡，洋洋也其心，而余独避繁华而就寡冷，素素也其意。斯可为此木之友乎？愿有隐也。

因以记。

7.知味先生传

知味先生者，潮人也。嗜美味，凡果蓏菜蔬，必得某地某时而啖；毛鳞介羽，必言某腴某瘦而佳。出遊山川，将寻野味地羞而后已；归著文章，则陶陶然似入谗人之道。忽忽焉，岁月如掷，鬓已霜雪而其性不改。好烹禽鱼之胃肠，且美之曰至哉。人或笑之曰："小肚而近秽，何美之有哉？"先生曰："何近秽而为秽？何以小而见谤？吾独见其甘腴肥美，虽处小秽而何伤。"其人也若此。

佛子云，五色目盲，五味口爽。其恨人耽于眼舌也如此，先生盖非其人也欤？老饕痴顽，或以此身已然极乐；顺心而老，又何羡之往生西方。

8.游真英古寺记

真英寺者，初为匪寨也。寨居咽喉地，夹山高下，易守难攻，故十数年而成法外之地。然一旦利益相竞，内溃外散，一朝而为丘墟矣。后某比丘尼自言得佛指引，寻至此处，遂寺焉。寺颇灵验，祷而有应。村有疯妇者，人所嫌斥，挟至数夕，竟得痊矣。故声名日广，香火日炽，诏安、云宵之众往来熙熙，几欲踏破门庭矣。然比丘尼忽委身石匠，还俗去了。彼日相信，此日相疑，故寺中罗雀，不复当年之景。

戊戌十月十九日，雨浸群山，余避入此间，忽生归隐之心，何哉？此真精气含蕴之宝地也。其殿也，背倚金瓜崖而面开孔雀，莲花，金谷三峰，峰皆千仞，云缭雾绕。其厅也，卧鱼峰斜覆其上，独角峰笏然相迎，天作夹线，光阴如扇。其堂也，下则有豁谷十里，翠石如流；望则有将军等十六峰，峙列壁上。石座天成，不妨读书渡日；窠臼水清，正宜煮茶夜吟。菩萨三俩，必是善邻闲友；苔檐旧屋，岂碍赤子之居。

故告之于林子。林子曰："愚哉吾子！山川宝境，实争竞之地耳。汝称隐者，彼称匪首比丘尼，其为用也或异，其为心也则一。见猎心喜，见宝起意，吾不知其终有何益也。"余若棒醒，叩首而谢，遂罢。

9.遊雾瀑溡记

戊戌八月十六，余复入秦岭，至鳌山。闻有雾瀑溡者，嶂壁接天，水行石上，纵横披洒，成瀑成潭，别有奇特，心向往之。然，至而雾雨朦朦，山若抹去，林入浸中。耳中虽有瀑响，眼底空见混沌。守谷者曰："毋往矣，茫不可见，子宜归也。"余婉谢而入，亦自笑其不识余之乐也。

余之乐者何？余之乐也，非彼之乐也。彼之乐也，盖众人之乐也。譬若观景，则先有其景，得之曰佳，匪得则怨。故遊也必择时，故观也必求同。闻所闻而来，见所见而去，此众人之遊乐也。然风霜雨雪时来，早晚阴晴不定，岂可预其景以求也邪？余之遊也，雨亦乐，雪亦乐，其真无一时而不乐也。且夫雾雨也，风云来去而散退之，其变化者必也。况观景者，既可眼观耳闻，更可心感魂应，岂可自障也邪？

故余入雾瀑涯，自有无穷之乐也。雾开亦乐，云合亦乐，其中虚实浓淡，此消彼长之趣，更倍晴时也。山中无客，偶来一雉惊飞；林间泉响，更得斯人笑语。其岂无大可乐也耶，复大笑。

因以记。

10. 斗鱼赋

【序】

余年前偶得石卵，剖而成槽。置石其间以成湖岛，植菖蒲、野藓以成幽趣，日陶陶焉，俨然有山水之乐。又添斗鱼者六，日与悠游，神驰象外也。然此鱼好斗，未一二日，有跳波而渴毙者，相残而浮尸者，为石罅所夹而终夭亡者，未得下落而骤见已成鱼干者。而后，槽湖波平，再无游鱼也，余甚惜之。春至，蒲藓发幽，根散湖间，余悲一湖之寂寞，思有它焉。故寻抱卵之虾侣，散养其中，以求白石老人之趣也。然，风云突变，湖怪冒出，追亡逐北，未半日，而群虾尽入腹中也。余凝神细看，此斗鱼也！

故而有感，思有赋，以记此物也。赋曰：

嗟彼斗鱼兮，槽湖之霸主。好勇斗狠兮，终亡其侣。忍湖上之春秋兮，久蛰崖底。非腥膻何以果腹兮，唯啮根泥。忽群虾之入湖兮，且抱卵而待产也。谓天之所赐兮，逐而杀之。未半日而遂空兮，留此后之饥贫。余哀此鱼之贪狼兮，复悲此鱼之难继。何焚川而围猎兮，何涸泽而收渔。何争竞而相残兮，何寂寞而吞声。何天道其不识兮，独洋洋而得意。悲夫！举世也皆然，岂独兮一鱼。余将抱朴以循道兮，愿来日之不渝。

四、现代散文5篇

1.秋雨又来，梧桐何处

一个多月的工程，窗外的柏油路已然铺就。小汽车们，在路的两旁抢夺停车位；那些关了禁闭的狗儿们，开始在这条新鲜的道路上撒欢；卖麻辣烫的，也冒着漫天烟尘，推着车儿，在这里诱惑饥肠辘辘的食客。晌午的阳光，格外明亮，照在对楼黄色的墙面上，照在这新生的，黑黝黝的柏油路上，一切，新鲜而陌生。

陌生？可不是么？

五月时，租寻房子，最终落定在此间。高额的房价，让人咋舌。让我最终狠下决心，动用老本的，就是窗外几大株梧桐。铺天盖地的绿啊！无边无际的绿啊！那时，桐花已开过，大片大片的绿叶在晨曦的轻抚中颤抖。长长短短，高高低低的鸟儿们在这里欢唱。站在阳台上，我总恍惚置身于林海。满眼的绿云，遮住了对面的楼房，遮住了地面，也遮住了这个喧闹的城市。所住的四楼，因这大片绿云，显得格外幽静，似乎，硬邦邦的墙壁，也带着森林小木屋的气息。我想，那时是欢乐的，惬意的，甚至有点欣喜若狂了。不是么？于是，我摊开素净的纸来，对着大捧大捧的绿叶，写下《树端上的生活》。是的，城市中，众多的人都住在灰尘里，住在钢筋水泥的抽屉里，而唯有我，与这大片大片的梧桐为邻。这树端上的生活，分明就是一种隐居，分明就是一种诗意。于是，我便做起了桐花的梦，当满树桐花开放，坐在阳台上的我，嗅着浓浓的花香，斜靠着墙，半眯着眼睛，就那么沉沉睡去，睡它几个世纪！

那时的我，无疑是幸福的。清晨醒来，总要站在阳台上，对着梧桐深呼吸。梧桐下，有一个老人，提着小凳子，在树缝透下的光线里，静静读书。妻子常调侃我说，要不，也提个凳子下去，跟老人一起读读书。我说，树下的生活，是属于他的，他独享着那份安静，不会希望有人去打扰的。况且，他占树下，我有树端，彼此在绿叶上下，读书，读城市，读自己，不是更写意么？妻子笑而作罢。夜里，偶或雨来。妻子忙于关窗闭户，我却喜欢傻站在阳台上，隔着窗玻璃，听雨水击打梧桐的声音。哗哗哗哗，是大雨的声响。黑暗中的那大片大片翠绿，漫任雨水清洗，每一声，都像敲打在我心底。于是，我的心就宁静了。静得像一个湖面，静得没有一丝涟漪，静得能够感觉到每一次呼吸的力度。唯有微寒渗入肌肤，才激灵灵地打了一个冷战，从遐想中醒来。而梧桐，早有了簌簌簌簌垂雨的意境。

我想，我是幸福的。身边是甜甜入梦的妻子，耳边是满树的风雨。摊开的纸张，很容易就有曼妙的诗句在笔尖成形。城市的喧嚣，似乎，与我毫不相关；世俗中，那些无奈，似乎都与我无关。我独享着这份安静，独享着这份和谐，而后熄了台灯，在恬静中渐渐入梦。窗外，风来了；窗外，云飘过了；窗外，梧桐的青籽，已像小灯笼了；世间的一切啊，都在默默的拔节抽青……

但，那个夜晚，雨下得太大太大，那个夜晚，我又睡得太死太死。清晨，残梦未消，便被丈母娘叫醒：那棵大梧桐倒了，把电线杆都压断了，昨晚轰隆一声，好响。我恍未醒来，疑惑地走到阳台上，窗外的大树，已扑倒在地上，一片狼藉。或是雨季来得太长吧，叶子吸收了太多的水分，而浮浅的根无法承受那么大的重量。倒下的梧桐，腾出了一大片蔚蓝的天，空荡荡的，没有什么能够填满。边上的几棵梧桐，还在阳光中挺立，只是，叶子们翠绿得有点错愕，有点发呆。梧桐的边上，已围了一大群人。妻子静静站在我边上，也许，她懂得我的哀伤。

这空出的地方，开始有了动静，那些让人悲哀的动静整整持续了一个多月！

电锯的声音来了。木屑四飞，一个下午，从树干到树枝，都被切成小段段，而后，卡车突突突来了，残骸被一一运走。那时，我仍会遐想，腾出的空间要做些什么呢？弄得绿化带，种一些梅花，种些山桃、山杏？或者干脆再种一个梧桐吧，待岁月将它重新长起。但，我错得离谱！电锯嘶嘶嘶嘶的声音几天不断，木屑横飞中，其他无辜的梧桐也相继轰隆倒下。丈母娘也有些诧异：多好的梧桐呀，为什么要把它们统统锯掉呢？然而，起重机还是来了，嗡嗡嗡嗡的，卡车还是来了，突突突突的，而后，所有的梧桐，所有的绿云，所有树端上的梦想，所有的诗意，所有的遐想，都被突突突运走了。只剩下光秃秃的一排树桩，在阳光下发呆。

而后，工程队进驻了，像鬼子进村。先是两幢楼房之间的地面的砖头，叮叮哐哐的，被悉数撬起。而后，掘土机来了，长长的机械手，一掌一掌扒开了脆弱的地面，暴露出纵横交错的下水管道来。扒起的泥土，堆成了小土丘。而后，旧的管道，被一一掘起，扔到卡车里，而后突突突突地拐弯离去。新的管道，带着初来乍到的新鲜劲，被安放在原来的位置上。推土机来了，超大的马达声响震得小区不停颤抖，而后，尘归尘，土归土，地下的一切，又消失了踪影。工地里，亮起了虹霓，一派紧抓实干，蒸蒸日上的模样。

而后，深夜里，常有大量卡车进出小区。砖头啦，水泥啦，灰沙啦，重型机械啦，凡此种种，不一而足，此方唱罢我登场。每每携手周公之时，常听得一句句："倒车，请注意；倒车请注意！"而后，夜梦全无，周公走远。夜来幽叹，常驻足阳台上，看窗外，人来人往，车来车走，徒叹无奈。

那一日，从外头回来。遇见遛狗回来的王大娘。言起此事。大娘显然心态比我平和许多。她略带哲理般笑说，街道管事者，每年都需报批工程来捞油水，梧桐一倒，可不正中下怀。况且，若是你当领导者，你也会掘地三尺，勤加修缮。听完，我甚是无语。人世的复杂，被无辜锯倒的梧桐估计到死也弄不懂的。

时间的流水，一天天漫过。砖头们已被叮叮哐哐重新嵌在地面上了，柏油路上的压路机也突突突突走远了，日夜加班加点的工人们抖了抖身上的灰尘，扛起工具坐上卡车离开了，阳光，又一次停靠在陌生的窗外。一切，显得多么新鲜。一只麻雀，在我的窗台上跳跃着，唧唧啾啾的，让人听了难受。楼下，狗儿们在新生的柏油路上赛跑，汪汪汪汪，此起彼伏的，似乎，它们比人，更能适应时代的变化。

只是，立秋过了，霜降又快来临。天气预报说，这周三，又要开始下雨了。秋雨潇潇啊，要是梧桐还在，要是那漫天的绿云还在，阳台上，又是怎样美妙的所在？可如今，还听雨么？听雨打尘埃，听雨洗汽车，听雨点在柏油路上陌生地跳跃？那盏拐角的路灯，犹疑不定的，可会在秋雨时节，更加犹疑不定？我不知道。或许，我又该换房子了。再换一处有梧桐的房子，再过过那树端上等待花开的日子。但，什么地方，才会有适量的雨水？什么地方，才能长不倒的梧桐？

我的梧桐，终究是死了！站在阳台上，静静看着凄惶无依的小麻雀，我心有戚戚。

2.陪父亲拔草

吃完我剥开的橘子后，父亲又挑起旋桶，转过身去，给蔬菜们浇水了。

"我帮你拔草吧。"我朝着父亲说了一声。

父亲转过身来，看了我一眼。一身正装，皮衣，皮鞋，不禁皱了皱眉头，轻轻叹了口气，道："别了。省得一会皮鞋底都是泥土，把家里踩脏了。况且，你一向都怕拔草的！""以前我怕，但我已经长大了。"我没有多说什么，在豆畦边蹲了下来，便开始拔了起来。

南方自来多云多雨。雨水既滋润了蔬菜，同时，也促使野草狂生猛长。只要几天不拔，蔬菜的间隙处，到处都是野草青青的身影。父亲的叹气是有道理的，对于庄稼，我确是一个失败的逃兵！

思绪不经意间又回到了二十多年前。

那时的父亲，还很年轻。那时的菜地，在池塘边上。正在浇菜的父亲，回头看看正趴在池塘边看蝌蚪游来游去的我，轻唤了一声，"没事过来帮我拔草吧。""拔草？"我兴冲冲地跑了过去，只见在蔬菜的边上，到处是冒尖的青草。"它们抢肥，不拔，蔬菜们就长不大。"父亲摸摸我的小脑袋解释着。"哦。"我似懂非懂地应了一声，便把稚嫩的小手，伸向那些青翠的"小强盗"。三个指头轻轻一夹，手腕一扭，只听得一声"嗞"的轻响，绿油油的小草就携带着嫩嫩的白根儿从土壤中脱身出来。偶尔，遇到一两棵扎根较深的牛镇草，我用半截小铁勺沿着周边挖了挖泥土，然后整根拉出来。比草身长了两三倍的草根，显得格外奇特。我举起这"艺术品"，朝着父亲炫耀。"真有趣。"我露出一口整齐的小牙齿，眼珠子一眨一眨的朝父亲喊。父亲笑了。只说"继续"，便拿起锄头，走到瓜棚后边的空地干活去了。

从那以后，作为我唯一能够承当的农活，拔草被分派到我的头上来。

才过一两天，先前拔草的新鲜劲头消失了，取而代之的，是重复以后的单调与无聊。时近午后，从青草丛中抬起头来，风中，阳光里，篱笆外边，处处是小孩子玩闹的身影。池塘边，有的正蹑手蹑脚地伸手去抓蜻蜓的尾巴；田野里，袅袅升起的浓烟，有些小孩正用稻草烤地瓜；旷野之上，漂浮着几个背心袋，兜满了原野的风，被一根线牵着，那是我们最简易的风筝；远处的小水沟边，依稀有人在逮老鼠，大呼小叫的，肯定是老鼠落网了……那些，本都属于我的快乐，而今，却被这可恶可恨的野草给替代了！我一边咒骂着野草，一边深深感到惆怅。

后来，小学时，学了白居易的诗句：离离原上草，一岁一枯荣。野火烧不尽，春风吹又生。那可恨的文人，我敢说，必定是个十指不沾阳春泥的主，根本体会不到我"粒粒皆辛苦"的心酸，否则，他怎会赞赏起那些挨千刀的野草来？感慨归感慨，痛恨归痛恨，但野草的长速，却从来没有延迟。两三亩的菜园子，风来雨去，我拔到东，野草长到西，我拔到西，野草长到东。后来，学到一位词人的诗句，道是："离恨恰如春草，更行更远还生。"我将它略作修改，叫做"最恨当是野草，拔来拔去拔不尽。"

最让我郁闷的还在后头。因为租期已到，原来耕种两三年的菜地被收回。重新领到的，是一片荒地。父亲在地里放了一把火，把野草们烧得一片狼藉。然后，抡起锄头，起早贪黑，用了整整半个月的时间，愣是把草地整成了菜地。菜种上了，水浇上了，肥施上了，在菜还没确定成活时，野草们已铺天盖地地冒出尖来。没有烧死的老草，根深蒂固，新长出来的野草，一片欣欣向荣。望着绿油油的"草"园子，我欲哭无泪。我开始向父亲抱怨起来，说泥土太硬，草根扎得太深，拔得我手儿生疼；说总是弯腰拔草，站起来时脑袋总要昏沉很久很久；说手指跟混着肥料的泥土老是搅在一起，都干裂开了小口。然后，把我拇指边上在冬天被冻裂开来的小"嘴巴"举到父亲眼前。父亲沉默了，没有说什么，指派我到豆畦边，把豌豆苗长长卷卷的小触须，牵引到篱笆上。然后，蹲了下去，用一双大手，用力揪着菜畦上疯长猛长的野草。那双粗糙的大手，布满了无数个鲜红的小裂口，每一个裂口都微微翻开，像小嘴，在哼唱着什么。我的心猛地一疼，泪水差点夺眶而出。

后来，父亲尝试着在农活上给我找到适合的差事。用小铁耙松土，却常常将小葱也连根掘起；帮着洗净准备上市的蔬菜，却害怕被水窠里的水蛭叮；让我去抓虫子，我却觉得虫子太过恶心；让我给柑园里的南瓜浇水，有几次，南瓜苗差点被活活渴死。最让父亲伤心的是，他曾布置我去给柑树掐新芽，因为柑橘在开花后，如果新芽不掐，果子就得不到营养，长不大，结不牢。那次，我竟躲懒，回家后谎报军情。直到父亲去喷药时才发现，柑树上的新芽，早已长得惊人。那年的柑橘结得稀稀拉拉的，像父亲的心情一般。

几天后，在巷口，父亲盯着我眼睛，严肃地说："种庄稼，你不是一块料。认真读你的书去吧。"然后，扛起锄头，放上他那辆破旧的"永久"自行车，左脚一蹬，右脚从车把手前的横杠上翻过去，猛踩了几圈踏板，自行车向前冲去，转入合作社对面的街道去。叮叮铃铃，那熟悉的自行车铃声，自近及远，慢慢消失了。

从那以后，我开始逃离了我的菜园子，逃离了那些招摇的野草，逃离了所有繁重的农活，一心向着我的未来奔去。

一晃，竟是二十多年了。

父亲苍老的背影在瓜棚那边若隐若现地，看得我心头一阵酸疼。右手三个指头轻轻一捏，手腕一扭，野草就连根拔起了。再轻轻一抖，将草根上的泥土抖下来，放在左手心里。夕色渐起，我能感觉到这菜园子里，每一个角落，甚至每一棵新长出的野草里，都有父亲的气息，指甲缝里填满的黝黑的泥土，让久居在京城里的我，有了多年以来未有的宁静。我舒了一口气，继续朝前拔去。

不知何时，父亲已到了我对面，旋桶的莲蓬洒出丝丝水花，优美的弧线，均匀地落在生菜微微张开的菜心、叶脉上。父亲浇水格外地温柔，似乎，每一棵菜都是他的孩子，莲蓬里洒出的水花，成了父亲抚摸蔬菜的手指，那种和谐，让我一时忘神。父亲往前一步步迈着步子，却突然在一棵膝盖高的芥兰边站住了。“过来，帮我把芥兰上的白花掐掉。”父亲朝着我喊。我走了过去，几棵芥兰上已结满了类似豆荚的东西，在其中，有几簇零星的小白花在风中摇摆。我不解地看着父亲。“这是留种用的，菜园子里有两个品种的芥兰。不远处正开满白花的不是这个品种，如果不把花掐掉，蜜蜂跟蝴蝶来了，就会导致杂交，芥兰的种子就不纯了。”我朝父亲手指的方向看去，在篱笆边上，有一片白花在风中摇曳。

看我掐下了白花，父亲又挑着旋桶到水窠边汲水去了。那张布满皱纹的脸，那鬓角斑斑驳驳的白，刹那间，我头一低，眼眶里一热，泪竟流了出来。我蹲了下去，用手狠狠去扯那些簇簇生长的野草，突然间懂得了父亲的艰难！

在大学时，读海明威的《老人与海》时，我曾为那个与鲨鱼搏斗的老人而震撼，为了生活，他竟用一支弱小的钢叉，去对抗鲨鱼群，去对抗风浪，去对抗整个茫茫的海洋。可今天想起时，我却感觉不到震撼，而是一种发自骨髓里的心酸。他与我的老父亲何其相似啊。为了生活，他在对抗着整个海洋，而我的老父亲呢？又何尝不是为生活对抗着整个自然！

野草，首先是野草，一拨拨冷漠生长，一拨拨疯狂生长，全然没有怜悯之心。刺蜂来了，用尖刺扎进瓜里，把卵产在其中，瓜未成熟，却变黄腐烂坠地。而土壤又一次接纳了它的幼虫，并将其哺育成形，再将它释放出来与父亲为敌。虫子来了，蜗牛来了，多少鲜亮完美的蔬菜成了虫洞处处的劣等品。蚱蜢，老鼠，甲虫，鸟儿来了，一头扎进这无遮无拦的菜园子里，开始肆无忌惮饕餮大餐。为了保护蔬菜，父亲用手去抓去扯，用棍子，去追去赶，用鼠夹子去夹，用稻草人去吓，用农药去喷去洒，一晃之间，人生便去了一大半。更让父亲难堪的是，除了这些野草虫子的侵袭，他还得承受大自然一次次的坏脾气。暴雨来了，豆大的雨点打碎了脆弱的菜叶，风雨过后，往往一片狼藉。那年菜园子在公路边，一场暴雨把公路上的泥沙一股脑冲进了菜园子。父亲在雨后，刹开泥沙，翻找着掩埋的残茎断叶，心如天空一样阴沉。南方的气候，常来台风。风来时，飞沙走石，拔树掀屋。父亲的瓜棚刚刚搭好，瓜果刚刚开始挂藤，可一阵风后，原先葱茏如盖，隐人形迹的瓜林，尽皆萎靡于地。一两个月的期待，到头来，成了一地再无法成熟的烂瓜烂菜。这样的滋味，几十年来，父亲已无数次翻来覆去品尝。

面对着大自然的肆虐，父亲毫无还手之力。我已不能胜数，曾有多少次听到父亲辗转反侧地声音，曾有多少次看到父亲坐在家里，听着窗外呼啸的风雨，一遍遍叹息。但是不管风雨来了多少次，风雨过后，菜园子上又出现了父亲的身影。他就像那个脆弱的屹立在田野中的稻草人，苦涩而坚定地守护着他的土地。而我的生活，也在这种渺小而伟大的坚持里，最终得以成形。

我默默地拔着野草，不时抬头看看不远处父亲苍老的身影。心底涌起一个声音：

父亲，我亲爱的老父亲！这个世上，没有人能比你懂得大地的悲悯，也没有人能比你懂得生活的艰辛！

3.为自己高兴

三十个春秋，弹指一瞬。回首间，才发现生命的真谛，如此简单！一言以蔽之：为自己高兴！

为自己高兴，曾是如此之难！俗世中，或为争名，或为夺利，或为邀功，或为领宠，到头来，名缰利琐挂身上，却是繁华红尘空一场。说什么金榜题名游街时，说什么衣锦还乡日，说什么开疆裂土扬威名，说什么光宗耀祖争口气，说到底，欲壑难填是其因，一个比字压头顶。我有平房两间，他有别墅一排；我坐着汽车上路，他驾上游艇下海；我吃上了瘦猪肉，他流行吃起斋菜；我挤进城市立脚跟，他已举家签证到国外。人比人，气煞人！直到胡子一把鬓发白，皱纹满面腰弯弯，别人子承父业成老板，自家儿子奔忙三餐为温饱。这次第，只得仰天叹息，年华轻易消逝尽，遍数来时路上欢喜，百年竟难得二一！

只是，谁家没有头疼的事，谁家又无难念的经？纵横商场，置业国内国外，身家已过亿万，未必不是后代不肖子孙败家之始！一部片酬几千万，影迷粉丝全国摇旗兼呐喊，何等风光！却时常战栗，为了狗子队窥视隐私的镜头，以及娱乐小报猥亵的眼光。容貌自有倾人城市倾人国者，青春能吃超男超女饭，却整日忧惧，憔悴苍老终来到，美貌如花凋零早！这情境，当真是，贫也愁来富也忧！只得泪眼问世间，快乐为何物，直叫人一生奔忙寻不到！

其实，快乐本在身边，只需为自己高兴！

为自己高兴，即是放下。放下名缰利锁，放下好高骛远，放下自怨自艾，唯有放下，才得真豁然！坐于江南水乡乌蓬船之内，却忧心着深沪股市如山崩倒；站在黄山滔滔云海里，却忐忑被朋友借去的汽车可曾刮花了油漆；身处西湖万千荷花之中，偏却火急火燎地想起洛阳的牡丹红。身为形役，神为物锁，怎能领悟现下的神韵。其实，人生之中何处缺少胜境？穷困之时，何妨学学刘禹锡，望四壁萧然，看苔痕上阶绿，草色如帘青，一声何陋之有见性情；潦倒之日，何妨学学苏东坡，吟啸徐行，芒鞋胜马，一川烟雨任生平。穷乡僻壤，自是动人情境，且看黄昏、檐角、长巷、荒草，何逊于名家书画？月上梢头，清辉四溢，几声犬吠，几句人语，又怎不是诗家妙趣？纵是钢筋水泥之城市，另眼视之，何尝不是曼妙的图景？立交桥如波纹起伏，楼房灯光如瀑布中溅起的水花，车来车往是那鱼儿来回奔走。大喧嚣中本自蕴涵大寂静，只是，唯有微笑的眼睛与放下的心灵，才能感应。

为自己高兴，便是常怀感恩。感谢父母，给予我们身体，一杯茶，一勺汤，一件衣裳，一句叮咛，常将一种大爱暖透我们的心底，人生起落处，晴朗或者风雨，何时没有这深情凝望、无怨无悔的眼睛？感谢恋人，给予我们爱情，一双顾盼的眼睛，一份思念与痴情，一颗纯洁美好的心灵，便使你我孤独的天空下，暗夜的风雨里，拥有了多少感动，多少温馨；感谢友人，给予我们友谊。一段同窗往事，几多离别相聚，得意时有他提醒，跌倒时有他扶持，从懵懂之时，延续至今，还要温暖到以后的每个日子里去。是的，生活中，本就有美好的情感，拨动你我的心弦。纵使狭路的陌生人，一个萧瑟的背影，一声深沉的叹息，一种别样的命运，也能让你我心潮澎湃，起伏不定。恰是这些看似随意的际遇，形成了你我坚定的魂灵，以及生命中深沉的底蕴！

为自己高兴，便是为现下由衷欣喜！一片落叶中看到秋天，一滴露水中品出月色，一枚贝壳中呈现大海。佛家道：一花一世界，一树一菩提。现下渺小之拥有，未必不是心中大快乐之成因。以小见大，方能咀嚼生活的真滋味。别人有拉长马脸，山珍海味不能下咽权利，我们一块面包便能呈现浓浓温情；别人于酒桌之后，享受XO、马爹利倾吐于马桶的快感，我们于穷巷僻院之中，互推杯盏，小酌月光。孰更可喜？不言自明！小物质未必没有大快乐，大物质未必就有大舒坦。快乐唯心，而非唯物，不是么？

三十个春秋，许多人说我两手空空，一无所获，而我，笑而不答！有人因为豁然放达而富有，有人因为富有而穷困不堪。

我为自己高兴！朋友，你呢？

4.壶口，我看见苏醒过来的水

一

灰蒙蒙的天幕下，苍黄的山岭向后逶迤而去。透过车窗，偶见披羊皮袄，戴白毛巾的农民在田埂边抽着旱烟，定格成遥远的记忆。路边，灰黑的木栅栏，堆放着密密麻麻的玉米。更远处，向阳的山脚下，有成排的，零星的窑洞闪现。这里，是黄土高原的腹地！

司机叼着香烟，猛踩油门，一手握着方向盘，另一手腾出来，指着边上干裂的河床，喏，这条河，就是流进壶口的！我的心猛的一震。

壶口，我日思夜想的壶口，就要到了么？

最先勾起我看壶口瀑布念想的，是莫伸的一篇散文《壶口，壶口》。在文中，他说：壶口“仿佛惊雷滚地，犹如万骏疾走，声音撼天动地又包罗万千。”他将壶口的壮阔宏伟写得极为传神，让在课堂上讲写作的我，突然望着窗外，望着遥远的天边呆呆出神。许久，我回过头来，跟学生说，我想念壶口了。而后，神情黯淡。

下课后，回到家里，打开电脑，放上《黄河大合唱》，听着“风在吼，马在叫，黄河在咆哮”的大合唱，心潮澎湃。于是，在百度里，输入“壶口瀑布”一词，刹那间，无数的图片呈于眼前。多么雄壮的瀑布，多么壮阔的震撼，就这样随着我的想象，一次次，在我心底里溅起一阵阵狂澜。轰隆——轰隆——那个夜晚，我久不成寐。于是，静夜里，起床，遥对着窗外的月色，我决定要去那个神往的地方。

但，似乎好事总是多磨。一是杂事太多，抽身不得。二是朝秦暮楚，三分钟热度，渐渐也就冷却了。

国庆时，出游到西安。游完了华山，看完兵马俑，在陕博里又呆了两天，经朋友提醒，这才意识到，几百千米外，就是我曾狂热思念的壶口瀑布。心底的渴望一下子被勾了起来。但是，西安没有直达壶口的车辆，同时，旅游旺季，高速路上时常堵车，怕赶不上回程的飞机，误了学生的课，于是，只得怏怏作罢。

回京之后，跟朋友说起西安之旅，却总莫名地感到失落。我知道，是因为与壶口离得如此之近，却又擦肩而过。夜里写文章，敲打键盘时，总莫名地敲打出“壶口”两字来。于是，十二月，北京下雪时，我又兴冲冲计划着前去壶口。朋友说，眼前壶口正是枯水期，去了，也看不到什么！我默默卸下背包，塞到柜子深处，一时无语。

难道，壶口，真的成了一种永远的怅望了么……

思绪，渐渐从遥远的过去中回归现实来。车窗外，灰蒙蒙的天底下，黄褐色的山岭延绵没有尽头。一条狭窄的公路，七拐八弯的，偶尔有矿井的载油车迎面而过。

壶口，我终是来了。

二

黄河，终于出现了！

汽车向下疾驰，眼底，夹在群山间的河面，渐渐开阔起来，甚至，我能看到一片片翻起的波浪了。几百米宽的波涛，比高原的黄更黄一些，浩浩荡荡地，肆意奔流，似从盘古的时代奔来，似从遥远的记忆中奔来。

越来越近了，越来越近了！

司机用嘴一努，盯着山脚下开阔处，一片蒸腾的水雾，笑道：那就是壶口瀑布！

打开车窗，只听得轰隆隆的声响不绝于耳，似与群山共鸣着。似乎，有万千个人，将黄土高原这面大鼓猛捶个不停。顺着水雾的方向望去，只见一道雪白的水道，湍湍，朝远方奔涌而去，没有尽头。但，前方雄浑开阔的河面，经过水雾后，却似乎缩小潜形了。

三百多米宽的河面，挤成了五十多米宽的瀑布！瀑布之后汹涌的水道，那是十里龙槽！司机微微一笑，嘴角掩藏不住一丝自豪！

车终于嘎地一声停下了。交了车费，司机掉转车头，猛踩一下油门，离开了。眼前，赫然写着几个大字“壶口风景区”。壶口，终于到了！买了门票，我将背包往肩上一撂，撒开腿，便朝着前方的黄河，水声浩大震天处奔去。

近了，近了。水雾底下，栏杆边上，有零星几个游客正在拍照，半空中，一道彩虹在阳光底下隐隐浮现。炫丽极了！

壶口，我终于到了！

三

这是怎样的水啊！这是怎样的磅礴之力！望着眼前的瀑布，我竟呆住了！

几百米宽的黄河水面，突然聚拢，挤压，卷成了五十多米宽的水幕，向前倾斜着奔突，而后，倾斜着向下急坠。像几百米宽，几千千米长的玻璃，陡然破碎，向下疯狂冲泻，无休无止！像万千匹骏马，在遥远开阔处争相狂奔而来，以一种疾电的速度，疯狂挤进几十米宽的悬崖，向下狂坠，而后跌得粉碎，冲起漫天的水雾。像山崩，像浩瀚的森林顷刻之间把参天的树木连根拔起，而后，连着土崩瓦解的山体，疯狂泻进深谷。急峰推着急峰，巨浪推着巨浪，成千上万的浪头前争后挤，似骤然想要汇合，却又互相排斥。于是向下压，向上涌，奔突，冲荡，挤压，回旋，撕扯，碰撞，迸溅，叫喊着，呼啸着，惊呼着，亢奋着，放肆着，成片，成团，成卷地向下砸！疯狂地向下砸！

似乎早已压抑了太久太久！似乎厌倦了千万年来平静的流淌，似乎再也忍受不了太多太多黄土高原单调的黄！于是，顷刻之间苏醒，骤然间露出狂暴的一面，将每秒几千万立方米的水流，疯狂坠入下方五十米的河道里，瞬间，激起滚滚腾沸的水花，像千百个正在向上狂喷的火山口，喷吐着十几米的水柱与水沫，而后溅落，化为滚滚滔滔的河水，朝十里龙槽狂奔而去。这是何等造化之力！让人顿感渺小，让人颤栗，让人想呐喊又让人想哭泣！这不是柔媚的水，不是世间的水，不是悬泉瀑布，不是女儿形态的水！诗太呆板了，词太柔婉了，人类所有的语言，所有的词汇都显得太轻太轻！这是世间最愤怒的水，最磅礴，最自由，最亢奋，最阳刚，也最猛烈！它的豪迈与野性，远不是五千年来任何一位大家可比！任何矫揉造作，任何低吟浅唱，在它面前都不堪一击！也许，只有这样的水，才能与千万年的黄河相配，才能与我们古老而多难的民族相配！

我不知呆了多久，回过神来，游客们早已离去。

放下背包，攀过栏杆，顺着边上湿滑的台阶，贴着岩壁，我往瀑布前突出的一块岩石一步步探去。站在岩石上，脚下十里龙槽的黄河水咆哮着，沸腾着，翻卷着，向前滔滔奔涌而去，风中，漫天的雨雾迎面而来，将我紧紧围裹。世界，何其之大，世界又何其之小！

我静静地闭上眼睛，张开我的双臂，对着山崩地裂的巨浪，轻轻说一句：

壶口，是我来看你！

5.两朵牡丹的遐思

午后，买回了两支牡丹，插在花瓶里。

敲打键盘时，不经意发现，清水中，牡丹竟随着我手指的律动，轻轻摇晃。像极了绝美的女子，在水中央，含着羞涩，一双妙目微张，朝我轻轻打量。不觉便痴了。

我爱极了这种家里有花的感觉。冰冷空荡的屋子，只要有花，便充盈了，视觉、味觉，以及感觉，都会无限满足。总觉得，花是极其曼妙的生命，知冷热，懂时节，风来雨去，应时而开，感时而落，像极了最温婉，最善感的内心。总觉得，花与我之间，说不清，道不明，对着她，出了神，又会了心。

参禅么？当然不是。我仍太执着。

忽想起，许久不曾远足了。风来雨去，时节变换。山桃花开败了吧，杏花凋零了吧，梨花呢，想必也早零落成泥。出去踏春，已是一个多月前了。那时，在丽江，田野的油菜花已经开过，只剩下零星的几小簇金黄，玉龙雪山的满山红，倒开得正是时候。转眼，已过一个多月了，这时令，开什么花呢？倘若，家中，也能像野外一样，什么时节，就开什么花，该多好！

站起身来，把家中前后的窗户打开。风，穿过阳光，穿过窗台，由南向北，丝丝缕缕而去。窗外的小树林，已葱茏如盖，时有雀儿上下跳跃，嘤嘤成韵。偶有一两只胆大的，跳上我的窗栏，逼近我的屋里，拿一双小眼睛，上下左右，警惕而好奇地瞅我，而后，小翅膀一拍，投入浓荫里。

屋外的浓荫，与屋里的鲜花，是在遥相呼应么？为什么，都能让我刹那忘情？

这段时间，一直忙于杂事，忙得焦头烂额，忙得昏天暗地。有时静下心来，便会拷问自己，所为何来？世间风景，气象万千，我又领略多少，得到多少？困身城市，总想找某种代偿性满足。看文章，在文字的脚步里，饕餮他人的感想；对着屏幕，用鼠标弹开一个个窗口，欺骗自己，足不出户，阅尽世间风光。可是，没有触摸过，陷足过，怎体会泥土的滑腻？没在山涧发过呆，没捧起泉水清洗脸庞，怎体会水的美妙？没置身无边无际的旷野，没融入天地间空濛深邃的绿，你怎理解生机的真正含义？代偿性满足，真的能满足么？

记得旅游卫视有一广告词："身未动，心已远。"寄身高楼，此谓"未动"；靠电视随别人云游天下，此谓"已远"。这句话说尽电视之用，但深入想来，却为我们的窘境感到无奈与悲哀。相反，我更欣赏的是利群的一句广告："让心灵去旅行。"旅行，不是徘徊在自己的想象空间里，旅行，该是随风雨，随流云，随野花，随高山，随溪流，随眼前自然万物，去看，去听，去闻，去摸，去尝，去想，放开自己，去感悟自己的渺小，去感悟自己真正的大宁静。但这种生活，又有多少人，能真正经历？这个时代，我们大多退化为靠想象生活的动物，就像远方森林里的树种，被播撒在城市的泥土里，长在尘土飞扬的路边，却幻想着我们仍在高山与流水的怀抱里。

西方哲人曾说，"人的一生，是回归伊甸园的过程"。老子也说，最高妙的道，如同婴孩。但是，伊甸园能够真正回归么？我们能真的回到母体之中么？不能，永不能！与此相同，人类从大自然的怀抱中独自走出来，也永远无法回归！我们就像自然的弃子，怀念着母亲，却永远没有相认的一天。尽管，我们在建筑时，仍在雏形上模仿着从前的岩洞，尽管，我们也栽种着树木，也铺上草地，种上花卉，开挖湖泊与水渠；尽管，我们的高层建筑，让人体验一览众"山"小的豪情；尽管，我们的湖景房，仍能依稀看出从前先民逐鱼而居的特性。假山，池沼，植物，鲤鱼，等等，我们试图把自然地种种景观搬到城市来，搬到家里来，但模仿终归是模仿，赝品成为不了真品，代偿性的满足，也必然无法达到真正的满足！

满城的树木，能让一座城市显得更有生气；两朵牡丹，能让钢筋混凝土的房屋，显出几分轻灵。但是，请别忘了，远方还有森林，有高山与流水，有无穷人类意象不到的奇迹，也有我们遗忘了很久很久的历史与记忆。

纵使，我们真是自然的弃子，也请别自暴自弃，多到母亲的膝前身后，以我们的虔诚，以我们的卑微，去体会那生命与生命，灵魂与灵魂相互交融的气息。

用生活体验情感

——《想北平》教学反思

林　旭

《想北平》是老舍先生的抒情之作。他身在异乡，但情系北平。作为生于斯、长于斯的北平文人对故乡动情带泪的思念与眷恋在文中尽情展现，这里有动情的追忆，有对故都风物的信手描摹，抒发一个平民知识分子的闲雅而热烈的情怀。作者巧妙地运用以小见大的写作手法，处处不说爱，不说想念，但处处都在说北平的好和北平的美，处处都在表达对北平的喜爱和眷恋之情。文章篇幅不长，行文脉络清晰，文字平实生动。

文章着眼于让学生领会故乡施予每个人的深刻的烙印，但是想要用有限的篇幅生动地刻画出一个城市的面貌，实在不是一件容易的事，特别是对北平这样的大城市，就更为不易了。作为享誉全球的作家，老舍以一个地地道道的老北平的口吻来写“我的北平”，采用对比和衬托手法，集中地表现了北平最主要的特点，给人留下了深刻印象。文章语言通俗易懂，篇幅也不长，学生必须在课前，课堂熟悉文本，理清文章写作思路，筛选信息回答教师所提的问题。由于教师有效引导学生进行文本研习，所以学生对于老舍心中的北平是个怎样的城市，可以有个较为清晰的了解。

老舍信手拈来，选取“整个儿与我的心灵相黏合的一段历史”及它们承载的情感，在文中表现出了对故土的无限眷恋之情，其情缱绻，足以深深打动读者，但是对于生活阅历比较贫乏的学生，对于这种情感的理解是有一定难度的。那么如何指导学生在品读文章的过程中去慢慢地理解，体会老舍的浓浓乡愁呢?

教师尝试了以下几种方法：一是播放歌曲，营造氛围——教师播放歌曲《念故乡》，激趣导入，营造舒缓悲伤的氛围，让学生在浓浓乡愁中开始阅读文本；二是知人论世，类比情感——通过介绍老舍与其母亲的深厚情感，感人往事，类比理解老舍对北平的爱正如孩子对母亲的爱，让学生更好理解老舍对北平的深刻感情；三是现身说法，走近学生——教师用自己的亲身经历，回忆大学往事，用一个个细微瞬间构筑的温暖记忆告诉学生，于细微处显真情才能更好感受作者对北平深沉而炽热的爱；四是链接资料，构建系统——教师介绍艾青、方令孺、郁达夫以及老舍的乡情作品，构建知识系统，感受浓浓乡愁。

通过以上几点尝试，学生感受了古时文人和现当代诗人的乡愁，了解了老舍以前的生活（即他与母亲之间的爱），也走近了教学引导者教师的回忆。用此生活化的情境手段来体验情感，就比抽象地、简单地去透过文字表面理解深意来得更加有效和透彻。

但鉴于学生的生活阅历不够，对于此文，教师始终认为学生的情感体验仍是比较肤浅的。教师后来的设想是，文章前半部分写自己对北平难以言传的热爱与思念，以抒发感情为主，学生不易深入体会；后半部分通过对比的方法写出北平的特点，以此表达对北平的热爱，学生易于领会，因此，假如授课时能由后半部分入手，调整授课顺序，先了解老舍所写的北平是个怎样的城市，再来谈情感，可能学生可以更好地把握文本。用生活体验情感，也许也需要先了解主体人事物的具体特征和情况。

抓一“情”而文义现

——抒情性散文教学之我见

林　旭

散文是美文，形神兼备，意蕴深厚。散文作为教材中文质兼美的范文，很能唤起学生的审美体验和审美情感。

抒情性散文以抒发感情为主，它主要通过借景抒情、托物言志或对事物直接抒发感情来表达作者的意图。抒情性散文虽然文辞优美，但是因其不像记叙性散文那样结构完整，也不像说明性散文那样清楚明白，因此在中学语文教学中是个难点。只有遵循抒情散文的特点和规律，调动学生的想象，训练学生的语感，才能使学生领悟文章的意境，体会其中的意味，从而实现教学目的。结合从教四年的实践经历，以下就抒情性散文的教学方法谈几点鄙见。

一、反复朗读，品味语言

散文是偏重于抒写真情实感的文学体裁。优秀的散文作品，不管是抒情性、记叙性还是议论性，都饱含着作者淋漓酣畅的感情，或慷慨，或平和，或凝重，或含蓄，所以，抒情性强是散文的一个重要的审美特质。

既然散文以情动人，那么在抒情性散文教学中，教师就要调动各种手段去“引情”“煽情”。在多种入情的方法中，朗读法是学生品味散文感情不可或缺的途径。

朗读在抒情性散文的课堂教学中是十分重要的，通过朗读学生一方面可以领会到抒情性散文的语言美，另一方面还可提高学生的口语交际能力，使学生形成良好的语感，陶冶学生的审美情操。所以要想真真切切地感受到抒情性散文的美就必须进行口、耳、情皆到的朗读。

朗读可以有两种形式，教师的范读，可以带学生进入美的意境；学生的自读，可以促使其进入作品所创设的特定情境。不管谁读，都是把无声的文字变成有声的语言，并以语气的强弱、语调的婉转、节奏的缓急来影响人的情感。比如粤教版选修四《中国现代散文选读》第二单元第七课，刘亮程的代表作《寒风吹彻》，洗尽铅华的文字里饱含生命的厚重，简朴的语言一经朗读，自会在朗读者心中留下不可磨灭的印象。学生在过后的习作中常常提及“寒风吹彻”一词，据此可见经典作品的影响。

散文素有“美文”之称，这“美”，就指它具有优美凝练、富有文采的语言，极富艺术感染力。抒情性散文的语言灵活而富于变化。有的朴素淡雅，有的简洁明快，有的优美隽永，有的含蓄凝重。因此特别是能够体现文本语言特色的重点段落，要熟读成诵。这样，才能直接感受作者的思想感情，并通过语言的积累，增强学生的语感。

二、合作探究，体会意境

散文，往往以意境取胜。生动传神、浓郁深邃的意境，是一篇优秀散文的生命要素。对散文内涵的赏析，要借助于对意境的体会，所以就要重视对文本解读过程中的细节处理及意境的营造。

散文的意境是作者主观思想感情与客观生活的描绘熔铸在作品中所引起读者充分想象空间的艺术境界。特别是抒情性散文，更被赋予了人文观念和人文情怀，它是作者才华、个性、情感和思想的结晶，贵在它的意境美。

要想使学生有效地体会抒情性散文的意境，一方面需要教师引导学生展开丰富的想象与联想；另一方面，教师应抓住文中典型的景、物描写引导学生体会景、物的特点，掌握作者抒情的凭证，把学生带入课文的意境中，从而提高学生鉴赏抒情性散文的能力。

教师可调动现代教育手段，形成直观动态的教学方式，引导学生有效合理体会意境。或是制成配乐画面朗诵，用有表情的朗读，创设和营造一种诗情画意的氛围，引人入胜。它能迅速调整学生心态，集中学生的注意力，激发学生的兴趣，让他们受到美的熏陶和情绪的感染，从而启发其学习动机，激发其强烈的求知欲，使之尽快融于氛围而进入意境。或是展示与文本相关的动态图片，用声色俱全的真实或模拟场景，让学生感受文字还原的画面感，更直观更清晰触摸意境；或是播放能够为文本营造氛围，渲染情感的音频，从听觉上给学生美的享受，为意境的创设增添一份趣味。

仍旧以刘亮程的《寒风吹彻》为例，教师以“生命中的那些寒冷”为解读角度，首先通过一组色彩深沉的图片让学生感受寒冷的气息，为解读文本营造了一定的课堂氛围；在研读文本的过程中，教师播放了寒风呼呼声和落雪簌簌声两个音频，让学生更直接感受了被寒冷包围的生命。这两次尝试均取得了不错的教学效果。

三、个性体验，情感共鸣

在抒情性散文的课堂教学中，教师应始终坚持“披文入情”，引导学生领会作者丰富而独特的思想感情，使学生把握课文的主题思想。

学生通过入情地朗读课文，体验意境，感触必深，所得必广，以致激情奔涌不吐不快。若畅述已见，必然大有裨益。学生各抒己见，畅所欲言，或点或面，或情或景，或叙或议，或深或浅，均能使他们互相学习，取长补短。可以明文意，获真情，通意境，加深对课文的认识和理解，甚至还有可能出现独到的见解和有价值的思考，以便进一步探讨和研究，有助于共同借鉴和吸收。当然，在学生各抒己见，畅所欲言时，要适时地教学生方法，让学生学会欣赏，学会讨论。

刘亮程的《寒风吹彻》，用干净的文字，平静的表达刻画了孤独而沉默的心灵。“生命本身是一个冬天，每个人都在自己的生命中，孤独地过冬。我们帮不了谁。”虽然学生人生阅历尚浅，但文中十四岁少年的苦痛和隐忍，他们还是可以理解。而陌生老人和多病姑妈的死亡，也让学生感受到生命的不可挽留。文本透露出悲凉的意味，但“寒风吹彻中，我们还有春天的梦”，刘亮程在细微处隐藏了丝丝希望。学会爱，懂得承受，珍惜当下，面对文章最重要的三个人生观，学生能够较好联系实际生活谈感受，真实而动人。

散文教学对学生语文素养的形成和提高有着重要的作用。散文是人类心灵的袒露，这就需要我们用心去理解，用心去鉴赏。与作者的心灵产生共鸣，与作者的感情有所沟通，才能读懂散文，读深散文。抒情性散文是散文中最为艳丽的奇花，可谓一枝独秀，其思想性、艺术性以及含蓄隽永的意境更是别有天地。按照相应的鉴赏规律，并且允许学生结合生活经验，情感体验丰富的抒情性散文的内涵，进行多角度地解读，这样才能培养学生的探究能力，提高学生的审美水平。

搭建“对话”桥梁，将高中语文课堂教学引向深入

——新课程标准下的高中语文课堂教学反思

林　旭

课堂教学是语文教学的一个重要阵地，也是许多语文教师比较困惑的一个难点，如何在课堂教学中引导学生深入文本，提高阅读教学的效果，是语文教学必须重点研究的问题。《语文新课程标准》指出：“阅读是搜集处理信息、认识世界、发展思维、获得审美体验的重要途径。阅读教学是学生、教师、教材编者、文本（作者）之间的多重对话，是思维碰撞和心灵交流的动态过程。阅读中的对话和交流，应指向每一个学生的个体阅读。教师既是与学生平等的对话者之一，又是课堂阅读活动的组织者、学生阅读的促进者。教师要为学生的阅读实践创设优化的环境，提供良好的条件，充分关注学生阅读态度的主动性、阅读需求的多样性、阅读心理的独特性，而不要以自己的分析讲解来代替学生的独立阅读。应鼓励学生敢于批判质疑，在讨论中发表不同意见；要尊重学生个人的见解。”然而，在许多的课堂阅读教学中存在以下几个问题：

1. **极端模式探索弱化了文本内容挖掘**。

语文教学的极端探索造成了诸多顽疾，它把解决问题的关键指向了阅读教学外部条件的构建与改进，试图通过这样的努力能够解决问题：通过不断探索总结出来的经验形成名目多样的课堂教学模式，并试图改变当前语文教学中存在的“非阅读”（非人文）问题；借助多媒体形式和多样化的教学方法演绎教学内容，意图解决过去教学手段单调乏味的问题；着力于学生综合分析理解问题能力的培养，让学生从纯粹接受知识的泥沼中走出来，进而经受自主、合作和探究的考验，等等。种种努力确实在一定程度上改变了阅读教学中存在的传统与单一，而且显然

是取得了或者部分取得了预期效果，仿佛给语文教学尤其是阅读教学带来了一丝生机与希望。然而，透过好看的表象我们看到的却是有些糟糕的真实：它追求形式胜过内容，它追求统一胜过个性，它追求“技巧”胜过艺术。这样的表里不一让我们再一次将关注的目光投向了语文阅读教学。

2. 合作探究造成盲目的导向牵引。

课堂上一些教师一味迎合新课程标准，追求合作探究这一时髦的学习方式，但合作探究的目的、时机和过程都有很大的随意性。表面看起来很热闹，实际上并没有思维撞击的火花。学生没有时间也不愿独立思考（可能已经习惯了），讨论只是泛泛交流，并没有在教师的指导下进行，没有人愿意倾听别人的不同意见，几乎所有学生都把希望寄托在教师的说教上。这种有名无实的合作探究，容易滋长学生随心所欲、浑水摸鱼的学习倾向，使教学出现随意性和盲目性。

3. 情感目标小结有虚假作秀之嫌。

很多公开课中都有这样的问题，老师为了凸显自己设定的三维目标，在课堂小结中将情感目标像知识目标一样罗列出来，给人虚假的感觉。阅读教学的情感、态度、价值观具有主观性、体验性、内隐性等特点，它既不能通过生硬的讲授来实现，又不能靠某一节课来完成，而是贯穿于学习的全过程。从教书育人的机制来看，语文阅读教学应是“随风潜入夜，润物细无声”式的，并不是对每一节课都牵强附会地加上一个环节，只有与知识和技能、过程和方法融为一体，才有生命力。

4. 要弄“技巧”驾驭了饱含内里的语文课程。

教师上课要弄“技巧”，学生在语文课上也基本是学“技巧”，他们熟练地答着试卷，如同在机器旁熟练地处理着一批批零件；他们熟练地写着抒情文章，内心却激发不起半点情感波澜。难怪有人慨叹：“语文教育正有异变为一项纯粹的技能培训和手艺磨炼的可能。”“这是传统中国语文教育，在向现代中国语文教育转型过程中，所发生的最深刻、最惊心、最骇人的核变。”技巧是绝对重要的，但我们绝不可把语文异变为一门单纯学习答题技巧并基本用技巧来驾驭的课程。

5. 忽略文本对话淡化了学生的阅读认识。

阅读是读者与作品与作者对话的一种活动。也就是说阅读是以作品为媒介，借此体验、感悟和理解作者在作品中流露出的思想和情感。这种阅读活动，是读者与作者之间心灵的对话，当然，这种对话，是无声的对话，是精神的对话，是灵魂的问答和心灵的碰撞。当前的阅读教学往往忽略了阅读的本质，忽视了学生的主体体验与感受。

那么，真正有效的阅读课是什么？阅读是阅读教学之基，阅读教学是基于文本展开的“对话”，而对话的关键在于对文本的个性化解读，从这种意义上说，基于文本“对话”的解读关键在于对文本的解读。所以真正有效的阅读教学中就要求教者要根据学生阅读程度和阅读感点确定教学起点和内容，将课堂交给学生，以学生的自我探究为课堂主要学习方式，教给学生阅读探究方法，引导学生突破阅读的高原状态，将阅读引向深入，真正搭建学生与文本对话的桥梁。

那么，学生与文本构建对话桥梁的途径有哪些呢？笔者结合自己的教学实践，认为有以下几种方式：

1.抓住文本内容的反常处。符合逻辑规律是我们日常思维和表达的基本要求，但是违背了思维习惯的叙述描写往往都是作者特意而为的，肯定要表达一种不一样的内涵，所以在教学中我们一定要挖掘这些反常处，让学生找到切入文本的切口，深入和作者进行对话，就一定可以理解文本的涵义。

例如文言名篇《项脊轩志》，有个很突出的反常处就是作者写母亲，是“余泣，妪亦泣”，似乎只是轻轻一笔；而写到祖母则是“令人长号不自禁”。在教学中我们要紧紧抓住这个“诱导点”，发掘出课文所表现的对祖母那份深切的感情。

2.抓住文本内容的矛盾处。语文教材中有不少课文是借助矛盾的对立和统一来表达思想感情、突出人物和事物特点的。貌似矛盾，实则统一。由于作者在进行文学创作的时候，往往为了表达特殊的含义，为了传达一种特殊的意思，他在遣词造句上，在文章的某篇布局上就会设置很多的“矛盾”。矛盾的发现和产生，张力的存在和消解为我们的阅读教学打开了一扇门。如果我们能够认识到这些矛盾存在的意义，同时合理地利用这些矛盾引发学生在头脑中产生问题情境，继而将教学引向深入，从而有利于张力的发现和消解，教师、学生、文本甚至作者之间的对话就会变得更加富有实效。

例如《水调歌头·明月几时有》，诗人一开头就把酒问月，表现出对月亮，对天宫的无限兴趣，可接着却说：“起舞弄清影，何似在人间？”既然如此，诗人前面何必有那么多的追问？这是一个矛盾点所在；又如《红楼梦》“林黛玉进贾府”，林黛玉在回答读书的问题时前后明显矛盾。贾母问黛玉念何书时，她回答：“只刚念了《四书》。”而当宝玉问她“妹妹可曾读书？”，她却回答：“不曾读，只上了一年学，些须认得几个字。”何以如此矛盾？抓住这些矛盾，学生的思维自然就会打开，教学针对性就更强。

3.抓住文本内容的差异处。在教学文本中，任何诗文都很少只写一事一物，总会要由此及彼，写到其他事物。学者们往往旁征博引；作家们更是精骛八极，心游万仞。诗歌，往往有多种意象交织；小说，常常是人物错综复杂。作者正是通过不同的材料，或举例，或类比，或比较，或象征，或衬托，或渲染，来表情达意。任何诗文都很少只写一事一物，总会要由此及彼，写到其他事物。

文章材料的关系，无外乎三种，一是相关，二是相似，三是相反或不同。其中重要的是相似和不同这两种关系。这种相似与相反，主要表现在两个方面，或者是材料与材料之间相似相反，或者是材料与作者思想感情相似相反。只要把握了这两种相似、相反的关系，也就基本把握了材料的作用和意义，从而也就把握了作品的主旨。所以，在教学中，要利用好文本中的差异性。

文本的差异处是指文本中不同人物对某个特定情境的不同反应，其表现的就是人物的丰富个性特征。如《红楼梦》“宝玉挨打”一回，围绕宝玉挨打，各种人物纷纷登台表演，如王夫人主要是“哭”，而贾母则主要是“气”，黛玉是“伤心”，宝钗是“劝说”。即使是王夫人的“哭”，在贾政面前的哭和在贾母面前的哭，又不相同；即使是贾母的“气”，前后六处“气话”，表现也各异。当你发现了这些不同，才会真正领会其妙处。在教学中，教师一定要抓住这样的差异之处，引导学生分析出人物复杂的性格特征。

于漪老师说：“语文就是我的精神家园。”通过交往、对话、倾听、诉说，从中享受自然，体验人生，经历艰难曲折，步入思想高地，领略无限风光。那种欢乐，那种情怀，那种在母语家园里边遨游边吮吸雨露甘醇的自由自主，难以言表。多么令人向往的精神家园。作为语文教师应抓住语文教材的优势，在课堂教学中，采用平等、民主、和谐的师生对话，引领学生走入文本、走进语文这个风光无限的精神家园，去丰富自己的语言、提升自己的人格，充分展开思与思的碰撞，心与心的接纳，情与情的交融。

对话，让心灵走进文本；对话，让课堂更精彩。在课堂中搭建对话桥梁，将阅读引向深入，一定能够确实提高语文课堂教学的有效性。

《兰亭集序》之“死生亦大矣”的教学思考

林　旭

《兰亭集序》在魏晋玄学盛行的背景下，以实事抒真情，行文如流水，一洗玄学的深奥空阔；具有清新朴实、不事雕饰的风格。语言流畅，清丽动人，与魏晋时期模山范水之作迥然不同。这篇序文批评了当时一些文人的人生态度，指斥“一死生”“齐彭殇”是一种虚妄的人生观，强调死生是人之大事，珍惜生命，充分肯定生命存在的价值，对于今天的我们有很重要的现实意义。此文中所阐明的“死生亦大矣”的哲理内涵，在解读时众说纷纭，下面就这一问题加以探讨。

一、对生命的担忧

魏晋时代连年战乱，政局动荡不安，文人名士普遍存在对生命的思考。古诗十九首中便充斥着“生平不满百，常怀千岁忧；昼短苦夜长，何不秉烛游”“人生天地间，忽如远行客”的感慨。就连大政治家，横槊赋诗的时代英雄曹操，也发出“对酒当歌，人生几何？譬如朝露，去日苦多。慨当以慷，忧思难忘。何以解忧，唯有杜康”的感叹。王羲之在东晋初年这样的思想背景下，也无法回避对生命价值的思考。因此对此文中的“死生亦大矣”的思考，应结合这一思想背景来探讨，使之有思想渊源。

二、对韶光易逝的惋叹

江南暮春，草木复苏，花红柳绿，加上天空晴朗，风和日丽，春光明媚。面对如此良辰美景，群贤雅兴四溢，“引以为流觞曲水，列坐其次”“一觞一咏，亦足以畅叙幽情”。饮酒赋诗，借诗歌表达舒畅的心情。在大自然的怀抱中，游目骋怀，极视听之娱，陶醉于自然美景中，释放情怀。但就在这愉悦之巅峰，作者忽然意识到时光流逝，青春不再，转瞬之间“老之将至”，不禁悲从中来。一悲时光流逝，情随事迁，人的心境随着境遇的不同而变化，像今天如此美好的情境不可重复；二悲时光如流水，多少良辰美景赏心悦事转瞬之间已成过眼烟云，使人不能不感慨伤心；三悲人的寿命长短并不以人的意志为转移，最终都要归于死亡，和无限的时空相比，短暂的生命中能有几多美好事啊！这正如晏殊《浣溪沙》词中表达的“无可奈何花落去，似曾相识燕归来”。花盛转眼成陈迹，相识燕子归来但人的心境已变。曾经的美好就像海市蜃楼，在人的生命中转瞬即逝！

三、“死生亦大矣”生命哲理的探求

生命中的美好情境弥足珍贵，因此，就应该珍惜生命中一切美好的事物，譬如“晤言一室”的坦诚友谊；“此地有崇山峻岭，茂林修竹，又有清流急湍，映带左右”“天朗气清，惠风和畅”的自然风光；而珍惜生命最重要的就是在有生之年应有所作为，活得有品位，有质量。这一点，对我们今天的读者来说仍有警戒意义。作者的“死生亦大矣”，也是针对魏晋玄学对生命的态度而说的，玄学“一死生，齐彭殇”，这种对生命的态度从某一角度来说，是超越“死”之界限的豁达、大度，但也隐含着对生命价值的漠视。不重视“死”，哪能发现“生”之珍贵！正因为“死”是一件大事，它的对立面“生”才显得珍贵，而生命中的美好事物就更值得用心享受。结合魏晋时代文人名士对生命的危机感来观照作者的这一观点，就更显出它的意义所在。正因为“人生不满百，常怀千岁忧”，苦难的人生历程中有几多良辰、美景、赏心、乐事，何不在有生之年尽情享受清风、明月、高山、流水，享受三五人静坐一室，坦诚交流的纯洁友谊。由此看来，作者对生命价值的探求要高于失意文人的慨叹，失意文人面对生命短暂、人生无常往往发出无奈的消极的慨叹。而作者虽然也感慨生命短暂，但并不消极。

四、“死生亦大矣”现实意义

时间分过去、现在与将来，作者的这种体验和古人的情感也是“若合一契”——完全一样，做法也是大同小异：“未尝不临文嗟悼，不能喻之与怀”，都留下文章来抒发自己的情感和思绪。生与死，这是每个人都必须严肃面对的问题。“一死生，齐彭觞”，完全否定死与生的区别，只是自欺欺人的虚妄之言，实际上正如王羲之所说，“后之视今，犹今之视昔”，“所以兴怀，其致一也”，人类社会从古至今迈进了几千年，人类文明的发展也是今非昔比，但无论世界怎么变化，社会怎么前进，人类对生命本质（生命、青春、痛苦等）的体验却是一致的。《兰亭集序》之所以深深地打动我们，就是因为它如实地道出了这种“千古同悲”。

王羲之的人生观不消极，悲叹并不等于悲观，历史上悲叹人生的往往是最富有创造价值的人士，比如李白感叹：“浮生若梦，为欢几何？”这种对人生如白驹过隙的紧迫感成就了千古诗仙。

正因为人生匆匆，我们才必须“只争朝夕”；正因为人生苦短，我们才刻意追求生命的永恒。正因为“痛死”，我们才“乐生”，格外地珍爱生命，热爱生活。

当然，对待生命的态度，“趣舍万殊，静躁不同”。有的喜欢“生的伟大，死的光荣”；有的喜欢“生当作人杰，死亦为鬼雄”；有的喜欢宁可站着死，不愿跪着生；也有的喜欢宁可赖活，不愿好死。有的人未亡心已死，有的身患绝症，终期于近，却赤心依旧。虽然生活可以自由选择，道路无从强求，但是有一点必须记住，那便是你选择的人生道路不同，生命的归宿也就不同，人生的价值也会迥异。正如司马迁所说：“人固有一死，或重于泰山，或轻于鸿毛。”臧克家说：“有的人死了，他还活着；有的人活着，他已经死了。”

现如今的我们，在读了《兰亭集序》之后，仍然能从“死生亦大矣”的深沉感叹中，汲取到积极进取、振作奋发的精神动力。怎样使自己的人生过得有意义？怎样使自己活得比泰山还重？这是我们每一个人必须时时深思而熟虑的事情。

携同行凝智慧，步教育取菁华

——走过2018年的广东省林旭名师工作室

林　旭

春寒料峭，转眼间，广东省林旭名师工作室挂牌已八月有余。甫一挂牌，工作室的各项事务便正式提上日程，包括组织工作室成员，讨论确定工作室各项章程，设计第一期研修课程等。细数过往时光，在工作室指导专家、主持人的带领下，我们收获满满。

一、引领，拨云雾见智明

工作室建设力求全方位着手，从心灵叩问到专业成长，从教育科研到管理精修，从智慧生活到师德凝聚等。为此，作为工作室主持人的我诚挚邀请各级专家，为工作室开班授课，指引方向。

在本期的活动中，工作室邀请华南师范大学扈中平教授开设讲座《“好老师是天生的吗?”——对教师专业发展的另一种思考》，韩师文学院孔令彬教授开设讲座《如何认识和解读〈红楼梦〉》，韩师文学院苑青松教授开设讲座《语文教学设计思想及示例——以〈错误〉为例》，深圳南山区语文教研室茹清平老师开设讲座《中学作文“一题多维”教学体系研究》。此外，工作室依托挂牌学校资源，邀请学校各处室领导，对各专门问题进行介绍——揭东二中杨柄高副校长《教学（教务/高考备考）管理浅谈》，揭东二中政教处黄涌辉主任《班主任德育工作的守正与创新》，揭东二中教研室杨伟东主任《做真实有品质的教育科研课题研究》，揭东二中教务处林文新主任分享对好教师的理解。

专家们的智慧，是一种教育的引领，除了传授给我们理念外，专家们由里到外投射出来的独特魅力，也是工作室学员自我审视的一面镜子。

二、支撑，强骨干立旗帜

一名优秀教师可以带动一批教师，一个优秀团队可以影响一支队伍。

作为工作室主持人，在教学上我主张立足学生，站在发展的空间上，主张教学须以情动人，知识的学习要分解分段，高一、高二侧重兴趣培养及人文塑造、情感的体验，不要一个高考应考模式用到底。正是在这种理念的指引下，林老师的课堂成为学生爱上语文的课堂。

我一贯要求，工作室要努力以学习为主导、以研究为主体、以工作为主线、以骨干教师为纽带、以提高教育教学、教育研究能力和促进教师专业化成长为目的。同时，要求全体工作室学员要严格执行《广东省中小学教师工作室建议与管理办法》的精神跟要求，承担起教学示范与辐射、课题探究和培养骨干教师的任务，努力让工作室成为骨干教师成长的摇篮，让更多年轻的教师成为骨干，让教师成为名师，让名师更有名！在各级领导的重视下，工作室荟聚了来自蓝田中学、龙尾中学、空港一中等揭阳市普通高中的九位学员老师。老师们志趣相投，共同奋进，在第一期研修班中学习交流，领会彼此的教育风采和智慧。

我们相信：独行速，众行远。

三、落实，抓细节助成长

为更好地促名师，出名师，让工作室的老师能够更好的立足课堂，拓宽教师视野，实现提升专业能力和提高教学有效性的双赢，工作室在主抓课题研究（本期课题“核心素养下高中语文作文多维目标教学策略研究”）的基础上，更落实教学研究中的示范课、汇报课及听评课环节。

在第一期研修课程中，工作室邀请深圳南山区教研室茹清平老师开讲示范课《春夜宴诸从弟桃李园序》。茹老师从诵读和抄读、议读和品读、参读和比读三个学法层次入手，把原本枯燥呆板的古文课上得活泼有趣，自然如清泉般流进学生的心窝。

我亲自为学员开讲《再别康桥》，并送课下乡，在揭东区锡场中学开讲《理解并翻译文中的句子——文言文重点突破》。这节课，我充分体现我倡导的“合作探究、自然生成、对话启发”语文教学特色。

此外，还有揭东二中洪敏老师、谢逸媛老师的《文言文翻译》，揭东二中彭婷老师《前后“赤壁赋”比较》，揭东二中林伟波老师《鉴赏诗歌形象》，深圳市石岩公学著名教师许华蕊老师与揭东二中的林文琴老师针对《项脊轩志》进行同课异构，锡场中学的黄春燕老师的《六一居士传》，学员黄晓存老师《永遇乐·元日》(李清照)、学员颜洁新老师《鉴赏诗歌情感》、学员林琼如老师《诗歌鉴赏形象——人物形象》、学员成海林老师《千锤百炼，字字关情——诗歌鉴赏动词类字题复习》、学员杨瑾老师《轻肥》(白居易）等课程。这些课程异彩纷呈，充分体现了教学的多元性，也让听课老师获益匪浅。

在评课环节，老师们畅所欲言，通过交流、反思、总结、实践，不断地提升学术水平，提高教育能力，进德修业。

时光如流，工作室就这样走过了成立的第一年。在第一期研修中，我们尚处于观望、摸索中。让我们共期新一年新一期的研修，真正成长自我，影响他人，走出特色的教育之路。

不就是擦黑板吗？

缪运福

今天上课前，我才发现黑板没擦。我微笑着对同学们说："这活儿没做，我不批评大家，要怪就怪你阿福自己。是你缪运福工作滞后（开学三天，还未定好卫生班值日表）所造成的。"

后来，由于没怎么用到黑板，所以，一节课下来我也就没擦黑板。现在记事的时候，我才想起以上的事，同时，大学的一些镜头也浮现在眼前。

大学期间，我的一位舍友，无论上什么课，他都抢坐前排，上课前看到黑板不干净，就会把黑板擦干净。一开始还有极个别的同学在笑或者议论，可是，他没有过多的理会，大学这几年都坚持这么做。现在同学聚会，这事都成为大家的美谈了！

我怎么就不跟同学们分享一下这个"美谈"呢？

再有，作为一名教师，自己造成的事，学生也没紧跟做，你为什么不就现场立马做好呢？擦黑板是多重的活儿呀？想起"德高为师、身正为范"，自己真是无地自容啊！什么是言传身教，什么是润物细无声，自己还没做好。

今天，我要将这些话跟同学们分享一下。

家给我的财富

缪运福

昨天中午，突如其来的一场狂风暴雨给人们带了很大的影响，这不，今天办公室的同事就讨论开了。

“来的时候，觉得没那么大雨了，可等到了办公室还是全身都湿透了。”

“我刚送小孩到了学校，自己还没上班，就收到孩子学校发来的信息，说有部分学生的衣服湿了，叫家长及时送衣服过去。”

“昨天下午回到家，我家孩子还问我，好多家长都送了衣服到学校，为啥我没送呢！”

……

现在的孩子还真有福气啊！这也让我想起了我小学求学时与雨有关的经历，虽不能把那一段段的记忆串起来，但对于“送”，却还是能说上一些的。

由于年龄的关系，我读二年级以前，我三兄妹是同时在一所学校上学的。求学期间，也会遇见像昨天中午一样突如其来的暴风雨。有时如果在路上，也会被淋个落汤鸡。不过，自己心里清楚，这个时候，家里是不会有人给我们送衣服来的，就是在放学时遇见这种情况，也不会有人给我们送雨具。我忘不了当时其他同学一个一个被其家人接回家的场景。我们就是望穿秋水也等不到，我们只能是等雨小了或者是停了再回去了。

但是，从那时到今天，我只是有时羡慕一下其他人，打心底从来没埋怨过我的爸妈！因为，我知道，我从小就没有爷爷奶奶，爸爸外出打工挣生活费，妈妈在田地里干活，我哪能要求她抽空给我们送雨具呢？我还知道，这种时候，说不定在田里干活的妈妈也在被雨淋着呢！

或许，穷人的孩子早当家吧！

当别人放学回到家里，可以直接吃饭时，我们还得挑水、摘菜、做饭，以及给来不及回家吃饭的妈妈留下饭菜。

当别人每个星期都能吃上一顿猪肉时，我们却正吃着妈妈刚从地里挖出来的红番薯。

后来，一学期也能吃上几次用蒜苗炒的猪头肉。

……

在这粗粮的陪伴中我们不断长大，我们也很争气，年年都能往家里拿奖状。

如今，已走上工作岗位的我，还不能给妈妈带来多么优越的生活，但我想说的是，当年的我从来没埋怨过我的家，更不会埋怨妈妈。因为，妈妈以及这个家已经给了我那么多的财富，让我学会了如何生存、怎样适应生活等书本上学不到的人生道理！

在一穷二白的家庭里，能出一个跳出田埂的大学生，我还能要求什么呢？有这笔家给我的财富，就已经足够。

今天就记两个成语

缪运福

今天跟同学们分享我的记事本，我说，大家别小看这个记事，累积起来是一笔很不错的财富，你看，这才几天啊，我已经记录3 000多字了，一直到高三，就不会少于15万的。

有个别同学就问，是不是又是一部著作啊！

认真加工，可以的，因为，这是咱们真实的心路历程。

此时，我想起了我高一的语文老师……

一次，语文老师要我们多积累成语，他的原话是这样的：积累多一些成语，你的作文肯定比人家有文采，再说，成语也是高考的必考点。那么多成语怎么去背诵呢？我们可以分步骤来，比如，你每天早上起来先记两个成语，一星期多少？一学期呢？三年呢？有得算的。

或许是读书期间没多少人给予自己方法指导，所以，老师在那次课堂上讲的话我记住了。高中三年，我真的坚持做到分步骤去记成语。

还有一次，学习课文《记念刘和珍君》，老师在介绍作者时说鲁迅先生之所以在文学有那么深的造诣，跟他的习惯有很大关系。他有一个好习惯，那就是每天坚持写日记。鲁迅曾说：哪里有天才，我是把别人喝咖啡的时间都用在写作上了！鲁迅先生的这句话，现在可以找到证据，至于鲁迅是否坚持写日记，我还没查到证据。但是，我却从那天起，作出了一个决定：我也要坚持写日记。

有一天，好像是周末吧，我们在运动场疯狂奔跑之后，已经很累，我们打算吃饭洗澡后就回宿舍休息了。当我们都躺下之后，我突然起身，大家问我干什么，我没有回答，走向教室。还好，教室里还有苦读的同学，教室门还没锁。很快，我又回到了宿舍，大家再次问我发生了什么事，我如实回答：今天的日记还没写，我刚才去写日记了。

舍友们都在感叹吧！我能感觉到他们当时各种诸如惊讶、赞叹以及羡慕的反应。

其实，那天我的日记内容就这几个字：今天玩得有点疯狂，也有点累，差点把日记给忘了。

我不知道当时班里的60多位同学有几个记住了语文老师所说的那些话，又有多少同学坚持了下来，反正，记成语我坚持了三年，记事，我坚持到现在，快有20年了吧。

现在跟高中的同学聊天，我们会谈到高中求学的事，他们都会说，这些你怎么都记得那么清楚；大学时候，舍友会说，你们讲话小心一点啊，阿福在记录啊，哈哈！如今要写教育教学论文或者在公开场合发表意见，同事们总是惊讶于我怎么就有那么多鲜活的事例！

三 七 分

缪运福

每个月的一次理发，我都是找那位理发师，不论他的理发店搬到哪里。

他个子不高，穿着朴素大方。虽说不上健谈，理发过程中我们聊得还算投机。交谈中，我对他的了解也有了个大概：他是以前的国企工人，十六岁就学理发，当时是政府部门集体培训的，刚出来理发还是要记公分的。他剪的发型比较端庄，很多在职和退休的县级干部都在他那里理发。当然，这些都不是我专门去他那理发和写他的理由。

有一次，我跟他说平时我的发型是三七分，有时候左边七分，有时候右边七分，不过，我感觉都是刚开始的好看些，最后都不怎么好看。另外，发型要弄成三七分，就要使用定发水。可是，长期使用定发水似乎就要脱头发，若不用定发水，发型最终都是中分，这种“汉奸头”显然不是我愿意的。没办法，我最后也就不怎么理它，就让前面的头发处于自然状态。

他听了以后，不紧不慢地说，这跟每个人的发旋有关。第一要看发旋的位置，发旋在中间，当然是弄中分发型比较容易。若是处在左边，那右边就可以多一点的头发，就如你刚才所说的三七分，七分的头发就在右边。第二要看发旋的转向，转到哪边，哪边的头发可以多一些。设计发型如果不考虑这些因素，那就需要更多的人为去改变它了，比如使用定发水。此外，他还谈到弄发型是要跟人的长相、职业、身份等结合起来的。比如，你的发型是否有必要弄成怎样，你是否有条件弄成那样。不过，在他看来，一切顺其自然就好。

上个月出了一趟差，用了宾馆里的洗发水，回来第二天洗澡的时候掉了许多头发。过两天去理发，我把这事跟理发师说了。他否定是洗发水的问题。“你想啊，我们以前用洗衣服的肥皂洗头都不会出现大面积的脱发，所以你说担心因用了宾馆的洗发水就脱头发是多虑了。”他接着说，“人到了一定的年纪，就会出现脱发现象，这也是正常的新陈代谢。”他似乎察觉到了我的担忧，也似乎意识到他最后一句话戳到了“年龄”的敏感话题。他紧接着说：“你的头发是比以前少了一些，不过还是比较密的。”他补充说，“人到一定年纪还不会脱发反而不是好现象。”我立马笑了：“是不是吃的营养都被头发吸收去了？呵呵！”“也有这方面的意思。”他答道。

我真想不到平日里不怎么健谈的理发师还有这般见识和豁达。

下个月，我还是要到他那理发。

“谢谢人家。”

缪运福

今天，在《师道》“并非戏言”栏目看到一则：

刚刚坐地铁，人挺多的，一位妈妈带着两岁左右的儿子挤进了车厢，旁边的人马上给他们让了座。妈妈：“快点谢谢人家。”小男孩怯生生地抬起头，对让座的人说：“谢谢人家。”

我相信这段话的真实性，毕竟小男孩才两岁左右。很多东西，都还要我们大人手把手地教他们。生活中还有很多这样的事。

一次，一位年过四十才做高中班主任的老师上交国家助学金申请表，她的学生在“家庭收入”一栏填写：2 000元左右。其他班主任就笑她了，她的回答是：学校布置的时候不就是这么说的吗？其实，其他班的学生填的都是“1 900元”“2 100元”之类的。这时候，你不告诉她这样填写，她还真不知道，毕竟她第一次做高中的班主任，也是第一次做国家助学金申请的活儿。

今年我们年级组选用了几位刚毕业不到两年的年轻老师做班主任，他们工作很卖力，可是，经验不足也是事实。还好，他们都很虚心，有什么不懂的都向同事请教。其中一位年轻班主任坐在我旁边，她也经常问我相关事宜。我除了调侃（我韩师的师妹）她以外，也是毫无保留地告诉她我对班主任这一角色的解读以及对一些具体事情处理的办法。我认为，作为年级管理团队的一员，我有义务和责任帮助他们成长。我校推出的“青蓝结对工程”就是一项不错的措施，这对年轻教师成长有很好的促进作用。当然，这也需要结对双方，师傅和徒弟的积极配合。作为师者，要倾心传授，作为学者，则要虚心向学。

其实，对待学生也一样，我们老师既要相信自己的学生，但有时候也别想着他们什么都懂了，该要亲力亲为的时候，还是得“手把手”地教他们。每个年级段都有其特点，我们要根据学情有选择地对他们进行针对性的教育和指导。比如说高一新生，入学的时候班主任肯定得详细告诉他们学校关于纪律等方面的制度和高中学段的学习特点及要求，甚至还要告知他们哪里吃饭，宿舍热水开放的时间，哪怕是要培养班干部，刚开始你也得“手把手”教他们怎么高效管理；又比如高二学生，选科以后，一定得告诉他们新高考改革的详细实施方案，不能说他们自己可以看懂文件。

当那些刚起步的人在还需要耐心帮忙的时候，我们是要给予及时全面的帮忙，要不然，他们到最后还只是会说，“谢谢人家。”对不?

初尝高三滋味

——我的这一个月

欧阳安

我向来以为，一位没有做过班主任的老师不是真正意义上的老师，一位没有教过高三的老师不是真正意义上成熟的教师。为此，我格外珍惜学校领导给予我教高三的机会。我知道，这是学校对我的信任和考验。

一

高三工作安排公布以后，我一直呆在学校，看书，做题，打球，听音乐，只希望在适当休整之余做好高三的各项准备。转眼就到了7月底。在高三动员会议上，张校长一脸严肃地看着“众将士们”，然后，结合我校高三的实际情况语重心长地，着重提出了三条要求：1.苦战与巧战相结合；2.单兵作战与集体作战相结合；3.尖子生的提高、临界生的培养、后进生的转化相结合。强调要轻装上阵，放下包袱，精诚团结，全力以赴。积极做好心理准备、身体准备、教学能力水平准备、毅力意志的准备。研究高考考纲考点、考试说明、高考题及标准答案，注重表达，扫描已失真，书写很重要，科学使用高考复习资料，资料是死的，人是活的。作业可抽查，全懂的不应再讲，半懂不懂的东西多讲，做有用功。特别注重科学性即针对性、实效性和灵活性，从而多角度、多层次地实现“拼搏高考科学备考”。指出各科要协调好时间，作业太多不对，作业太少也不对，要做到不回避学生问题，妥善解决，有问必答，百问不厌。课内打基础，课外出人才，课内抓中间，课外抓两头，要抓PASS，抓过关，实现各群突破，瞄准硬指标，打好这一次硬仗。

动员会议刚结束，我就接到教学处曹主任的通知，马上到小会议室再开个特殊会议。与我一同参加会议的还有30岁以下未教过高三的几位老师。我们几个互相看了看，每个人均面色凝重，像等待首长的检阅一般，显得紧张而兴奋。曹主任稍稍拢了拢头发，专注地看着我们，眼神里满是期待与希望，然后发挥她一贯的风风火火的工作作风，像打机关枪似的，没有一句废话地说道："首先，这是学校对你们的肯定与认可，希望你们明确自身的责任。其次，讲四点要求：1.要认真研究钻研教材；2.要做近五年内高考题；3.要研究对象，注重两头学生的培养；4.要有一个科研课题。最后，强调不能请婚假，每周至少听课两节，不能拿自己的业务生命开玩笑。好，就这样啊，散会。"我们几个赶紧做好笔记，然后，合上笔记本笑着朝曹主任点了点头，带着几分雀跃和悲壮的意味离开了办公室。

我生命中的第一个高三就这样开始了。没有鲜花，没有掌声。不用鲜花，不用掌声。自己给自己"鲜花"，自己给自己"掌声"。"鲜花"代表挑战与责任，"掌声"代表勇气与力量。

二

第二天学生回校。当天晚上，我备课直至凌晨一点钟，做足了准备。8月1号是星期一。下午，我在高三（7）召开了题为"人生只有一个高三"的主题班会：

同学们好！欢迎回来。大鹏经历万里远飞的艰苦，却享受翱翔的快乐；幼蝶经历破茧的艰苦，却得到新生的快乐；凤凰经历涅槃的艰苦，却获得重生的幸福……

生活不是一条直线，它有着属于自己的起伏；生活也不是平静的湖泊，它更似汹涌澎湃的海潮。正如列夫·托尔斯泰所说："生活不是一种享乐，而是一桩十分沉重的工作。"生活的道路充满荆棘，充满苦难。然而，这苦难并非缺乏希望，这苦难也并非泯灭欢乐。"守得云开见月明"，穿越了苦难，终将到达快乐的大厦。古语有云："不经一番寒彻苦，哪得梅花扑鼻香？"

要想得到大海辽阔的壮美，必须先从跌宕的小溪流起；要想得到深邃蓝天的甘美，必须先从变幻的白云飘起；要想得到雄鹰健硕的奇美，必须先从瘦弱的小鸟飞起。"先天下之忧而忧，后天下之乐而乐"，范仲淹先自己的苦，后别人的乐；"人生自古谁无死，留取丹心照汗青"，文天祥用自己的苦，换家国的乐。"寄意寒星荃不察，我以我血荐轩辕"，鲁迅以自己的苦，换民族的乐；历史伟人的壮志选择，便是对苦与乐的最好诠释。曹雪芹先"举家吃粥"后有《红楼梦》的付梓；李时珍"尝遍百草"才有《本草纲目》的问世；马克思"鞠躬尽瘁"才有《资本论》的创举。可见，举天下之伟才，皆先苦后甜。这正应证了人们常唱的："不经历风雨，怎么见彩虹？"

说到高三，既是指人生的自然时间，高中的第三个年头；又可以从社会学的角度去理解：高中生活和中学生活的终端，人生的一个特殊年份。无论怎样，它都是你人生不可避免的一部分，即使深处痛苦之中，也要坚持下去。因为你的人生只有一个高三……

高三就像炼狱般的生活，可是当一切都成为过往时，猛回首，才发现经历过的点点滴滴，都是那么值得回味，值得收藏。活在高三，苦在高三。可以说："不经历高三的人生不是一个完整的人生。"

别让自己后悔！

青春有1 000个理由让你哭泣，你却有1 001个理由微笑！！

无论怎样，我都想看到你的笑脸…

培养毕业班意识

什么是毕业班意识呢？所谓毕业班意识就是指毕业班成员为了实现预期目的而对客观事实（比方）备考的一种自主反映。是知、行、情的结合体。就是说它需要认识的提升，行动的实施和情感的投入。

说到毕业班意识，我想至少包含以下一些内容：

一、时间意识

我们来算一笔账：大家还有多少时间？今天是2005年8月1日，咱们就从今天算起，高考是2006年6月7日。9月、11月、3月、4月是30天，8月、10月、12月、1月、5月是31天，2月是28天，再加上6月的6天，这样一算我们还有309天，一共是7 416个小时，用在学习上的呢？我们来算一算。

减去睡眠时间$309\times9=2\ 781$；减去三餐时间：$309\times1=309$；

减去交通行走时间：$309\times0.5=155$；

减去看电视、上网时间：$309\times0.5=155$；

减去娱乐、体育锻炼的时间：$309\times1.5=464$；

减去处理个人卫生的时间：$309\times1=309$；

减去"三闲"的时间：$309\times1=309$；减去睡懒觉的时间：$(309\div7)\times3=132$；

把上面的数字一算，就是7 416−4 614＝2 802（小时），那么就意味着我们在座的各位还有2 802小时，116天的时间。但我认为，这是一个常量，也是一个变量，就是说，有的同学能把这个常量变大，有的呢，这个常量在他手上也会缩水。是变大还是缩水取决于是否会有效地利用。

换句话讲，同样是这个时间，可以分为有效时间和无效时间。产生学习效益就是有效时间，否则就是无效时间。是否有效取决于是否专注。

二、效率意识

（一）效率来自专注

（二）注重效率要从实际出发

这个实际情况，首先是指大家先天性的东西，也就是入学成绩，分班成绩。

再一个实际就是今年广东省的录取实际。

一、第一批本科院校（含执行本批次最低控制分数线的提前批本科院校）

普通类（含外语专业）：文化科总分632分。

二、第二批本科院校

A线（含执行本批次最低控制分数线的提前批本科院校）

普通类（含外语专业）：文化科总分559分。

B线

普通类（含外语专业）：文化科总分547分。

三、第三批专科院校

A线（含执行本批次最低控制分数线的提前批专科院校）

普通类（含外语专业）：文化科总分502分。

B线

1.普通类（含外语专业）：文化科总分400分。

2.第三批市属专科学校（含体育、美术、音乐）面向本市招生的录取最低控制分数线由各市招生委员会根据本市院校招生计划及生源情况划定，并报省招生委员会审批。

四、高等院校招收中等职业学校毕业生的录取最低控制分数线：文化科总分353分，并取得广东省中等职业技术教育专业技能课程考试合格证书。

注重基础就是重视老师课堂上讲授的东西。

三、我的几句话

1. 胜利就是坚持

毛主席说过："胜利的取得，往往产生于再坚持一下的努力中。"我跟一位同学讲过：学习和生活都需要紧咬牙关。在这里我好要再加上：紧咬牙关，含着眼泪。

2. 放松就是放弃

坚持是由无数个"不放松"组成的，坚持需要体力、脑力乃至心力的支撑，是对人的生命的极限考验；"放松"则轻松得多，好受得多，惬意得多，所以放松一下时时在诱惑着每一个人。"不放松"就要抵御种种的诱惑，就要暂时失去一些东西。就要做好掉几斤肉的准备。我们不去想是否能够成功，既然选择了远方，便只顾风雨兼程；不去想身后会不会袭来寒风冷雨，既然目标是地平线，留给世界的只能是背影；不去想前面的道路是平坦还是泥泞，热爱生命，不让脚步停歇，硕果，必将落入囊中......

3. 把自己交给老师

去年来自深圳的一位广东省高考状元就非常强调要跟着老师走，他的经验就是"老师在讲什么专题，就主要学习这个专题。具体专题里面主要是做老师布置的题目，然后在自己选择一些题目来做"。同时，一定要有一股狠劲，我曾对一位同学讲过：学习就是要死缠烂打和厚颜无耻，就是出于这样的目的。

4. 从零开始，从头再来

在以往的两年时间里，可能有的同学学得比较好，有的同学读得比较一般，但我想不论是什么情况，我希望大家都从头开始，从零开始。我有一首歌想送给大家，这首歌，我既喜欢它的旋律，又且更喜欢它的歌词。

昨天所有的荣誉，已变成遥远的回忆
勤勤苦苦已度过半生，今夜重又走入风雨
我不能随波浮沉，为了我致爱的亲人
再苦再难也要坚强，只为那些期待眼神
心若在梦就在，天地之间还有真爱
看成败人生豪迈，只不过是从头再来

我就把这首歌作为结束语，然后再用下面的这句话与大家共勉：

激情燃烧三百日，不留遗憾在此间。

三

接下来，高三的各项工作全面铺开。

(一) 关于教学

我们语文补课的主要目标是把第五册的课本讲完。重点过关两个单元的文言文，再选讲一两篇文言文。就我个人看来，语文在高一要注重兴趣和积累；高二要注重拓展和深化；高三要注重规范和强化。因此，我有意识地让自己语文课风格有了改变，追求更加的严谨细致，要求自己特别注重知识点系统归纳总结，规范学生的各项能力指标要求。

听课成了我这个月学习的主旋律。

我先后听了李老师、黄老师、张老师、周老师的课。他们的课均给了我很多启迪与思考。由于课表安排我的课与一些老师的课同一些节次，相冲撞了，所以我听得最多的是张老师的课。

起初，拿着听课本，坐在教室的后排，看着讲台上挥洒汗水的张老师，我陷入了沉思。岁月的风霜在他脸上留下或深或浅的痕迹，许多的日子过去了，始终微笑的他仍然在讲台上孜孜地耕耘着。眼前稍显瘦削的他何以能在短短的十个月里使基础平平的复读班语文成绩人均提高70多分，并培养出一个700多分的学生？带着疑问，我听得更加仔细了，笔记也记得分外认真。几节课下来，我渐渐地找到了一些答案。张老师的课注重讲练结合，讲究有效训练。任何一道题有几个学生答对，几个学生答错，本题的得分率、平均分等他全都了然于胸，一清二楚。他还把这些统计数据在班上予以公布，使每位学生对个人情况和整体情况都有明确的认识。这样以后他还对学生所犯的错误进行分类、归纳、总结，并传授方法论，讲授一些带规律性的解题方法与技巧，还在严谨细致的讲解中不时幽它一默，学生自然就听得到位得法自如了，另外，在早晚读中他重点抓PASS，严抓默写等方面的过关。如此这般，长此以往，成绩的提高也就是自然的事情了。

除了听课，做高考题也是我这一个月的重要环节。

我把近五年的高考题全部搜集打印成册，哗，好家伙，足足60页。之后，我便在自己规定的时间内逐一做一遍，然后，再对照答案改一遍，接着通过查找字典、词典、参考资料等逐一弄懂，最后是研究高考题的参考答案，找出答题时的疏漏与差距，予以分析总结。我觉得做高考题除了了解高考命题的精神以及高考命题的发展动态以外，还给了我一个巨大的收获。那就是：它让我逐步地又找到了一种解题思维。这对教学有很大的促进与帮助。因为这使我教的同时更加站在学的角度去分析考量，相信这样会更具针对性。

对于教学，我还切身体会到了一个简单的道理，那就是：只有认真深入分析学生，一切从学生的实际出发，有的放矢，对症下药方能有所成效。经分析，对六、七班的学生来讲，作文的整体提高迫在眉睫。由于作文的底子薄，基础不扎实，因此学生在遣词造句、布局谋篇等诸多方面较随意，不规范。这样往往出现的情况是：很好的审题立意却不能达到学生的预期效果。久而久之，学生就可能产生挫败感。因此，必须在作文教学上进行系统强化训练。我拟定了训练系列，决定从最简单的方面入手，逐一训练怎样描写、怎样记叙、怎样说明、怎样抒情、怎样议论。密度上我要求学生每周至少写一篇，并对其进行详批详改。从目前情况来看，学生的作文水平是处于上升的态势。

……

（二）关于教育

高三的学生压力大、跨度大、强度大、要求高，在教育方面，我觉得研究分析学生的心理特征非常重要。事实上，只有把工作做进学生的心里去，才会有效。

班会课就成了我教育的主阵地之一。学生给我带的高三（7）班的主题班会总结出了一点共性，即都是以励志激励为主旋律的。这个月我们班主要举行了以“人生只有一个高三”“成长中须要知道的二十个故事”“我的大学我来挑”等为主题的班会课。每一期我都花时间精心设计准备。主要采取教师主讲，师生互动等形式，拒绝说教，力求结合实例、案例，做到形象生动，发人深省。因此，学生对每一期的主题班会都充满了期待。有很多学生私下告诉我，我们班的主题班会成了他们的助推器和催化剂。

心理学家指出，人性中最深切的心里动机就是被赞美和渴望。我们班在高二下学期获得了一系列的奖项，其中国家级的有6人次，省级的有9人次，补课第一周的一个中午，我到附近的商场买了许多纪念意义的奖品（主要是很精致美观的笔记本），准备在班上举行隆重的颁奖仪式。记得那天中午回来的时候，天空突降大雨，为了保护奖品，我身上的衣服被淋湿了。颁奖时，学生领取奖品的时候，纷纷向我深深地鞠了一躬，眼里充满着感激。我也受了感染，为拥有这帮懂事进取的学生而感到高兴和欣慰。虽然，礼物不是很贵重，但是学生感受到的是被老师欣赏和肯定，希望我这微不足道的做法会给他们带来更大的动力。

要管理好一个班级，我觉得，加强班级的文化建设非常重要。补课一开始，我对班上的班训做了部分调整，最终确定为“精韧不怠坚毅刚卓”，意思是希望大家在学习上精益求精，坚韧严谨，孜孜以求，毫不懈怠，刚强勇毅，追求卓越，从而实现自己的理想。教室后墙上仍然是“人格学识思维胆略文采”，两边的宣传栏继续沿用为“状元坊”“聚义厅”。此外，还张贴了名人名言等，营造一个有着浓郁的读书氛围的环境。除了这些，我们班还经常更换张贴一些精选的文章等，使学生在阅读中接受文化的熏陶和洗礼。当然还有进行适当的一些文体活动（例如每周的班会课上都教唱一首励志的歌曲，集体合唱，让音乐和梦想一起飞扬）进一步增强班级的凝聚力和战斗力。对于高三的学生来讲，战斗力太重要了。

虽然都在不停地前进，但千里马与拉磨的驴的区别在于：前者有明确的目标和方向，而后者在一个小的圆圈里转悠，停滞不前。高尔基说，一个人追求的目标越高，他的潜能就发挥得越充分。我同意这个说法，当然得加一个前提，这个目标也应结合实际。为此，我制作了题为“我的宣言我的梦”的小卡片。里面包含了“我最向往的高等学府（可填两所，并要求通过各种途径了解它们）”“我目前学习上的最大问题”“我的对策”“我的座右铭”等内容。给学生一定的时间去思考，并让他们认真填写，然后把这些小卡片全部贴到后墙上。允许学生在一段时间之后结合实际修改完善。这样，每个学生的目标和方向都一目了然，比较明确，给他们的学习带来更大的力量。

教育是人心工程，我觉得与学生谈心不应只是一种手段，那样不符合教育的本源，它应是根植于教育者内心的自发与本能。谈心重要的是心与心的交融而不是停留在询问，了解的层面上。除了倾听以外，还应站在学生的立场上，以完全平等的姿态进行碰撞探讨升华，同时又加以正确的引导，所以既是同于学生又是高于学生。在这个月中，我先后与十多位学生进行了深入的谈心，谈得均非常愉快，这在学生下来的学习中发挥了积极作用。

……

（三）关于小插曲

就在补课的同时，佛山正大力宣传并举办迎接亚洲艺术节魅力大使选拔赛。期间，很多同事朋友觉得我和适合参赛，便纷纷打电话鼓励我去抓住这个机遇，在此要感谢他们对我的关心和错爱。坦率地讲，我也非常心动，很想去参赛，特别想去参赛，但是可以毫不矫情地讲，为了这帮即将参加高考的学生，我还是决定放弃这一次机会，尽管机遇这东西往往是转瞬即逝的，但一个人的能力、精力毕竟有限，只有一心一意，全情投入方能真正做好一件事情。既然选择了教育，就尽心去做好它吧。

逝者如斯，一个月就这样悄然而过。“不再回头的，不只是那古老的辰光，也不只是那些夜里的群星和月亮，还有你正在流逝的青春。”青春应在奋斗中闪光。可以平凡但决不能平庸。虽然是初尝高三滋味，但这个月还是给了我很多思考与收获。

我跟学生讲“人生只有一个高三”，我知道，我教学生涯中的“第一个高三”也只有一个，让我好好地去珍惜和把握它吧。

2005年8月

读书的真味

欧阳安

这里是黄昏的珠三角腹地。

陪妻子买完女儿的感冒药后，我只身一人开动引擎，钻进了斑斑驳驳的夜色里。

街上暑气逼人，酷热难当。四处游窜的火蛇，嶙峋而狰狞，一遍又一遍不知疲倦地吐着信子。树木在它的淫威下，耷拉着头，似乎早已经忘记了伸向天宇、渴望飞奔的灵魂。天上几团乌云默默聚拢，密谋着天气预报上说的强热带风暴“灿都”的肆虐计划。店门外摇扇的老板，路上踩着单车回家的民工，球场里来回奔跑的小伙，在我身后渐次褪去，定格成一帧帧凝滞的图像。于我，这些只是生活的表征而绝非生命的内里。

我知道，没有什么能够阻挡我对读书的那份热情与执着。

一

夜里的办公室显得很静。荧光灯、空调和风扇为我英勇地驱赶黑暗的魑魅魍魉。

一个人的夜读总令我生出几分岑寂和辽远。

我总偏执地认为，当一个人独对自我的时候，他离自己的灵魂最近。当寂寞化为翻书时额头滴滴晶莹的汗珠和对远方莫名的怀想，我在埋头的瞬间，听到了内心的呼唤。这呼唤翻山越岭，趟水驱车，轻轻地停在荷花淀里一颗芦苇的尖上兀自荡漾。我站在岸边，任头巾吹卷，长衲飘飘，纵是隔水相望，拔剑四顾心茫然，也要刻下青春不变的箴言。只因，理想总在前方。

今年年初开始，除了完成手头上的活计，我总会见缝插针蹩近单位里的一间杂物间静静地读书。

说是杂物间也是入驻单位里某清洁公司的小办公室。里头面积不足十个平方。两边的墙角摆满了各种清洁用具。洗衣粉、洗厕精、消毒水、垃圾桶、扫帚、拖把逐一横呈。推门进去，屋子里散发着一股呛人的臭味。但靠窗地方摆着的那张小书台却对我散发着难以抗拒的诱惑。

清洁公司的经理与我相交深厚。当我提出这杂物间借我使使的时候，他一脸惊讶，随即慷慨地扔给我一把钥匙。我便买了瓶桂花香味的空气清新剂，搬来友人馈赠的飞利浦台灯，扔一条香烟在墙角，弄了几本大部头搁桌上。一有空便气定神闲地在那一边叼烟一边猛啃。

体贴可人的妻子看了心疼，说家里的书房不是挺好吗，再不行我在把主卧整整专门为你辟一清净处读去不是要好得多。可我觉得条件越好则读书易心生旁骛，便笑着说得得得，你就让我附庸风雅一回呗，我就喜欢这样狭小简陋的书斋嘛。妻只好作罢。

说到附庸风雅倒也不是空穴来风。置身这小屋读书会不由地想起明代归有光的项脊轩来。我还专为项脊轩写了篇文章——《让我们拥有一颗淡雅、诚挚的心》。里面写道：

“淡雅应是形而上的，它是一种精神的享受和愉悦，它使人在纷扰的尘世中固守一方精神的园田，体味生命的美好与珍贵。

项脊轩，说白了，其实就是一间陋室。它‘室仅方丈，可容一人居’‘百年老屋，尘泥渗漉，雨泽下注’‘日过午已昏’，可谓是又窄、又旧、又破、又暗还漏。但斯是陋室，惟吾德馨。作者对其进行了简单的修整，种上了兰桂竹木，借来满架的书籍，把它作为自己读书求学的理想之所，从此小屋便多了许多妙不可言的情致和意味。作者在小屋里，或拥半卷残灯，潜心修习，与古慕圣贤对话，或抬头仰望，长啸放歌，或安静地坐着，侧耳聆听大自然美妙的声音，或坐在寂静的台阶上，看着小鸟以人为伴，时不时过来啄食。最是那十五的夜里，多情的月光透过桂树静静地洒落在屋子的半墙之上，留下斑斑驳驳参差不齐的影子，清风徐徐吹过，树影跟着轻轻摇动，尤为显得温馨祥和、美好可爱。项脊轩，这个简陋小屋，因了有兰桂竹木般的美好节操，因了有古慕圣贤的思想智慧，因了有大自然的良辰美景，因了有内心的朴素淡雅而散发出迷人的魅力，令人心思向往，称美不已。”

二

除了项脊轩，我更多想起的是大四考研读书时的那间小屋。每每念到，心里便会溢满温暖和力量。

大学是我一生最美的回忆。大一参加社团，大二疯狂拿奖，大三全情恋爱，大四埋头考研。这其中的丰富与充实曾令很多人羡慕。而小屋就是当时考研岁月真切的印证。

不堪宿舍深夜打牌声的造访加之对文学的诸多共识，我便和系里同班的詹阿詹到距大学两千米处租了间简陋的民房。小屋在二楼，隔壁一间租给了从江西来打工的一家三口。楼下便是住户，经常会听到盆碗相撞声、电视声、婴儿哭声，偶尔有婆媳的吵架声。夜深还能听到公猫叫春的声音。

用“家徒四壁”来形容小屋是毫不夸张的。不到二十方的屋子被隔成了两间，间隔的部分上方辟了扇石窗。靠门那间到底还有张床。里面那间就空无一物了。阿詹身体不大好，我便让他睡外间。我则和女友邀二三死党租了辆三轮从宿舍搬来床板、被褥、草席、蚊帐。拣几个砖块垫地上，之后放上床板如此这般这般布置一番。在把买来的各种盗版书（那会儿穷得呦就只有买盗版的份儿了）沿墙四周整齐摆好。当晚正值中秋，和女友请哥几个好好搓了顿，喝了不少，心里充满了对未来的决心和斗志。

一天，阿詹还不知从哪弄来了小煤气炉和罐，笑着说晚上读书回来煮点粥，弄点面啊啥的正派上用场哩。

阿詹是来自农村的苦孩子，家里兄弟姐妹多，自己又得了肝病，一时很是困顿。妹妹为能供他读书初中毕业就辍学打工去了。背负着贫穷与理想的阿詹便想到了考研。那时，我家里也遭受了变故。一次，我和父亲押车送货回来途中，十几万的货款被几个手持长刀的劫匪洗劫一空。还好从鬼门关捡回两条命，挽救了一个家庭。

阿詹报考的是陕西师大的古代文学，我报考的是西南师大的现当代文学。我俩截取庄子的一句“扶摇直上九万里”，给小屋取了个挺功利的名字叫“扶摇阁”。两个穷学生便出双入对，形影不离，整天厮混。

学校的图书馆十点便关门了。于是，往往的情况是，两人回到小屋，两人煮点粥，就点榨菜，席地而坐，头碰头吃完。之后，又各自埋头读书。

最美的时候是初冬的三五之夜。凌晨一两点，手握一书，推门而出，倚着栏杆，睁开像刚出生婴儿的眼睛四处张望。天空显得格外空明澄净。寒意袭人，微风拂衣，一轮皎月高悬。楼下草丛里虫儿正叫得欢畅。对面江上，灯盏一字排开，昏黄而温暖。渔火点点，运沙船只"哒哒"的马达声清晰传来，仿似大地恋曲的和声，又似跳动不息的脉搏，直抵你心深处。这样的时候，关于人生，关于理想，关于未来，这诸多种种蓦地模糊而又渐渐清晰。记不清，多少个夜里，这样仰望天空，俯瞰大地，聆听自我；记不清多少个这样的夜里，心里的渴望和惘然像常春藤一样疯长；也记不清多少个这样的夜里，我咀嚼着读书之真味，欲行不止，欲罢不能……

三

去年游走绍兴，观瞻鲁迅儿时就读的三味书屋。导游熟练地讲解着："'三味'是对读书感受的一种比喻，意思是'读经味如稻粱，读史味如肴馔，读诸子百家味如醯醢'。三种体验合称为'三味'。"

此说未必是真。寿镜吾的孙子寿宇曾撰文说："我不止一次地从我祖父寿镜吾的口中，听到解释三味书屋的含义。祖父对'三味书屋'含义的解释是'布衣暖，菜根香，诗书滋味长'。"

"布衣"就是平民，老百姓，"布衣暖"就是甘当老百姓，不去做官，所以寿镜吾不允许自己的小儿子去赶考，甚而将其锁在楼上，按时叫人给送去饭菜。"菜根香"就是安于粗茶淡饭，不羡山珍海味之饕餮；"诗书滋味长"是认真体味，获得真趣。

说到真趣，我曾跟楚楚说起我的一个看法：诗心+用心=人生真味。如此，读书唯有带着诗心与用心方能对我们的人生有真正的给予。

常人道："书中自有黄金屋，书中自有千钟粟，书中自有颜如玉。"我们不是圣人，生活亦不能免俗，但我以为此种读书更多的是一种形而下的感官享受，而真正的读书应是形而上的，她时刻关注你心灵的慰藉与安宁。

读书之真味，关乎真人，真性情，真理想，真人生！

话扯远了，行文至此已是凌晨。合书，关灯，锁门，拧亮车灯，家里的妻儿正等着夜归的我。

2010年7月22日凌晨1点53分

古诗词三十首

欧阳安

1.清远九龙小镇行

驱车至九龙，午投岩下村。
微雨斜飞燕，簪峰翠微亲。
借得漓江水，衔来桂林山。
绿竹通湖荡，黄菊雨中新。
伞下游廊迂，赤槿伴尔身。
野老荷锄行，狗随稚童安。
荆扉挂蓑衣，田家棹歌传。
相携登船屋，卷帘喜开颜。
罗汉床前樽，静对池荷欢。
闲坐烹茶饮，相顾笑无言。
适值雨复倾，卧听有管弦。
雨霁双白眉，荷上摇橹频。
带儿踱门外，空山草木春。
返屋温泉浸，击水乐陶然。
向晚农家乐，皖鱼味尤鲜。
美酒佳人在，青瓜豆腐甜。
我欲逢五柳，共老清溪边。
惜无月辉落，相思待何人？

戊戌年七月二十（2018年8月30日）夜涂于清远九龙镇

2.醉山居

子夜驱车至，只因慕山林。
鸣泉自唤我，杖藜有琴樽。
酣眠日照起，开轩访幽寻。
夜雨洗新竹，秀木栖老林。
野色衔天碧，松风吹客襟。
斟茶对老树，稚儿动秋千。
携手笑茅店，野味香碧栏。
山坑螺爽脆，观音菜犹鲜。
忽闻雷鸣响，打伞笑雨帘。
归来无一事，闭门有余鼾。
醒罢携幼老，嬉笑向瀑泉。
妻笑忙挥录，双亲戏水频。
一溪兀自在，知我弄诗心。
入夜盘鸡嫩，小女添饭勤。
桑葚酒醉客，泥径满地阴。
拾阶扶肩上，轻启半山门。
小院月不见，虫鸣设宴邻。
从此沧浪意，山居离远尘。
隐者应喜我，人烟共此村。

己亥年五月初五（2019年6月6日）涂于南昆山

3.山居三首

其　一

静坐山中数鸟鸣，瑶琴抚耳水泠泠。
竹溪妆罢千点绿，松径音绝一痕青。
篱舍尚无元亮至，云泉应有谢公听。
但拥一日山林醉，尘滤风清自远平。

丁酉年冬月十四（2017年12月31日）涂于南昆山

其　二

庭台花榈蹴秋千，徐榻闲云卧看山。
疑似醉翁泉啸咏，竹林坌外有墟烟。

丁酉年冬月十五（2018年1月2日）

【注】

1.花榈：花榈木。常绿乔木，高16米，胸径可达40厘米；树皮灰绿色。平滑，有浅裂纹。小枝、叶轴、花序密被茸毛。我国多栽培于海南、云南、广东、广西。

2.蹴秋千：踏、荡秋千。李清照《点绛唇》有诗曰：“蹴罢秋千，起来慵整纤纤手。”

3.徐榻：徐稺榻。东汉陈蕃为徐稺特设之榻。陈蕃为太守，在郡不接宾客，唯稺来特设一榻，去则悬之。事见《汉书·徐稺传》。后用为好客之典。

4.醉翁泉啸咏：出自苏轼《醉翁操》：“醉翁啸咏，声和流泉。”醉翁，欧阳修。

5.墟烟：村落里的炊烟。陶渊明《归园田居》其一有诗曰：“暖暖远人村，依依墟里烟。”

其　三

半溪红萼碧泉开，螺髻衔云雀语怀。
万境忘机总有道，一朵澄澈会心来。

丁酉年冬月十五（2018年1月2日）

【注】

1.红萼：红花。萼（è），花蒂。南朝谢灵运《酬从弟惠连》诗曰：“山桃发红萼，野蕨渐紫苞。”唐朝韩愈《感春》诗之二：“蜂喧鸟咽留不得，红萼万片从风吹。”宋朝姜夔《一萼红·人日登长沙定王台》词曰：“古城阴，有官梅几许，红萼未宜簪。”

2.螺髻：喻指耸起如髻的峰峦。唐朝皮日休《太湖诗·缥缈峰》云：“似将青螺髻，撒在明月中。”宋朝辛弃疾《水龙吟·登建康赏心亭》词曰：“遥岑远目，献愁供恨，玉簪螺髻。”

3.万境忘机：语出唐朝画僧贯休《山居诗二十四首》：“万境忘机是道华，碧芙蓉里日空斜。幽深有径通仙窟，寂寞无人落异花。”

4.澄澈：明白。《关尹子·九药》：“论道者，或曰凝寂，或曰邃深，或曰澄澈。”

4.归来馨园亭前端坐书怀

【序】京城归来半年有余。是日雾锁岭南，山色空蒙，水汽氤氲，草嫩叶绿，鸣禽啭木，曲径通幽。吾亭前端坐，批阅文章。中途小憩，起身四望，因有所感，涂诗一首。

雾沉楼宇苍山远，山色氤氲水墨浓。
禽啭木林通碧涧，栅依芳草到长空。
雨纷翠岭移花影，烟笼香径醉浅红。
归看亭阶端坐起，远村忽隐此园中。

丙申年二月十六（2016年3月24日）涂于南粤

5.忆老兵

是夜，观大冰（作家）细叙中越边境战某老兵往事，颇动容。披枪林弹雨而不惧，履剑影刀光以由心。终系家国，隐于俗世，不问功名，造福一方，实为壮哉！因歌之。歌曰：

狼烟疆场三十载，犹似吾身限境川。
万里关河林莽莽，十年戎马水潺潺。
故人身殒斜晖远，浊酒心烧陌路寒。
从此乡关都望尽，白头醉倚笑阑干。

戊戌年腊月廿五（2019年1月30日）夜涂于南粤

每一次工作就是一次祈祷

欧阳安

上周六，和同事去珠海开会，我随手带上了潘石屹的一本书——《我用一生去寻找》。

第二天上午，我们一行人到与澳门仅一河之隔，谓之“一衣带水”的湾仔，准备登船进行环岛游。售票处人头攒动，导游正挤往售票窗。周遭的人们有的在抱怨人多，有的抱怨天气不好。我找了张椅子，拿出那本《我用一生去寻找》，随手翻了起来。

里面的一句话特别引起了我的注意：每一次工作就是一次祈祷。

书中提到在建外SOHO的设计阶段，日本一批年轻建筑师到潘石屹办公室工作的情景。“我发现他们工作的区域总是非常整洁、安静。后来随着工程的进展，他们搬到施工现场的临时建筑中去办公，工作环境仍然非常整洁、安静。同时，他们对待工作也非常认真、敬业，虽然每天都工作到凌晨一点以后才回去休息，但看到他们时，每个人仍旧精神饱满，心情愉悦，工作很有效率。他们的工作状态，让我想到了日本人在做花道、茶道时的认真精神，这可能就是一种接近祈祷的状态。”看来，带着愉悦的心情专注地工作是一种美。

在潘石屹看来，工作要进入一种精神状态，我们要把工作过程转变为一种精神享受。这种状态“是平静的、忘我的，在外人看来有点孤独的，但自己内心是喜悦的”。作者具体阐述道：“每当我试图描述一个潜心工作的人时，我脑海就会浮现出他专心致志、宁静而有力的姿态。我觉得这是人类最美好的姿态之一，他就像在祈祷，表现出一种强大的精神力量。因此我非常愿意加入到工作中来，以工作来祈祷获得更好的工作。”

读到这里的时候，我似闻香草缕缕清香，似见枝叶片片葱绿，似咂香茗阵阵余韵，内心顿觉宁静充盈，仿佛置身另一世界。周遭的一切嘈杂喧哗均与我无关。

再看看身边的人们，焦急的、烦躁的、郁闷的不一而足，我不由会心一笑。

每一次工作就是一次祈祷，宁静和专注是一种无形而又巨大的力量。工作中褪去了那些聒噪、牢骚、莽撞、懈怠、造作，始终如一，矢志不渝地向心中的目标进发，同时又以平静祥和的心态笑看是非恩怨、成败得失，举手投足，一颦一笑，眉宇间，言语中透着那份举重若轻与从容洒脱，这时，我们已抵达了某种境界，进入忘我的状态，已是金刚护体、百毒不侵了。

每一次工作就是一次祈祷，真正把工作摆在自己心上，用虔诚敬畏，愉悦地去迎接工作，方能对人生有真的给予。我默默地告诉自己，绝不能和某些人那样，只把工作作为被动接受的任务、作为谋生养家的工具、作为用于钻营的资本。满足于任务式、交差式、走过场式的工作，只会成为工作的奴隶。所幸我和那些人绝非一样。我要用宁静而专注的心态投身于自己的事业，享受过程及过程中的风景，朝着自己的理想不断前行，让梦想长出翅膀，振翅寰宇。

每一次工作就是一次祈祷，态度决定一切，厚积方能薄发。当我们一贯以虔诚、忘我、宁静、专注、积极对待我们的工作、事业时，迎接我们的将是逢山开路，遇水搭桥，一马平川。世界上的事情，好多人都想到了但没有去做，有些去做了，但没有坚持去做。成功的喜悦只配那些想到、做到、坚持做到的人去分享。每个人的内心都是一个宽广无边的世界，尘世中的纷纷扰扰，庸人俗事不能左右追梦者心中不变的追求与情怀。正如一句广告词说的那样："如果你知道要去哪里，全世界的人都会为你让路。"勇者无畏，行者无疆。

不必在意漫漫长路上的唯我独行，道不同不相为谋。把孤独藏起，展放愁眉，休争闲气，带着笑容工作，用祈祷般的心情上路，人生下一个华丽的转身就在不远的前方。

2009年4月1日

2016年广州一模作文题

【题目】阅读下面的材料，根据要求写一篇不少于800字的文章。(60分)

某报为了发掘有温度和人情味的新闻，引导读者以温暖的视角看待社会，开设了《暖闻》专栏。编辑部收到三则新闻：

一位卖油条的青年多年坚持不用有害的“复炸油”炸油条，给顾客提供新鲜健康的油条，被网友称赞为最帅的良心“油条哥”。

一位老父亲从外地来医院看望儿子，看到儿子正在坐诊，忙得抬不起头，根本说不上话。老人家等了两个多小时后，只好挂了个号，和儿子见了一面。

某地举办珍品画展，一位男孩在探身观赏时不慎跌倒，损害一副珍贵名画，主办方认为男孩只有12岁，又不是故意的，因此仅备案而未报案，希望男孩的心理不要受到影响。

从以上新闻中选择一则刊登在《暖闻》专栏中，你认为哪一则更合适？请综合材料内容及含意作文，体现你的思考、权衡与选择。

要求选好角度，确定立意，明确文体，自拟标题；不要套作，不得抄袭。

写作指导——

三则新闻选取一则，如何选？

以《暖闻》“温暖、人情味”的标准来选取，行文要注意从三个事件透视到背后的社会观念价值。如第一则材料可以肯定“油条哥”的良心，市场经济下的经营意义，与不良商家的地沟油、瘦肉精、三鹿奶粉等的不同；第二则材料则肯定医生的敬业精神，有利于医患关系的改善，营造和谐社会等，或肯定那位父亲对于儿子的体谅和为其他病人着想的开阔心胸；第三则材料应该肯定画展主办方的大度，对细小心灵的保护，对孩子心理健康成长的意义和在孩子心中种下宽容之心的种子的影响，呼唤社会人与人之间要多一份理解与宽容等。

选中一则落笔，论述清楚该则对“温暖、人情味”的呼应展示作用，同时在文中合适位置作出与另两则的精要比较，也就完成了选此不选彼之原因的任务。但注意行文过程不要随意贬低另两则的价值。

（孙慕佳）

教师下水作文——

名画有价，情无价

孙慕佳

冯唐说，春风十里、不如你。

我在读者来稿中，一则画展主办方的宽恕气度故事中，也读出了此等人心暖煦的感受。相信刊登此则，最能体现《暖闻》专栏发掘“温度与人情味”的选稿宗旨。我相信人们定能会心一笑：名画有价，情无价。

追求艺术、赏美初心要呵护，是鼓励之情。男孩用心观展不觉枯索无聊，不是与同龄人热衷玩闹游戏，而是耽美流连，多么宝贵。主办方肯定也是为之欣喜感动，才不忍报案索赔。

允许犯错，以己度人不苛责，是宽容之情。人贵有仁，可惜生活纷杂乱象中，多是乖戾暴躁之人。父母在街头情急之下垫好纸尿裤为婴儿把便，竟引来港人粗暴干涉、媒体口诛笔伐；孩子好动贪玩，游乐场互撞跌倒，竟“引爆”怒火，成年男狂踢幼童身子……抚幼仁慈之心沦落丧失，可见一斑。似乎骂句“熊孩子多祸害”便能掩盖自私冷漠唯我独尊之心，似乎也能消弭对施以援手、多平和看待的真诚努力。我们，于陌生人都不懂爱了吗？

好在，画展一幕，给了我们那样厚实的感动：孩子，你是无心之失，我们不追究，别怕，叔叔阿姨下次办展还会欢迎你来。

如果我是那个孩子，我将终生难忘此恩，并且受其触动感化，往后会更加珍惜尊重身边的美好，努力践行予人为善、广布爱与宽容。

考量损失、衡度影响，为保护男孩心理而甘愿自承风险大事化小，是跨越现实利益、直达艺术灵魂的天地大美。试想，表面上我们镁光灯齐聚展现珍品、大谈艺术追求真善美的至高无上，私下里却横眉冷对一个孩童、咄咄逼人不依不饶，岂不讽刺?

我们依然相信现世的美好，我们努力探寻角落的温度与人情味，大至两会提案保护幼童反受侵权利落实责任追查，小至路过扶起一个撞翻你公文包也跌伤自己膝盖的孩童，一如少年失手划花漆皮静候车主惩罚，等来的却是一句：“孩子，没关系，能认错我很感动，费用我自己出。”一如男孩不慎撞坏名画，当他惊恐万方时，被微笑扶起：“别怕，但是下次小心些。”

《暖闻》栏目探寻世间美好，可宣扬“油条哥”的小贩美德、也可赞赏老父挂号“求见”医生爱子的体恤柔情，但我到底还是在画展主办方的“一扶一笑泯恩仇”之大度中如沐春风、钦佩神往：名画有价，情无价啊。

（原文写于2016年3月同步考试现场，后发表于《湖北招生考试》杂志·“读写在线第七期”）

飞向彼岸的鹈鹕

孙慕佳

"佛罗里达的海藻有时在夏天开花/深夜里一只鹈鹕朝着荷兰飞去"。

这是曾获诺贝尔文学奖的诗人哈里《出海》诗中的两句。我想象着夜色中拨开迷雾、奋力飞向理想彼岸的那只鹈鹕，怦然心动：世间诸美，不正是有那么些优雅轻灵、笃定坚韧甚或赴汤蹈火的鹈鹕在引领飞寻才造就的吗？

由此我想到了几个人。柴静耗时一年自费百万，与朋友团队访遍欧美与国内城乡的诸多个人与部门，拍出了资料"雄厚"震撼人心的雾霾公益片《穹顶之下》，我认为她是做了一件功德无量的大实事。然而随即在万千转发视频的热潮中涌现了质疑喷骂的世间百态。集中于诸如"她做过小三、她跑去美国生孩子、她开大排量名车"这些人身攻击方面，可耻可悲的众生相啊。回望柴静站出来之前，面对"雾都"灾难，国人各自什么反应？不外乎专家袖手、部门闪烁、公众忍受、愤青吐槽而已，只有柴静，走在前面，她竭尽人脉资源耗尽时间精力向雾霾宣战。令人欣慰的是，此后两会、环保部长等均有支持表态，期望柴静在迷雾灰霾中划出的一线光亮不会太快熄灭吧，我愿意跟在她身后去寻找那方纯净的天空。

万事开头难，但所幸总有人去开拓去担责，去做那第一个吃螃蟹的天才——即使他可能暴露了自己、牺牲了自己。

如果说生态领域涉及多个利益部门容易一石激起千层浪的话，文化领域面临的激荡可能就更加是地震式的了。同性恋在世界各国自来都是一个敏感避忌的题材，在封闭保守的中国东方文化语境中，更是与"下流肮脏"挂钩。但天赋平等，性取向本来就是机率事件，它从来不丑、非病。20世纪80年代，学者、作家王小波就从小说、调查报告、杂文、电影各渠道入手关注了解同性恋圈子，可想而知他受到多少非难；甚至在他死后，遗孀李银河也多年专注同性研究领域，屡屡受到"变态"声声的谩骂攻击……可是如今，欧美各国已修改法律条文，允许同性恋登记结婚，中国立法也在推进，当初的“离经叛道”如今成了“精英先知”。历史，从来都是公正的。

《汉书·艺文志》中有句话说：安其所习，毁所不见。世人总是习惯接纳熟知的道路，避开陌生的未知。但是，生活与进步总是由少数殉道者、一群领袖开拓未来创造的，邓小平总设计师不是第一个带来改革春风的人？马云不是建立互联网电商帝国的第一人？……

黑夜总是循环，所幸，我们追随那只飞翔的鹈鹕，就能拥抱理想彼岸明亮的光。

2015年3月

2017年高考全国卷1作文题

据近期一项对来华留学生的调查，他们较为关注的“中国关键词”有：“一带一路”、大熊猫、广场舞、中华美食、长城、“共享单车”、京剧、空气污染、美丽乡村、食品安全、高铁、移动支付。

请从中选择两三个关键词来呈现你所认识的中国，写一篇文章帮助外国青年读懂中国。要求选好关键词，使之形成有机的关联；选好角度，明确文体，自拟标题；不要套作，不得抄袭；不少于800字。

剧唱百年中华，舞跳现世安稳

孙慕佳

多年以前，《南方周末》曾有一个办报口号：在这里，读懂中国。掷地有声、磅礴大气，不愧是国内传媒大佬。

那时候，人们渴望的是了解自己的国家在改革进程中的经济、民主、文化等发展状况——“懂”，是向内的定位需求；短短十几年，今日中国，已经走到向外国人展示自我特色、自我魅力的新局势，“懂”——是向外的被接纳的渴望。这里面，饶有趣味的正是中国人心态的悄然改变。我觉得外国青年朋友要了解中国，可暂时把冰冷统计数据放一边，先将关注的目光集中到当代中国人的文化性格心理方面。具体来讲，不妨就从京剧与广场舞入手。

生旦净末丑，台上粉墨登场演绎悲欢离合；酸甜苦辣咸，台下五味杂陈感慨人生如戏。京剧作为百年国粹，渗透到无数国人的历史日常，上至阳春白雪的名派师传艺术，下到下里巴人的随意哼唱小曲，知音、乡愁、恩怨、淡泊、际遇浮沉，几乎每一种生命形态都有描绘熨帖的唱词呼应。黄昏树荫下，老头儿围坐对弈，输子的人嘶啦一声撑开纸扇，轻摇着叹一句：“我本是卧龙岗散淡的人，凭阴阳如反掌保定乾坤。”全是市井的幽默；盛世繁华时，茶馆里人山人海，霸王开嗓全场喝彩，有着资深票友的赏识眼光自诩；国难湮尘后，海对岸的大剧院里，龙应台带老父观看《四郎探母》，惊觉四面白发观众全部老泪纵横……京胡和月琴的弦音响起，自有一种民族认同感飘忽涌来，这也是后来流行音乐或电影加入京剧因素便能韵味独特受青睐的深层原因。

唱念做打的范式有沿袭的美感，迷京剧的人，自然也有一种仪式的敬畏和规矩的执念，要有静心欣赏的文化基础，要有对表演弹奏基本功的刻苦磨炼，这个无形的门槛就把很多人婉拒在外了。而到了近十年，社会生活发展日新月异、节奏一再拨快，无数的普通人在辛苦一辈子的平凡岗位上退下来之后，与年轻人的鸿沟日益扩大，他们更需一种轻松简易的方式去融入有集体归属感、老年活力价值的新江湖，广场舞自然应运而生。词曲通俗、节奏明快、基本动作简单重复，跳得优美灵动或别扭尴尬其实关系不大，占据场地大胆起舞，独属的音乐自会包围起一个“场”，在这个气氛里，她们是自信的、奔放的、美丽的、无拘束无畏惧的。场外人来人往，管它点赞还是取笑，老姐妹们自得其乐。

如果说，外国青年朋友接触汉文化，动作生硬又神情专注地模拟京剧老师教的几个生旦手势步法，即使一时半会儿不得要领，在你们的想象里，也一定是向往优雅神秘的中国；那么，当你们偶经夜间广场听到轰杂音响循环神曲、并且目睹数十名荷叶裙边摇曳的红衣女子陶醉热舞时，若嬉笑着加入也肆无忌惮地扭几扭，说出口的很可能就是：哇，这快活的中国大妈！

京剧是看似在广泛民间没落了，但于魁智、史依弘等名家一把好腔唱到了维也纳金色大厅，国际观众仍是听到了壮美精致，而城乡各处夜夜蓬勃的《格桑拉》《遍地是情歌》《妹妹好心酸》等舞步，其实也跳出了背后无数个家庭的安乐和美。合其图景，才是完整真实的当下中国。

（原文发表于《语文月刊》总第447期）

等一场雨，在凤凰

孙慕佳

虽然我读沈从文的作品很早，但湘西旅游的概念是很迟才被触及的——毕业后逛省博物馆偶然看到沱江跳岩和万名塔相关摄影作品，一见如故，隐隐期待。

六月闲暇，跟姐妹约，我说去成都吧，妹说一人预算得6 000呢不合适咱们穷游；友说去南京吧，我说要保留给儿子六岁再同去；友说好想去云南，我说那得深度游，一周不够……最后一合计，湘西凤凰—长沙岳麓，一致通过。好像它就不言语地在那儿等着我们兜兜转转如约而至一样。

犹记上一次姐妹游，是四个女人国庆自驾广西（贺州黄姚—桂林阳朔），自己玩得开心，孩子在家却被邻居大妈压迫心灵：“你妈妈不要你了！她自己去玩不回来了！”他本来好好吃饭呢，才跟我通过电话甜甜说想念呢，一下被搅得筷子都摔了嚎啕大哭。两岁半的小孩怎么分辨大妈的恶搞？我心有余悸，这次给他充分做工作让他理解我要和姨姨们去旅行，然后教他：“到时幼儿园或是邻居老姨，有谁敢胡说妈妈不要你，你就大声告诉她：我妈妈最爱我，她去玩几天就回来，等我放暑假了，她还要带我去更好玩的地方呢！”我脑筋单纯地说，来，你快学一遍给我听，可是小人儿思路非凡，他直击问题根本：“说什么呀，我只想说，妈咪你不要去啦。”我很不好意思，只好抱抱他表示温柔的坚持。

为什么坚持？即使我为孩子的饮食阅读玩乐陪伴尽心尽力，尽管很多人给我扣个贤妻良母的高帽，但是我自己从未说过类似“儿子就是我的一切、我做全部都是为了儿子”的糊涂话，育儿要全力以赴，但不等于全部捆绑投注。我首先是自己，然后才是“母亲”。在连续十个月高强度的工作和持家劳作之后，有了假期，我要适当休息，看书练字写文出门走走，和老友聚聚，都是舒压和积淀。“姐妹游和亲子游，一个一个来嘛。”我微笑着回答朋友的疑问。还意味深长地说，我可以放下孩子独自出门，背后有多少“我值得”：辛苦工作，花自己的钱买旅途，避免伸手请示的尴尬；平常育儿全包没有依赖或娇弱，这偶尔的抽身，就交托给孩子爸，他理应嘟着嘴接单；我们没有与公婆同住，上班之外三餐、家务、接孩子我都独立担当尽量不劳烦老人，逢年节生日我勤做好菜，请他们来享用留宿共天伦，于是总得他们的尊重疼爱，此际自然不会指摘我的暂时离开；三年半的点滴养育，我给了孩子好体质好习惯，也避免让自己成为一惊一乍型妈妈，我出门会安心他能适应生活……总之呀，我大昂昂就走啦，呵呵。

在机场，我们姐俩排队托运，轻装出行的友则在一旁闲晃，突然竟贼眉贼眼猫到人群里，过一会儿才慢慢直起腰来，呼一口气指着一个背影说："我领导。我请假没有说实话，嘿嘿……"我笑："这么巧？呵，你也不用躲了，人家估计早看到你，是闭一只眼放过而已！"友和妹在工作上都是独当一面甚至包揽全局的大忙人，而我这个暑期闲人一声招呼，屁颠屁颠就集合了，她们各请一天半假、加上周末、端午，勉强够我们出发。看似轻松的一句"说走就走"，其实背后有多少克制和牵绊，有多少接连数周独自加班到深夜的清冷。自然，旅行那么珍贵，要和对的人一起，才不会枉费心情和风景。

夜晚，我们首降长沙，打的、地铁到酒店，放下行李就直奔坡子街。火宫殿一带是典型的夜繁华，临近午夜还热闹非凡，一桌桌亲友饕餮，无数跑堂的搭着湿毛巾利落穿行。这样闹哄哄的自由畅快氛围里，一下子令人暂忘了生活的苦闷艰难。回到酒店三个长发女人轮番洗头洗澡，各自坐定已是一点左右。我又不慎开启了吐槽模式，三人一唠，深夜两点才躺下。我竟睡不着。是难得的自由让人亢奋吗？明早七点多的高铁耶，我很想睡呀，可是失控的脑海跑出很多回忆来。毕业之后、上岗以来、结婚这些年，磕磕绊绊也走到第七个年头了，无数情景在放电影，终究很多是辛苦，但我一直相信这么纯粹努力认真生活的人不会被时光辜负。迷糊睡了三个钟头，就起来了，我笑话自己到底不够潇洒才失眠，但也深知这"得益"于常年熬夜练就的好状态：洗漱好退房，清晨六点多走在街上，你看不出我缺觉。

地铁10个站到长沙南，一个多钟后到怀化南，在站外找旅游大巴去到凤凰西站拦的士，入城。倚着江边客栈的阳台，赛龙舟即将开始，江上汉子们都在摩拳擦掌准备了呢，我们来得真的太是时候，心情太美！笑都藏不住，镜头快闪一个：

六点起床的三个女子，这会都十一点了，也不知道累、也不知道困、也不知道饿，熟悉了房间就出门。朝西走，沿江绕一圈。终于亲见书中看过几十遍的吊脚楼，不过在日益盘踞的仿古客栈挨挤下显得孱弱了：

街上小吃店、商品琳琅：

端午在当地是传统大节，翠翠当年就是端午晚上邂逅傩送的嘛！所以这天很多当地人也从各处涌来沱江边看赛龙舟，又热又挤：

赛龙舟之后更精彩（我从水上莲花揭阳来，什么好看的赛龙舟没见过嘛，自然不新奇）的是抢鸭子啦！《边城》里也写过嘛，税官亲近民情在吊脚楼上抛鸭子，谁抓到了就拎回家去，当时傩送水性好、身手好一天抢了五只，水手笑他，现在抓鸭子厉害以后找女人也不赖……我身临此境激动得尖叫，锣鼓喧天，两岸喝彩，青壮男子一个个扑通下水，鸭子从楼上扑棱扑棱半飞半坠落下水来，人们一阵哄抢，气氛实在太热烈独特了：

男女老少乐成一团，沱江几乎沸腾了。疯了一个多钟头，江面渐次平静，一湾碧水依旧流淌：

继续逛虹桥，逛小店，逛巷子，附带吃吃吃。很多角落都有古老的生机，即使有些是做旧的，但也让人赏心悦目：

信步闲晃，我们在古城里走了三个多钟头。来到城墙边，天下起了小雨，湿漉漉的凤凰，如画。

桥边，一位老妇在卖小河虾，我看烘熟的鲜红颜色很讨喜，一问价格，她也不论斤也不论个，抓一把对我说"这样多，就10块钱"，好吧，你随意我任性，来两把。带回家给儿子煎葱花蛋、包饺子、煮麻叶皮蛋瘦肉汤，都可以撒一把优质水源的小河虾进去，多么补钙啊：

回到客栈，夜色辉煌，古城已是另外的模样。对岸清吧传来好听的歌，我们又有一阵静默，坐在阳台临江听雨，看灯火倒影迷离，抿一口奶茶，神思在驻唱歌手的悦耳声线中飘远。什么话都将是多余。珍惜此刻，很宁静很美满。

洗漱好趴到床上，又是午夜。我眼皮快打架了，过去两天来40个钟头，我只睡了不到4个钟啊，这完全是反人类的毁容节奏啊，但还是拿出行李的书，来到湘西了总得做点什么向大师致敬，录了两节《边城》放在荔枝FM。开篇也太长了，翠翠千呼万唤不出来，友窝在被子里（深夜一点，她家眼皮也打架很久了吧）竖起耳朵陪了我40分钟，总结陈词说："哼，我终于听到翠翠名字，你就结束了！"去之前看帖子说不要住江边，晚上吵，不知是否因为我睡得晚，没觉得吵哩，夜里一点多枕着对岸悠扬歌声，舒舒服服就入梦了。晚安，梦中凤凰。

隔天又是六点多起床，一夜雨，碧江变黄江。美不减少。拿着通票继续一处处慢慢去欣赏。

万寿宫是黄永玉大师的陈列馆，我上中学时在《读者》看过好些与他有关的文字，后来读沈从文就连带看了他的一些作品，毕业后买过一本《比我老的老头》，一直喜爱这位真性情的艺术家。

逛了南华山风景区、崇德堂、陈宝箴宅院、再到沈从文故居，友说："穷文人和大土豪是不一样的，你看人家书房，这么小……"呵，确实，裴进士家有几百件古董，个个价值连城，沈从文故居的书房却比裴家水缸大不了多少。但是，文人易自足啊，大时代里一角小方桌，正是心愿的福祉。

坐在虹桥楼上，拿出钢笔写了几张明信片，抬头望向窗外，景色如洗，风是带着沁香的凉，瞭望凤凰，心不骄不躁清欢似诗行，脚步轻缓，恍惚梦中、分明感恩。

（原文写于2015年7月，后发表于《阳江文艺》2015年第五期，有删改）

冬至寒未央

孙慕佳

冬至晴暖，我偷得半日闲。早上送儿子入园后，去店里与公公小坐茶话，再回家来摊开纸墨写了两幅书法，还看了一集《琅琊榜》。

屋子里都是清新舒服的味道，地板光洁、窗明几净、被子蓬松覆满床、绿植一株株都在抽卷新芽。

我偶一抬头，瞥见待机屏幕里的脸，愣了一下——眉目清朗，是安宁的神情。

安宁，最是难得。

当我换班、请假赶赴远途处理小事故的时候，焦虑浮在无助迷茫的海洋，似乎随时轻轻触碰一下水就会流不停；

当我每每下了班独自一人面对全套家务杂事时，疲惫夹杂着困惑，人很容易就陷入虚无；

当我的工作状态常年是高压繁重、起早贪黑、一分马虎不得之后，紧张惶恐凝重感自然也避免不了……

时间久了，不照镜子都知道自己的表情好看不了。

然而，从周一工作到周一，高强度的8天、中间还包含2个夜班，发条拧到几近反轴之后，只须这么地在周二——冬至天，给我稍微休息那么一下，我就能感受到“安宁”，自己都要轻哂：“哇，太知足常乐了！”

前些天在朋友圈发了做饭的图文，有朋友感慨：一想到你那双拿钢笔的手来洗碗，我就觉得很心痛。

我会心一笑，非常感动，这是了解我的老友才做得出的关心细节。

但我自己不会那么想，生活的节奏和压力推着我往前，甚至无暇自怨自艾、顾影自怜，因为，但凡我开始去心疼自己，动力就会慢下来、能量也会弱下去、日子紧凑环扣的规律甚至可能会停摆。不行。

我有另外的方法。

拖地的时候，我想象，旋腰伸屈腿也是瑜伽动作系列；收晾衣服的时候，展臂抬头是延展肩颈活络筋骨——我动得多，所以我能够保持平腹小腰身，我可以尽情穿紧身美裙呀。

还有陪孩子，看似没有自由，但陪伴游戏与阅读、闲聊，是无价的亲子互动，他的任何成长瞬间我都没有错过，这份为人母的踏实厚重并不是所有人都能轻易拥有。

甚至厨房烟火，我也发自内心地去亲近，曾在一篇育儿文章里写过：

套用一句广告词，“唯有美食与爱不可辜负”，每念起，都是对尘世熟稔的满足。我是个勤做菜的妈妈，虽没有上得大台面的厨艺，但有儿子经常一边大啖一边竖起大拇哥说：“妈咪，好吃！”亦是大满足。

人恋一座城或一个家，多数时候都和味道有关，舌尖的记忆可能抵达灵魂的记忆。我愿意在忙碌的工作中仍多花时间精力，来亲手建构儿子对“家、爸妈的餐桌”的亲近理解：

傍晚接园一起逛市场，参考他的意见买菜；大袋小袋一起拎回家，他玩耍我做饭；华灯初上，爸爸下班，围坐闲聊吃晚餐。

如此几句道来简单，但细数日常，其实凝聚多少我们彼此的调整适应、包容成长——比如，儿子早期是缠着妈妈陪玩不让做饭、跟进厨房抓一把筷子或豆子当玩具弄得一地狼藉的，而如今，他会主动帮我合上厨房玻璃门自己在外面玩耍，偶尔还能支使来抹桌摆碗择菜递调料；比如，我早期常是兴冲冲买菜备菜，但做得累了、孩子闹了、老公回家晚了，就会容易暴躁发脾气，而如今我越来越享受把厨房当交响乐金色大厅的生活；还有，孩子爸爸进门不再是顾着玩手机而是主动问问有没有要打下手的活儿……

围绕着餐桌，我们共同成长，也更深刻体会，“为你做早餐=我爱你”“晚餐=家爱时光”。

诚然，爱与美食就是这么缠绕，孩子耳濡目染了，也善于领会爱、表达爱。

不要小看了那些心理暗示，凡常人世有无尽的鸡毛蒜皮，在在可能成为压垮骆驼的那一根轻飘飘的稻草，唯有心里点亮一盏跳跃的火苗，才有放眼尽是鹅毛大雪飘飞的浪漫奇迹。

所以，不要隐忍地说：我可以。

而要轻松地说：嘿，还不错。

这样生活才会多惊喜。

如同我在《感悟美与痛，让语文成就诗意人生》的摘要里说的：人生苦短，是因为太多美好来不及细细欣赏；时光漫长，是因为投入了专注与热爱、再平凡枯琐的事情都可以很饱满。

前些天，儿子突然合上《西游记》问我："妈妈，为什么书里和电视里的人都有魔法，而我们真的人，就没有魔法呢？"

我当时随意敷衍过去了。后来想想，这个问题其实值得玩味。现实就没有魔法吗？想起几位老友：

荇的夙愿是享受讲台，她的温婉细心会是一个大优势，但毕业近十年，她只上过灶台、阳台、窗台，两个孩子三餐饭闹哄哄就一天过了又一天，职业装变成了围裙抹布，魔法一点点擦出温馨小家的轮廓。

岑是高干独生女，自由娇纵玩世不恭，高学历和好岗位拼出的轻松蓝图，她亲手用劳心劳力的海淘代购去打破，每一个熬夜都是为孩子的环境镀金，魔法轻轻一挥将刁蛮少女塑造成背负责任的母亲。

灵的小时候十指不沾阳春水，书也没好好读，心思都用来想象初恋与豪门，容颜娇美的她一定不能预想有天忙着孩子和工作，熬出了一脸痘印和受伤的胃，魔法暗中使坏，她学会了柴米油盐。

……

婚姻是一座城，让那么多女子兜兜转转各见天光。

不要跟我抬杠说，多少志同道合的夫妻玩在路上很自由很开阔，不不不，我所谓婚姻，唯有用心经营调度，大到房贷收支老人育儿、小到毛巾拖鞋合理归位和一根葱对菜品的精妙提味，点滴日常里庸俗地去付出、去共同磨合妥协着撑起一个完整的家，如此，才算数。

也唯有亲身经历过，生活的回报才会来得尤其热烈可爱、甜蜜沁脾。

儿子近四岁了，今晚莫名拉着我的手说："我是男孩子，我保护你。"想起半个月前，我接园买菜归家，大包小包挂满了车头，他背着书包，在电梯口主动伸

手说："菜给我提，水果给我，你的包给我，卡给我，钥匙你拿着开门。"我听话地一样一样递给他，然后，我哼着歌甩着钥匙串慢慢走，看他把自己挂成了个货郎还大步流星往前冲！他突然回头，很酷地问："妈咪，东西全给我拿了，你好轻松是不是？"眼神里满是韩剧男主的"我承包"气概啊。

冬至夜，飘起了微微细雨，路灯下望去，尽是绵密的温柔。

有人说，媳妇——惜福，望与你共白首的那个他，真的会因你惜福吧。祝来年安好。

（原文写于2015年11月冬至夜，有改动）

古朴钟声涤春梦

孙慕佳

读《知行合一王阳明》一书，看到一些文字我颇有感触：

佛道的确能解脱他的苦恼，终止他前半生的迷茫，只要能放弃一切。但是，他还有个心结。这就是他的家人，尤其是他父亲。毕竟，他是个儒家士子，儒家提倡的第一个道德就是孝，他说服不了自己去违背这一道德。

终于有一天，他在静坐中睁开双眼，以一副如释重负的口气说道："亲情与生俱来，如果真能抛弃，就是断灭种性！"他站起来，走出山洞，深吸一口气，外面的空气新鲜纯净，原来俗世才是最亲切的呵。

或许是生性软弱，我特别害怕那种断六根、灭人伦的决绝，不忍看空门紧闭妻儿洒泪的生离场景；

也或许是骨子里凡俗，我常怀疑依青灯、伴古佛之人在堂皇教义掩盖下丢失的人情柔软，我甚至要失敬问一句：是否太自私？

细溯起来，其实早在孩童时期我就有两次初顿人生幻灭的失望无助：一次是为童话《海的女儿》，善良又执着的人鱼小公主无私捍卫王子的现世幸福，竟任由美丽身躯化成泡沫，那个悲剧结尾让我惊惧；一次是看电视剧《雪山飞狐》，胡斐一腔热望深情款款掏出木梳要送给心爱的紫衣，可是她却削发转身永诀，镜头里浪涛翻滚、一身倩影渐行渐远，惆怅绵绵……七岁的我半懂不懂为此哭得稀里哗啦。过了多年我都忿然：相爱就还俗呗，干嘛搞得那么苦？爱情的美好应该是无疆界的，宗教信仰的门槛若不能笃定跨过，那么种种所谓坚守很可能就沦为纯粹道德伦常的枷锁桎梏——而这并非崇高。

这也可以解释我为什么那么喜欢《受戒》，汪曾祺老先生笔下的山师傅、海师傅有家着、有夫妻庭院勤打扫的烟火气，舒适妥帖，不影响每天给菩萨念经。

多好。

也有一些同遁空门而长情追随的特例，那是我心中别致感人的佳话。

现实版的，有陈晓旭皈依佛门，丈夫郝彤也剃度出家，而此前这对身家过亿的夫妇已共习佛法六七年，看得出他后来隔空陪伴的宝贵诚心，他说："我们现在不是夫妻，而是同学和道友。"有此等爱惜相知，陈即便是身染重疾韶华早逝，也不枉人世走一回了，身为女子，她这份情感心灵的富足让人歆羡。

还有，多年前偶然接触到一位尼姑，她在小镇的一段婚姻浸淫家暴，后来艰难离婚，带着一身烫伤疤痕和五六岁的小女儿，到山上出家，灰袍圆帽罩住现世安宁，她说话缓慢温柔，整日细细忙着寺里的事务，我认识的时候，她女儿已经上了小学，背着书包活泼泼地闯进院来喊饿了饿了，她眼里尽是慈爱包容，这不是最好的佛光布道吗？相反——假若她山门一锁，冷言到，"你走，小尼不再是你母亲。"然后寺外小女哭喊，这情形哪能让人理解"我佛慈悲"呢……

文学版的，在《小说选刊》(2014–9期）读过一个故事，王大志的《二一五号候诊室》，里面有迷人的渔港生活和寺庙日常描写。渔老大来兴，在一场枪杀意外后神思出邈，慧根闪耀，去到深山老庙打坐，年轻美貌的来兴嫂安顿了俗世杂务，也请求上山，在对"师兄"的照料牵挂中也修行了自身、了悟人世。

这几种形式我觉得圆满，是我心中真正有价值的修为：我爱的人，一起走。寻一处幽僻，忘百般愁苦，从此缁衣素食、粗茶劳作，在简朴生活里享尽最后的知足，偶尔抬头相视一笑，我的世界都在这，没有遗落的亏欠。

相较之下让人捉急无奈的，是一个人的冲动出走或逃避。背后有家有情有责任，怎么那么容易抛下？像我开头提到的王阳明大师，他顿悟之后还去开解了一个不言不视枯坐三年的和尚：

他绕着和尚走了几圈，站定，对准他冷不防地大喝一声："这和尚终日口巴巴说什么！终日眼睁睁看什么！"这或许是禅机，或许是诡计，总之和尚惊惶地睁开眼："啊呀"一声。

"家里还有何人？"

"还有老母。"

"想念她吗？"

和尚不语，一片死寂，最后用愧疚的语气回答："怎能不想念啊！"

“去吧，回家去照顾你的母亲吧。”

第二天，和尚离开寺庙，重回人间。

这段文字令我扑哧一笑，心中着实为王阳明的火眼金睛击节赞赏，身后若有万千羁绊、皈依怎能净心纯粹？

当然也有个案，即使心疼遗憾也愿意放手的那种。

比如李叔同，世不二出的天才，英年倜傥功名早就，各大文化艺术领域如入无人之境登堂入室，连鲁迅先生都成粉：“朴拙圆满，浑若天成。得李师手书，幸甚！”喏，还有还有，高傲的张爱玲也说，在弘一法师的围墙外，“我总是谦卑的”。

李叔同留学东瀛时，花季少女雪子倾心爱慕，此后痴情追随12年，为他远赴中土寄寓上海，在异域他乡一点凄苦一份爱念地守候，明明是倾尽所有地守护坚贞的爱情，竟无奈一朝也被孤冷关在山门外，雪子悲戚扣问：“弘一法师，什么是爱？”

“爱是慈悲。”

“你慈悲待世人，为何独独伤我？”

此情此景令人神伤落泪。但是你不舍得一丁点儿地责怨于他，因为这样灵性卓越的灵魂，注定了在人世跳舞绽放、在艺术殿堂挥洒才情、在灵思维度参禅圆满、在历史星空闪烁，普通人是留不住他的。

那么普通人，最好的距离是什么样呢？

我年节有去古庙上香礼敬，多年来珍藏开光的佛卡，旅游经过寺庙也虔心叩礼添油，我多次抄写、聆听心经，但是每当别人问我，你也信佛？

我的回答从来都是：说不上信，但是敬。

因为我深信一门信仰背后肯定是无数的典籍堆垒才有神坛，如果你不深谙佛法、如果你不曾无数遍地在师傅的唱诵中获得宁静、如果你没有研读过好几本佛经，你凭什么说“信”？这份信从哪儿来？难不成是从众而来？反正我不敢轻易说“信”。

还是回到那个问题：普通人与神佛最好的距离是什么样呢？或许杨德昌的《一一》给了我们一个参考答案：

遭遇中年危机的NJ和敏敏，一个偷见了初恋情人出差暧昧，一个丢下老妈孩子跟着一群姐妹上山斋戒清休，但是暂时的出神出怔之后，还是要耐心静心地回到生活中来：屋内光线柔和，夫妻俩一人一角坐在床位，背对着轻轻交谈，内心里握手言和，就那么心照不宣地、依旧坚韧饱满地去投入家庭和工作，在辛苦快乐中拥抱彼此。

2016年7月

离思三弄漫清秋

——我读李清照词《一剪梅》

孙慕佳

一剪梅·李清照

红藕香残玉簟秋。轻解罗裳，独上兰舟。云中谁寄锦书来，雁字回时，月满西楼。花自飘零水自流。一种相思，两处闲愁。此情无计可消除，才下眉头，却上心头。

“一剪梅”这个词牌宋人使用挺多的，当中典范首推李清照所作。她笔下的相思离愁既是清雅玲珑含蓄蕴藉的汝窑瓶，又是气象万千精致入微的宋工笔，更是荡气回肠洋溢人格美的宋书法——短短一首小令，笔调清新、风格细腻、“精秀特绝”(《白雨斋词话》)，教人读来回味无穷，可谓离思三弄漫清秋。

离思一弄·秋色浓——

盛夏的映日荷花在脉脉秋风里日渐黯淡凋零，曾经的灼灼其华失却了光泽，那悠远益清的芬芳也消散如烟，词人日日凝望赏玩的一方碧艳荷塘，竟像是不经意间被秋意卸了妆。

眼看它绽放，眼看它败落，自然的魔法不露痕迹又惊心动魄，似乎，内心也有一种凄惶急于躲避倚靠。她叹息着离开窗台，踱至帐边缓缓斜倚，未及阖眼小憩，一阵凉意透过薄纱罗裳侵袭上来，也不知是这玉润光洁的竹席果真已过了适用的时令，还是太久孤身只影独卧长夜以致娇弱身躯更敏感凄寒？

也罢！一场秋雨一场凉，枯坐更萧索，不如起身寻将往日熟稔的欢愉乐趣。

离思二弄·秋声渺——

词人心思活络，立意消除闲愁，果断褪下精致繁琐的裙装常服，换上轻巧干练的便服，莲步一跨站稳舟头，将长蒿轻轻一推，飘飘杳杳荡舟心许。

水声汩汩低徊，鹢首拨枝穿叶而行，几声簌簌响动在漫漫斜晖的温柔笼罩中，颇显突兀。她耳畔响起当日与夫君争渡嬉闹的欢声笑语，也是这里，那时莲叶田田无穷碧，那时采莲曲灵动悦耳，那时把盏交杯声清脆，一幕幕如在昨日、恍在梦中！再一回神，周遭只剩无边的寂静，寂静。正无开交处，归鸟入林，头顶划过一阵响动，是——雁儿吗？她急急掉转方向，靠岸返家。

离思三弄·秋情拢——

期盼的信使并没有来，牵挂的游子多日未有片言消息。词人登楼怅望，庭院深深，月色渐拢，那团团簇簇的树影下，曾拴着他的白马；那远岱云边，今夜可响起他笃笃的马蹄？他许诺的中秋赏桂话蟾宫，可还记得约期将近？如若不归来，似水年华悄然流逝，秋菊金桂再绚烂也终将凋零、我日日画眉梳云鬓也枉自嗟伤，那么，胜景美酒吾与谁共？

秋月朗朗照天涯，词人在此境守候、游子在他乡奔忙，所幸，情真意笃心有灵犀，久别不曾令人嫌隙埋怨，满心只有化不开拂还来的深切牵挂，眉头心上，处处纠缠。

（原文发表于2017年10月《揭阳日报》，有改动）

一砖一瓦刻华年

孙慕佳

潮汕是福地。气候好，山水秀气，功夫茶泡出来的人脾气也面一点，城市化的进程又比别处慢了那么个一拍半拍，华厦霓虹转角便有青苔石板小巷映月光。生活和心境在大时代洪流里都可进可退，带点温吞，自有闲适。

春寒料峭，立夏雨骤，两三天之间温差可逾15°，季节的变幻常是任性随意的，人心倒也历练多了点随性酣畅，不信你看五月的榕江边，龙舟横斜、人影幢幢，一早那个西装革履在企业会议上帷幄胶着的中层干部、或市场里叼着烟在猪肉案板上手起刀落斩得骨屑横飞的白背心肥叔、或机关里被如山堆文件资料淹没得发际线后退还健步如飞在各部门间奔突的四眼小哥，不管各自何种忙碌生计，此刻——在午后或傍晚时分，他们都是相似的模样：球衣短裤，人手一桨，裸露的臂膀肤色深浅不一，嘈杂声里，一群人吆喝着应答着配合着，锣鼓一响数箭齐发……

岸边的人不由地伸长脖子去看，再跟着喊一两嗓子，你便明白届时端午竞赛谁拔得头筹似乎不太重要，当下的集训才是精气神的挥洒扬威。

我会心一笑，想起婴童期住过的巷子，也巧就叫龙船厝尾——这几乎是个一开口念出来就恍惚有赛龙舟声响画面感的地名。一家人为生计辗转腾挪搬过几次家，时光流逝渐渐滤去曾经的局促麻烦，沉淀在记忆里的多是静美片段。

那时巷口不远就是电影院，据说我爸晚间经常抱我去看电影，“就没一部能看完整的，你哭了、拉了，我就只好抱出来，票真浪费……”他说笑讨伐，我暗暗换算，1985年初，他每月工资才38元，住的房子很小，国营行业也慢慢有改制的苗头了人心攒动，这些都丝毫不影响他偶尔投注文艺娱乐的消遣兴趣，若问都看过什么片子，其实早忘了，但那些小镇宁静平凡的夜晚就是这么被影院幻幻灭灭的光影声动折射出丰富的光束吧。

三年后，我们搬离了龙船厝尾；三十年后，我带他们回去参观聚餐——影院被私人租借做了茶座，排椅拆掉、阶梯填平一部分、原先的舞台支起了餐桌、平阔高耸的墙面悬挂了映射老港星演唱会视频的白幕、院子里搭了星空小灯帘，他前后转悠了几圈，啧啧赞叹，指着那扇近两米宽的红木门，说这门怕不是用了四十年了吧，又摸着一棵老树说，这家伙年纪比你还大……点了十几个潮汕传统下酒菜，一大家子人围坐着有一搭没一搭地闲聊，他用手比划着：“你妈穿个这么大的雨鞋，拍了我们第一张全家福。她白天在这里踩了湿泥，晚上回到榕城，晴的，街上就她一个人穿雨鞋！哈哈，还上相馆！”我妈抱着我儿子，也笑：“那有什么办法，曲溪当时都没有修路，一下雨就全城泥泞，谁知道去榕城你就兴起说要搬家了，孩子也三岁了，拍个照片纪念一下。”顿一顿她又笑话我爸：“你那时候还记育儿手记呢，她今天摔跟头啦、说话有意思啦、外婆给起了个小名啦什么的你都给写下来，就第一次当父亲郑重其事小心翼翼，认真得好笑！后面生老二老三哪还有这份心思?”……树影半墙，笑语疏落在举箸杯盏间，那些久远的时光，似风似雾似微雨一轮轮漫洇过来，又似乎从未远走。

我妈提到的外婆给我起的小名，外人没有叫过，我偶尔念起，满心温柔——淑佳，听起来清清爽爽小家碧玉的，有外婆气儿。

外婆是一辈子穿中式棉衣的清雅小老太，素净灰、斜襟立领、一排手工菊花扣；洗头的“药水”是在河边草丛采来鲜花草根自己用小炭炉熬制的，清香缭绕，洗了几十年，她的一头齐耳短发爽直光滑、呈现金澄澄的颜色，美得像童话里的花婆婆。她眼神矍铄，性情温和，听潮剧时会拿纸笔记唱词，字是50年前做新嫁娘后丈夫教她写的，一笔一画工整端庄有力度，小时候我常翻过纸背去摸，全是朗朗凸起的字痕。

外婆多子，我妈比大舅小十来岁，我记事起，外婆就是个老太太了。三舅尤其晚婚，表妹出生时，我外婆已经70岁了，她疼爱小孙女，亲手给她裁剪、一针一线缝制了一件羊毛坎肩，我想那时她在灯下一定静心密缝了无数个夜。30年后我摩挲着那件古董小坎肩，近乎充满嫉妒地对表妹说："真好，嬷嬷还给你做过衣服！我都没有！"心里涌满了怀念。

怀念的，还有另外两位老人。

许是缘分，奶奶家就在榕城滘乾边上，也和水有关，巷子就叫"水心亭"。

巷口是榕江支流干渠，岸边老榕树茂盛垂荫，百米开外是大东桥——近年热起来的"梦里水乡"游船活动就设在此处。榕城旧时有南滘通北滘，北河穿南河，水系四通八达小溪布满城内外，与巷口屋前的无数茂荫榕树相映成趣，民户多临水而居，"市上人家半系船"，悠悠风情堪称"小苏州"的。百十年间沧桑变化，老城有些破落了，到处窄巷旧瓦，房屋要么锁头生锈荒草杂生要么租给外来务工小贫户，街上往来人也多是暮年。但是，很多留住的恰恰是深得老城生活精味的人家：生计既得以糊口便无谓贪求，几口人住在近百年的老房里，兰叶葳蕤在收音机的调频杂音里，有狭仄中的热闹与安宁，三餐简单而精致，缓慢闲适一生人。随意走走，不经意间就会邂逅一些旧日时光的侧影，似一位迟暮的老者，眼角眉梢流露的气质是皱纹也掩盖不了的。

幼时我白天在这儿生活，走近几步记忆就全上来了：

傍晚洗澡后我头发滴着水，奶奶拿尖长脚梳柄给我挑发线，两边梳梳齐，摊开掌对我说："梳个雅头五个银！"我就小掌拍上去，她握住我手，那老掌是粗糙而温暖的，两人嗤嗤笑；午后，爷爷穿个大裤衩莳花弄草，经常站在天井门上，扶着墙，拿脚后跟在花岗石板沿搓搓搓，留下一层粉白粉白的老皮屑……

（小时候初夏吃荔枝，爷爷就会剥水晶灯笼给我们玩，三十年后，我凭记忆也剥了一个给儿子玩。）

还有偶尔在这儿过夜的几次，天蒙蒙亮，爷爷奶奶就领着我走去大操场（东方广场）散步，回来时街上热闹起来了，打铜街骑楼下、桥头人声熙攘，找一张小桌坐下，叫上三碗热乎乎的豆浆，另外点一块菱形的蒸蛋糕给我独享。年节时候，几大家子都聚到老宅，爷爷掌勺，奶奶和叔伯打下手，一大人桌一小孩桌摆开，热热闹闹吃饭。临开桌大人会给钱说去买饮料，我们一群小孩呼啦啦就跑去巷口老婶那里搬回来十几瓶健力宝、新奇士、椰子汁；上桌吃饭有规矩，老人先动筷、小孩咳嗽得背过脸、夹菜不能只对准爱吃的那盘、粒粒皆辛苦碗里不能留饭粒；吃饭敬酒，爷爷会蘸一筷子尖竹叶青滴在我舌头上；吃完饭婶母们收拾洗碗，男人们和老人围坐喝茶闲聊，小孩们挤在电视机前玩闹……想起水心亭的日子，总是声色联动的画面，爷爷奶奶的音容笑貌清晰如昨，微胖的奶奶挽着髻，鬓角一丝不苟，渗着汗，盛夏屋里清凉，她还是怕热，穿个薄薄的无袖绵布衫，蒲扇摇不停；爷爷纵容小孩闹腾几近溺爱，偶尔发脾气吼我们，那眼神一下子恶狠狠的吓得我发抖；其实他们去世也很多年了，但这些场景我都还记得，甚至，我还记得味道。

是的，爷爷做饭好吃。我印象深的几道菜是明笋熬猪脚筒、包鱼卷、阙芋卵、炒力苏、烙瓷瓜丸、老梅炊鳗鱼、焯沙虾、藩梨炒肝胗。其它久远二十多年也模糊了。

明笋是梭形棕色淡笋干，硬邦邦的，奶奶会提前两天放盆里清水泡开，买猪大骨熬成浓汤，只撇沫不去油，因为明笋“好食油”，然后把明笋切成指宽薄片，放进汤里煮十几分钟，加盐、青蒜段，捞盘上菜！明笋片吸饱了鲜美高汤又不失脆滑，汁水有独特馥郁的沁人笋香，大人小孩齐开动一会儿就能干掉满满一大锅。

芋卵是比橄榄大一点儿的水滴状小香芋，爷爷挑买上好的品种，口感粉、很松香，不能买那种软腻口感的。买来两斤可得坐着费劲削皮大半天，并且芋头“嘎人”——我奶奶会过敏，削完皮她赶紧洗手站在炉子边反复翻掌烤一烤热气帮助消退痒感，有时爷爷走过去帮着摩挲她的手。粉白粉白的芋卵清洗干净之后，倒入几大勺白糖，簸匀它，停一阵反复簸，大概半小时后会每颗都被糖浆包裹入味，青葱择洗捻下绿段，切葱花儿，然后热油——必须是雪白凝脂的猪油来爆葱花，变深色香味飘起时就舀到小碗里，这时候再加猪油翻炒腌好的芋卵，七成熟时倒入小碗里的葱油，再温火翻铲。那种香味啊，简直叫人飘飘欲仙啊！

我成家后日常操持三餐，偶尔还会遥思爷爷奶奶而做个致敬菜，比如“水心亭味故乡之菜脯粒炒力苏、水心亭味故乡之葱珠芋泥、水心亭味故乡之藩梨饭”等。

上图这道明笋煲是我改良版的，没有用到那么油的筒骨汤，加入了鲜虾丸——我爸用高档鲜虾打丸子，一斤七八十块钱供不应求，不管，先装起给女儿

拎一袋回家，我自己拿回去挤丸摆盘入冻，要吃多少再临时拿出来，鲜美了我家整个春节餐桌。

我后来在《世界给你的伤，回家让食物疗愈》一文中写过：人恋一座城或一个家，多数时候都和味道有关，舌尖的记忆可能抵达灵魂的记忆。当然，屋檐下的种种家园情怀的缠绕，还可能是声音、器物、一棵树等。我想起在西门住的那几年，有夏夜天井里邻居闲坐的光景、空气里夜来香浓烈，也有午后躺在清凉地面上打盹、小窗透进来的光浮沸着野马也尘埃也，迷迷糊糊的耳畔是屋外知了声合着屋里嗤嗤哒哒的缝纫机响动——那时屋子很小很小，我妈也有她的伸展空间，一台缝纫机织造了平凡日常里无数的精巧细节。我小时候一家人的衣服都是她手作的，大到爷爷的西装、爸爸叔叔的白衬衫、小到我们姐仨的小裙小帕。右图，父女四人的衣服全是我妈亲手做的，我爸的标准夏衬衫，我的碎花蕾丝套裙，

老三的冰绿色短裤小套装，老二的粉红条纹背带裙搭小白衬衣——再小的衣服，在用色搭配和滚边配饰上，她也精心设计绝不将就。

我妈那么会缝纫，那她自己穿过什么裙子呢？

我记忆里她只有一条灰蓝黑三色格长款半身裙，高腰、大伞摆，非常典雅漂亮，她自己做的。不过也就穿了几次，我那时七岁吧，我们要离开西门老区了，

她的全职生活要结束了，一脚踏入市场小营生，此后每天干活忙碌，她再也没有穿过裙子。

妈妈折叠起她的美丽时光，点点注入我们的明媚成长。

一代一代的温情延续，何尝不是如此呢？家家户户的密网联结，又何曾偏移那个情感轨道呢？——或许我们也由此触摸到了解读潮汕独特民俗风情的密码，外人看她进取又又悠游、宗族乡土情思团结、从菜系到茶饮生活样样精细，那都是刻在骨子里的温柔坚韧啊，爱孩子、爱家庭，一砖一瓦刻华年，且歌且行艳阳天。

（原文是2019年6月的社区征文，获三等奖）

缘定教职，忠诚不渝

孙慕佳

故事可以从老榕城西门的一条小巷开始。每天午后，阳光暖暖的，院子里很静，满缸粉白相间的莲花和一架紫藤萝都在打盹，只有屋前的玉兰叶子筛下了一片闪闪的碎碎的白光，照耀着窗台、床边。四岁的孩子，睁着明眸，听妈妈讲童话。明明是一本排满方块字的书，妈妈却可以信手从中牵出夜莺、海的女儿、拇指姑娘……孩子听完总要问："妈妈你怎么知道这厚厚的书写的是哪些故事呢？"妈妈笑笑说："老师教的呀！"

哦，老师，就是会认字、会看书、会教人说童话的人，老师，是温暖了妈妈和孩子的午后时光的人。

故事也可以从华侨中学高二级的一堂语文课开始。那天老师上完课，说下一节是上诗歌，让一位同学来上吧，谁试试？大家都笑着嚷嚷："科代表……"科代表犹疑着点了点头。当天借了老师的教参、又在讲台上拿了两根粉笔带回家，研读教材、拟写教案，然后关上房门，把门板当黑板，一个人有板有眼的试讲开来，直到深夜。

后来那一节课上得很成功，同学们听得格外认真，结束时掌声如潮。所以科代表有一种表演后谢幕的轻飘飘感。直到下了课有同学对她说："这是我第一次喜欢上语文课呢！你以后应该去当老师，很合适！"科代表这才懵了，有点惶恐：我还想当大律师、想当央视主持人的呢！难道我只能当老师么？

"只能当老师"——老师容易吗？哦，可叹当时年少轻狂啊！

故事还可以从踏上韩山师院的土地时开始，四年里，"勤教力学、为人师表"的校训引领着学子脚踏实地、怀揣梦想地走向教职。

故事，终于，在我走进揭东一中的那一刻真正地拉开了帷幕。我是一名人民教师！

从此，肩负着责任，我把教书当作生活的轴心，承载着信任，我把育人当作年轮的光华，我不再是单独寻梦者，我和一代代学子携手同行、步履相依，我赋予他们成长的勇气和蜕变的动力，他们给予我成熟的分量和生命的厚度，彼此的青春在心灵的交织中无限延长、在思维的交流中无限扩大，是他们教会我理解忠诚的质朴含义。

当我检讨自己对于学生过于苛责易怒而抱歉的时候，他们已经悄悄地约定："姐姐生气了，别让她失望，我们要表现出最好的一面。"——他们教会我宽容与平和，教育必须戒除焦躁。当我把拨动自己心弦的文字、图画或音乐与学生们共享时，他们会不约而同地沉静聆听、屏息凝视，最后以热烈的掌声打破我精神贵族式的从容，勾出我的羞涩——他们教会我理解教学相长，"表扬"不是我身为教师独属的姿态。当我曾经予以最多关注和引导的某个学生又一次做出让我头疼的事情时，我不生气，我突然明白了，教育从来没有一劳永逸的好处，学生这是在培养我的坚韧和宽广呢……

教育，当华丽的词藻在岁月的堆叠中铸造起这份事业的荣耀，教师，当炫目的光环在历史的赞歌中把它笼罩，我一直尝试用最真实的内心去解读它。假如人们将它看作"阳光下最高尚的事业"，我则愿意把它看作一种真实虔诚的生活形式，一种打磨青春的诗意信仰。你看那日历一页又一页地被撕去，看那无数的日子随飞扬的粉笔灰尘飘向窗外，还有什么可以打动我们的青春，让我们坚定脚下站立的位置，几十年不改屹立的姿态？多少个日夜，我闭目冥想，理想、名誉、利益、闲适……当生活巧设名目地在我们人生的关口善意地挥手，是一种什么样的力量，让我们这群人沿着最初的选择，忙碌、踏实而沉默地行走在育人之路？我想，那是我们对自己内心诗意世界的忠诚，对讲台下无数双真诚渴望的眼睛的忠诚。弗罗斯特在《未选择的路》一诗写道："黄色的树林里分出两条路/可惜我不能同时去涉足/我在那路口久久伫立。"很多时候，我们与生活抗衡，力图在物质世界和心灵世界都充当赢者，但不能两全才是生活的常态。当选择走上讲台，在这寸土地上经营我的事业，用粉笔点染我青春的梦想，我便选择了对待内心真实的虔诚，选择了对诗意信仰的尊重。只有寻觅到内心坚强的理由，才能让师者面对未选择的路而不轻言后悔。

青春容颜会消逝，我相信，在你的脑海中，永远是那个在讲台上激情飞扬深情讲述的脸孔；

琐碎生活会疲惫，我欣慰，在你的印象里，永远是那个在如山堆的作业本后专注批改的侧影；

记忆繁多会遗忘，我自豪，在你的心坎上，永远会保留一方“天地君亲师”之一的尊贵位置！

（原文是2010年“揭东县忠诚演讲大赛”演讲稿，获二等奖，发表于2010年10月刊《揭阳教育》）

父亲的《心经》

林诗铨

“观自在菩萨，行深般若波罗蜜多时，照见五蕴皆空，度一切苦厄。……”

我不记得我当时和他说了什么，他突然说要背《心经》给我听，我来不及拒绝，他就唱了起来。这是我俩一直以来的沟通方式，不想听也听了几十年。

他七十岁那年，竟用一周强记下《金刚经》，大年三十，电视正播着春晚，而他突然要求我们帮他验收背诵成果。我和哥哥相视一笑，反正拒绝了，他肯定也会背，哥俩还没开口，他就闭目诵起经来。五千多字的经文，絮絮叨叨，高高低低，偶有较长的休止符，和电视里的人声乐音，缠缠绵绵，分分合合，有时彼此充满敌意。不知过了多久，约莫一分钟只剩下电视的声音，我看他依然闭目，不知是否可以开口说话，哥哥也看他，应该有相似的期待，我的那一句“背完了？”只说了一个“背”字，他又断断续续地背起来。

哥哥的婚礼上，他竟事无巨细地念了一封感谢信，感谢对象包括为哥哥拉了几根电线的哥们，谢完，他提出送上一曲《大悲咒》要求并立即开唱，瞬间耳畔尽是他略带苍凉和自得的《大悲咒》，幸亏话筒靠得近，呼气的“砰砰”声还带来些许喜感。除了母亲、哥哥和我，大家都愣住了。坐我一旁的三伯父，笑得眼睛眯了，那一丝仅存的小眼神，似乎期待并担忧着我将来的婚礼有同样的笑点。

外婆去世，他跪在她的遗体旁念完《大悲咒》和《往生咒》，旋即离开，留下母亲、哥哥和我参加接下来的种种“亡斋”仪式，于他，这些应是俗事。舅舅去世，他也是这般做。四伯父葬礼我没参加，听说他既诵经，还参与了丧事的筹划，我想这也是他的必然。因为那时我恰好结婚，当白遇上了红，他一定会放下红事，选择白事，这是他毕生的逻辑：以长为尊；可雪中送炭，不锦上添花。

朋友椰子君和他第一次见面，我没在场。我心想，他一定会给椰子君背《金刚经》的。果不出所料。椰子君当时骑单车十几千米从澄城到东里去探亲，顺路去看他，他俩素昧平生，只在我的只言片语中略知对方一二。当一个研究东方哲学的年轻学者遇上一个骨子里儒道合一却自觉是佛教爱好者的人，时间成本必定会让后者竭尽所能地表现自己对知音的渴求。父亲那一刻的唐突，倒也未曾不可。毕竟人的生命那么短暂，不管得志与否，对知音的渴求是一辈子的自发性春药，而浮生越趋于尽，药效越强。纵使双方身份悬殊，父亲依然有《越人歌》里榜枻越人的期待。后来告别他的时候，椰子君跪在他的遗体旁为他诵《往生咒》，我眼泪婆娑，似乎看到人生的因果。

他前半生唯物，而晚年笃信佛教，这个唐突的掉头，让我和哥哥一直怀疑。每天四五点起床，步行数里去拜象山石佛，并清扫寺埕落叶，等拜佛者前来，又为他们讲经传道，就不知有几个善男信女听得下他的絮絮叨叨。每年正月初一，拜完祖先，便毅然步行十几里去铁铺东林寺和石龟头阿娘庙拜佛。遇人三句后，必言佛诵经，起码我在场的那些场景里，他的过渡没有一次是自然的……

后来，阿生表姐的一句话，被我一直当成他一生秘密的注脚之一。当时表姐说："细舅天天去扫石佛埕口？他这一生好像从未碰过扫帚呀，家里再乱他也不管的。真是一世只爱脸爱名！"

"……菩提萨陀，依般若波罗蜜多故，心无挂碍，无挂碍故，无有恐怖，远离颠倒梦想，究竟涅磐。……"

"细舅（不知为了什么，我一直这样称呼他），远离颠倒梦想，是不是远离不切实际的愿望？"我打断他的吟诵。

"不是不切实际。切实际也可以是。"

"何谓颠倒？"

"颠倒就是一切所谓有价值的追求，执念！"

"您没执念！"

"有啊，谁都有。……三世诸佛，依般若波罗蜜多故，得阿褥多罗三藐三菩提。……"煮水壶冒着烟，他继续诵经。

他一生的执念是名吗？佛是他晚年对人生困厄的一种解脱之道，还是一种求名的延续呢？

在他的自述里，他有一个建了学堂、铺过乡路、种树荫人的父亲；有一个出过书的长兄和才情超人的长嫂；有一个有钱的大姐夫和外甥，他们出资建了包括苏北中学在内的不少校舍。

他自己有过辉煌的初中经历。那时苏北中学只有初中部，却誉满潮汕，校长是王鼎新，教员里有不少名士。他能默画出世界地图，比地理老师还厉害，他是每年时事竞赛那位遥遥领先的冠军，在王鼎新手里接过奖状。

后来，他成了澄海中学高中生，理想是考入国际关系学院，因为他最引以为傲的大哥、大姐都在泰国，他学业成绩一直很好。只是他一直没有跟我说清，他为什么最终没有完成他的高中学业，学校最终给了他毕业证还是肄业证。

在亲朋的复述里，一种说法是他毕业了，只是没有参加高考；一种说法是他没有读完，学校出于同情，最终给了他毕业证；还有一种说法是他只拿了肄业证。不过，这些说法都统一于同一个原因——高考体检时他的肺部照出了阴影。当然，也有极个别人说他的政治出身不合格。

而这些他从来不愿跟我说起的，在我耳边，反反复复的是“苏北”“澄中”。他曾在苏北校长室外，偷偷看王鼎新校长写字；某次王鼎新校长碰到他，还能叫出他的名字；苏北中学篮球队在要战胜军区篮球队时，王鼎新校长叫了暂停，给军队留足面子……在澄中，他申请放假留校读书，一个人看管空荡荡的校园，守着一间间气派的六泻水教室；他把法文书借给郭秀达校长，后来这些书全部被清缴；他姐姐在泰国带回的人字拖鞋让他成了班里的时尚达人；他们班的同学能歌善舞，体育比赛遥遥领先……

他可能没有意料到，他的儿子我后来竟成了他母校澄中的一名语文教师，我初到澄中教书的时候，他一定忧心忡忡，因为他崇拜的许伟余（他同学的父亲）是澄中的语文教师，而自己眼里有点叛逆且不太成器的儿子怎么也成了澄中的语文教师。要不，他怎么会在我被澄中录用后即将上岗时，连续在我的留言本里写下两段寄语呢？

孩子：

自知，自制，自重，自爱，自强！

写于你上岗前二天

2001年8月24

诗铨：

黄炎培先生的《教儿诗》，愿你作为立身处世的座右铭：

理必求真，事必求是。

言必守信，行必踏实。

事闲勿荒，事繁勿慌。

有言必信，无欲则刚。

和若春风，肃若秋霜。

取象于钱，外圆内方。

为加深内涵和针对性，我把看似重复的“有言必信”改写成“有容乃大”。

细舅8月25日补写

“孩子”，他这个疏离感十足的人，写下这两个字要犹豫多久呢？当他把我看成并称呼为“孩子”时，他是骄傲，还是担心，抑或是有人延续了他求名愿望的欣慰呢？

在受聘澄中之前，韩师中文系曾将我作为优秀生推荐给了汕头金山中学，那时交通不比现在，面试那天他凌晨四点从医疗站回家为我熬制石斛水，五点半陪我去赶车，吩咐司机说：“我个孥仔欲去金中面试，你一定要送他去到校门口。”语气自得而坚定。

我在澄中工作的第四年，他到澄中比邻的华侨医院做了点小手术，术后，因医院蚊子太多，他搬到我宿舍暂住等候伤口拆线。我的宿舍在澄中序乐园（退休教工活动场所）一侧。有一次，我瞥到郭秀达校长，急忙跟他说，快，我扶你去看郭秀达。他竟难堪至极，说，不要，他怎么会记得一个落泊的学生呢？

我不知道在我宿舍睡觉的那些夜晚，在钢筋水泥的房子里，他是否会想起从前气派的六泻水教室，是否认为那些夜里的星星还在原来的位置上，是否把风儿吹过门口的石栗树发出沙沙声错觉为他那些留守澄中夜里的风过树之声。至于他这个本不怕蚊子的人为什么突然怕起蚊子来，我现在才觉得唐突。

在乡里，有人说他是苏北生，有人说他是澄中生，甚至有人以为他是大学生，他当过大队文书，民办教师，小学主任，医疗站站长，他能帮人把信寄望泰国、香港、新加坡，他种过巨大的萝卜，他开启乡里出租各种港版的武侠小说之风，他能只字不差地背诵《中华药典》……他是会写雅字才子，会看药材的高手，喜欢了解国内国际大事的好事者，用一根布条做腰带的邋遢怪人……

在我的心里，他从一个“夸父”渐渐变成一个“夸子”。他将哥哥的书法、篆刻和我俩发表的仅有的几篇诗文印成一本，不时拿出来示人。在哥哥买了一套普通四层农村老房后，他总是会带人去参观，哥哥办了一个小工场，他会说他大儿子办了一个小工厂，椰子君和他第一次见面，他竟提出让椰子君用单车载他去参观哥哥的小工场。后来，椰子君对我说，让一个赤裸上身的老伯坐在自己的单车后座招摇过市，心理好有压力。我每获一个小奖，若被他知晓，亲戚必知，就连去改高考卷也是。后来我被推荐参加一个赴美国研修的项目，后来没去成，结果很多亲旧都以为我去过美国。有一次，亲戚当面问我，他也在场，我答也不是，不答也不是。

他的智商、才情、记性和耐心，是我和哥哥较难比肩的。在哥哥只能选择职高那阵，在我初三突然没心向学那时，他的心里一定怨过母亲，把他们家的基因变坏了，我们都曾明显地感受过他的失望，感受过他对我们的不够尽力或者说不知怎么尽力。后来，尽管我们都离他所想到达的理想很远，可是也都长大成人，他还是高兴的，可是这个“夸父”“夸子”的人，一辈子很希望自己被人夸。

这样看来，他的颠倒梦想真是名，且有始有终。哥哥说：“博闻强识者，皆好名！老父是个典型。”至于，这欲望的根源是什么，我还真看不清，是在他三岁就离开他的父亲，是苏北，还是澄中，抑或是一辈子无法真正得到的缺憾。

“……故知般若波罗蜜多，是大神咒，是大明咒，是无上咒，是无等等咒，能除一切苦，真实不虚，故说般若波罗蜜多咒。……”他终于唱完了。

“这许多咒，都是什么咒？”我问。

“都是这个咒呀，这咒是到达彼岸的大智慧是修炼中最神圣的准则，是最光明的法器，是至高无上的真理，是无与伦比的规范。能真实而不虚妄地将全部苦难化解清除，所以我们只要牢记‘般若波罗蜜多’这句真言就好。”

“这经好短。为什么叫心经。”

“大概就是求自在心。”

“您这一生自在吗？”

“还好，问心无愧。”

的确，他这一生真的有愧不多，一个求名的人，能会多有愧呢？

前天椰子君临摹《圣教序》中的一段时，突然想起他，发微信给我：“学书法，想起令尊当年在医疗站口诵《圣教序》给我听。老头子背起来很忘情，说当年因病辍学，捡废报纸，上面有《圣教序》，就临起来，十几岁少年时背下，一世人记得。《圣教序》里写唐僧西行那一段文字很有画面感，就是一个苦行僧的形象。老头子背给我听的就是这一段，他很入戏，大概玄奘是他少年时的偶像吧。我刚才刚刚抄临，也是感动得一塌糊涂。”

很是感激椰子君，前段时间还特意把他切的高丽参留下不吃，拿给我们兄弟作遗物珍藏，更重要时椰子君才是他真正的知己，让我解读他有了凭借和信心。凭着我同他在一起生活的回忆、他那些片段的自述和亲旧的蜻蜓点水式的复述，我怎么也拼凑不起他的形象。

从不得不去面对父亲这个对象时刻起，我开始不自觉地把他当一个客体在内心或言语里进行叙述，到他去年农历六月初六去世，我开始自觉地在内心构筑一个比较准确的他的形象。快一年了，我还犹疑地活在对他的揣测解读中。我一直想为他写一点什么，希望他活在文字的真实里。可是我无能为力，忙碌只是一小部分的原因，后来很长一段时间对他的不重视是更重要的原因，当然，这两者都比不上我对他或者对我的犹疑。

《圣教序》那段是这样的：“有玄奘法师者，法门之领袖也。幼怀贞敏，早悟三空之心；长契神情，先苞四忍之行。松风水月，未足比其清华；仙露明珠，讵能方其朗润。故以，智通无累，神测未形，超六尘而迥出，只千古而无对。凝心内境，悲正法之陵迟；栖虑玄门，慨深文之讹谬。思欲，分条析理，广彼前闻；截伪续真，开兹后学。是以，翘心净土，往游西域；乘危远迈，杖策孤征。积雪晨飞，途闲失地；惊砂夕起，空外迷天。万里山川，拨烟霞而进影；百重寒暑，蹑霜雨而前踪。诚重劳轻，求深愿达；周游西宇，十有七年。穷历道邦，询求正教；双林八水，味道餐风；鹿苑鹫峰，瞻奇仰异。承至言于先圣，受真教于上贤，探赜妙门，精穷奥业。一乘五律之道，驰骤于心田；八藏三箧之文，波涛于口海。”

玄奘是一个苦行僧，而我记忆中的父亲也是一个“苦行僧”。每天都是五六点醒来，然后专注工作，对中药的制作一直坚持古法，一丝不苟；早餐白粥咸菜，午餐、晚餐两碗米饭加一点青菜、瘦肉；从未自己买过衣服，一双拖鞋、一条用来当裤带的布条从春到冬，夏天永远赤裸上身。

玄奘是一个佛学大师。父亲晚年信佛，应该源于此。

更重要的是，玄奘是一个历经万险终成正果扬名万世的人，恐怕这一点才是父亲一生言行驱动力，他可能半知半觉或者故意不知不觉。他崇拜慧能、李叔同、赵朴初，读《坛经》，读《李叔同传》，喜欢李叔同和赵朴初的书法，却一世不能真正参破他们和他们所写的东西。

记得初二那年，到处都是性病小广告，我学得不少新词。某次，他和哥哥在讨论李叔同怎么会在繁华之中出家，我在一旁应了一句："大概是阳痿了。"从未打骂过我的他，取下拖鞋，狠狠地朝我丢来，我跑，他在后面追，然后有好几天不再理我。

现在，我一闲下来，就常会想起他，想起那个他突然跟我诵起《心经》的下午，阳光蜡黄，清风阵阵，茶烟袅袅……

草色遥看近却无

林诗铨

“天街小雨润如酥，草色遥看近却无。
最是一年春好处，绝胜烟柳满皇都。”

823年，韩愈走在街上，望着漫空小雨竟不自觉用上奇崛的比喻，“天街小雨润如酥”，这种一贯性的诗风，在他之前太多诗里能找到影子，比如用“马乳”比葡萄，用“龙须”比喻葡萄新芽。

当时，他可能为心中自然生成的词感到相当满意，的确没有比“酥”更能写出早春小雨的绵密、柔润、乳白。

他继续走，到了郊外，突然发现在这个以黑白灰为主的早晨竟有一抹新绿，惊喜中他加快了脚步，走近一看竟有点失望，刚才因为距离连成一片的小草竟稀稀疏疏，绿意顿消。于是这个爱用新奇词语写诗的散文家，竟用自己在写散文时倡导的朴实语句入诗，“草色遥看近却无”，这一句应该是他十分满意的句子，因为他接上来真有点激动，“最是一年春好处，绝胜烟柳满皇都”，而这激动可能有三个原因：春天来了，距离真神奇，好句子。

的确是个好句子，后世人对它也满意。

不过，韩愈其实没写过什么好诗，这首《早春呈水部张十八员外》是个例外，而例外全因为那句诗。韩愈的散文太好，写诗却往相反方向走，大概是因为他把文定位在实用性上，就把诗当成艺术去经营。当他用自己最擅长的文字写诗时，反而把诗给写好了。

这里我倒不是在讨论一个心无两用的问题，我想说的是，那些有主张的人，往往都是很难不被主张控制。张爱玲在文学上很少有什么主张，一手小说，一手散文，都很拿得出手，尽管小说里的悲观和散文里的自乐很不同，但是文字的技巧没有变。

“年轻的人想着三十年前的月亮该是铜钱大的一个红黄的湿晕，像朵云轩信笺上落了一滴泪珠。陈旧而迷糊。老年人回忆中的三十年前的月亮是欢愉的。比眼前的大，圆，白。然而隔着三十年的辛苦路往回看。再好的月色也不免带点凄凉。”

“凡哑林与钢琴合奏，或是三四人的小乐队，以钢琴与凡哑林为主，我也讨厌，零零落落，历碌不安，很难打成一片，结果就像中国人合作的画，画一个美人，由另一个人补上花卉，又一个人补上背景的亭台楼阁，往往没有情调可言。”

前者是小说《金锁记》的句子，后者是散文《谈音乐》的句子。习惯性的短句和天才式的比喻是她手里的绣花针，绣什么都好，反正不换针，因为这针长了短了，都不是我的强项。

前面提到韩愈的那首《葡萄》真的写得很不好。

新茎未遍半犹枯，高架支离倒复扶。
若欲满盘堆马乳，莫辞添竹引龙须。

我真不知道为什么粤教版的高中教材要选它，这紫色硕大的“马乳”的确像长势良好的葡萄，这金黄虬曲的龙须也很像刚刚长出的葡萄藤，可是美感在哪里，这紫太肉，这黄太俗，还是算了吧，把比喻让给那些会用比喻的人吧。

“呜呼！吾少孤，及长，不省所怙，惟兄嫂是依。中年，兄殁南方，吾与汝俱幼，从嫂归葬河阳。既又与汝就食江南。零丁孤苦，未尝一日相离也。吾上有三兄，皆不幸早世。承先人后者，在孙惟汝，在子惟吾。两世一身，形单影只。嫂尝抚汝指吾而言曰：“韩氏两世，惟此而已！”汝时尤小，当不复记忆。吾时虽能记忆，亦未知其言之悲也。”

这一段，真好。真是“草色遥看近却无”！

“四不像”

林诗铨

身材高挑，曲线玲珑，气质优雅，粉嫩白皙的皮肤上，一袭暗金的露肩长裙泻至鞋跟，她，是我前年狠下心买来的玻璃花瓶，日本星夜野工房制作。家里装修简陋，竟一直不能为她找一个容身之所，总有美人误落风尘之叹，后来为她买来鸡翅木高脚花几，又怕凌空易落，只得置之配餐台，接接地气，还真妥妥的，算是食厅西施。

家里还有另一件得宠的瓷器，那是我案头的“四不像”，它像小花盆却没开排水孔，说是烟缸吧，却没有托烟位，作个玩物摆件，又粗野了些。一段时间，我索性让它当了笔筒，竟弄得笔们横七竖八。

我有点想不清楚，当初是什么念头让我添置了它。终究是个无用之物，索性让它多功能起来。偶尔，用它插些不小心弄折花茎的花，工作繁忙而烟缸不在案头，则让它做做烟缸，算是有用，但更多的时候，是莫名其妙地注视着它。

日久生情，我还是渐渐发现它的优点。

洁白的瓷质虽称不上“如纸”，却也薄得透亮。翠竹几株，疏落于表面，熊猫两头，一爬一坐，一耍一食，有些仪态。黑、白、黛三色也算素雅。

不过，细看之，画笔粗糙，构图混乱。问懂瓷的，说这算是手绘，应是炼笔之作。于是，和它对视，走神时竟可凭之构筑故事，好在这白日梦里取悦自己，也好在白日梦醒时哑然自笑。

比如故事的主人公可以是瓷厂里的一个小男孩，他利用课余的时光，开始闹着要“子承父业”，父亲不想浪费瓷土，捏一小把给他。开始时他想做为外婆做一个花盆，因为土少，就改变了主意，想给父亲做一个烟灰缸，怕父亲抽太多烟，转念又想为自己做一个笔筒，他越想越多，越想越做不出来……就这样，他还是做成了我案头小玩意的胚胎。他想起动画片和纪录片里的熊猫，决定画两只熊猫，先画整体轮廓，接着小心翼翼地点上四只眼睛，发觉它们太小，又改大了，这一改，使眼睛大得有点荒诞，于是，他始终不敢去勾画熊猫脸的轮廓。这时，旁边的父亲一定看不下去了，于是提笔就是二钩，这淡淡二笔，竟让熊猫有了点神气。出窑那天，小男孩很紧张，也很自豪。在这个故事中醒来时，我想这个男孩后来一定还做了很多这样的玩意儿，不过，他一定忘了其中一些的下落，甚至忘了它们的存在。如果他记得，他不知道会不会为它们担忧、难受，为自己感到难堪。无用而粗糙的东西，实在不知道该如何搁置，不过，所有的艺术家都练过笔，所有的造物主也都有初为造物主的时候，这要怪但也怪不得他们。

幸亏它遇见我，幸亏我们相怜。

记得淘它的时候，那店门口已贴上了大大的红纸，上面大书二字“转粗”，店主是个老太太，她把“租”写得很像“粗”字。进店转了一圈，发现剩货无多，正准备离开，老太太对我说：“剩不多了，买一件送一件。”我说：“还有更像样的吗？”老太太想了想，转身从她身后的橱柜里拿出了那小玩意儿，“这个瓷质一流，又是手绘，本想留给我孙子玩的，你看看。”“这个能用？”“穿个洞，种花！”“你能帮我穿吗？”“我儿子正好不在，要不就帮你穿。”“多少钱？”“以前想卖50元，现在给20就好。不过不能再送一件。”如今想来，我当时一定存在着一种类似被击中的莫名感觉，不然它不可能来到我的案头。

看来它和我只是情分罢了，并非真爱。其实，常陪在我们身边的，有几个是真爱呢？要不臭味相投，要不同病相怜，要不委曲求全。

那委曲求全的日本花瓶如今也算有了一些烟火气味，而“四不像”，则常陪我在书房里相看两无语。

那些树，那晃荡的少年

林诗铨

记忆日渐空荡，不过少年难忘，许是因为树。那几棵家乡的树，成了我记忆河流里的石头，想起它们，也就想起那晃荡的少年时光。

东陇大宫前那棵大榕树，是我整个童年的骄傲，是我那位生于光绪年间的爷爷手植的。父亲说，你爷爷铺路，办学堂，种树。就算当时家里徒具四壁，父亲“夸父”时，我并没有丝毫的质疑，因为先辈阔过的事实也可以是那时孩子们自信的谈资。这一点，恐怕爷爷种树时没有想到，他栽种这棵树的动机更可能是枝繁叶茂的寄望，或者是给人遮阴的善念。爷爷一定也没有想到，她种的这棵树在近百年后成了疯女人小珠的家，而他的最小的孙子曾和他的小伙伴们拿一个可怜的疯女人试胆。

那晚，月光恰当好处，能看清人的轮廓，阿营带着一袋事先准备好的大石子，强拉着我们几个去报复练胆，因为小珠讨厌小孩，凡是经过榕树下的小孩基本都吃过她的石子包，只是阿营找的石子要比她扔我们的大好几倍。“扬善除恶，替天行道，今晚砸死小珠去，没胆去的是小狗。”阿营宣读着他从电视里学来的台词，真是大哥！我怎么也想不起我为什么会去，倒是记得，树下那张破军被里卷着那个令小孩闻风丧胆而那一刻熟睡着的小珠，她没有节奏的鼾声，加上阴冷的风，让我直打哆嗦。“扔”，阿营下了令，可是砸过去的只有他手里的那颗，而且偏了，因为他手抖。“快扔呀，胆小鬼。”阿营怒视着我们，我闭上眼睛轻轻扔石子时，有四五颗石子以不同力度从不同方向掷向小珠。小珠一声惨叫，我们四散奔逃。那晚，我害怕到睡不着，因为我们杀了小珠，直到我认定她睡在我爷爷种的树下面这个该死的理由，我好像才说服了自己。第二天清晨，我悄然地离开家，在离大榕树约莫三十米处，窥视昨晚的杀人现场，只见小珠好好地坐在树下像往常那样乱叫乱喊，我才觉得好困好想睡觉。回家路上我碰到了脸色发青的阿峰——昨晚的另一同伙，他用惊惶的眼神看了刚刚从惊惶里出来的我说：“小珠，阿小珠，死了没？”“没有。”“你等我，我也去看一下。”等他看完追上我时，我们并肩走着，没有说话，一直到分开的岔口。不知道那天有没有人比我们俩早些或迟些去看杀人现场，不过，我知道，不管长多大，我们几个可能不会忘记那个夜晚，一般也不会轻易向别人提起。几年后，榕树旁建了一个火笼（辗谷作坊），小珠搬走了。十多年后，听说小珠淹死在水渠里，这个爱洗澡的疯女人，最终死在水里。

小学三年，和有哥他们去隔村明德摘玉兰。那棵玉兰树若能竖着长，一定会很高，只是它改了一个方向，在离地一米左右的地方突然拐弯，向一口池塘的中心努力延伸，像一座微微斜升的断桥。听有哥说，每年这树要开上“几百万”个花，现在才知道十几岁的男孩没有数字概念，数字越大越有说服力，不过这习惯会粘在很多男孩们身上，大了还是很难改进，只是看不出来，因为它调整到不易觉察的地方。那次到达时，我只看到十来朵小花零星地开在池心上，有点不敢看有哥。有哥说：“太慢来，给别人摘剩几个最难摘的了。”说这话时他也没有看我们。话一落，他就“猴”上树，站直，踏着树干，快速地往前直冲，好像他在证明着他每年必来的事实。树干晃晃荡荡，有哥摇摇晃晃。突然，一个趔趄，我们吓得大叫，只见他双脚双手紧紧钩住树干，像一只倒挂的树獭，树干悠悠起落，他的背部也随之出水入水。我们无计可施，倒是他艺高胆大，竟悬空倒爬到岸边。踏上岸，还没有接受我们的崇拜目光，他又再次出发，这次慢了许多，像网球的二发。回来时，他手里多了七八朵玉兰，咧着嘴。一个挨一个地给我们发花，“你，一个。你，一个。你，也一个。……”在好长的一段时间里，我最崇拜的人就是有哥，帅，拽，冲，有钱……要什么有什么的。读初一那年，我突然想起那朵玉兰花，竟萌发了摘取的勇气，赶到时，才发现树和池塘都已消失。

塘西村水渠边的那棵比读初二的我还高的香水玫瑰，第一次见面，竟送我一树殷红的繁花，还有那能把人脸熏红的美好气味，记得我独自在树下流连了一个下午。其实那时的我已不太晃荡，开始远离少年伙伴，同爱读书的同学来往，又止不住自己的爱晃荡的天性，一个人钓鱼，一个人养一阳台的玫瑰。有次和母亲常聊起从前，她说：“你的成绩就是在那时烂掉的，好像变得无心无魂。”

猴 老

林诗铨

乡村节日，最快乐的是小孩，乡村人长大，回忆里总有节日的影子。常记得那个做糖猴的老头和他那个煮糖锅，色彩斑斓，吱吱作响的。

不叫卖，没固定摊点，节日一到，那围满小孩，散着阵阵甜香的地方，站着一个鹤发童颜的老头，戴着洁白的围裙，一手捏着糖团，一手拿着剪刀，捏一捏，剪一剪，一只糖猴子就栩栩如生了。他最常做糖猴，我们叫他“猴老”，猴老有多老，我们不知，只知道我们父辈也叫他猴老。

“五分钱，老猴出世，脱白白；一角钱，老猴拜师，穿围裙；两角钱，大闹天宫，穿战甲。”

“要拿棍子还是要抱桃，拿棍子两角，抱桃两角半。”

每次他都不厌其烦，现在想来那叫明码标价。

“把你的脏手放下，别乱动！”

“勿靠太近，烫着无赔！”

他有时也这样严厉，但不会影响生意。猴老的不完美是一种策略。

他的玩意儿最有吸引力的是吹糖水果，在两片陶模中迅速放入一个用煮融的糖做成的小糖袋，叫你快吹，你必须迅速地接过陶模，双手紧捧，咬住糖袋口，鼓气一吹。稍待片刻，掰开模子，一个水果便静静地躺在一边的模子里。黄色的香蕉，紫色的葡萄，红色的苹果，绿色的杨桃……若是速度慢了，水果就不饱满，干瘪瘪的，也看不出像什么水果。但猴老照样收钱，一角一个，“吹不好是你自己的事！”他经常对那些失败者这样说，后来孩子们也心里有谱儿。“不容易吹的。我帮你吹，吹不好，就再吹一个赔你。”有时在孩子要吹之前，他都会忠告一番。但大多小孩都爱自己吹，因为花钱要买的不是一个糖做的水果，而是自己吹出一个糖水果的感觉。

色彩斑斓的煮糖锅，吱吱响着，甜香阵阵，薰着一张张微红的小脸儿。

闭上眼睛，这一场景就在心头泛起。现在节日回家，热闹仍是小孩子们的，不过再也见不到猴老了。在家里，堂哥的儿子们玩的都是塑料枪、悠悠球、奥特曼……他们有时还用“枪”指着我说：“投降，不投降就开枪！”

疯　翔

林诗铨

村人阿翔因欠人钱多，装疯，日久就成了真疯，甚至是村中最疯的一个。

于是在村子的语境里，“疯翔”成了不理智、神经错乱的代名词，成了一句骂人的话。成年人用它来打趣，小孩子用它来骂人。

一次和哥哥因小事争执，哥哥骂我：“疯翔!”我也回敬他一句：“你才疯翔。”一旁观战的父亲笑着说：“疯翔很有文化的，字写得好。你们长大后的字能和他写得一样好，我就开心了。”

父亲的话倒是不假，村里的水泥地面、墙壁、柱子经常有他的粉笔字作品，大多是整幅的，最常见的是李煜的《虞美人》，且有落款，还有画出来的印章。

疯翔的粉笔书法注重现场表演，常选人多处表演，每次都有一些看客。他总会高举起手中的粉笔头，示意他即将创作。有人看他才会写，没人看他是不会写的。只要有一人，他也写。挥洒完毕，他就会抬头四顾，咧嘴而笑。之后小心翼翼地藏起粉笔头，哪怕只剩一点点，扬长而去。

但又一次，当疯翔写到最后一句时，粉笔已完。他叹了一口气，跺跺脚，悻悻地离去。

后来疯翔不知去向，人们已然将他淡忘。只有当那些还会用他的名字骂人的，偶尔借它骂人后，或许才会很偶然地想起来。

福　儿

林诗铨

那天，他坐在乡里老人组的左侧石鼓上，玩着玩了几十年的掉小竹子把戏——把一根长约半米的小竹子从头撸到尾，再从尾撸到头，然后往上扔起，接住，再撸，再扔，再接住，再再撸……奇怪的是几十年的光阴并没有把他变老，也没有把他弄得脏兮兮。

另一侧的石鼓坐着一个老头，显然，那是他的父亲——倒是老了好多。他们父子俩，俨然成了老人组的一副反对楹联，不老与沧桑，依靠与扶持，敝帚与自珍……他们在生命里平平仄仄，相互拗救，我心中暂时填不上横批。

告别家中老人，升上车窗那一刻，望见朝晖中的他们，凝望了好一阵，心中没有庆幸，更没有同情。这个世界，谁比谁更幸福呢?

从小就知道他，他总是不停做着那个动作，估计每天除了吃喝拉撒睡，就都是那个动作。像他这样的弱智者，在我们这一辈，在乡村，并不在稀少。在乡人的逻辑里，神是公平的，对一个有不足者的家庭，必然会施予其他的好运。因此像他这样的人会被当成"福儿"，既是这样，家里人对"福儿"往往会好好照料，而外人往往会在庆幸中掺入一丝自己都觉得好笑的莫名羡慕。

童年时，我和小伙伴们竟都会为不能成为福儿或家里少一个"福儿"的事实而遗憾，大了，才将这份羡慕换成对那个提出"福儿"一说的人的敬佩，那是一个什么样的心灵呀，它沉淀出了狡黠的善良和博爱的睿智，安慰了多少不平的心灵，激起了多少奋进的意念，并含蓄地消融着随时可能萌生的幸灾乐祸。

上小学时，常常得经过他们家门口，知道他有一对消瘦而拼搏的父母，也有一个长得像也穿得像天仙一样的妹妹，她傲娇而泼辣，俨然是一个小大人，比我高一个年级，品学兼优。一切都让神的箴言天衣无缝。

在又见到他的那天之前的长长时间里，在极偶尔想起他时，我会在思考乡里的这一佳俗，也为自己少年时就能戳破神的箴言而陷入片刻的自恋。

可是又见他之后，我竟汗颜起来，神的箴言岂能一戳就破？

你躯干苍劲，像一个长久走在风霜雨露里的老人，斜出的老枝在风中慢慢摆动，如一只苍老的手，似乎要抓住什么，却又不想合拢，只让风从指缝滑过，这么多年，你究竟要抓住什么，或是在向谁招手？

有个懂树的说："没见过这么老的鸡绸树了，该有几百年了。"

几百年了，在这园子里，谁把你种下？谁每天给你浇水直到不用再浇？谁在阴影里纳过凉？谁对你说过话？谁在你的身旁嬉戏过？谁在你的怀里哭泣过？谁曾摘下你的枝条？谁曾想把你挖走？谁想把你当燃料？

某天，那个种下你的人的曾孙辈曾从你身边经过，他只是须要经过你，而你想要告诉他，于是将一片落叶掉在他的白发上，回家的时候，他轻轻捏着你的问候，将之扔进垃圾桶。那晚他做了一个奇怪的梦。梦里，他牵着爷爷的手，来到一个陌生的园子，指着一棵大树对他说："这是我爷爷的爷爷种的树。"他用童稚的声音回应："你爷爷的爷爷，我要叫什么呀。""曾祖爷爷。""爷爷，这树叫什么。""我们这里叫鸡绸。"风轻轻吹过，那树好像在说话。

他在梦里走了，口里还念着些只有老人们才知道的名字。送葬时的哀哭声传来，你应该也听到了，远望着那送葬的队伍，有一种难以止住的哀伤，你已送走他们家好几代人。

有谁能读懂你的孤独，有谁配得上陪伴你？是那个懂树的人，还是那个坐在你身下晨读的姑娘，或是那个每晚都来跟你说话对你唱歌疯婆子？

懂树的常常来看你，为你拍照，让你的身姿成了一些人的电脑桌面，甚至变成了某本杂志的封面图案。懂树的这些年明显老了，头发稀疏，有一次他拍照时，因为蹲得太久，心脏承受不了，倒下了，一个月后，他又来了。晨读的姑娘，每次读累了总会起身望望你，三年了，这个六月，她可能就不再来了。疯婆子，几乎每晚都来对你唱歌，从《青藏高原》到《红河谷》，一首一首，每一句的表情都很对却离谱很远，累了，她就不停地对你说话，有时，你是她狠心的丈夫，有时，你是忘恩负义的弟妹，有时，你是她无情的儿媳，但大多时候，你是她唯一信得过的父亲。

其实，你知道人都很孤独，像你一样的孤独。你明白谁都需要陪伴，可真正的陪伴是不可能的，真正陪伴是自己的影陪伴自己的身，在那些有光的时候。没有光，孤独就会来临，一点点地将自己吞噬，直到光来了，孤独才把你一点点地慢慢地吐出来。

你好像想通了，又觉得想通没多大意思。

起风了，你伸手去抓，你抓到了什么呢？或许是什么都抓不到，那就算是一次招手吧，没人理解，你就将手缓慢放下，轻轻抚摸自己的身躯，疼疼自己。

杜甫的一个清明节

林诗铨

把绳子缠上树干后，他用脚和左手，艰难地打上一个死结，因为右臂已使不出力。筋骨疼痛像清醒的催化剂。他知道，这是远离旧都的第十个清明节。

这些在船上的日子，每一次靠岸，他都必须亲自系船。或许，停靠于他是一种奢侈的享受，或者是一种难得的自慰。

这一次，又是清明，又是系好船，又是没有到家。一时间，他竟刹不住眼泪。

家在哪？在心安的地方吗？有祖宅的河南？心心念念的长安？第一次当上官的凤翔？白鸥翩翩的草堂？

他默默流泪，本来可以哭得更酣畅一些，痛快一些。那次探访武侯祠一样，为武侯、为自己泪满衣襟，那是英雄泪。那次被困长安，国破家散，花都溅泪，自己的泪可想而知，那是忧国泪。那次登上岳阳楼，想起关山北的战事，涕泗横流，那是忧民泪。可独独这为自己的飘零老病而流的泪不能光明正大！其实，他这双习惯性的泪眼，更多的时候并不是自己的，尽管他知道这并不真实。他知道忧民的泪和忧国的泪是矛盾的，也知道飘零老病而流的泪和壮志未酬的英雄泪也是矛盾的，可是骨子里的儒家基因，让他泪腺发达，眼泪恣肆，反正泪眼越模糊越好。毕竟“奉儒守官”四个字已深入骨髓，尽管他无意成为正统人文人首肯的“诗圣”，但他自觉或不自觉地平衡着良知、人生真实和政治真实，这样的灵魂注定是沉郁的，纠结的，痛苦的。“莫自使泪枯，收汝泪纵横，眼枯即见骨，天地终无情。”是的，天地是无情的，无论是政治的天地还是自然的天地，其实他都早就知道了。知道了，本就该好好疼疼自己，好好地为自己哭一场呀！

可是此刻，他还是努力止住自己的眼泪。岸边的风也适时带来淡淡的凉意，那双习惯性的泪眼，的确更需要凉风，起码凉更接近理智。相比泪眼，耳朵也是理智，可是他的耳朵现在只能听到响亮的声音，比如此刻岸边人们荡秋千和大人带小孩踢足球的欢笑声，这些习俗原来和北方其实是一样的。一样的习俗最易钩出乡思，但相似的东西往往带着麻痹性，而那些突然入目的相反场景则直刺心灵。一群不识好歹的大雁，在清明时节返回北方的家园，一路撒下归家的欢歌。寒食刚过，家人不得不入乡随俗在船头像这里的人一样钻青枫木取火，可是在北方，在长安应该用的是柳木，是柳木！对，是柳木。而此刻的长安，应该是烟柳满城，花团锦簇，一派清明盛景吧！

而他望着洞庭湖涨溢无边的春水，以及湖边白茫茫的苹草，突然觉得路很远，头很白，不能再停留了。上了船，他伏在枕上。突然一个个句子浮出心头，他习惯性地要起床取笔，右手一使力，竟惊出一身冷汗。他不想让那个句子逃逸，伸出左手，在空中比划，凝寂的空气此刻被它的手指划出了火光，字一个个亮在眼前：

“此身飘泊苦西东，右臂偏枯半耳聋。寂寂系舟双下泪，悠悠伏枕左书空。十年蹴踘将雏远，万里秋千习俗同。旅雁上云归紫塞，家人钻火用青枫。秦城楼阁烟花里，汉主山河锦绣中。春去春来洞庭阔，白苹愁杀白头翁。清明。”

那年台风

林诗铨

那个下午，我们和四伯两家人挤在十来平方的小房里看着《渴望》，一集刚完，另一集开始，毛阿敏的歌声在低回，“悠悠岁月，欲说当年好困惑……”，屋外，风说起就起，哥哥去小便回来，大喊：“你们出来看，风好大。”

没有雨，二百米外的篷棚的屋顶被风割了顶，上升，平移，撞向大榕树，听不到声响，全被风声盖住。那风霎时吹至我家，阳台上的花大多掉地，破碎的声音此起彼伏，我被强拽进屋里。

四伯骂了一句，冲下楼去堵前门，两位堂哥和堂姐冲去关楼上各个房间的窗户，父亲在四伯堵上大门之前已冲出去，他得去医疗站防风，伯母和母亲奔下楼去关楼下门窗，我们兄弟俩尚小，现在想不起我们当时做了什么。

忽然，大门好像又被打开，母亲在哭，四伯大声叱咤。我和哥哥不顾一切冲下楼去。

风中，四伯张开双臂拦住母亲，背对着风，身躯微颤，仅有的几缕头发乱舞。“你……你欲去送死！”口吃的他急中病除，如今还字字在耳。

“我种了三年，刚抽龙，撮龙过雅，我不甘心。”

我和哥扑上去，抱住她，记得我学伯父的话说：“阿妮，撮柑勿啰，你孬去送死?”

母亲掉头看了我和哥哥，摇着头，泪眼婆娑。

“我辛辛苦苦种了三年啊，当做我胶己个孥仔平样去饲。我无去，放不落心。”

母亲还是回到屋里，或许因为我和哥哥。

这时，伯母从后园抱来一块大石，小跑而来，紧紧堵住大门，口里念叨着：“无人出得去了。”台风过后，伯母连挪都挪不动那块大石。

事隔多年，我总是忘不了那个台风。

它塑造了四伯风中的身影。

它赐予伯母巨力。

它在我心头种下一段对白。

它开启了我多年的想象。

其实，我从未去过母亲耕种的柑田，因为它离家五六千米，母亲从不允我前去。

母亲不会踩单车，每天早出晚归，与方便面为伴，以致现在一看到方便面就感到恶心。父亲一介书生，又在医疗站上班，估计从未帮过忙。

懂事后，我一直在想象母亲的那片柑田，以及每一个母亲劳作的日子。那是什么样的清晨，什么样的午后，什么样的黄昏，什么样的劳作，什么样的期待……

在田埂上喝一口军壶里的热水是什么滋味，在柑树下用军壶里的水泡出的方便面是什么味道，在灌渠里浸一浸沾满泥的双脚是什么感觉……

有一天，我终于做了一个梦，醒来写下了一首小诗：

妈妈，我梦见了一片柑田。
应该是夏天的午后，阳光明媚。
柑树美丽的枝丫无限抽长，
孕育着蓓蕾，像一个个
青白青白的心事，您嘴角的笑意
漫出柑橘的芬芳。哦，妈妈，
我真的梦见您说的那片
您种了多年的柑田。

发现内在的赤子之心

——读沈鱼《寒山寺在寒山里》

泽　平

寒山寺在寒山里

沈　鱼

在冬天进寒山
不看梅花不看雪
寒山是一座山
寺里的和尚都穿单衣
这样很好
早睡早起
挑水种菜
水在山下的河里
白菜种在山坡上
寒山的徒弟还叫寒山
只是戴了一顶草帽
他不识字
整天在寒山走来走去
碰到树说
你好
碰到狐狸也说
你好

沈鱼的诗歌在“70后”诗人中一直是让人惊喜的，他没有一些诗坛中人的浮躁与夸张。他的诗歌，总是以一种相对安静的面貌出现，在平静中书写着时间、生命、青春、孤独等永恒的话题，又在书写中孕育着别样的诗心与人生体悟。

这首《寒山寺在寒山里》，我特别喜欢。自张继的《枫桥夜泊》以来，千百年时间里，人们只要一提到“寒山寺”，就绕不开“江枫”“渔火”“客船”“钟声”这些意象营造而成的那个幽深、孤寂、凄冷的寒山寺。可以说，张继的这首经典，虽然为我们带来一个穿越时空的，永远停在唐代那个夜晚的寒山寺，但也排除了我们可能给予寒山寺的其他的“想象空间”。自张继以降，寒山寺一直就是一个单一的形象，这不能不说是一种遗憾。

好在有沈鱼的这首诗歌，在诗中，我们完全看不到张继的影响。寒山寺不再是从古典诗歌中衍生出来的附属品，而成了一个接近世俗生活的有血有肉的世界。这里有穿单衣的和尚，他们早睡早起，跟我们一样吃着白菜，在山道上走来走去。和尚们的这种带着烟火气的人间生活，清洗了负载在寒山寺身上千年的“文化”重压，使一切都回到了最初时纯净的状态。这个“寒山寺”，不再是张继的那个“寒山寺”，而是可以重新承载任何人自由的想象的寒山寺。

当然，如果这首诗的价值只体现在颠覆过往的形象上，那也算不得太出奇。难得的是，在诗歌的结尾处，沈鱼勾画了一个“不识字”却充满着赤子之心的小和尚形象，这个小和尚，何尝不是我们每个人内心中那个最初最善良的自己？世界在他眼中，重新变得充满着柔情和温暖，仿佛没有什么不可能。树和狐狸的出现，打破了诗歌叙事单一的线条，而开启了一个多层次的生存空间：生活的、童真的、魔幻的，甚至神性的，都一起显出了耀眼的光芒。

对人间苦难的悲悯

——读八零的《门童》

泽　平

门　童

八　零

每次经过棺材铺
总被那几只小棺材吸引
长不过一米多点
摆在店铺门侧
有一次我想
如果把它们竖起来
也就是一个八岁的孩子那么高吧?
一小群围在一块
像叽叽喳喳的小学生
无所事事的时候
我数了又数：上一回是六个
（没错儿，其中一个更小的躲在另一个后面
直到绕过去才发现）
今天再数还剩四个
四个黑孩子
正门童一样站在声色犬马的人世门侧
脸上都有一种
被领养的渴望

八零此诗，让人震惊。题目写门童，却从棺材入手，这是一惊；行文中始终不见门童的主题，至结尾处才从容不迫地从棺材过渡到门童，转换之神妙，又让人一惊；单是此两惊，已使此诗臻于上乘。但深层追究，此诗给我们的震撼，远非止于技巧上的腾挪，更是来自诗歌本身所蕴含的情感冲击。

门童这样一个与底层息息相关的现实题材，如果把握不好，极易流于浅俗。就像许多写作者那样，把“底层书写”等同于“苦难书写”，以为把底层的遭遇写得越悲惨越鲜血淋漓，其作品就越感人。“苦难叙事”是文学的一种偏执，八零此诗则完美地绕开了这种叙事套路。他的行文冷静得几乎有些残酷；他的情感很克制，并非发于某一点，而是蕴含在整体的叙事张力中。

人世声色犬马，繁华无限，又有谁，曾经注意过那些挣扎着站在我们身侧的小小“门童”？他们如蝼蚁般生存在世上，谁曾在意他们的去留、生死？谁又曾像诗人般，数着棺材铺里小小的棺材，在数字的递减中感到一种绵延不尽的悲怆之情？

诗歌的最后，八零写道：“四个黑孩子/正门童一样站在声色犬马的人世门侧/脸上都有一种/被领养的渴望。”其实，更深层的悲悯在于：在声色犬马的人世，并非是棺材渴望在被领养，恰恰相反，是那些弱小的门童，在渴望着一个安稳的永眠之所。而唯其如此，我们才更深刻地感受到诗歌背后所蕴含的对现实的批判和深深的悲悯之情。

抵抗生存的荒谬感
——读洛盏《景象一种》

泽　平

景象一种

洛　盏

他向下跳跃，却被成群的黑瓦片所阻滞。
他一个人，走在缺损的路上，被色情的石榴所阻滞。
他脊背上的鱼，被他手中的流水所阻滞。
他找不到一处平坦的地方。找不到一只
不带色素的宠物。他行走在自己受凉的影子里，
等待清风拨开他的前额。这座城市的微澜与秩序，
使他先于别人消失。隐匿于静电。
他梦见的钝器，在困惑与清醒之间，容易抵消。

《景象一种》是一首短小优雅的诗歌，此诗虽非洛盏的代表作，但笔者认为，在这首诗里洛盏涉及了一个我们都无法回避的重大命题：生存之荒谬感。这首诗让人想到加缪笔下的西西弗，西西弗受到众神的惩罚，他无数次地推一块巨石上山，又无数次眼睁睁地看着巨石从山顶滚落，如此循环不休。在不断滚落的巨石和西西弗的徒劳无功之间，荒谬产生了。西西弗意识到了自己的荒谬处境，但却没有被其击倒。而是选择了清醒地承受，以此为契机，他超越了荒谬，得到了在荒谬处境中“荒谬的自由”。加缪写道：“生活若没有意义，则更值得人们去经历它。经历是一种经验，一种命运，其实就是全然接受它。”承受生活的全部荒谬，

其实就是对荒谬最好的反抗。

回过头来看洛盏的《景象一种》，诗歌中的“他”也完全处于一种荒谬的境地中，“他向下跳跃，却被成群的黑瓦片所阻滞。/他一个人，走在缺损的路上，被色情的石榴所阻滞。/他脊背上的鱼，被他手中的流水所阻滞”。三个“阻滞”显示出诗中主人公完全被某种无法解脱的境地所束缚和限制，他挣扎，但徒劳无功。这种阻滞既来自“黑瓦片”这样的现实世界中的威胁，也来源于自我身上的某种欲望或脆弱（“色情的石榴”“手上的流水”）。“他找不到一处平坦的地方。找不到一只/不带色素的宠物”，两个“找不到”既展现了一个追寻者的身影，又展现了其无处可寻的悲剧性。同时这个身影，也是单薄和瘦弱的，“他行走在自己受凉的影子里”，“受凉”一词，传达出一种阴柔细腻之感，或许整个世界，能供给他慰藉的地方，唯剩这个自我的“影子”。至此，诗歌中人与世界的荒谬性就体现出来了：一面是不懈地追寻，一面是无情地阻滞，个人被限制在某种无可奈何的境地中，整个世界，除了自己别无其他可依赖之物。身处此中情景，一个无法回避的问题是，到底该放弃还是重新开始新一轮无望的追寻？何去何从，成为一个巨大的问号。

“等待清风拨开他的前额。这座城市的微澜与秩序，/使他先于别人消失。隐匿于静电。/他梦见的钝器，在困惑与清醒之间，容易抵消。”在笔者看来，“先于别人消失”或许是当下的时代语境中诸多“知识分子”和富于理想的青年可能做出的选择，这种“消失”并非真正的消失，而是不屈从于现实世界的“微澜与秩序”，不委身于无所不在的权威和无意义的虚空，他们会寻回自身，以自我的肉身作为最后抵抗的起点。用洛盏的诗歌说，他们会“隐匿于静电”，梦见“钝器”，虽然静电和钝器都不具有强大的攻击性，且“容易抵消”，但“容易抵消”并不等于可以被“抵消”，不等于轻易地妥协和束手就缚。

洛盏此诗或许想描绘“80后”这一代人在当下语境中追寻自我理想之境的艰难性，并据此表达出一种诗人敏感的忧虑。但在笔者看来，此诗在不经意之间，却呈现出一代人在面对荒谬处境的坚韧和承受。当然，如果我们把这首诗歌看成一首环形结构的诗歌，在诗歌的结尾处重新回到开头，那蕴含于其中抵抗的意义或许就能彰显得更为明显。

修建一条返回过去的通道
——读谷雨《细节，慢》

泽　平

细节，慢

慢慢的回头，转身。花慢慢的开
在门口的菜园。你挥着手绢
泪流满面。
我却从此一病多年
你在身边，令我从此隐忍和沉默多年
我一遍遍的数着门口的
池塘。菜园。和远处的一片荒山。
皆有不可抵达的深度
譬如一个上午，一个下午
慢得迷糊，而且不清不楚
有人在我的耳朵里哭
哭声艰难。
冬天如棉毯，围着火炉铺展
那么慢。
具体的慢，抽象的慢。
仿佛永远
永远青梅竹马，永远两小无猜。

诗人是这样一种人：他（她）常常能够对抗“线性时间”和“日常生活”的

庸常性，在正常的时空中再造一条返回过去的通道。在我看来，谷雨的《细节，慢》一诗正好展现了诗人这一特殊的能力。

我们都知道，在现实中，时间总是按“过去—现在—未来”作线性流动，它永远向前，从不可逆。但《细节，慢》一诗中，时间被诗人从正常的时空中抽离出来，诗歌一开场就犹如电影中的慢播镜头，时间被不停地打断、重续、再打断：“慢慢的回头，转身。花慢慢的开 / 在门口的菜园。你挥着手绢 / 泪流满面。”

这几句诗描绘的显然是记忆中恋人离别的场景，是过去时间中的一个横断面。它不断以闪回的方式嵌入到诗人的现实时空中，这使得诗人同时身处过去与现在交织而成的混沌地带。此时，时间不再是不可逆的，也不再是均速向前的，时间的线性流动被打破，时间成为可以被回溯和操控的存在。

诗歌对“线性时间”的对抗，恰恰是对现实庸常性的不满。在现实中，爱情总是遭遇着诸如结婚生子、柴米油盐、红颜衰老这样的尴尬；只有在那些早已成为过往的恋情里，日常的庸常性才会被中断，进而转化为记忆中永恒的美感。换句话说，成为过往的那些记忆碎片，才在某种意义上，超越了时间和现实的操控，成为一种令人眷恋的存在。

因此，在我看来，与其说这首诗写的是诗人对已然消逝的恋情的深情追念，不如说他是对真正自由的、超越了现实庸常性的过往的一切事物的无限着迷，正是藉此，他在诗歌中找到了一条返回过去的通道，过去的一切，都是最初的样子，没有受到任何的扭曲和污染，仿佛最初的恋人：永远青梅竹马，永远两小无猜。

一个人的诗歌之路

泽　平

十多年前，当我第一次接触到诗歌时，语言像一道闪电，劈开了我空白的内心，从此我迷上这个用语言编织另一个世界的技艺。那个最初启蒙我的诗人叫文爱艺，那时我并不知道，这个诗人在当代诗歌史上几乎是一个从不被人提及的角色。也就是说，其实我学诗歌的起点有点低，文爱艺的诗歌具有浓烈的古典浪漫主义气息，是我身上一直挥之不去的东西，既是优点，也是难以克服的缺点。

几年后，我在高中的图书室中偶遇海子的诗集。在此之前，我已经随意地阅读了牛汉、沙鸥、曾卓、绿原、郭沫若等人的诗歌。除了郭沫若，其他人我都没有听过，郭的名气很大，但我读完《女神》后，极其愤怒。现在想来，郭在诗歌草创期留下的作品，确实相当粗糙，无论在语言还是技艺上，都与我对诗歌的理解大相径庭。多年以后，作为一个现当代文学的研究生，我已经明白，郭的诗歌，其历史价值确实大于艺术价值。但在我十多岁的时候，我并不明白，我以为名气大的人写诗就应该比那些默默无闻的人好，所以我极其愤怒，这也造成了我后来只看作品不看诗人名气的倔性子，也从不在网络上眼巴巴地去拍某个名气大得要命的诗人的马屁。我从不轻易去诋毁一个人，但更不轻易说违心话，但是，当一个诗人的作品征服了我的心灵，我却不吝以最大的热情去赞美他（她）。

话归正传，如果没有在高中时代与海子诗歌的偶遇，没有这第二次的启蒙，诗歌对我来说，或许只是一种年少时的文字游戏，但海子的偶然闯入，彻底改变了我对世界的观察和言说方式。在那之前，我并不知道海子是谁，我只是像翻其他人的诗集那样翻开了他的书，仅一个瞬间，我就懵了，我第一次知道，诗歌可以那样写。此后，整个高中至大学阶段，我模仿写下了很多海子式的诗歌：神秘、多情却空空荡荡。在此期间，我开始了大量而杂乱的阅读，但海子的影响一直不曾消失。大学后期，对我产生影响的诗人扩大到顾城、苏浅、阿翔、李元胜、保罗·策兰等人，在审美依旧倾向偏重于清淡柔和，这也造成了我诗歌中柔性有余，而刚猛不足的缺陷。

近些年，我深觉自己诗歌的创作力愈来愈弱，究其原因，一是青春时代的激情正在消退，这导致了我诗歌中情感动力的丧失；二是对世界的新的切入点尚未更好地形成，我一直在徘徊，寻找用口语以外的方式进入世界。在这点上，余怒和小引都做得很好，这正是我想学习的，但我更想找到我自己的方法。

大概三年前，我在伊格尔顿的《二十世纪西方文学理论》中看到这样一句话，“语言是切割世界的一种方式”，当时我脑中轰的一响，是的，我在诗歌中，苦苦寻找的，其实就是想以语言去重新构建一个我眼中的世界。而语言是无限的，它超越限度，超越一切的时间和空间，超越物质，它确实可以带我们前往一个前所未知的内心世界，并使它呈现。

虽然属于我个人的语言并没有神奇地随着伊格尔顿的句子从天而降，但我渐渐知道，我所向往的诗歌世界，既非浓郁的古典浪漫，又非激烈地不可缝合的现代焦虑，也不是平面化、时尚化、碎片化的后现代风情。我想要的，或许是此中种种的复合，以一种精致的语言，重构这个变形的世界，重新发现人世渺远，天地苍茫，我们的歌哭，和此生之牵挂。

不管未来如何，诗歌已经成为我生活或思想中的一部分，我不曾想以它来谋取财富，我只想在多年以后，某个孩子能在偶然读到我的诗歌时说：这还不坏嘛。